21 世纪高等教育土木工程系列教材

隧道工程

第③版

主　编　陈秋南　安永林　李　松

副主编　包　太　徐泽沛　黄胜平

参　编　胡　兴　王小敏　周　普

机械工业出版社

本书根据教育部土木工程专业的课程设置指导意见及《公路工程技术标准》《公路隧道设计规范 第一册 土建工程》《公路隧道施工技术规范》等相关现行规范,并结合编写人员多年的教学和实践经验编写而成。本书内容包括绪论、隧道工程的勘测设计、隧道主体及附属建筑结构、隧道围岩分级及围岩压力、隧道支护结构计算、隧道施工方法、隧道工程设计中的有限元方法、隧道施工组织设计、隧道运营管理与养护、典型隧道工程简介。附录为隧道洞门、初期支护和二次衬砌的设计验算实例,以满足课程设计、毕业设计及工程设计的需要。本书采用二维码集成了 25 个隧道工程方面的动画及现场视频,以便读者学习和掌握相关知识。

本书可作为高等院校土木工程专业及相关专业隧道工程课程的教材,也可作为隧道及地下工程设计和施工从业人员的参考书。

图书在版编目(CIP)数据

隧道工程/陈秋南,安永林,李松主编. —3 版. —北京:机械工业出版社,2023.12(2025.6重印)

21 世纪高等教育土木工程系列教材

ISBN 978-7-111-74838-0

Ⅰ.①隧… Ⅱ.①陈… ②安… ③李… Ⅲ.①隧道工程-高等学校-教材 Ⅳ.①U45

中国国家版本馆 CIP 数据核字(2024)第 021570 号

机械工业出版社(北京市百万庄大街 22 号 邮政编码 100037)
策划编辑:马军平 刘春晖 责任编辑:马军平
责任校对:张雨霏 张 征 封面设计:张 静
责任印制:刘 媛
北京富资园科技发展有限公司印刷
2025 年 6 月第 3 版第 3 次印刷
184mm×260mm·19 印张·470 千字
标准书号:ISBN 978-7-111-74838-0
定价:59.80 元

电话服务 网络服务
客服电话:010-88361066 机 工 官 网:www.cmpbook.com
010-88379833 机 工 官 博:weibo.com/cmp1952
010-68326294 金 书 网:www.golden-book.com
封底无防伪标均为盗版 机工教育服务网:www.cmpedu.com

前　言

课程思政是落实立德树人根本任务的重要举措，让思政进教材，进课堂，弘扬科学家精神，春风化雨、润物无声，做到外化于行，内化于心。为此，第 3 版补充了著名科学家、我国重大隧道工程简介等蕴含相关课程思政元素的内容。

随着新一代信息技术、人工智能技术和机器人技术等的发展，隧道修建技术也逐步向智能建造发展，为此补充了隧道智能建造相关内容；补充了隧道在"碳达峰、碳中和"过程中的初步进展。采用二维码集成了相关动画及现场视频，虚实结合，塑造了展现时代特征的新形态教材。

第 3 版的内容遵循了第 2 版的基本框架结构，全书仍为 10 章：第 1 章由湖南科技大学陈秋南、安永林、李松、黄胜平重新编写和修订，第 2 章由陈秋南、李松、黄胜平重新编写和修订，第 3 章由长沙理工大学徐泽沛和安永林重新编写和修订，第 4 章由陈秋南、李松重新编写和修订，第 5 章由贵州大学包太和安永林重新编写和修订，第 6 章由徐泽沛和安永林重新编写和修订，第 7 章由贵州大学胡兴重新编写和修订，第 8 章由陈秋南、李松、黄胜平重新编写和修订，第 9 章由贵州大学王小敏重新编写和修订，第 10 章由徐泽沛重新编写和修订，附录中洞门、初期支护和二次衬砌验算由安永林补充。湖南科技大学周国华、胡文轩、欧阳鹏博、周鲁云、李生辉等参与了部分章节的资料收集与整理工作。本书配套视频由陈秋南、安永林、周普制作，李生辉、欧阳鹏博、向强及其他已毕业的学生提供了相关素材。本书新增拓展阅读与部分思考题由陈秋南、安永林编写。全书由陈秋南和安永林完成统稿和修改工作。

本书在重新编写和修订过程中，参考了部分国内外已有专著、论文、规范等成果，部分资料来源于网络和隧道科研成果，在此向文献作者及相关人士表示感谢；部分学校的老师对本书的修改提出了宝贵的意见，在此表示感谢。

由于编者的水平有限，修订过程中的不妥之处在所难免，敬请各位读者批评指正，以便本书在下一次修订中完善。联系人邮箱：aylcsu@163.com。

结合省一流本科课程隧道工程的建设，建设了课程网站。请有需要的读者登录本课程网站查阅相关 PPT 与视频资料，网址：http：//mooc1. chaoxing. com/course/201455641. html。

编　者

二维码视频清单

名称	二维码	名称	二维码	名称	二维码
隧道工程简介		洞内照明与出口效应		洞口段施工	
隧道位置的选择		垫片热熔焊接		辅助施工方法	
早进晚出		自然拱的形成		管棚施工	
喷射混凝土支护		全断面法施工		超前小导管施作	
锚杆钻孔施工		施工台车人工钻孔		洞内注浆加固	
盾构管片预制施工		台阶法施工		装渣与运输	
洞身衬砌 - 喷锚支护		仰拱栈桥施工		混凝土养护	
盾构管片		三台阶七步法			
隧道通风照明等设施		CRD 法施工			

目　录

　　我国是一个多山地带国家，由于隧道有缩短线路长度、提高道路的可靠性和安全性，以及在国防意义上的隐蔽性等优点，因此，我国的隧道工程一直比较发达，目前隧道总长度居世界第一。同时，我国当前正在进行大规模的基础建设，可以预见在未来的几十年内我国必将修建大量的铁路隧道、公路隧道、市政交通隧道、地铁隧道，在水电工程和调水工程中也将修建数百条深长隧洞，在海绵城市建设和地下综合管廊建设中，隧道工程也会更多的涌现。21世纪是隧道及地下空间大发展的年代。

1.1　隧道工程的基本概念

　　隧道（Tunnel）是一种修建在地下，两端有出入口，供车辆、行人、水流及管线等通行的工程建筑物。1970年OECD（世界经济合作与发展组织）隧道会议从技术方面将隧道定义为：以任何方式修建，最终使用于地表以下的条形建筑物，其空洞内部净空断面在$2m^2$以上者均为

隧道工程简介

隧道。隧道工程（Tunnel Engineering）包含两方面的含义，一方面是指从事研究和建造各种隧道及地下工程的规划、勘测、设计、施工和养护的一门应用科学和工程技术，是土木工程的一个分支；另一方面是指在岩体或土层中修建的通道和各种类型的地下建筑物。

　　以交通为用途的隧道，其两端将自地面引入。隧道端部外露面，一般都修筑为保护洞口和排放流水的挡土墙式结构，称为"洞门"。此外，为了保证隧道的正常使用，需设置一些附属建筑物：如为工作人员在隧道内进行维修或检查时，能及时避让驶来的列车而在隧道两侧开辟的"避车洞"；为了保证车辆正常运行而设置的照明设施；为了排除隧道内渗入的地下水而设置的防水设备及排水设备；为了净化隧道内车辆排出的烟尘和有害气体而设置的通风系统等。

1.2　隧道的分类及其作用

　　隧道的种类繁多，不同角度有不同的分类方法。按隧道所处地层，可以分为土质隧道和石质隧道；按埋置的深度，可以分为浅埋隧道和深埋隧道；按断面形式，可分为圆形、马蹄形、矩形隧道等；按隧道所在位置，可分为山岭隧道、水底隧道和城市隧道。按国际隧道协会（ITA）定义的断面数值划分标准，可分为特大断面（$100m^2$以上）、大断面（$50\sim 100m^2$）、中等断面（$10\sim 50m^2$）、小断面（$3\sim 10m^2$）、极小断面（$3m^2$以下）。通常按用途分类比较明确。

1. 交通隧道

这是隧道中为数最多的一种。它们的作用是提供运输的孔道。

(1) 铁路隧道 从 1888 年我国台湾省修建第一条狮球岭铁路隧道（图 1-1）至今，隧道建设有近 135 年的历史。20 世纪 50 年代初，限于当时技术水平，采用迂回展线来克服地形障碍，宝成铁路翻越秦岭的一段线路采用短小隧道群，在该段路上有 34 座隧道，最长的秦岭隧道长仅 2363m。我国修建 10km 以上长度的隧道是从 14.295km 长 的 双 线 隧 道——大 瑶 山 隧 道（图 1-2）开始的，施工中采用凿岩台车、衬砌模板台车和高效能的装运工具等机具配套作业，实现全断面开挖。20 世纪 90 年代末，在西（安）（安）康铁路上采用全断面掘进机等现代

图 1-1 狮球岭铁路隧道

隧道施工机械修建 18.456km 长的秦岭隧道（图 1-3）。该隧道的建成标志我国已经掌握现代隧道修建技术。

图 1-2 大瑶山隧道

图 1-3 秦岭隧道

我国修建了大量的铁路工程，南昆铁路全长 898.7km，隧道 263 座，总长 195.363km，占线路总长的 21.7%；渝怀铁路全长 625km，桥隧 562 座，其中隧道长 241km，占线路总长的 38.56%。表 1-1 所列为我国部分 15km 以上的铁路隧道。全长 34.538km 的大瑞铁路高黎贡山隧道、全长 37.9km 的川藏铁路色季拉山隧道正在建设之中。

表 1-1 我国 15km 以上的铁路隧道一览（部分）

序号	隧道名称	所在线路	隧道长度/m	建成年份	备注
1	松山湖隧道	广惠城际铁路	38813	2017	单洞单线
2	深港隧道	深港高铁	35655	2015	单洞双线，双洞单线
3	新关角隧道	青藏铁路西格复线	32605	2012	双洞单线
4	西秦岭隧道	兰渝铁路	28236	2013	双洞单线
5	太行山隧道	石太高铁	27848	2007	双洞单线
6	戴云山隧道	向莆铁路	27558	2014	双洞单线
7	中天山隧道	南疆铁路	22452	2012	双洞单线
8	青云山隧道	向莆铁路	22175	2012	双洞单线
9	高盖山隧道	向莆铁路	21104	2010	双洞单线
10	吕梁山隧道	太中银铁路	20785	2009	双洞单线

（续）

序号	隧道名称	所在线路	隧道长度/m	建成年份	备注
11	当金山隧道	敦格铁路	20140	2018	单洞单线
12	乌鞘岭隧道	兰新铁路	20050	2006	双洞单线
13	木寨岭隧道（右洞）	兰渝铁路	19068	2014	双洞单线
14	木寨岭隧道（左洞）	兰渝铁路	19025	2013	双洞单线
15	秦岭Ⅰ线隧道	西康高铁	18456	2000	单洞单线
16	南太行山隧道	山西中南部铁路	18125	2014	双洞单线
17	雪峰山隧道	向莆铁路	17842	2012	双洞单线
18	高盖山隧道	向莆铁路	17612	2012	双洞单线
19	石羊山隧道（左洞）	大瑞铁路	17590	2010	双洞单线
20	石羊山隧道（右洞）	大瑞铁路	17590	2014	双洞单线
21	安定隧道	中老铁路	17476	2020	单洞双线
22	永寿梁隧道	西平铁路	17159	2012	双洞单线
23	哈达铺隧道	兰渝铁路	16591	2013	双洞单线
24	太岳山隧道	山西中南部铁路	16194	2014	单洞双线
25	大阪山隧道	兰新铁路第二双线	15918	2014	单洞双线
26	象山隧道（右洞）	龙厦铁路	15917	2012	双洞单线
27	象山隧道（左洞）	龙厦铁路	15898	2011	双洞单线
28	二青山隧道	太兴铁路	15851	2013	单洞双线
29	黑山隧道	兰渝铁路	15764	2014	双洞单线
30	戴云山隧道	向莆铁路	15623	2013	双洞单线

（2）公路隧道 公路的限制坡度和最小曲线半径都没有铁路那样严格，在经济不发达年代，为节省工程造价，山区公路多修建盘山公路穿越山岭，延长公路距离，而不愿修建费用高昂的隧道。随着经济的高速发展，高速公路不断涌现。它要求线路顺直、平缓、路面宽敞，因此在穿越山区时，常采用隧道方案，缩短运行距离。图1-4所示为秦岭终南山公路隧道。此外，在城市附近，为避免平面交叉，利于高速行车，也常采用隧道方案。这类隧道在改善公路技术状态和提高运输能力方面起到了很好的作用。全球10km以上的部分公路隧道见表1-2。

图1-4 秦岭终南山公路隧道

表1-2　世界上10km以上的部分公路隧道

国家	隧道名称	隧道长度/m	开通年代
挪威	Laerdal	24510	2000
瑞士	St. Gotthard	16918	1980
奥地利	Arlberg	13972	1978
中国	陕西省秦岭终南山隧道	18020	2006
中国	上海市长江隧道	10300	2009
中国	陕西省包家山隧道	11200	2009
中国	山西省西山隧道	13600	2013
中国	四川省泥巴山隧道	10004	2011
中国	甘肃省麦积山隧道	12290	2009
中国	山西省宝塔山隧道	10200	2011
中国	台湾省雪山隧道	12900	2006
法国-意大利	Fréjus	12895	1980
法国-意大利	Mont-Blanc	11660	1965
挪威	Gudvanga	11428	1991
挪威	Folgefonn	11130	2001
日本	Kan-etsu	11010	1990
日本	Kan-etsu	10926	1986
日本	Hida	10750	2010
意大利	Gran Sasso（东向）	10176	1984
意大利	Gran Sasso（西向）	10121	1995
法国	Le Tunnel Est	10000	2004~2006

铁路与公路隧道按长度分类见表1-3。

表1-3　铁路与公路隧道按长度分类

隧道分类	特长隧道	长隧道	中隧道	短隧道
铁路隧道/m	>10000	10000~3000	3000~500	≤500
公路隧道/m	>3000	3000~1000	1000~500	≤500

（3）**地下铁道**　自1863年伦敦建成世界上第一条地下铁道以来，世界各大城市的地下铁道有了很大发展，特别是50多年来，地下铁道已经成为城市交通的重要组成部分。地下铁道是大量快速输送乘客的一种城市轨道交通运输设施，能缓解和解决大城市中交通拥挤、车辆堵塞问题。它可以使很大一部分地面客流转入地下而不占用地面面积。地下铁道是现代化的交通工具，具有运送能力大、运行速度快、准点、安全、成本低和环境污染小等优点，节省了乘车时间，便利了乘客的活动。地下铁道在地下构成独立的线路图，不受地面交通干扰，在战时还可以起到人防功能。迄今为止，我国已有北京、上海、广州、天津、深圳等多座城市有地下铁道在营运，它们为改善城市交通状况、减少交通事故起了重要作用。图1-5所示为长沙地铁2号线橘子洲站。

（4）**水底隧道**　交通线路横跨江、河、湖、海时，可以采用架桥、轮渡或修建水底隧道通过。但架桥受净空、战争的限制，轮渡又受天气影响和通行量限制，采用水底隧道可以较好地解决上述问题。它不但避免了风暴天气轮渡中断的情况，而且在战时不致暴露交通设施的目标，是国防上的较好选择。我国自20世纪60年代开始研究用盾构法修建黄浦江水底隧道，并于80年代建成通车。1993年建成的广州珠江水底隧道，是我国第一条采用沉埋法修建的隧道（地铁与公交、市政管道共用，长1.23km）；1995年又

图1-5 长沙地铁2号线橘子洲站

在宁波甬江建成了第二条沉管水底隧道（高速公路，长1.019km）；京沪高速铁路在跨越长江时，也采用了长16.674km的沉管隧道方案。图1-6所示为长沙营盘路过江隧道。

（5）**航运隧道** 当运河需要越过分水岭时，克服高程障碍成为十分困难的问题。修建航运隧道，可以把分水岭两边的河道沟通起来，减少绕行距离，既可以缩短航程，又可以节省修建多级船闸的费用，河道顺直，大大改善了航运条件。

（6）**人行地道** 在城市闹市区中，需要穿越车辆密集的街道、高速公路、高速铁路及交通事故易发路段时，通常采用修建人行地道的办法缓解地面交通压力，避免或减少交通事故。

图1-6 长沙营盘路过江隧道

2. 市政隧道

在城市中为规划安置各种不同市政设施而在地面以下修建的各种地下孔道称为市政隧道。它与城镇居民的工作、生产和生活有着密切联系，是城市的生命线工程。它既可以充分利用地下空间，又不致扰乱高空位置和破坏市容的整齐。市政隧道类型有：

（1）**给水隧道** 为满足城市自来水管网系统需要而修建的隧道，它既不占用地面，也避免遭受人为的损坏。

（2）**污水隧道** 城市中有大量的人口和工厂，每天需要排放大量的生活污水和工业废水，这些污废水需要排放到污水处理中心进行集中处理，这就需要有地下的排污隧道。这种隧道可能是用于导流输送，此时隧道的形状多采用卵形；也可能是在孔道中安放排污管，由管道排污。

（3）**管路、线路隧道** 城市中的煤气、暖气、热水等都是通过埋在地下管路隧道，经过防漏及保温措施处理，把这些能源送到城市居民家中去，确保居民生活正常进行。输送电

力的电缆及通信的电缆都安置在地下孔道中，称为线路隧道，这样既可以保证电缆不为人们的活动所损伤或破坏，又免得高空悬挂，有碍市容市貌。线路多半是沿着街道两侧附设的。

在当今现代化的城市中，把上述四种具有共性的地下管道（隧道），按城市规划总体要求，建成一个共用地下孔道，简称"城市共同沟"（图1-7）。

（4）人防隧道 为了战时的防空目的，城市中需要建造人防隧道。在受到空袭威胁时，市民可以进入安全的庇护所。人防隧道除应设有排水、通风、照明和通信设备以外，在洞口处需设置各种防爆装置，以阻止冲击波的侵入。同时，要做到多口联通、互相贯穿，在紧急时刻，可以随时找到出口。

图1-7 地下综合管道（城市共同沟）

3. 水工隧道（隧洞）

它是水利枢纽的一个重要组成部分。水工隧道有：

（1）引水隧道 引水隧道是将河流或水库中的水引入带动水电站的发电机组运转产生动力资源的孔道。引水隧道有内壁承压的称有压隧道；有的只是部分过水，内部水压小且只受大气压力的称无压隧道。

（2）尾水隧道 尾水隧道是水电站把发电机组排出的废水送出去的孔道。

（3）排沙隧道 排沙隧道是用来冲刷水库中淤积的泥沙，把泥沙挟带送出水库大坝的孔道。有时也用来放空水库里的水，以便进行库身检查或建（构）筑物修缮。

（4）导流隧道或泄洪隧道 导流隧道或泄洪隧道是水利工程中的一个重要组成部分。由它疏导水流并补充溢洪道流量超限后的泄洪作用，如举世瞩目的三峡工程即建有导流隧道。

4. 矿山隧道（巷道）

在矿山开采中，从山体以外修建一些隧道（巷道）通向矿床而进行开采活动，达到采矿作业的目的。

（1）运输巷道 向山体开凿隧道通到矿床，并逐步开辟巷道，通往各个开采面。前者称为主巷道，为地下矿区的主要出入口和主要的运输干道。后者分布如树枝状，分向各个采掘面。此种巷道多用临时支撑，仅供作业人员进行开采工作的需要。

（2）给水隧道 送入清洁水为采掘机械使用，并通过泵及时将废水及积水排出洞外的通道。

（3）通风隧道 矿山地下巷道穿过各种地层，将会有多种地下气体涌入巷道中来，再加上采掘机械不断排出废气，还有工作人员呼出气体，使得巷道内空气变得污浊。如果地下气体含有瓦斯，在瓦斯含量达到一定数值后，将会发生危险，轻者致人窒息，重则引起爆炸。因此，必须及时把有害气体排除出去。采用通风机把矿山下巷道中污浊空气抽出去，并把新鲜空气补进来的通道称为通风隧道。通风隧道既可以利用既有巷道，也可以单独修建。

1.3 隧道工程的发展趋势

隧道工程是一门古老的学科，几千年前人类就掌握了开挖隧道的技术。现代隧道开挖技术的产生是在火药的发明和 19 世纪的产业革命后出现的，尤其是铁路的出现对隧道建造起到了很大的推动作用。第一座隧道是用蒸汽机车牵引的铁路隧道，建于 1826—1830 年，在英国利物浦至曼彻斯特的铁路线上，全长 1190m。以后又陆续修建了更多的铁路隧道。火药的改进和钻眼工具的创制，促使隧道的修建技术有了显著的提高，其中比较有影响的是 1898 年建成的穿越阿尔卑斯山的辛普朗隧道。在该座隧道中，第一次应用了硝化甘油炸药和凿岩机。1857—1871 年，建成了连接法国和意大利的仙尼斯山隧道，长为 12850m；1989 年意大利又修建了辛普伦隧道，长达 19700m；1971 年日本新干线上修建了大清水隧道，全长 22230m，是当时世界上最长的铁路山岭隧道。

隧道工程又是一门快速发展中的年轻科学，因为 40 多年来随着长大隧道和特殊地质状况隧道的增多、综合化机械化施工技术的采用和相关学科的发展，现代隧道设计、施工理念和方法发生了重大变化和改观。新奥法施工理念的提出和应用，以可靠度理论为基础的概率极限状态设计法引入隧道结构计算，使得隧道设计、施工理论不断得到补充和完善。

在克服不良地质的困难条件方面，我国已经取得了修建各种隧道的丰富经验。如已经通车的海拔 4600～4900m 的高原多年冻土地带的青藏线上修建昆仑山、风火山隧道；在零下 40℃ 的严寒地区修建了枫叶岭隧道；在渝怀线上，克服了 2000m³/h 大量涌水的困难，修建了圆梁山隧道（11068m）；在南昆线上，防止了瓦斯量达 60m³/h 的威胁，修成了家竹箐隧道。实践证明，我国已经能够在各种不良地质条件下修建隧道。

我国隧道施工机械化水平也已得到进一步提高。20 世纪 80 年代在大瑶山隧道施工中开始应用大型全液压的钻孔台车。修建衬砌由最初的砖石垒砌，进而混凝土就地模筑，混凝土泵送，又进而采用喷射混凝土的柔性衬砌，到目前已普遍推广使用的双层复合式衬砌。开挖程序已由小导坑超前，进而采用少分块的大断面开挖；从木支撑、钢木支撑，进而采用锚杆支撑。施工方法上，从矿山法逐步过渡到新奥法，以量测信息指导并调整施工。20 世纪 90 年代中期，又引进全断面掘进机（Tunnel Boring Machine，TBM）用于西康线的秦岭隧道（长 18.5km）施工，在广州、上海、南京、深圳等城市的地下铁道建造中，已普遍开始使用机械化盾构。

隧道工程的理论分析和计算水平得到完善和提高。分析隧道结构内力的方法，已经从结构力学计算转到以矩阵分析的方式用计算机计算，并进一步应用有限元、数值流形等方法进行分析；从把地层压力视为外力荷载，到把围岩和支护结构组成受力统一体系的共同作用理论；从过去认为地层岩体为松散介质，进而考虑岩体的弹性、塑性和黏性，以及各种性质的转变，拟出各种能进一步体现岩性的模型，进行受力的分析。

隧道工程还要进一步做好地质勘测和发展完善地质超前预报技术。由于隧道工程穿越的地质条件复杂，有许多不可预见的因素，其风险比地面工程大，地质勘测时隧道预算、选线就显得极为重要。投入超前地质勘测资金是为了减少隧道工程建设阶段的资金投入和施工中的风险。地质雷达和 TSP 超前探测技术取得了良好的工程效果，今后不仅要完善超前探测仪器的性能，而且要进一步提高超前预报地质条件的判释水平。

为了响应国家"碳中和、碳达峰"的政策，隧道在规划、勘察、设计、施工运营与维护等各个阶段，在满足安全与经济的情况下，都逐步兼顾环保与低碳，在低碳发展方面取得了一些进步，如生态选线、洞口"零开挖"及生态修复、低碳照明、低碳通风等。国内外学者们正深入探索着隧道施工碳排放的关键影响因素、排放量预测方程和计算方法。多数研究并未对隧道提出统一的碳排放核算界定与计算模型，当前也无隧道碳排放计算的行业标准。

随着人口素质的持续提高，传统隧道作业环境已难以被从业人员接受，企业招工难，技术与生产方式变革的大趋势倒逼隧道行业进行智能建造。隧道智能建造是采用新一代信息技术、人工智能技术和机器人技术，构建智能超前地质预报、智能围岩质量评价、智能设计、智能施工、工程智能管理的多系统协同控制的隧道建造新模式。隧道智能建造的灵魂在于"效率和效益"，总体目标是实现隧道勘察、设计、施工全过程的数据信息贯通、装备智能互联、多源信息互馈，最大限度实现隧道建造少人化，以及隧道建造高效、安全、绿色。例如，京张高铁隧道采用轨下结构全预制拼装技术，利用自研拼装机器人，搭建可视化智慧施工管理监控平台，外包防水采用自动化喷涂防水技术等。

应当指出，尽管近年来隧道工程建设取得了一定的成就，但是还存在着许多问题和不足。从总体来看，隧道结构还比较粗大厚实，施工环境还很恶劣，工人劳动强度还很大，环境保护意识不强，工程进度不快和工程造价较高。具体说，截至目前，我们对围岩的性质还没有深入地了解，计算模型的选用和计算的理论还不完全符合实际，施工技术水平和管理方法还比较落后，大量的隧道工程仍旧依靠经验设计和施工，人力和物力的消耗和浪费较大。今后应当加强隧道环境和地质的现场量测及实验室的试验，以便对各种不同性质的围岩能拟出较为符合实际的计算模型和计算理论；施工方面要进一步提高开挖技术和支护方法，配备完善的施工机械，从目前的半机械化程度，提高到全机械化，再进一步达到洞内无人，洞外遥控的高度安全化；要提倡采用科学的管理方法，用调查的信息，制订施工计划，再用实测信息反馈，不断调整计划达到最优方案，使之实现质量高、速度快、浪费少，造价低的目的。

1.4　我国高速铁路隧道发展概况

高速行车是铁路现代化的重要标志。国际铁路联盟将通过改造原有线路（直线化、轨距标准化），使营运速率达到每小时200km以上的铁路称为高速铁路；或者专门修建新的"高速新线"，使营运速率达到每小时250km以上的铁路系统。

我国高速铁路发展大致可以分为两个阶段：第一阶段，1990年至2007年，期间全国铁路五次大提速，技术上对引进的德、日、法高速动车组进行了消化吸收；第二阶段，2008年至今，以《中国高速列车自主创新联合行动计划》的启动实施为标志，高铁产业进入自主创新的阶段。

从2004年9月启动遂渝铁路无砟轨道试验段设计和工程试验，我国高速铁路和铁路客运专线进入实施阶段，并延续至今。2008年4月，合宁铁路客运专线的开通运营标志着我国高速铁路进入实现阶段。目前，我国黄土地区、寒冷地区、沿海地区、越岭山区等均修建了高速铁路，以高速铁路为主骨架的快速铁路网将基本建成，建成了世界最长的高速铁路，总规模达 4 万 km 以上，其中高速铁路通车里程达到 1.9 万 km。"四纵四横"高铁主骨架基本建成，在区际运输中发挥着重要作用。"四纵"高铁，已开通运营了京沪高铁、京广高铁、京哈高铁、上海—杭州—宁波—福州—深圳快速铁路等，并加快建设京沈高铁；"四横"高铁，已开通运营郑州—西安—宝鸡、杭州—长沙—贵阳—昆明、南京—合肥—武汉—重庆、胶济客专、石太高铁等，加快建设济南—石家庄、徐州—郑州、宝鸡—兰州高铁等。

特别一提的是，在 2010 年 12 月 3 日，国产"和谐号"CRH380BL 动车组在京沪高速铁路先导段运行试验中创出了时速 487.3km 的纪录。2016 年 7 月 15 日，我国自行设计研制、全面拥有自主知识产权的两列中国标准动车组"金凤凰"和"蓝海豚"以超过 420km 的时速在郑徐线上交会而过，相对时度超过 840km。这一试验的成功，标志着我国已全面掌握高速铁路核心技术，高铁动车组技术实现全面自主化，我国高铁总体技术水平跻身世界先进行列，部分技术达到世界领先水平，对打造我国标准动车组品牌，助力我国高铁"走出去"具有重要意义。

"十三五"期间，我国高速铁路保持快速发展，"四纵四横"高铁网提前建成，"八纵八横"高铁网加密成型。高速铁路营业里程达到 3.79 万 km，覆盖 80% 以上的大城市。

"十四五"期间，我国将继续加大铁路建设力度，计划新建铁路总里程 1.2 万 km，其中高速铁路里程将占到大部分，这将进一步完善我国高速铁路网的密度和连通性，推动城市群的发展和协同。

高速铁路行车速度快，对基础设施要求高，线路最小曲线半径大，所以必然会出现大量的隧道工程，而且隧道的长度会大大增加，如石太客运专线太行山隧道（27.839km）、合武铁路大别山隧道（10.5km）、武广客运专线新大瑶山隧道（10.08km）。

高速铁路隧道因有空气动力学的影响、开挖断面大等特点，因此其一般有以下特征：

1）隧道一般采用双线单洞形式，隧道断面大，双线隧道最大开挖面积超过 160m²，隧道断面根据隧道建筑限界、股道数及线间距、隧道设备空间、预留空间、机车车辆类型及其密封性、缓解空气动力学效应必需的断面积确定，其中缓解空气动力学效应必需的断面积起控制作用。

2）隧道设计考虑列车通过隧道时压力变化、微气压波、会车时的压力变化、纵坡对压力变化的影响、旅客乘坐舒适度和对旅客健康损害等空气动力学作用及措施。

3）根据隧道洞口环境条件、隧道空气动力学分析、防噪声措施和洞口设计，确定隧道洞口缓冲结构形式和缓冲结构长度，利用既有辅助坑道缓解隧道微气压波的影响。隧道洞口缓冲结构形式主要有接长明洞和在既有明洞进行空气动力学开孔等形式。

拓展阅读

典型隧道工程——大柱山隧道

大柱山隧道是大瑞铁路全线最高风险隧道，也是大瑞铁路的重点控制性工程。大瑞铁路是一条连接云南省大理市和瑞丽市的国铁Ⅰ级单线电气化客货共线铁路，是泛亚铁路西线和中缅国际大通道的重要组成部分，全长 330km，是我国《中长期铁路网规划》中完善路网布局和西部开发重要项目之一。建成通车后，大理至瑞丽的旅行时间将由现在约 7 小时缩短至约 3 小时，这对促进沿线地区经济社会发展，提升云南对外开放水平，推动我国与南亚、东南亚国家的交流合作具有深远意义。

大柱山隧道位于保山市境内,全长14484m,设计为单线铁路隧道,全长设置"两横一平",隧道最大埋深为995m。大柱山隧道穿越横断山脉南段,所在区域地质环境复杂,穿越断裂带6条,岩溶发育地段5处,褶皱构造3条,被形容为"在豆腐渣里钻洞",是国内乃至全球"最难掘进的隧道"。该隧道融合了国内长大隧道复杂断层、涌水涌泥、软弱围岩大变形、高地热、岩爆等各类风险,地质极其复杂多变,施工难度极大。自2008年8月开工以来,隧道单日最大涌水量高达22万m³,持续12年都未停止,涌出的水量相当于15个西湖水量,作业工人90%以上的时间都在与突泥涌水"做斗争";洞内高地温段长期温度40℃左右、湿度85%以上,项目部长年往隧道施工掌子面运送冰块降温。在难度最大的燕子窝断层的核心地段,总共156m的距离,施工人员花了26个月才挖通,平均每天只掘进约20cm。

2019年6月26日,隧道平导贯通;2020年4月28日,隧道正洞贯通;2022年7月22日,大瑞铁路大保段通车。

典型隧道工程——天际岭隧道

天际岭隧道属于长沙市重要市政工程之一,位于长沙市万家丽路与天际岭的交汇处,横穿湖南省植物园,南接长潭高速联络线——李洞路,北接已建成的火星北路,其施工工期是控制李洞路、万家丽路两路通车时间的关键。

隧道为上、下行线平行双洞,单洞长444m,洞净距25m,洞室净宽15.35m,单洞最大开挖跨度达17.4m,高11m,于2003年4月开工建设,是当时湖南省内跨度最大的隧道,其跨度和施工难度在全国隧道工程中均属前列。地表覆盖层薄,最大埋深仅27.5m,在进出口段≤6m,属于超浅埋段。洞口地段围岩为强-弱风化泥质砂岩(属V级围岩),块状质软,节理发育一般,地下水不发育,主要是上层滞水。天际岭隧道具有跨度大、埋深浅、围岩强度低及工期紧等工程特点。

隧道与岩土工程相关专家——刘宝琛、库仑

刘宝琛:岩土工程专家,我国随机介质理论奠基人及其应用的开拓者。1994年当选为波兰科学院外籍院士,1997年当选为中国工程院院士。长期从事采矿工程及岩土工程研究,致力于岩石流变学及岩石力学实验研究,于1978年在国内首次获得岩石应力-应变全图,提出了裂隙岩石通用力学模型;形成了独树一帜的开采影响下地表移动及变形计算方法并开发了系列微机软件。发展创建了时空统一随机介质理论,将其应用于建筑物下、河下及铁路下开采的地表保护工程,打破了苏联专家规定的太子河保安煤柱禁区,采出煤上百万吨。上述理论还应用于铁矿、金矿及磷矿,采出大量矿石,解决了北京地铁建设预疏水地表沉降预计问题,创造了巨大经济效益。美国、澳大利亚等国也采用了他的理论。

库仑(Charles Augustin de Coulomb):对土木工程(结构、水力学、岩土工程)及自然科学和物理学(包括力学、电学和磁学)等都有重要贡献,如物理学中著名的库仑定律。在巴黎期间,库仑为许多建筑的设计和施工提供了帮助,而工程中遇到的问题促使他对土的研究。1773年,库仑向法兰西科学院提交了论文"最大最小原理在某些与建筑有关的静力学问题中的应用",文中研究了土的抗剪强度,并提出了土的抗剪强度准则(库仑定律),

还对挡土结构上土压力的确定进行了系统研究，首次提出了主动土压力和被动土压力的概念及其计算方法（库仑土压力理论）。该文在 1776 年由法兰西科学院刊出，被认为是古典土力学的基础，他也因此被称为"土力学之始祖"。

思考题

1. 隧道的概念是什么？隧道工程的含义是什么？

2. 隧道的分类及其作用。查阅相关资料，试从修建隧道与环保要求方面分析隧道工程的利弊。

3. 查阅相关资料，浅谈隧道工程现状与发展趋势。

4. 查阅相关资料，简要说明近年来我国在隧道工程方面的突出成就。

5. 武汉光谷广场综合体工程（见图 1-8）位于武汉东湖高新区既有光谷广场下方，包含 3 条地铁线路的 4 座车站和区间、2 条公路隧道、1 条非机动车地下过街环道，以及综合利用隧道上部空间设计的地下公共空间。综合体中心圆盘区地下共 3 层，最大埋深 34m，基坑平面面积近 10 万 m^2，工程总建筑面积约为 16 万 m^2，如此体量的市政综合体目前国内首屈一指，国际罕见。请查阅相关资料，简要谈谈隧道工程可以从哪些方面为国家"双碳"战略做贡献？

图 1-8　武汉光谷广场综合体工程

6. 港珠澳大桥为"一国两制"条件下的大型跨界工程，东连香港，西接珠海、澳门，一桥连三地，有助于提升珠江三角洲地区的综合竞争力、打造粤港澳大湾区世界级城市群。沉管隧道（见图 1-9）是港珠澳大桥的控制性工程，是我国第一条外海沉管隧道，是目前世界上最长的公路沉管隧道，也是目前世界上唯一的深埋沉管隧道。请查阅相关资料，思考沉管隧道工程设计、施工的重点、难点，以及港珠澳大桥对粤港澳大湾区交通、经济发展的作用。

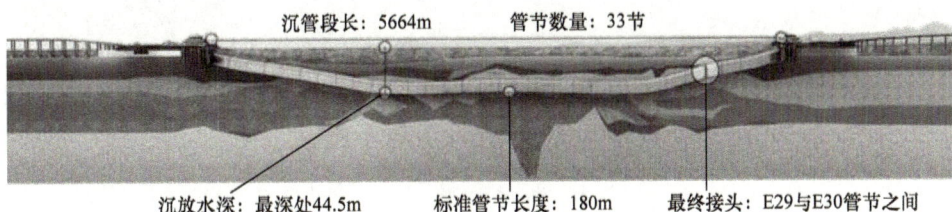

沉管段长：5664m　　　　管节数量：33节

沉放水深：最深处44.5m　　标准管节长度：180m　　最终接头：E29与E30管节之间

图 1-9　港珠澳大桥沉管隧道工程

7. 川藏铁路（见图 1-10）所经区域地势跌宕起伏，跨越金沙江、澜沧江、怒江三江并流的横断山区，地处欧亚板块与印度洋板块碰撞隆升形成的青藏高原中东部，沿线山高谷深、地层岩性混杂多变，新构造运动剧烈，深大活动断裂广泛分布，内、外动力地质作用强烈，强震频繁，震级大、烈度高，崩塌、滑坡、泥石流等（诱发）大（巨）型不良地质体（群）和特殊岩土发育，其种类及规模均属罕见，河谷斜坡稳定性差，气候恶劣且急剧多变，建设难度前所未有。川藏铁路全线隧道共计 198 座，总长 1223.451km，占线路总长的 70.2%；特长隧道 46 座，长 724.441km。请查阅相关资料，思考川藏铁路建设的意义及建设过程中面临的挑战与机遇。

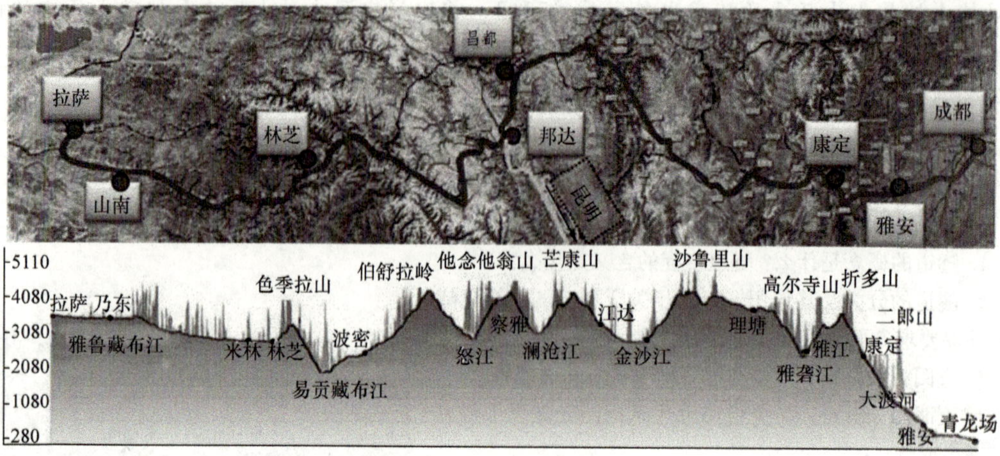

图 1-10 川藏铁路沿线地形

隧道工程的勘测设计 | 第 2 章

隧道工程是修建在地壳表层的建筑物，内外力对地壳的不断作用，促使地壳不断地产生各种各样的自然地质现象，如岩层的风化、褶皱、断裂、地震以及流水的侵蚀和山坡的滑动等，这些都会对隧道的正常使用造成影响。因此在工程实践中必须重视地质条件对隧道工程的影响，充分做好地质调查工作，查明隧道所处位置的工程地质条件和水文条件，以及隧道施工和运营对环境的影响，充分占有资料，避免设计工作中的盲目性，使设计和修建的隧道尽量地与当地的自然环境"和谐共处"。

2.1 隧道的工程调查

2.1.1 既有文献资料收集

文献资料收集主要指地形地貌、邻近工程、气象、水文及区域性地质、用地及环境、灾害等资料，目的是规划线路和编制以后的调查计划。一般通过收集当地既有资料的方式进行，收集资料应以拟建隧道为中轴，取较大范围调查。

(1) 地形地貌资料 包括地形图、航空照片和遥感与遥测资料。一般情况下应从国家测绘系统收集到 1/50000 ~ 1/25000 及 1/5000 ~ 1/1000 两种比例尺的地形图，前者主要用于线路规划，后者主要用于隧道方案的比较选择。航空照片有的涉及国家机密，收集困难，主要用于重要的长大隧道。地形资料是线路选择、确定线形、自然环境及地形地质判读的基本资料。

(2) 地质资料 包括地质图和说明书。一般应从地质部门收集 1/200000 ~ 1/50000 比例尺的地质图，包括工程、水文地质特别是自然地质灾害的种类、性质、规模、危害程度等资料。

(3) 工程资料 邻近隧道的既有土建工程往往可以提供不少资料，如道路边坡的岩石露头和其他土建工程所记录的工程地质与水文地质资料。这些资料可以由施工记录和工程报告总结等文件中得到。

(4) 气象资料 包括气温、气压、风速、风向、降水、水温、积雪量、降雾程度和天数、冻结深度等，其中气温、风速、降水和积雪应调查其极端值。可由气象台站和各种期刊资料、汇编、年鉴等处获得，必要时可以设立气象观测点（站）进行观测收集资料。

(5) 用地及环境资料 用地包括工程用地、施工用地和临时用地。环境资料包括自然环境（动植物的生态、植被、地形、地质、水文等）、文物古迹、自然保护区、居民环境等。

(6) 灾害资料 包括隧道所在地区历史上的暴雨雪、台风、地震、滑坡等发生的规模、频度，可通过查阅资料、地方志和对居民访问等方法获得。

汇总、分析收集到的各种资料，研究其对隧道规划、设计、施工与维护管理的影响，以及对进一步调查的作用等。

2.1.2 地形、地质调查

1. 施工前各阶段的地形与地质调查内容

隧道调查分施工前和施工中两阶段，施工前各阶段（可行性研究勘察、初步勘察和详细勘察三阶段）的地形与地质调查包括自然地理概况及工程地质和水文地质情况等，并按阶段要求重点调查和分析以下内容：

1）地层、岩性及地质构造变动的性质、类型和规模。

2）断层、节理、软弱结构面特征及其与隧道的组合关系，围岩的基本物理力学性质。

3）地下水类型及地下水位、含水层的分布范围及相应的渗透系数、水量和补给关系、水质及其对混凝土的侵蚀性，有无异常涌水、突水。

4）崩塌、错落、岩堆、滑坡、岩溶、自然或人工坑洞、采空区、泥石流、湿陷性黄土、流砂、盐渍土、盐岩、多年冻土、雪崩、冰川等不良地质和特殊地质现象，及其发生、发展的原因、类型、规模和发展趋势，分析判断其对隧道洞口和洞身稳定的影响程度。

5）隧道通过含有害气体或有害矿体的地层时，应查明其分布范围、有害成分和含量，并预测和评价其对施工、营运的影响，提出防治措施。

6）按 GB 18306—2015《中国地震动参数区划图》的规定或经地震部门鉴定，确定隧道所处地区的地震动峰值加速度系数。

2. 施工中工程地质调查应完成的任务

1）根据对围岩性质的直接观察、量测和试验资料，核定岩性、地质构造、地下水等情况，分析判定实际揭露的围岩级别。

2）采用超前地震波反射、声波反射、地质雷达等物理手段，或采用超前钻孔、平行导坑、试验坑道等进行超前探测，及时预报和解决施工中遇到的工程地质和水文地质问题。

3）为验证和修改（变更）设计及调整施工方案提供依据。

3. 施工前三阶段勘察的目标内容

（1）可行性研究勘察 公路可行性研究按其工作深度，分为预可行性研究和工程可行性研究。预可行性研究中勘察的重点是收集和研究既有文献资料；而在工程可行性研究中，要分析隧道中轴一定范围的地形地貌、邻近工程、气象、水文及区域性地质、用地及环境、灾害等既有资料及沿路线进行地面踏勘，为隧道路线走向比选提供区域地形、地质和环境等基本资料。

（2）初步勘察 在踏勘获取资料的基础上，进行初勘，初步查明地形、地质条件及其他环境状况对线路线形、隧道走向、洞口位置、隧道长度及隧道其他附属工程的影响。

初勘的目的是选择隧道位置和初步确定围岩级别。勘察应由有相应资质的地质部门中有经验的地质工程师以现场踏勘、测绘和必要的勘探工作等方式进行，主要查明地形、地貌、地质构造（单斜、褶曲、断层、节理、劈理及其他面状、线状构造等）、地层岩性（地层层序、岩性、成因、年代、产状、状态、分布规律及其接触关系、接触特征、岩层风化破碎程度等）、特殊地质、不良地质、地下水以及其他地质特征。根据既有文献资料、隧道规模和露头多少确定调查的范围，一般可在线路中线两侧各 500～2000m 的范围内进行。调查时可以使用 1/25000～1/10000 的地形图。通过调查应掌握所在地区的地形地质的全貌。

调查的实际情况应随时标记在地形图上和记入野外记录本。调查完毕后进行归纳整理和分析研究，写出调查报告书，并附上调查线路图、地质平面图和地质剖面图。最后要提供的资料有：隧道工程地质说明书，隧道工程地质平面图（图中要标明勘探点，比例尺为 1:500～1:5000；竖 1:200～1:1000），洞口、洞身工程地质横断面图（要标明勘探点，比例尺为 1:200～1:500），钻孔地质柱状剖面图、试验资料汇总表、航空照片地质解释资料及工程地质照片、野外素描图等。

（3）**详细勘察**　在初勘的基础上，进一步用钻探、物探和测试等方法作详细勘察，详细进行地形、地质和环境等调查。在完成地形地质等的踏勘和初勘之后，一般可以确定出隧道线路的大致走向。为获取最终的隧道定位、技术设计、施工计划和预算等所需的地质、环境等资料，还需做详细勘察。其调查的内容有岩性、地质构造、地表水及地下水、地下资源等。

岩性调查包括岩石的种类和岩石特征，松散堆积物，岩石的物理、力学性质，风化及变质情况等。地质构造调查包括地层、岩层产状、褶皱、断层与破碎带、节理、劈理及围岩结构完整状态。地下水与地表水调查包括两者的涌水及枯水状态、地层含水层与隔水层的分布、水的补给来源等。地下资源调查包括矿物资源、天然气、温泉、地热等。对上述事项应逐个研究和说明，着重考虑对隧道的设计与施工的影响，不必做理论上的详细讨论。详勘时为了克服主观性以增加客观性，可采取多种比较和综合的方法。调查在中线两侧各 200～500m 和洞口外延长线上 100m 范围内进行。通常使用 1/5000～1/1000 比例的地质图，调查的精度与调查区的地质情况和露头的多少、调查者自身的水平和经验、使用仪器的精度、费用的多少和调查时间的长短等直接有关。

在调查时，对于花岗岩、玢岩和斑岩、受温泉变质作用的安山岩和凝灰岩、泥岩和粉砂岩、片岩类和千枚岩、山麓堆积物等，应特别注意它们的分布。例如，花岗岩往往有深部风化，有的变成花岗岩风化砂土，沿断层易风化，花岗岩中的断层难以发现，风化带和变质带的宽度不同，涉及范围大。膨胀性岩石（如硬石膏盐岩及某些以蒙脱石为主的黏土岩类等）往往给工程带来很大的危害。

另外，从调查时起就应当充分注意岩石（特别是软岩）的流变现象，岩石的流变从坑道开挖时刻起直到以后相当长的时间里都会对工程产生影响。

详细勘察的方法主要有地球物理勘探（简称物探）和化学勘探（简称化探）等，而在隧道工程勘测中主要应用物理勘探，其中最常用的是电阻法与弹性波法两种，都可用来探测土与石的分界。电阻法和弹性波法是根据各种物质中电阻、波速（纵波）的不同，来判断物质的属性。在人烟稠密区用电阻法为宜，以免动用炸药。电阻法和弹性波法是测定断层、软弱带、地质构造的好方法，但应与钻探配合、对照。钻探的设备种类很多，其中以合金钻头性能最好：可探测地层内部很大深度处的情况，并可取得较佳岩芯，岩芯回收率也较高，即使小孔也能取得岩芯；钻孔壁光滑平整，能钻探坚硬岩石；钻机轻便和易于转移，成本也比较低。此外还有简易钻探法，如螺旋钻、冲击钻等。随着科技的发展，一些成熟的技术也移植到了地质钻探中来，如将微型摄影仪放入钻孔内，能将孔内的全部情况拍摄成连续照片或反映在电视屏幕上等。对于重要的长大隧道的地质调查，还可以采用遥感技术，在工程地质测绘中可以更客观更全面地看到在地球上观测时看不到或看不清楚的现象。由于是在同一时间、同一条件下观察到广大面积的资料，不受时间季节及观察条件的影响，有利于对大面积资料进行相同条件下的分析对比。此外，电阻法在土质隧道中可在一定范围内探明砂砾层（含水层），还可以在钻孔内对透水层的分布及地下各含水层情况给出明确的结果。

（4）水文勘察　隧道与地下水的影响关系，主要是两个方面，一是隧道内出现涌水，将恶化隧道围岩稳定状态，导致施工困难，增大工程造价；另一个就是枯水，造成隧道周边工业、农业和饮水困难。因此在调查地下水的发育状况时，应着重注意涌水和枯水。涌水可使岩质软化、软岩山体松弛，导致强度降低；促使围岩中软弱夹层泥化，减少层间阻力，导致岩体滑动；还可使某些岩类溶解和膨胀，使山体出现附加压力。厚含水层出现大量涌水时，将产生动水压力，出现流砂及渗透压力。含有害物质（硫酸、二氧化碳等）地下水对混凝土衬砌结构将产生侵蚀作用。涌水是造成塌方和使围岩丧失稳定的重要原因之一。枯水则可能影响隧道上方和使四周的井泉干涸，影响农业、渔业、施工和周边群众等用水。因此，调查地下水的发育状况对隧道工程非常重要。

涌水可分为集中涌水和稳定涌水。集中涌水有时以突然发生大量涌水的形式出现，往往造成隧道塌方、人身伤亡等重大事故。在岩溶地段发生的突然大量涌水，尤其是当遇到地下暗河时，涌水量往往可达数百～数千吨/小时；穿过厚含水砂砾石层时，涌水量可达数百吨/小时，遇有大的断层破碎带，尤其是与地表水有连通关系时，涌水量一般也可达到数十～数百吨/小时。要定量掌握集中涌水量是很困难的，主要应估计集中涌水对工程安全有影响的涌水位置、涌水压力、最大涌水量、稳定涌水量、山体稳定情况等。预测时可根据地质踏勘、弹性波探测及钻探等分析地质构造，了解含水层的位置、规模和透水性等。稳定涌水受隧道长度、埋深、位置、含水层规模和透水性等影响，并与流域的枯水流量有密切的关系，所以预测是可能的。

枯水调查的主要内容有河（溪）流的流域和流量，水利资源的利用情况，泉水、地下水的状态，植被、气象与隧道涌水有关联的问题，以往工程的枯水资料等。调查结果可以用坐标图表示，横轴表示时间，纵轴表示调查项目。枯水调查的目的是事先了解因隧道的开挖可能引起附近的枯水问题，并制订相应措施。调查时应针对附近水源的类型（井、泉、溪水、河流等）、用途与用量（饮用、农业、工业、渔业等）、大气降水量、地下水位及流量等的季节性变化进行的。

4. 详细勘察应提供的资料

1）概况。调查的目的、场所、范围、内容、方法、时间及参加人员等。

2）地形地质概况及岩石种类。地形、地貌概况、区域地质概况、气象和周边环境，地质时代、岩相、风化及变质情况、物理力学性质及对工程的影响、岩石的流变特性等；地层分布，成层状态、褶曲、断层、破碎带、层理、片理、节理等及其对工程的影响。

3）各种相关的图样。隧道地形地质平面图（比例尺为1/5000～1/1000），包括地质时代、岩相及地层划分，并能进行地质构造判读；隧道地质纵断面图（比例尺为1/2000～1/500），沿隧道中线纵断面绘制，反映围岩种类、地质构造、岩性、产状、涌水等，标明隧道线路标高、里程等；隧道洞口附近地形图（比例尺为1/500），在可能的洞口位置附近一定范围内绘制，沿线路中线每侧各100m的范围进行，用以确定洞口位置；隧道洞口附近地质纵断面图（比例尺为1/200）及洞口附近地质横断面图。

4）围岩分级情况，重大地质问题评价，钻探、试验资料整编等。

5）调查中遗留问题、隧道选线、设计及施工时应注意的问题，以及进一步调查的建议。

2.1.3　气象调查

隧道地区的气象条件对隧道选线、设计、洞外场地布置和各种施工设备、施工组织管理的设计等方面都有直接影响。如隧道洞口附近的洪水、滑坡、泥石流、阵风、风吹雪、雪崩、路面冻结、挂冰、雾、洞外亮度、海岸或山顶的阵风等对车辆的安全行驶有很大的影响。因此，在隧道工程设计施工中，必须依据气象条件选择防冻混凝土、混凝土集料及用水的保温、施工道路等。另外，隧道洞口附近的防风挡墙、预防风吹雪构造物、植树带的位置、洞口排出废气的流动方向等还受洞口附近的风向、风速的影响。气象调查一般有下列内容：

1）降雨：年降雨量、月平均降雨量、日最大降雨量、小时最大降雨量。

2）降雪：最大降雪日、最大积雪量、积雪期、最大日降雪量、雪密度、雪面温度。

3）气温、地温：年平均气温、绝对最高最低气温、日温差；冻结期、冻结深度、多年冻土深度，水温。

4）风向、风速：频率分布（年间、月间、日间）。

5）雾：降雾天数和程度（能见度）。

6）雪崩、风吹雪：场所、规模、频度、时期、种类。

7）洪水：洪水量、水位、时期。

制订气象观测计划时，应根据目的和用途选择观测项目、场所、时间、精度和仪器。观测场所应具有代表性，按适当的时间间隔进行。必要时应在隧址处设立气象观测点（站）进行观测，持续收集当地气象资料。

2.1.4　工程环境调查

隧道地区周边环境往往复杂多变，在隧道工程实施前、过程中及工程完成之后，应当对路线及其附近的环境进行调查，并征求各方面专家意见，评价隧道修建和营运交通对周边环境的影响程度，提出必要的环境保护措施。

(1) 自然环境调查　调查隧道场区及邻近地区相关地表水系、地下水露头、涌泉、温泉、沼泽、天然和人工湖泊、植被、矿产资源及动植物生态等自然环境状况。

(2) 社会环境调查　调查隧道场区内土地使用情况、农田、水利设施、建筑物、地下管线情况等。若场区内有公园、保护林、文化遗址、纪念建筑等需要保护的重要地物时，除应调查它们的现状外，还应提出隧道建设对其环境影响的评价和保护措施。

(3) 生活环境调查　调查生产生活用水、交通状况、施工和营运噪声、振动、污水及废气排放等对生态环境的影响；调查和预测施工和运营中地下水大量流失可能造成地表沉降、塌陷、地面建筑物的破坏、民众生产生活用水枯竭等环境问题的影响程度。

隧道运营过程中排出的废气和噪声受气象条件和通车情况影响而随时变化，应当进行全年测定，并进行隧道建成前后的比较。废气中对动植物有害的成分主要是 CO、CH_4、NO 和粉尘，影响程度受隧道长度和交通流量的影响。必要时应做废气扩散状况的风洞实验，推算其影响范围。对环境的污染情况一般以 CO 的计量为标准。隧道噪声主要是由车辆和通风机产生。没有消声设备的隧道，在隧道内噪声几乎不衰减，与洞外相比，噪声大得多，其持续时间也长，不过一离开洞口就很快衰减。通常应在距洞口和通风塔150m范围内进行噪声测定，测点应注意选择易因噪声发生问题的地点，测定时间应选择在有代表性的易因噪声发生问题的时刻。根据需要可在隧道内设置消声设施，消声设施不得侵入建筑限界。

（4）施工条件调查 调查施工便道、施工场地、弃渣场地、供水、供电、通信条件和建筑材料的来源、品质、数量等，以及其他可能影响施工的因素。

（5）工程环境评价报告 根据隧道工程环境调查的结果，对其环境做出评价，提交环境评价报告。报告的内容主要包括：本地区环境工程的概要、必要性及其评价效果，环境现状，环境预测、评价和保护措施等一系列内容。对于环境保护问题，应按照国家颁布的法律法规中的有关规定，在工程设计或施工中，采取相应的措施，力求满足环境保护的要求，防止环境破坏。

2.2 隧道位置选择

山区公路线形设计根据地形条件有绕行方案、路堑方案和隧道方案等，与前两种方案相比，隧道方案能使线路平缓顺直，病害少，维修简单，缩短线路，节省运输时间，还能最大限度地减少道路修建对自然植被的破坏。

隧道位置的选择

公路隧道应设计为永久性的构造物。隧道设计应满足公路交通规划的要求，其建筑限界、断面净空、隧道主体结构及营运通风、照明等设施，应按 JTG B01—2014《公路工程技术标准》规定的预测交通量设计。当近期交通量不大时，可采取一次设计，分期修建。隧道总体设计应遵循以下原则：

1）在地形、地貌、地质、气象、社会人文和环境等调查基础上，综合比选隧道各轴线方案的走向、平纵线形、洞口位置等，提出推荐方案。地质条件很差时，特长隧道的位置应控制路线走向，以避开不良地质地段；长隧道位置也应尽可能避开不良地质地段，并与路线走向综合考虑；中、短隧道可服从路线走向。

2）根据公路等级和设计速度确定车道数和建筑限界。在满足隧道功能和结构受力良好的前提下，确定经济合理的断面内轮廓。隧道内外平、纵线形应协调，以满足行车的安全、舒适要求。

3）根据隧道长度、交通量及其构成、交通方向以及环保要求等，选择合理的通风方式，确定通风、照明、交通监控等机电设施的设置规模。必要时特长隧道应做防灾专项设计。

4）应结合公路等级、隧道长度、施工方法、工期和营运要求，对隧道内外防排水系统、消防给水系统、辅助通道、弃渣处理、管理设施、交通工程设施、环境保护等作综合考虑。

5）当隧道与相邻建筑物互有影响时，应在设计与施工中采取必要的措施。

隧道位置选择包括洞身位置和洞口位置的选择两项，主要以地形、地质为主等进行综合考虑，宜首先排除显著不良地质地段，按地形条件拟定隧道及接线方案，再进行深入的地质调查，综合各方面因素，选定隧道位置。

2.2.1 隧道洞身位置选择

1. 按地形条件选择隧道位置

公路隧道是克服地形障碍的有效手段，隧道位置的选择在很大程度上受地形条件的制约。地形障碍包括高程障碍（公路前进方向遇到高山时，由于坡度的限制不能在一定距离内拔起越过山峰）与平面障碍（线路在山区绕行时，山嘴伸出太急，线路无法随之绕行的现象）。克服地形障碍主要有绕行（或沿河傍山绕行）方案、路堑方案及隧道方案。一般情况下，如果地形紧迫、山坡陡峭，采用隧道方案是比较有利的。隧道方案工程量大些，工期可能长些，但它能使线路平顺，不需用较大的坡度，不需设置太多、太急的曲线。隧道长度大时，考虑通风的影响，希望把纵坡控制在 2% 以下。

2. 按线路条件选择隧道位置

（1）越岭隧道位置选择　当线路从一个水系进入另一个水系时，要翻越其间的分水岭。为缩短线路里程，克服高度障碍，往往设计越岭隧道。越岭隧道经过的地区一般山峦起伏、地形陡峻、地质复杂，自然条件变化很大，越岭隧道往往起着控制路线局部方向的作用，施工时又常常控制全线工期，所以越岭隧道的位置应先在较大范围内比选，然后在较小范围内定位。从地形上考虑，隧道宜选在山体比较狭窄的鞍部（垭口）附近的底部通过，因为垭口处的山体相对较薄，从垭口穿越，隧道的长度较短，有利于降低工程投资。但从地质角度考虑，垭口地段的地质条件往往较差，遇到断层破碎带和软弱岩层的概率增大。因此，除了地形条件比选外，还必须对可能穿越的垭口，进行地质条件的比较，优先选择地质相对较好的垭口。每一垭口可以选择几个不同的隧道标高及展线方案，它们是相互联系、彼此影响的。一般隧道埋置深度越深，展线长度越短，相应技术经济指标越高，越有利于营运；但隧道埋置深度增加，导致隧道的长度也要相应增加，影响工程造价，延长工期。因此，隧道高程位置的选定，通常宜根据越岭地段的地质条件，并以临界高程作为隧道穿越方案的比选基础。临界高程是隧道造价、接线造价及营运费用的总和为最小的越岭高程。

总之，越岭隧道的路线，应进行较大面积方案的选择，对可能穿越的垭口，拟定不同的越岭高程及其相应的展线方案，结合路线线形及施工、营运条件等因素，进行全面技术经济比较后确定。一般宜选择地质条件较好的垭口一侧穿越。

（2）沿河傍山隧道　山区道路通常沿河傍山而行，该地段的地形、地质构造一般较复杂，河床狭窄、弯曲，经过常年的河水侵蚀和风化作用，地势往往变得陡峻，布线较为困难，技术指标也较低，路基工程的稳定性难以保证。为改善线形、提高车速、缩短里程，常需修建傍山隧道，又称河谷线隧道。这种隧道一般埋深较浅，地质条件复杂，常有山体崩塌、错落、岩堆、滑坡、泥石流、河岸冲刷等不良地质现象发生。路线沿河傍山，存在道路绕行、明挖路堑或修筑填土路基很困难问题，常采用隧道群或桥隧群解决。在选择傍山隧道位置时，如果靠河一侧设置，隧道的长度短，但埋深浅、洞壁过薄，存在偏压作用。因此，应尽量将隧道向山侧内移，以保证隧道有足够的覆盖层厚度，避免河流冲刷和不良地质对隧道稳定的不利影响。在河道窄、冲刷力强的地段，还应注意水流冲刷对山体和洞身稳定的影响，必要时应设置护坡、支挡结构。如果桥隧相连，应预先考虑施工中的相互干扰及洞口边坡的稳定问题。沿河傍山路线，究竟采用长大隧道、短隧道群或桥隧群中的哪种方案，应进行技术经济比较。

（3）不良地质地段隧道　地质条件在隧道位置选择诸因素中通常起着决定性作用，应尽量使洞身位于地质结构单一完整的地层中，这样隧道的掘进方法、结构形式、支护手段相对比较单一，有利于施工和保证工期，节省工程造价。而实际上工程地质、水文地质条件是千变万化的，线路不得不通过各种不良地质地段，此时选择隧道位置应当考虑如下因素：

1）崩塌。斜坡前缘的部分岩体被陡倾结构面分割，并以突然的方式脱离母体，翻滚而下，岩块相互冲撞、破坏，最后堆积于坡脚而形成岩堆，这种过程与现象称为崩塌。它的出现是突然的，规模大者达万方以上，冲击力很大，不易防范，也有小型块石塌落（图2-1）。巨型崩塌常发生在巨厚层状和块状岩体中；软硬相间层状岩体，多以局部崩塌为主。崩塌、岩堆都会给隧道施工带来极大的困难。根本的解决办法是选择隧道位置时，不要沿这类山坡通过，不得已时，也不要把隧道置于地表不厚的傍山位置，而应当尽可能地移入山体稳定岩层之中。如果崩塌和岩堆的情形不太严重，且正好是在洞口地段，则可设置一段明洞来解决。

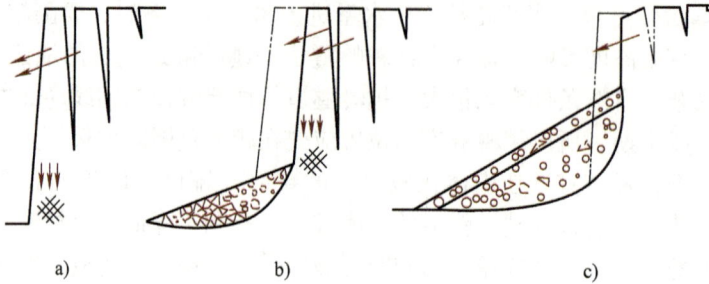

图2-1 崩塌过程示意图
a）崩塌初期　b）形成崩塌　c）崩塌继续发展

2）滑坡、错落。斜坡岩土体沿着连续贯通的破坏面向下滑动的过程与现象称为滑坡。它是由于地下水的活动、岩体构造、河流冲刷坡脚、不合理的人为切坡或坡顶加载、地震等原因，山坡土体沿某一软弱面有整体下滑的趋势而形成的。隧道通过这种地段时，如果土体滑床（可能的滑动面）的摩阻力小于下滑临界力，就会受到突然的土体推力，结构物受到挤压，使得隧道可能发生纵向裂缝，甚至将一段隧道结构横向剪切断开。下滑土体有时还可能带动整座隧道建筑物下移，所以，选择隧道位置时，应尽可能避开滑坡地段。另外，隧道也不应在错落体内通过，如果必须通过此类地段时，应使隧道洞身埋置在滑动面或错落体以下一定深度的稳固地层中。

与崩塌相比较，滑坡对斜坡的破坏不局限于斜坡前沿，也可涉及深层的破坏。滑床面可深入坡体内部，甚至到坡脚以下，可分为坡上、坡脚和坡基滑动等类型（图2-2）。滑坡的移动速度一般较缓慢，但有很大差异，它主要取决于滑床面的力学性状、外营力作用强度、斜坡岩土体的性质和结构特征等。

3）泥石流。泥石流是发生在山区的一种含有大量泥砂、石块的特殊洪流，顺山沟或峡谷流淌而下，来势凶猛，破坏力极大。泥石流的形成必须具备地形条件、地质条件和气象水文条件，因此，在可能形成泥石流的地区，应充分预计和判明泥石流的成因、规模、发展趋势和冲、淤变化规律，在选择隧道位置时，务必躲开泥石流泛滥区。隧道必须穿过泥石流沟床下部时，应使洞身置于基岩中或稳定的地层中，并保证拱顶以上有一定的安全覆盖厚度。要查明泥石流冲积扇范围，不可把洞口放在冲积扇范围以内。当隧道的洞口位置毗邻泥石流沟时，

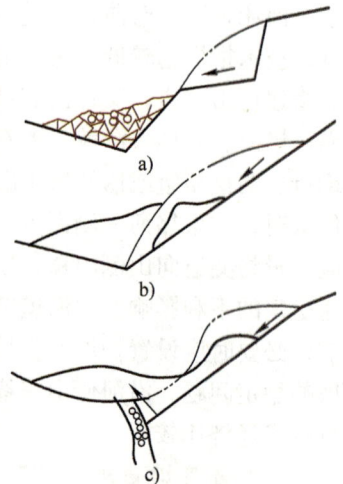

图2-2 滑动类型
a）坡上滑动　b）坡脚滑动
c）坡基滑动

应注意将隧道适当延长，以避免泥石流可能扩散范围的影响。

4）流砂。流砂是一种土的活动和作用，又称流土，或称土的液化。土发生流砂时呈悬浮状态，失去承载力。修建在该土体上的隧道，地基可能发生沉陷、失稳而破坏。隧道一般应避开流砂地段，无法避开时，应选择其范围最小且相对稳定地段，并以短距离通过；同时应提出合理可行的工程处理措施，以保证施工和洞身安全。

5）溶洞、土洞。岩溶是指地表水或地下水对可溶性岩石（如石灰岩）进行侵蚀、溶蚀而产生的空洞。土洞则是地表水或地下水对土层溶蚀、冲刷而产生的空洞。洞穴中有的充满积水，有的虽被自然填充，但填充物一般为承载力很低的软弱物质，如黏土、淤泥等。选择隧道位置时，应力求避免穿越岩溶严重发育的巨大空洞区、溶洞群及地质构造破碎带等地段，尽量避开易溶岩与难溶岩的接触带，否则可能给施工造成很大的困难，当不可能避开时，应选择在较狭窄且影响范围最小处，以垂直或大角度穿过，使通过的岩溶地段为最短。

6）瓦斯。在含煤地层中，蕴藏着有害气体，如甲烷（CH_4）和二氧化碳（CO_2）。隧道挖开后，有害气体逸出，轻则致人窒息，重则引起爆炸，危害甚大。选择隧道位置时，最好能避开。不得已时，应切实加强通风系统，以强有力的通风来稀释有害气体。

成渝高速公路的中梁山隧道左线长 3165m，右线长 3108m，通过二叠系上统龙潭组，煤层为优质无烟煤，瓦斯平均含量 $30m^3/t$，最大相对涌出量达 $181.09m^3/t$，最大绝对涌出量 $50m^3/min$，瓦斯压力 4MPa。采取的主要措施是：设置瓦斯自动报警装置，采用安全防爆器材爆破，超前钻孔、导坑掘进释放瓦斯，严格监测，强化巷道式通风以降低瓦斯含量，使得瓦斯含量降到允许值以下，防止瓦斯爆炸。

7）危岩、落石。洞口地质条件往往较差，在施工和运营中，路堑边坡和边仰坡的自然坡面的危岩和落石经常砸向路面，影响交通安全。为防止落石，通常采用接长明洞的方法。由于危岩、落石的影响程度与短隧道群、高边坡密切相关。因此，在选择隧道位置时，应尽可能地避免短隧道群，宜采用长大隧道。对已成路堑，如采用"支、顶、锚、拦"把握不大时，应以明洞方案彻底解决。

2.2.2 隧道洞口位置的选定

1. 洞口位置选择的原则

隧道洞口位置的选择是隧道勘测设计的重要内容之一，洞口位置选择得是否合理，对隧道施工、造价、工期和运营安全都会产生直接影响。应综合考虑洞口地形、地质条件、洞外有关工程及施工条件、营运要求和周围环境保护，通过技术、经济等因素比较确定，不能单纯考虑经济问题。同时，对洞口边坡、仰坡的稳定性应着重考虑，以免造成难以整治的病害，甚至危及施工和营运安全。

早进晚出

洞口边坡、仰坡顶面及其周围，应根据情况设置排水沟及截水沟，并和路基排水系统综合考虑布置。

高速公路、一级公路和风景区洞门形式及其附属设施的设计应力求与自然环境相协调，有条件时，洞门周围应植物绿化。隧道洞门应与隧道轴线正交。

隧道进出口是隧道建筑物唯一的暴露部分，也是整个隧道的薄弱环节。通常洞口覆盖层厚度较薄，地质条件较差，多为严重风化的堆积体，地形倾斜时又易造成浅埋偏压；在隧道开挖

扰动和地表雨水冲刷的作用下，容易造成山体失稳，产生滑动和坍塌现象。因此，在隧道线路设计中，洞口位置的选择是一项很重要的工作，如若选择不当，施工时，常易发生塌方，行车后，又常滚石掉块，危及行车，最后不得不通过修建明洞来接长隧道，增加总的工程造价。

根据我国隧道工程的几十年实践经验，总结出"早进晚出"的原则。在决定隧道洞口位置时，为了施工及运营的安全，隧道宜长不宜短，即宁可早一点进洞，晚一点出洞，尽量避免大挖大刷边坡，破坏山体稳定，确保洞口边坡及仰坡的稳定安全。当然，所谓早和晚都是相对的，并不意味着进洞越早越好，出洞越晚越好，不应当盲目地把隧道定得很长，而是应当从科学合理的角度选择洞口位置。

2. 洞口位置选择的具体要求

在贯彻"早进晚出"的原则时，洞口位置的确定应符合以下要求：

1）隧道洞口边坡及仰坡必须保证稳定。有条件时，应贴壁进洞（图2-3）；条件限制时，边坡及仰坡均不宜开挖过高，不使山体开挖太甚，也不使新开出的暴露面太大。一般情况下，各级围岩中隧道洞口边、仰坡的设计开挖最大高度可按表2-1控制。

表2-1 隧道洞口边、仰坡的控制高度

围岩级别	I~II			III		IV			V~VI	
边坡、仰坡坡率	贴壁	1:0.3	1:0.5	1:0.5	1:0.75	1:0.75	1:1	1:1.25	1:1.25	1:1.5
高度/m	15	20	25	20	25	15	18	20	15	18

注：1. 洞口边坡、仰坡高度为路面设计高程至边坡、仰坡顶的高度。

2. 对II级及以上围岩，若边坡、仰坡安全能够得到保证，其边坡要求可适当放宽；对于V级及其以下围岩，设计时应尽可能降低控制高度。

3. 本表主要针对双车道隧道，其他隧道参照执行。

2）洞口位置应设在山坡稳定、地质条件较好、地下水不太丰富及排水有利处。尽量避开滑坡、崩塌、岩堆、岩溶、流砂、泥石流、雪崩、冰川等不良地质地段，并结合洞外相关工程和施工的难易，通过技术经济比较确定洞口位置，避免造成难以整治的病害，危及施工和营运安全。

3）洞口位于悬崖陡壁下时，不宜切削原山坡，避免扰动坡面和破坏地表植被及暴露风化破碎岩层。因为山体经过若干年的地质构造运动，内力已经自行达到了稳定的平衡。若洞口岩壁稳定，基本不会出现崩塌或落石时，可以采用贴壁式，如图2-3所示。若存在塌方可能时，应采用接长明洞的办法，将洞口延伸至危险范围以外3~5m，如图2-4所示。

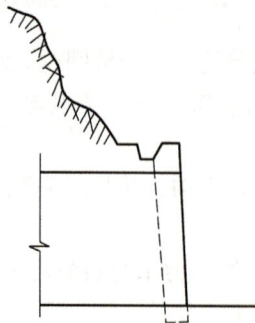

图2-3 贴壁进洞时洞口纵断面示意图

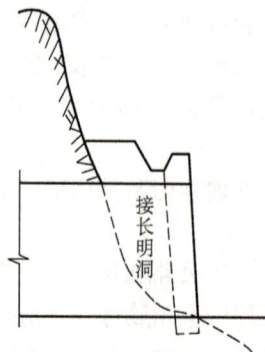

图2-4 悬崖陡壁下接长明洞示意图

4）跨沟或沿沟进洞时，应考虑水文情况，结合防排水工程，洞口不宜设在沟谷低洼汇水处，如图 2-5 中 A 线。沟谷低洼处工程地质条件差，常会遇到断层带或褶曲带、古塌方、冲积土等松散地质，地下水比较丰富，对施工及营运养护管理都不利。所以洞口最好放在沟谷一侧，让出沟心，留出泄水的通路，如图 2-5 中 B 线。如果隧道附近有河流、湖泊、溪水等水源时，洞口高程应在洪水位安全线以上，以防洪水倒灌入隧道。

5）应使隧道轴线与地形等高线正交，使洞口结构物受力条件好，避免斜交进洞时存在偏压作用。傍山隧道限于地形，只能斜交进洞时，也应使交角不太小，洞口覆盖层厚度视具体情况，不应小于 2~3m，其边坡、仰坡应采取喷锚支护加固。另外，应尽量避免出现坡面平行型、山脊突出部进入型、沟谷部进入型隧道轴线（图 2-6）。

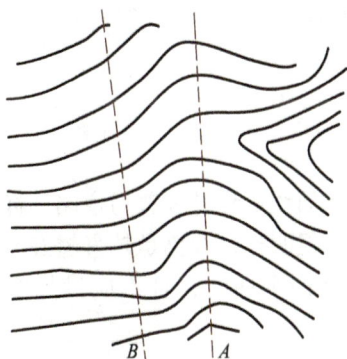

图 2-5　沟谷低洼附近洞
口平面位置示意图

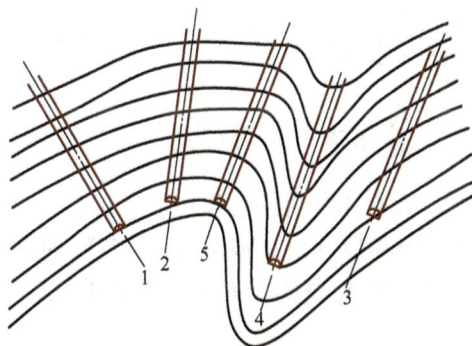

图 2-6　隧道洞口轴线与地形关系
1—坡面正交型　2—坡面斜交型　3—坡面平行型
4—山脊突出部进入型　5—沟谷部进入型

6）当洞口地形平缓时，一般也应早进洞晚出洞。在这种情况下，洞口位置选择余地较大，应结合洞外路堑地质、填方、排水、弃渣场地和施工工期等因素综合分析确定。若洞口位于堆积层上，为避免引起坍塌、滑坡、保持山体稳定，一般不宜大量刷坡，需要时可以考虑接长明洞，确保施工和运营安全。

7）洞口位置确定以后，要考虑施工场地的布置。隧道洞口多在山地沟谷之中，地势狭窄，而施工有许多工序是在洞外进行的，需要一定的场地。尤其是随着隧道施工的不断向前延伸，开挖的岩土源源不断地往外堆积，洞外就显得更狭小。对于长大隧道，应综合考虑洞门附近施工场地、弃渣场及施工便道等布置对组织施工和工程进度的影响。

8）洞口附近有地面建筑及地下埋设物时，考虑提前进洞，尽可能减少附近地面建筑物、地下埋设物与隧道的相互影响，必要时采取防范措施。当洞口附近有居民点时，还应预先考虑施工爆破、噪声、水质污染对环境的影响，切实做好相应的工程措施。另外，设计施工时应考虑尽量少破坏天然植被，以便最大限度地保护自然景观。

9）河水漫坡地段的洞口位置，应结合洞外路堑地质、弃渣、排水及施工等因素综合分析确定，避免洪水侵入隧道。濒临水库地区的隧道，其洞口路肩设计高程应高出水库计算洪水位（含浪高和雍水高）不小于 0.5m，同时应注意由于水的长期浸泡造成库壁坍塌对隧道稳定的不利影响，并采取相应的工程措施。

隧道设计水位的洪水频率标准可按表2-2取值。当观测洪水高于标准值时，应按观测洪水设计；当观测洪水的频率在高速公路、一级公路、二级公路超过1/100，三、四级公路超过1/50时，则应分别采用1/100、1/50的频率设计。

表2-2　隧道设计水位的洪水频率标准

隧道类别	高速公路、一级公路	二级公路	三级公路	四级公路
特长隧道	1/100	1/100	1/50	1/50
长隧道	1/100	1/50	1/50	1/25
中、短隧道	1/100	1/50	1/25	1/25

2.3　隧道线路设计

2.3.1　隧道线路平面设计

隧道平面是指隧道中心线在水平面上的投影，隧道的平面线形设计和普通道路一样，要按JTG D20—2017《公路路线设计规范》的有关规定进行。很明显，线路是越直越好，原则上采用直线，避免曲线。如必须设置曲线时，不宜设超高的平曲线，且不应设加宽的平曲线。

设置平曲线时会遇到小半径曲线和超高，采用小半径曲线将会出现以下三个问题：一是产生视距问题，为确保视距，需要加宽断面，断面加宽后施工变得困难，而断面不统一，各断面相互过渡也增加了施工难度，这些都将相应增加工程费用；二是增加隧道内噪声和振动；三是为了确保行车安全，必须限制行车速度。车辆通过曲线部分时，由于离心力的作用，有向曲线外侧抛出的趋势，为了防止车辆向外倾覆，需使曲线外侧路面提高，就是所谓的"超高"。设置超高时，也会导致断面的加宽。因为隧道内是禁止超车的，所以只能采用停车视距，根据停车视距可以换算出设置曲线时不加宽的最小曲线半径。曲线隧道即使不加宽，在测量、衬砌、内装、吊顶等工作上也会变得复杂。因为洞身弯曲，洞壁对气流的阻力加大，使通风条件变差。

隧道不设超高的圆曲线最小半径应符合表2-3的规定。当由于特殊条件限制隧道平面曲线时，其超高值不宜大于4.0%，技术指标应符合《公路路线设计规范》的有关规定。隧道的停车视距与会车视距应符合表2-4的规定。

表2-3　公路隧道不设超高的圆曲线最小半径　　　　　（单位：m）

路拱	设计速度/（km/h）						
	120	100	80	60	40	30	20
≤2.0%	5500	4000	2500	1500	600	350	150
>2.0%	7500	5250	3350	1900	800	450	200

应当指出的是，单向行驶的长隧道，如果在出口一侧设置大半径曲线，面向驾驶人的出口处边墙的亮度是逐渐增加的，尤其是当出口处阳光可以直接射入时，或洞门面向大海等亮度高的情况，这有利于驾驶人的"光亮适应"，此时隧道出口段曲线的优势是设计所需，该

种情形设计时应慎重考虑。

表 2-4　公路隧道的停车视距与会车视距

公路等级	高速公路、一级公路				二、三、四级公路				
设计速度/（km/h）	120	100	80	60	80	60	40	30	20
停车视距/m	210	160	110	75	110	75	40	30	20
会车视距/m	—	—	—	—	220	150	80	60	40

　　高速公路、一级公路的隧道应设计为上、下分离的独立双洞。分离式独立双洞的最小净距，按对两洞结构彼此不产生有害影响的原则，结合隧道平面线形、围岩地质条件、断面形状和尺寸、施工方法等因素确定，一般情况可按表 2-5 取值。一座分离式双洞隧道，可按其围岩代表级别确定两洞最小净距。在桥隧相连、隧道相连、地形条件限制等特殊地段隧道净距不能满足表 2-5 的要求时，可采用小净距隧道或连拱隧道形式，但应做出充分的技术论证和比较研究，并制订可靠的技术保障措施，确保工程质量。

表 2-5　分离式独立双洞的最小净距

围岩级别	I	II	III	IV	V	VI
最小净距/m	1.0B	1.5B	2.0B	2.5B	3.5B	4.0B

注：B 为隧道开挖断面的宽度。

2.3.2　隧道线路纵断面设计

　　隧道纵断面是隧道中心线展开后在垂直面上的投影。隧道的纵坡以不妨碍排水的缓坡为宜，纵坡过大，对汽车行驶、隧道施工和养护管理都不利。控制隧道纵坡的主要因素之一是通风问题，一般把纵坡控制在 2% 以下，超过 2% 时，汽车排出的有害物质迅速增加，即汽车排出的有害物质随着纵坡的增大而急剧增多。所以隧道内纵线形应考虑行车安全性、运营通风规模、施工作业效率和排水要求，隧道纵坡不应小于 0.3%，一般情况不应大于 3%。《公路隧道设计细则》规定"隧道内纵坡不应小于 0.3%"，这是考虑到隧道在施工和营运时洞内排水的需要，为了使隧道涌水和施工用水能在坑道内侧沟中流出，需要 0.3% 的坡度。中、短隧道受地形限制时，应综合权衡隧道后期运营与工程建设费用，采用一定措施提高隧道行车安全性后，最大纵坡可适当加大到 4%；在特别困难的条件下，经技术经济论证，最大纵坡还可加大至 5%。短于 100m 的隧道纵坡可与该公路隧道外路线的指标相同。

　　公路隧道的基本坡道形式有单坡和人字坡两种（图 2-7）。单向通行的隧道，设计成单坡（下坡）对通风是非常有利的，因汽车都是下坡，发动机处于低功率状态，产生的有害气体少，但坡度不要大于 3%，否则，高位洞口的施工会有困难。采用自然通风的隧道，因为两端洞口的高差是决定通风效果的重要因素之一，所以坡度可尽量采用上限值，但也不能大于 3%。

　　采用人字坡的隧道，施工时隧道两端的出渣与排水都有利，但通风较差，所以一般将坡度控制在 1% 以下为宜。人字坡多用于长大隧道，尤其是越岭隧道。在满足排水的同时，人字坡不必抬高洞口高程，它与山坡的自然坡形正好一致，这对于不需要争取高程的越岭隧道是十分合适的。由于隧道两端都是往上坡施工，因而掘进、排水都有利，但施工废气将自然集聚于工作面，不利于通风。运营时，废气也会聚集在坡顶，虽然用较强的机械通风，有时

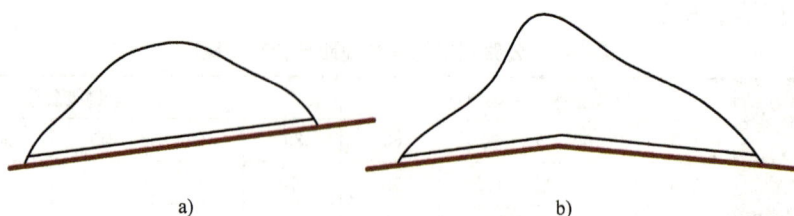

图2-7 坡道形式

a）单坡 b）人字坡

也排除不干净，长期积累，浓度渐渐增大，因而对于长大隧道，往往在坡顶设置通风竖井，以利运营通风。

隧道内的纵坡变更处均应设置竖曲线，并尽量选用大值，以利于通视和通风。纵坡变更的凸形竖曲线和凹形竖曲线的最小半径和最小长度应符合表2-6的规定。隧道纵坡的变换不宜过大、过频，以保证行车安全视距和舒适性。为了提高视线的诱导作用及满足乘客乘坐舒适，在隧道中尽可能考虑选用较大竖曲线半径和竖曲线长度。

表2-6 竖曲线最小半径和最小长度

设计速度／（km/h）		120	100	80	60	40	30	20
凸形竖曲线半径/m	一般值	17000	10000	4500	2000	700	400	200
	极限值	11000	6500	3000	1400	450	250	100
凹形竖曲线半径/m	一般值	6000	4500	3000	1500	700	400	200
	极限值	4000	3000	2000	1000	450	250	100
竖曲线长度/m		100	85	70	50	35	25	20

2.3.3 隧道线路接线

隧道洞口连接线的平面及纵断面线形应与隧道线形相协调，确保有足够的视距和行驶安全。隧道两端洞口连接线的纵坡应有一段距离与隧道纵坡保持一致。为了使汽车能顺利驶入隧道，驾驶人应提前知道前方有隧道，而且在离隧道一定距离时，驾驶人应当能自然地集中注意力观察到洞口及其附近的情况，并保证有足够的安全视距，可以及时察觉到前方障碍物，以便采取适当措施，确保行车安全。把开始注视的点称为注视点，从注视点到安全视距点所需的时间称为注视时间。从注视点到洞口采用通视线形极为重要。在洞口及其附近放入平曲线或是竖曲线的变更点时，应以不妨碍观察隧道，且保证有足够的注视时间为最低限度。

《公路隧道设计细则》规定，隧道洞外接线应与隧道内线形相协调，并符合以下规定：

1）隧道洞口内外各3s设计速度行程长度范围的平面线形应保持一致。

① 平面线形一致是指洞口内外处于同一个直线或圆曲线内。

② 缓和曲线内曲率不断变化，不应视为线形一致。

③ 当处于下列两种情况下时，洞内外接线可采用缓和曲线或缓和曲线与圆曲线组合线形，但应在洞口内外线形诱导和光过渡等方面采取措施，保证行车安全：

a. 路线平纵面线形指标较高（平曲线半径大于规范规定的一般平曲线半径最小值的 2 倍，纵面最大纵坡小于 2%），行车视距大于停车视距规定值 2 倍以上，且调整后工程规模增加较大时。

b. 隧道群之间每个洞口线形均采用理想线形有困难，在平面指标较高、处于上坡进洞，且行车视距满足要求时。

2）隧道入洞前一定距离内，应设置必要的安全设施和视线诱导标志，保证隧道洞外连接线形均衡过渡。

① 由于光线的剧烈变化及公路宽度和行车环境的改变，隧道进出口是事故多发地段。当隧道出进段洞外设置较长、较大的下坡时，不应在洞口设置小半径的平曲线进洞。

② 隧道出洞口段洞内纵坡较大时，应避免在洞口设置小半径的平曲线山洞。

③ 双洞隧道平面分线应在保证出洞方向线形较顺畅的前提下，灵活选择进洞方向的平面分离点，进洞方向的平面指标不必过高，分离式断面长度不宜过长。

3）隧道洞口内外各 3s 设计速度行程范围的纵面线形应尽量保持一致，有条件时宜取 5s 设计速度行程。隧道洞口的纵坡，宜设置一定长度的直坡段，以使驾驶人有较好的行车视距。当条件困难不能满足上述要求时，应采用较大的竖曲线半径；特别是当隧道设计速度大于或等于 60km/h 时，隧道洞口竖曲线半径应符合表 2-7 的规定。

表 2-7　洞口视觉所需的最小竖曲线半径

设计速度/(km/h)		120	100	80	60
竖曲线半径/m	凸形	20000	16000	12000	9000
	凹形	12000	10000	8000	6000

4）隧道洞口外应符合相应公路等级的视距规定。隧道接线设置中间分隔带时，应采用停车视距；无中间分隔带时，采用会车视距。

5）并行双洞特长及长隧道应在洞口外适当位置设置联络通道，以利于特殊情况下车辆掉头。

① 分离式的双洞洞口外均应设置转向车道，以方便隧道维修、养护和应急抢险等。

② 特长及长双洞隧道应在洞口外适当位置设置联络通道，联络通道形式可采用交叉 X 形。

③ 中、短隧道宜结合路段中央分隔带开口合并设置，联络通道形式可采用简易 II 形。

④ 隧道前后 750 ~ 1000m 内设置有中央分隔带开口时，可不设转向车道。

6）当隧道洞门内外路基（路面）宽度变化较大时，隧道洞口外与之相连的路段应设置距洞口不小于 3s 设计速度行程长度，且不小于 50m 的过渡段；在满足车道行驶轨迹条件下，保持公路断面过渡的顺适。

7）分左、右幅设置的分离式隧道，其分线（或合线）的处理，宜按左、右幅分别进行线形设计（线形分离）。对小净距或连拱隧道，受地形条件限制，宽度变化不大于 1m 时，可采用设置过渡段的方式，按中间带变宽处理。过渡段的长度宜按 4s 设计速度行程考虑。

设计速度行程的长度见表 2-8。

表2-8 设计速度行程长度

设计速度/（km/h）		120	100	80	60	40	30	20
行程长度/m	3s	100	83	67	50	33	25	17
	4s	133	111	89	67	44	33	22
	5s	167	139	111	83	55	42	28

近年来，在山区高速公路建设中，遇到一些距离很近的短隧道群，对于这种情况，可视为长隧道，其平、纵线形指标按长隧道考虑。

隧道内的路肩宽度与一般道路相比要缩小很多，需要进行平滑过渡，应在适当的距离内收缩，使汽车进出隧道时顺利。所以，通常根据设计车速设计成1/25～1/50的楔形过渡段，在这个收缩过渡段中，一般应当由路缘石、护栏、路面标志线及其他洞口附近的构造物等。另外，设计引线时应考虑到接近洞口的桥梁、路堤等。

2.4 隧道横断面设计

2.4.1 隧道净空与限界

隧道净空是指隧道衬砌内轮廓线所包围的空间，包括隧道建筑限界、通风、照明及其他所需面积。隧道断面形状和尺寸应根据围岩压力求得最经济值。

"隧道建筑限界"是为了保证隧道内各种交通的正常运行与安全，而规定在一定宽度和高度范围内不得有任何障碍物的空间范围。也就是说，"隧道建筑限界"是指建筑物（包括衬砌、通风管道等）不能侵入的一种限界。隧道净空除了包括建筑限界，还包括通风管道、照明设施、防灾设备、监控设备、运行管理等附属设备所需要的足够空间，以及富余量和施工允许误差等。

公路隧道建筑限界（图2-8）由行车道宽度（W）、左侧向宽度（L_L）、右侧向宽度（L_R）、余宽（C）、人行道宽度（R）或检修道宽度（J）等组成。相应基本宽度的数值规定可参见表2-9。为了消除或减少隧道边墙给驾驶人带来害怕与边墙冲撞的心理效应（"侧墙效应"），保证一定车速的安全通行，应在行车道两侧设置一定宽度的侧向宽度或余宽。

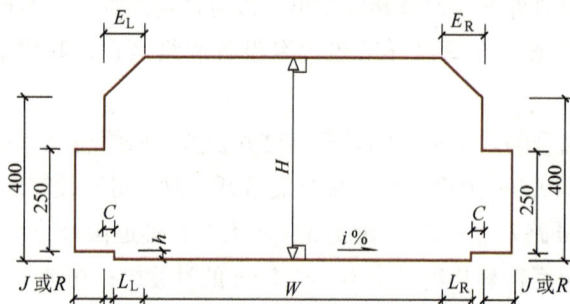

图2-8 公路隧道建筑限界（单位：cm）

H—建筑限界高度 W—行车道宽度 L_L—左侧向宽度 L_R—右侧向宽度 C—余宽 J—检修道宽度
R—人行道宽度 h—检修道或人行道的高度 E_L—建筑限界左顶角宽度，当 $L_L \leqslant 1m$ 时，$E_L = L_L$；
当 $L_L > 1m$ 时，$E_L = 1m$ E_R—建筑限界右顶角宽度，当 $L_R \leqslant 1m$ 时，$E_R = L_R$；当 $L_R > 1m$ 时，$E_R = 1m$

表 2-9　公路隧道建筑限界横断面组成最小宽度

公路等级	设计速度/(km/h)	车道宽度 W/m	侧向宽度 L/m		余宽 C/m	人行道宽度 R/m	检修道宽度 J/m		隧道建筑限界净宽/m		
			左侧 L_L	右侧 L_R			左侧	右侧	设检修道	设人行道	不设检修道、人行道
高速公路 一级公路	120	3.75×2	0.75	1.25	0.50		1.0	1.0	11.50		
	100	3.75×2	0.75	1.00	0.25		0.75	1.0	11.00		
	80	3.75×2	0.50	0.75	0.25		0.75	0.75	10.25		
	60	3.50×2	0.50	0.75	0.25		0.75	0.75	9.75		
二级公路	80	3.75×2	0.75	0.75	0.25	1.00				11.00	
	60	3.50×2	0.50	0.75	0.25	1.00				10.00	
三级公路	40	3.50×2	0.25	0.25	0.25	0.75				9.00	
四级公路	30	3.25×2	0.25	0.25	0.25						7.50
	20	3.00×2	0.50	0.50	0.25						7.50

注：1. 三车道隧道除增加车道数外，其他宽度同表；增加车道的宽度不得小于 3.5m。

　　2. 四级公路隧道、连拱隧道的左侧可不设检修道或人行道，但应保留余宽。

　　3. 设计速度 120km/h 时，两侧检修道宽度不宜小于 1.0m；设计速度 100km/h 时，右侧检修道宽度不宜小于 1.0m。

建筑限界置于隧道内轮廓内的情况如图 2-9 所示。

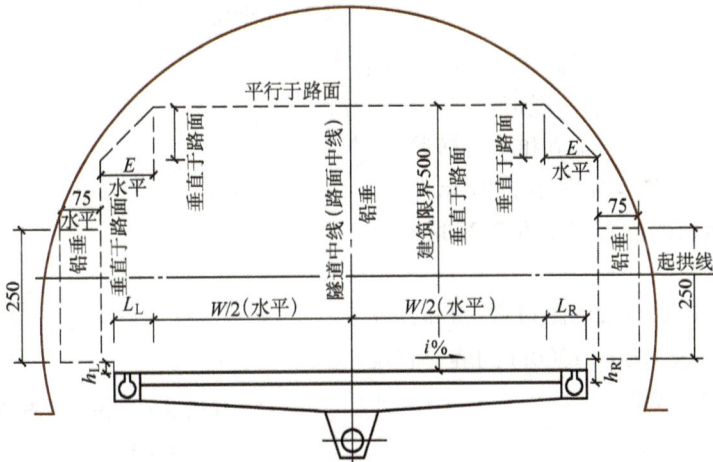

图 2-9　隧道建筑限界的基本情况（单位：cm）

建筑限界高度，高速公路、一级公路、二级公路取 5.0m，三、四级公路取 4.5m。当设置检修道或人行道时，不设余宽；当不设置检修道或人行道时，应设不小于 25cm 宽的余宽；隧道路面横坡，当隧道为单向交通时，应取单面坡；当隧道为双向交通时，可取双面坡。坡度应根据隧道长度、平纵线形等因素综合确定，一般可采用 1.5% ~ 2.0%。当路面采用单面坡时，建筑限界底边线与路面重合；当采用双面坡时，建筑限界底边线应水平置于路面最高处。对于单车道四级公路的隧道应按双车道四级公路标准修建。

山岭特长、长隧道不设硬路肩或硬路肩宽度小于 2.5m 时，单洞两车道隧道应设紧急停车带，单洞三车道隧道宜设置紧急停车带。紧急停车带的宽度应为 3.0m，且与右侧侧向宽度之和应大于或等于 3.5m，有效长度不得小于 40m。紧急停车带的设置间距，单向行车时，不宜大于 750m；双向行车时，同侧间距不宜大于 1000m。停车带的路面横坡，长隧道可取水平，特长隧道可取 0.5% ~ 1.0% 或水平。紧急停车带建筑限界的构成如图 2-10 所示。布设检修道、人行道的隧道，可不设紧急停车带，但应按500m间距交错设置行人避车洞。

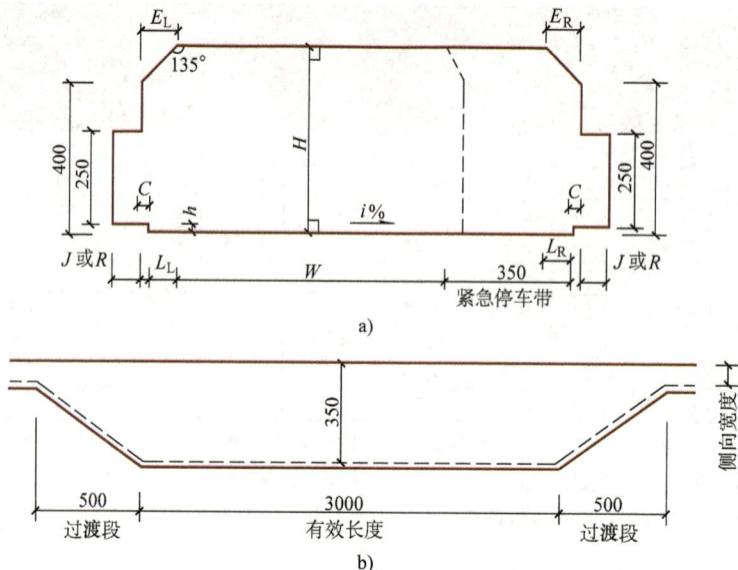

图 2-10　紧急停车带的建筑限界、宽度和长度（单位：cm）

a) 宽度构成及建筑限界　b) 长度

上下行分离式独立双洞的公路隧道之间应设置横向通道，并符合下列规定：

1) 横通道分为人行横通道和车行横通道，其断面建筑限界一般规定如图2-11所示。

2) 人行横通道的设置间距可取250m，并不大于500m。

3) 车行横通道的设置间距可取750m，并不得大于1000m；长1000~1500m的隧道宜设1处，中、短隧道可不设。

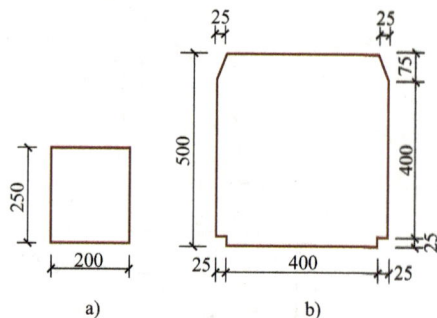

图 2-11　横通道的断面建筑限界（单位：cm）

a) 人行横通道　b) 车行横通道

2.4.2　曲线隧道净空加宽

《公路工程技术标准》规定，当隧道位于平曲线半径等于或小于250m地段时，应在曲线内侧加宽。双车道路面的加宽值规定见表2-10；单车道路面加宽按表列数值的1/2采用。

表 2-10　公路隧道平曲线加宽值　　　　　　　　　　　（单位：m）

加宽类别	汽车轴距加前悬	平曲线半径								
		250~200	<200~150	<150~100	<100~70	<70~50	<50~30	<30~25	<25~20	<20~15
1	5	0.4	0.6	0.8	1.0	1.2	1.4	1.8	2.2	2.5
2	8	0.6	0.7	0.9	1.2	1.5	2.0	—	—	—
3	5.3+8.8	0.8	1.0	1.5	2.0	2.5	—	—	—	—

注：四级公路和山岭重丘的三级公路采用第1类加宽值；其余各级公路采用第3类加宽值。对不经常通行集装箱运输半挂车的公路，可采用第2类加宽值。

2.4.3　隧道衬砌内轮廓线的拟定

隧道衬砌设计应综合考虑地质条件、断面形状、支护结构、施工条件等，并应充分利用围岩的自承能力。衬砌应有足够的强度和稳定性，保证隧道长期安全使用。衬砌结构类型和尺寸，应根据使用要求、围岩级别、工程地质和水文地质条件、隧道埋置深度、结构受力特点，并结合工程施工条件、环境条件，通过工程类比和结构计算综合分析确定。在施工阶段，还应根据现场监控量测调整支护参数，必要时可通过试验分析确定。隧道断面设计主要解决内轮廓线、轴线和截面厚度三个问题。

衬砌的内轮廓线应尽可能地接近建筑限界，而且使衬砌内表面圆顺，不留棱角。衬砌断面的轴线应当尽量与断面压力轴线重合，使各截面主要承受压力作用而无拉力作用。经验表明，当衬砌承受径向分布的静水压力时，结构轴线以圆形最理想；当衬砌主要承受竖向荷载和不大的水平侧压力时，结构轴线上部宜采用圆弧形或尖拱形，下部则做成直墙式衬砌；当承受竖向荷载和较大侧压力时，宜采用五心圆曲墙式衬砌。当有底鼓压力时，则结构底部应施筑仰拱为宜。衬砌各截面厚度根据隧道所处的地质条件和水文地质条件不同而变化，也与隧道受到荷载大小、跨度、衬砌材料和施工条件有关。隧道建筑物各部结构的截面最小厚度应大于表 2-11 的数值。

表 2-11　截面最小厚度　　　　　（单位：cm）

建筑材料种类	隧道和明洞衬砌			洞门端墙、翼墙和洞口挡土墙
	拱圈	边墙	仰拱	
混凝土	20	20	20	30
片石混凝土		50	50	50
浆砌粗料石		30		30
浆砌片石		50		50

隧道的内轮廓必须符合前述的隧道建筑净空限界，结构的任何部位都不应侵入限界以内。隧道的内轮廓还应满足洞内路面、排水设施、装饰的需要，并为通风、照明、消防、监控、营运等内部装修设施提供安装空间，同时考虑围岩变形、施工方法影响的预留富余量，使确定的断面形式及尺寸符合安全、经济、合理的原则。

（1）衬砌内轮廓线　它是指衬砌在隧道净空内的完成线，在内轮廓线之间的空间即隧道的净空断面。该线应满足所围成的断面面积最小，适合围岩压力和水压的特点，以经济、安全、适用和合理为目的。我国和国外的铁路隧道已在推动断面标准化，我国铁路隧道的建筑限界是统一固定的。因此，相同围岩类别情况下，铁路隧道衬砌结构的断面形状也是固定的，这些衬砌结构均有通用的设计标准图，一般不需做专门的设计。

（2）衬砌外轮廓线　为保持隧道净空断面的形状，衬砌必须有足够厚度（或称衬砌最小厚度）的外缘线。为了确保衬砌有足够的厚度，侵入该线的岩土体必须全部清除，初期支护等也不应侵入，因此，该线又称最小开挖线，如图 2-12 所示。

（3）实际开挖线　在隧道光面爆破开挖时，为保证衬砌外轮廓线形状，实际开挖线不可避免成为不规则形状，而且通常开挖断面的实际轮廓线稍稍超过外轮廓线，也称超挖线。

超挖部分的大小称为超挖量，实际开挖线是凹凸不平的，所以一般取超挖量的平均值为10cm，它是设计时进行工程量计算的依据。在施工中，尤其是钻爆法施工时，实际开挖线很难刚好达到平均线，常常比它还要大，这就增加了不必要的工程量，如何控制它，至今仍是一个难题。按设计要求，所有超挖部分都要用片石回填密实。由于施工中的困难，往往不容易做到回填密实，但这是设计、施工中都应强调的问题。

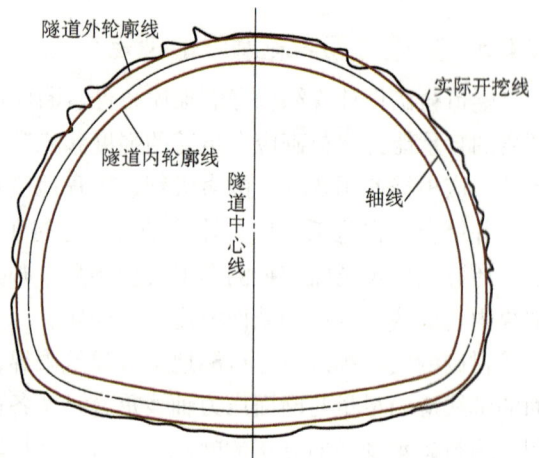

图 2-12　隧道断面轮廓线

随着我国公路隧道建设规模不断扩大，各地在设计隧道横断面时标准不统一，隧道内轮廓有单心圆的，有三心圆的，既有尖拱又有坦拱，曲率不一。甚至同一条公路上出现几种不同的内轮廓断面，这既影响洞内各种设施的布置，又不利于施工时衬砌模板的制作。经过多年的工程实践和内力分析，JTG 33701—2018《公路隧道设计规范　第一册　土建工程》制定了隧道内轮廓统一标准，即拱部为单心圆拱，侧墙为大半径圆弧，仰拱与侧墙间用小半径圆弧连接。图 2-13 所示为两车道隧道标准内轮廓断面，图 2-14 所示为三车道隧道标准内轮廓断面。

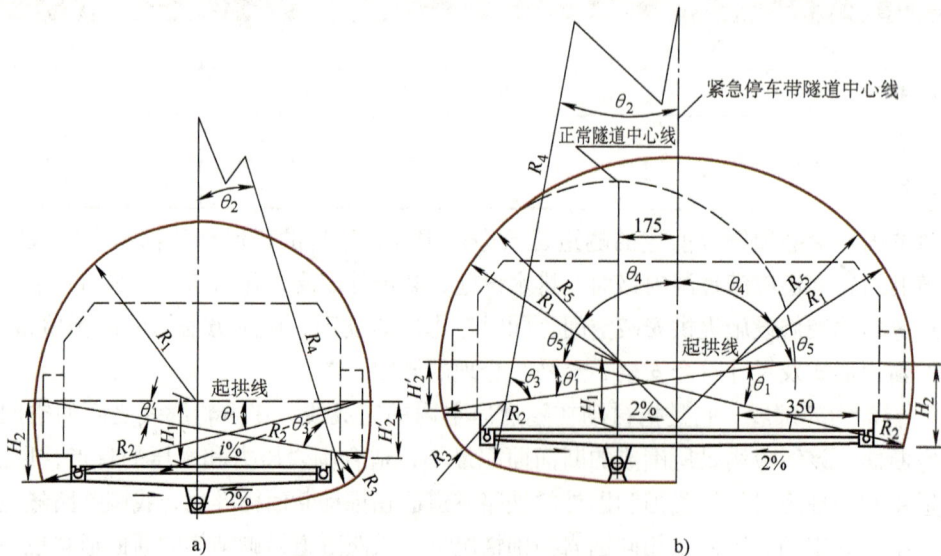

图 2-13　两车道隧道标准内轮廓断面

a）标准断面　b）紧急停车带断面

R_1—拱部圆弧半径　R_2—侧墙圆弧半径　R_3—侧墙与仰拱连接段圆弧半径　R_4—仰拱圆弧半径　R_5—紧急停车带拱部圆弧半径
H_1—路面至起拱线的高度　H_2—侧墙结构高度　H_2'—设仰拱时的侧墙结构高度（侧墙与仰拱连接点至起拱线的高度）
θ_1—起拱线与 R_2 的夹角　θ_1'—设仰拱时起拱线与 R_2 的夹角　θ_2—隧道结构中心线与 R_4 的夹角　$\theta_3 = 90° - (\theta_1' + \theta_2)$
θ_4—半径为 R_5 的拱部圆弧段夹角　θ_5—半径为 R_1 的圆弧段夹角

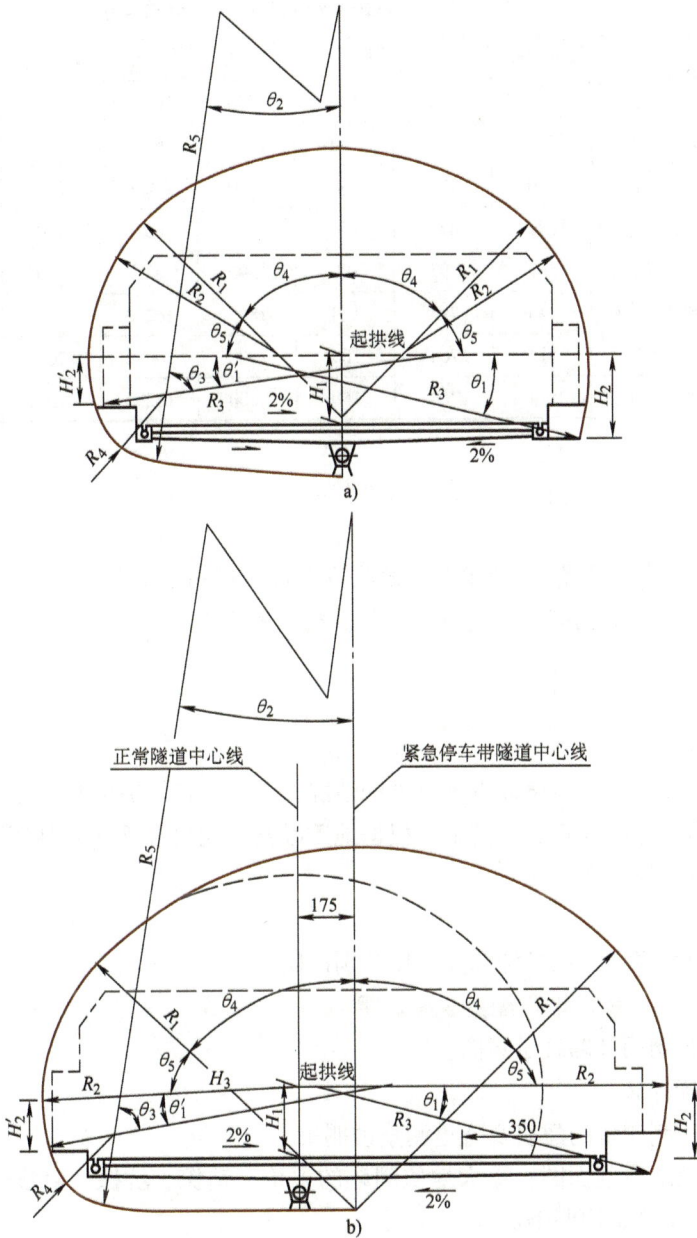

图 2-14　三车道隧道标准内轮廓断面

a）标准断面　b）紧急停车带断面

R_1—拱部圆弧半径　R_2—拱部与侧墙连阶段圆弧半径　R_3—侧墙圆弧半径　R_4—侧墙与仰拱连阶段圆弧半径
R_5—仰拱圆弧半径　H_1—路面至起拱线的高度　H_2—侧墙结构高度　H_2'—设仰拱时的侧墙
结构高度（侧墙与仰拱连接点至起拱线的高度）　θ_1—起拱线与 R_3 的夹角　θ_1'—设仰拱
时起拱线与 R_2 的夹角　θ_2—隧道结构中心线与 R_5 的夹角　$\theta_3 = 90° - (\theta_1' + \theta_2)$　θ_4—半径
为 R_1 的拱部圆弧段夹角　θ_5—半径为 R_2 的圆弧段夹角

　　根据各设计速度相应的建筑限界，可分别计算出内轮廓断面几何尺寸，表 2-12 为一般两车道隧道计算实例结果。三车道隧道可参考该方法计算出内轮廓断面的几何尺寸。

表 2-12　两车道隧道内轮廓断面几何尺寸计算实例　　　　（单位：cm）

公路等级	设计速度/(km/h)		R_1	R_2	R_3	R_4	H_1	H_2	H_2'	R_5
高速公路 一级公路	120	一般部位	612	862	100	1500	160.4	200	144	—
		紧急停车带	612	862	150	1800	162.1	200	136	771
	100	一般部位	570	820	100	1500	160.6	200	164.5	—
		紧急停车带	570	820	150	1800	162.4	200	151.5	747
	80	一般部位	543	793	100	1500	162.2	200	176.1	—
		紧急停车带	543	793	150	1800	162.3	200	159.1	737
	60	一般部位	514	764	100	1500	160.2	200	188.4	—
		紧急停车带	514	764	150	1800	162.3	200	184.1	708.5

2.5　隧道勘测设计文件的内容和组成

根据交通部颁发的《公路工程基本建设项目设计文件编制办法》和《公路隧道勘测规程》的要求，将公路隧道勘测设计的成果编制成相应的文件。

2.5.1　定测阶段有关资料

1. 定测说明书

说明书中要概述执行初步设计审批意见的情况，若初步设计有明显、重大的变更时，必须说明变更的理由、原因及解决的措施。根据地质勘察、测量和现场各种调查资料，对隧道工程设计、施工方案提出建议。

2. 分类说明书

按测量、地质勘察和其他各种调查三项分别说明。

3. 隧道洞外控制测量、地质勘察成果说明书

1）隧道平面控制网及路线示意图。

2）平差及坐标计算。

3）有关洞内控制测量的建议及隧道测量说明书。

4）地质平面及地质剖面图；重大地质问题的评价；钻探、坑探、电法磁法探测和试验资料整编，以及地质勘察说明书。

4. 需要完成和提交的图样

1）隧道地形地质平面图。

2）隧道纵断面图。

3）隧道洞口放大纵断面图。

4）隧道洞口及附近横断面图。

5）隧道洞身横断面图。

6）隧道明洞横断面图。

7）隧道洞口地形图。

8）其他辅助工程（如导坑等）的平面及纵、横断面图。

5. 其他

隧道周边环境条件、各种相关调查情况、施工组织及预算资料等。

2.5.2　隧道勘测说明书的主要内容

1）沿线隧道概况及自然概况。

2）地形、地貌、工程地质、水文地质情况。

3）气象、环境和有关政策法令。

4）隧道线路方案比较说明，采用方案的理由，隧道方案的比选情况和在设计中应注意的事项。

5）详细介绍现有的施工条件，包括施工场地情况、工程动力设备、电力通信、给水排水管道、施工便道、弃渣场、水源、建筑材料来源及对附近建筑物或环境的影响关系等。

6）对隧道营运阶段通风、照明和防排水方式的选择建议。

7）存在的问题及解决问题办法的建议，有关协议和会议纪要等。

对于长大隧道（2km 以上）和地质条件复杂的隧道还应有：隧道位置的选定情况和隧道洞口选定的意见、隧道洞身和洞口特殊工程问题的处理措施和意见、辅助坑道的选定和设置意见。

2.5.3　隧道施工图设计文件内容

1）隧道设计说明书。概括说明隧道情况（设计依据和标准及遵循规范、工程地质、水文地质、气象气候条件、地震和环境等）、设计意图及原则、施工方法、施工监测及注意事项等。

2）隧道表及其工程数量表。隧道表包含隧道名称、起讫桩号、长度、净空、洞内路线线形（坡度与坡长、平曲线半径与平曲线长度）、工程地质概况、围岩级别、衬砌长度和厚度、洞口形式、照明方式和通风方式等。工程数量表有材料名称及型号、洞口工程（洞门、明洞、截水沟）、洞身工程（开挖、初期支护、二次衬砌）、紧急停车带洞身工程（开挖、初期支护、二次衬砌）、防排水工程（洞身防水、洞身排水、路面排水）、预留洞室、行车（人）横洞、路面工程、营运通风照明、内部装饰、监控设施、安全设施（电缆、报警装置、消防设施等）、洞外水箱及增压装置、变电站、控制中心及其他生活设施等附属工程的工程数量等。

3）隧道平面、纵断面图和隧道地质平面布置图。隧道平面图显示地质平面、隧道平面位置、路线里程和进出口位置等。纵断面图显示地质概况、支护结构类型、隧道埋深、路面中心设计标高、设计坡度、路肩标高、地面标高、里程等。隧道地质平面布置图显示地质构造、岩层产状、不同地质分界线、水文地质、地物和地貌等。图中应绘出推荐方案。

4）隧道上下行线纵断面图。显示隧道的里程桩号、围岩级别、衬砌形式、设计标高、地面高程、坡度与坡长、水文地质特征、工程地质概况。

5）公路隧道净空横断面（横洞）图，应符合《公路隧道设计规范　第一册　土建工程》中有关隧道建筑限界的规定，限界内不得有任何部件侵入。

6）隧道上下行线洞口、洞门出口一般构造图。显示洞门的构造、类型、具体尺寸及洞门的立面、平面和截面图，采用的建筑材料、工程材料数量、施工注意事项等。

7）隧道支护结构构造图。显示锚杆支护的类型、锚杆布置示意图、衬砌钢筋网示意图、超前支护大样图、衬砌类型与配筋、锚杆构造、格栅拱架和钢拱架结构、传力杆大样、拉杆大样和锚喷支护工程材料数量表等。

8）隧道防排水构造图。显示复合式衬砌防、排水结构，施工缝变形缝防水结构，塑料板防水层，钢支撑处防水板，背贴式止水带纵向布置、止水带结构，背贴式止水带、附贴式盲沟与水沟连接结构，防水层工程材料数量表等。

9）隧道风机平面布置与进出口转向车道平面布置图。包括隧道通风形式、风机吊装位置、隧道进出口转向车道平面布置，隧道进出口转向车道设置地点前缘离上（下）行线洞口距离等。

10）隧道洞口、横洞及洞身照明平面布置图。

11）隧道电器负荷及材料表；洞内消防设施平面布置图以及消防给水系统设计图。

12）明洞纵、横断面设计图和辅助坑道结构设计图。

13）隧道附属建筑物的结构设计图。

14）交通监控与交通管理系统结构设计图。

15）隧道工程设计概预算图表资料。

16）有关协议和会议纪要等。

拓展阅读

典型隧道工程——乌鞘岭隧道

乌鞘岭隧道是我国铁路史上首次长度突破20km、工期最紧、辅助坑道最多、施工进度最快的一条铁路隧道，2008年荣获中国建筑工程界最高级别奖项——国家优质工程鲁班奖，2009年被评为新中国成立60周年"百项经典暨精品工程"。

乌鞘岭隧道是兰新铁路兰州至武威段增建二线重点工程，设计为2座单线隧道，两线间距40m，隧长20.05km。岭脊地段埋深500~1100m，隧道穿越F4、F5、F6、F7四条7587m范围分布的区域性大断层组成的宽大"挤压构造带"，其中岭脊志留系地段和F7工程活动断层岩性主要为千枚岩、板岩夹千枚岩和压性断层破碎的泥砾及碎裂岩。实测垂直地应力9.15~20.5MPa，地应力高，实测围岩饱和单轴抗压强度为0.703~2.5MPa，围岩强度低，围岩强度应力比仅为0.031~0.12。高地应力软弱围岩挤压大变形显著，变形控制困难。岭脊地段是确保隧道按时贯通的关键部位。隧道的设计、施工面临两个关键问题：一是如何通过国内外罕遇的F7工程活动性断层；二是如何有效控制隧道大变形，快速完成F4~F7四条断层组成的"挤压构造带"，特别是岭脊志留系以千枚岩为主地段，这给隧道工程的设计理念、施工技术都带来了空前的挑战。

典型隧道工程——雪峰山隧道

雪峰山隧道为上海至瑞丽国道主干线湖南省邵阳至怀化高速公路上最大的控制工程，穿越横亘于湖南省中西部的雪峰山脉，山顶海拔1300~1350m。东侧山坡整体坡度约22°，西侧山坡整体坡度约27°。主要的溪沟有5条，大致与隧道平行或小角度相交；次级溪沟呈鱼刺状排列在主要溪沟两侧；溪沟深切，谷坡自然坡度35°~55°。雪峰山隧道为上下行分离的双洞隧道，其中左线隧道长6946m，右线隧道长6956m，最大埋深约840m，于2006年8月贯通，为湖南省最长的公路隧道。

雪峰山隧道具有如下特点及难点：一是由于隧道长，经过多套地层及多个大的地质构造部位，地质情况复杂；二是由于埋深大，查明深部围岩特征难度极大，常规勘探技术难以兼顾勘探深度与精度的要求；三是由于构造应力及自重应力的叠加，可能存在高地应力，可能产生岩爆；四是由于地质情况复杂，隧道涌水量的预测难度极大。

隧道与岩土工程相关专家——王梦恕、太沙基

王梦恕：隧道与地下工程领域专家，1995 年当选为中国工程院院士。开拓了铁路隧道复合衬砌新型结构领域的理论研究，摸清了结构受力特点、机理，确定了施工要点及工艺；主持并参加了大瑶山隧道深孔光面爆破、喷锚支护、监控量测、反馈信息指导施工、周边钻孔预注浆等关键技术成果的开发、研究和应用，研究实现了大断面、大型机械化快速施工，改变了我国近百年的隧道设计施工方法，使长大隧道修建技术有了重大突破；主持双线铁路隧道不稳定地层信息化施工，首次系统地创新了超前支护体系和稳定工作面的理论分析和应用，创造了新型网构钢拱架和锁脚锚管支护型式并广泛应用于软弱地下工程；主持创造了"浅埋暗挖法"修建城市地铁和车站的施工配套技术，为城市地铁及地下工程建设开辟了新路；主持国内多条海底、江河水下隧道的设计、施工研究；概括总结出"管超前、严注浆、短开挖、强支护、快封闭、勤量测"的隧道施工的十八字诀。多次获得国家、省部级科技奖励，两次荣获我国土木工程界工程技术方面的最高荣誉——詹天佑奖。

太沙基（Karl von Terzaghi）：从事土的特性方面的研究课题，被誉为土力学之父。1925年出版《土力学》，该书介绍了他所提出的固结理论及土压力、承载力、稳定性分析等理论，标志着土力学这门学科的诞生。1943 年，他出版了 *Theoretical Soil Mechanics*，对固结理论、沉降计算、承载力、土压理论、抗剪强度及边坡稳定等问题进行了阐述，为便于工程技术人员使用，书中使用了大量的图表。太沙基是一个理论家，更是一个享誉国际土木工程界的咨询工程师，他是许多重大工程的顾问，包括英国的 Mission 大坝，为表示对其敬意，该坝于 1965 年被命名为 Terzaghi 大坝。毫无疑问，太沙基对土力学理论的贡献是巨大的，但他更大的贡献是向人们展示了用理论解决工程问题的方法。为表彰太沙基的杰出成就，美国土木工程师协会还设立了 Terzaghi 奖。

思考题

1. 如何确定公路隧道的位置或如何进行公路隧道选址？
2. 公路隧道洞口位置选择的一般原则与基本要求是什么？
3. 公路隧道净空、建筑限界及衬砌内、外轮廓线的含义是什么？
4. 单行隧道与双行隧道如何设置？双行隧道的间距如何选取？
5. 公路隧道行车道两侧设置路缘带与余宽的目的与要求是什么？
6. 隧道勘测设计文件的内容和组成是什么？
7. 国道 317 线也称为川藏公路北线，是连接四川省与西藏自治区的重要通道。雀儿山主峰海拔 6168m，常年冰雪覆盖，雀儿山段原路长约 30km，公路通过垭口海拔高度为 5050m，地势险峻、气候恶劣、地质复杂，每年仅 2 个月无降雪，雪崩、泥石流、冰雪等灾害频繁，是国道 317 线海拔最高、路况最差、行车最险路段，成为制约全线畅通的主要瓶颈。雀儿山隧道（见图 2-15）通车后较原路缩短 19.4km，降低海拔高度 800m，过往车辆只需十几分钟就可以穿过雀儿山，不必再绕行长达 2 个多小时的危险山路，确保了雀儿山段及国道 317 线全线全年安全畅通。为此，雀儿山隧道获得了"2018 年度国际隧道与地下工间协会（ITA）年度工程大奖"和"2019 年度中华人民共和国成立 70 周年经典工程"。请查阅相关资料，试分析雀儿山隧道建设过程中所遇到的不良地质情况，说明设计、施工时是如何解决这些工程难题的。

图 2-15　雀儿山隧道

隧道主体及附属建筑结构 | 第 3 章

隧道结构由主体建筑物和附属建筑物两部分组成。隧道的主体建筑物是为了保持隧道的稳定，保证行车安全运行而修建的，它由洞身衬砌和洞门组成。在洞口地段容易坍塌或有落石危险时则需要加筑明洞。为了隧道能正常使用，还必须修建一些附属建筑物，包括通风、照明、防排水等设施。

3.1 隧道衬砌材料与构造

3.1.1 隧道衬砌材料的种类

隧道衬砌的作用是承受围岩压力、地下水压力和支护结构自身重力，阻止围岩向隧道内变形，防止隧道围岩风化，有时还要承受化学物质的侵蚀，地处高寒地区的隧道还要承受冻害的影响等。因此，隧道衬砌材料应具有足够的强度、耐久性、抗渗性、耐蚀性和抗风化及抗冻性等；此外，要满足经济、就地取材、易于机械化施工等要求。隧道衬砌材料主要有以下几种。

(1) 混凝土与钢筋混凝土 混凝土的优点是整体性和抗渗性较好，既能在现场浇筑，也可以在加工场预制，而且能采用机械化施工。若在水泥中掺入密实性的附加剂，可以提高混凝土的强度，从而提高混凝土的抗渗性和防水性能等。混凝土根据使用和施工上的需要可加入其他外加剂，如低温早强剂、常温早强剂、速凝剂、缓凝剂、塑化剂、加气剂和减水剂等。现浇混凝土的缺点是：混凝土浇筑后需要养护而不能立即承受荷载，需要达到一定强度才能拆模，占用和耗用较多的拱架及模板；化学稳定性（耐侵蚀性能）较差。但其优点是主要的，所以目前混凝土仍然是隧道衬砌的主要建筑材料。

钢筋混凝土主要在明洞衬砌及地震区、偏压、通过断层破碎带或淤泥、流砂等不良地质地段的隧道衬砌中使用，其强度等级不应低于 C20。

(2) 喷射混凝土 采用混凝土喷射机，将掺有速凝剂的混凝土干拌混合料和水高速喷射到清洗干净的岩石表面并充填围岩裂隙而凝结成的混凝土保护层，能很快起到支护围岩的作用。喷射混凝土早期强度和密实性较高，其施工过程可以全部机械化，且不需要拱架和模板。在石质较软的围岩，喷射混凝土还可以与锚杆、钢丝网等配合使用，是一种理想的衬砌材料。喷射混凝土的水泥强度等级不得低于 32.5 级，并优先选用普通硅酸盐水泥。集料级配宜采用连续级配，细集料应采用坚硬耐

喷射混凝土支护

久的中、粗砂，细度模数宜大于 2.5，砂的含水率宜控制在 5% ~ 7%。粗集料采用坚硬耐久的卵石或砾石，不得使用碱活性集料。喷射混凝土中的石子粒径不应大于 15mm，喷射钢纤维混凝土中的石子粒径不宜大于 10mm。混凝土强度等级不低于 C20。

（3）**锚杆和钢架** 锚杆是用专门机械施工加固围岩的一种材料，种类很多，通常可分为机械型锚杆和黏结型锚杆，或分为非预应力锚杆和预应力锚杆。锚杆的主要类型有楔缝式锚杆、胀壳式锚杆、爆固式锚杆、树脂式锚杆、开缝式锚杆和自钻式锚杆等。锚杆的杆体直径宜为20～32mm。锚杆用的各种水泥砂浆强度不应低于M20。钢架是为了加强支护刚度而在初期支护或二次衬砌中放置的型钢（如H形、工字形、U形型钢等）支撑或格栅钢支撑，也可用钢管和钢轨制成。钢筋网材料宜采用HPB300钢筋，直径宜为6～12mm。

锚杆钻孔施工

（4）**片石混凝土** 在岩层较好地段的边墙衬砌，为了节省水泥，可采用片石混凝土（片石的掺量不应超过总体积的30%）。此外，当起拱线以上1m以外部位有超挖时，其超挖部分也可用片石混凝土进行回填。选用的石料要坚硬，其抗压强度不应低于MU40，严禁使用风化和有裂隙的片石，以保证其质量。

（5）**块石或混凝土块** 块石强度等级不低于MU60，混凝土块强度等级不低于MU20。其优点是：能就地取材，大量节约水泥和模板，可保证衬砌厚度并能较早地承受荷载。其缺点是：整体性和防水性差，施工进度慢，要求砌筑技术高。

（6）**装配式材料** 对于软土地区的地铁隧道，常用盾构法施工，衬砌可采用装配式材料，如钢筋混凝土大型预制块、加筋肋铸铁预制块等。另外，为了提高洞内照明、防水、通风、美观、视线诱导或减少噪声等，可在衬砌内表面粘贴各种各样的装修材料。

盾构管片预制施工

3.1.2 隧道衬砌材料的选用

（1）**隧道衬砌材料的选用** 隧道衬砌材料的强度等级除了不应低于表3-1的规定值，还应符合表3-2的规定。

表3-1 隧道衬砌建筑材料强度等级

工程部位	混凝土	片石混凝土	钢筋混凝土	喷射混凝土
拱　圈	C20	—	C25	C20
边　墙	C20	—	C25	C20
仰　拱	C20	—	C25	C20
底　板	C20	—	C25	—
仰拱填充	C15	C15	—	—
水沟沟身、电缆槽身	C25	—	C25	—
水沟盖板、电缆槽盖板	—	—	C25	—

表3-2 隧道洞门建筑材料强度等级

工程部位	混凝土	钢筋混凝土	片石混凝土	砌　体
端　墙	C20	C25	C15	M10水泥砂浆砌片石、块石镶面或混凝土预制块镶面
顶　帽	C20	C25	—	M10水泥砂浆砌粗料石
翼墙和洞口挡土墙	C20	C25	C15	M10水泥砂浆砌片石
侧沟、截水沟	C15	—	—	M7.5水泥砂浆砌片石
护坡	C15	—	—	M7.5水泥砂浆砌片石

注：1. 护坡材料可采用C20喷射混凝土。
　　2. 最冷月份平均气温低于−15℃的地区，表中水泥砂浆的强度等级应提高一级。

（2）隧道衬砌材料选用应考虑的因素

1）隧道衬砌部位选用的材料，应当符合结构强度和耐久性的要求，并考虑其抗冻、抗渗性和耐蚀性的需要。

2）当有侵蚀性的水作用时，衬砌结构物的混凝土或砂浆均应选用具有耐蚀性的特种水泥，其耐蚀性要求应视水的侵蚀特征而定。

3）在寒冷及严寒地区，当隧道衬砌受冻害影响时，宜采用整体式混凝土衬砌，且混凝土强度等级适当提高，并应满足材料抗冻指标的要求。

3.2 隧道洞身衬砌结构

根据隧道围岩地质条件、施工条件和使用要求可分别采用喷锚衬砌、整体式衬砌和复合衬砌。高速公路、一级公路和二级公路的隧道应采用复合式衬砌；三级及其以下公路隧道，在Ⅰ、Ⅱ、Ⅲ级围岩条件下，隧道洞口段应采用复合式衬砌或整体式衬砌，其他段可采用喷锚衬砌。

1. 喷锚衬砌

喷射混凝土是利用空压机的高压空气做动力，把混凝土混合料直接喷射到隧道围岩表面上的支护方法。喷射混凝土支护可以起到封闭岩面，防止风化松动，填充坑凹及裂隙，维护和提高围岩的整体性，发挥围岩自身的承载作用和调整围岩应力分布，防止应力集中，控制围岩变形，防止掉块、坍塌的作用。

洞身衬砌–喷锚支护

锚杆支护是喷锚支护的主要组成部分。锚杆是一种锚固在岩体内部的杆状体钢筋，与岩体融为一体，以实现加固围岩、维持围岩稳定的目的。大量试验和工程实践表明，锚杆对保持隧道围岩稳定、抑制围岩变形发挥了很好的作用。利用锚杆的悬吊作用、组合拱作用、减跨作用、挤压加固作用，将围岩中的节理、裂隙串成一体，提高围岩的整体性，改善围岩的力学性能，从而发挥围岩的自承能力。锚杆支护不仅对硬质围岩，而且对软质围岩能起到良好的支护效果。

2. 整体式衬砌

整体式衬砌是传统衬砌结构形式，在新奥法（NATM）问世前，广泛应用于隧道工程中，该方法不考虑围岩的承载作用，主要通过衬砌的结构刚度抵御地层的变形，承受围岩的压力。

整体式衬砌采用就地整体模筑混凝土衬砌，可设计为等截面或变截面，对设仰拱的地段，仰拱与边墙宜采用小半径曲线连接，仰拱厚度宜与边墙厚度相同。其方法是在隧道内架立模板、拱架，然后浇筑混凝土而成。它作为一种支护结构，从外部支撑围岩，适用于不同的地质条件，可按需成形，适合多种施工方法，在我国隧道工程中广泛使用。

公路隧道一般跨度较大，内轮廓接近限界的高宽比较铁路双线隧道为小，拱部一般较铁路隧道平坦，墙高稍低。为减少拱肩及墙部的拉应力，提高围岩及结构的稳定性，衬砌结构形式宜采用曲墙式衬砌。Ⅲ级及以下围岩稳定或基本稳定，拱部围岩荷载较小，侧压力较小，一般地区也可采用直墙式衬砌。

严寒地区与酷热温差变化大的地区，特别是最冷月份平均气温低于 -15℃ 的寒冷地区，距洞口 100~200m 范围的衬砌应根据情况增设伸缩缝。曲墙式衬砌的抗冻胀能力较强，墙部破坏的情况远小于采用直墙式衬砌的隧道，故严寒地区隧道，不管围岩等级如何，只要有地下水存在，衬砌形式仍应采用曲墙式衬砌。

3. 复合式衬砌

复合式衬砌是由初期支护和二次衬砌及中间防水层组合而成的衬砌形式。我国高速公路、一级公路、二级公路隧道已全部采用复合式衬砌，三级公路隧道也大量采用。其结构稳定，防水和衬砌外观均能满足公路隧道使用的基本要求，适合多种地质条件，技术较为成熟，是目前公路隧道最好的衬砌结构形式。复合式衬砌已成为公路隧道衬砌的标准结构形式。因此，一般情况下，应采用复合式衬砌。图 3-1 所示为目前在公路隧道Ⅳ级围岩中比较常见的复合式衬砌结构。表 3-3 给出了两车道隧道复合式衬砌设计参数。

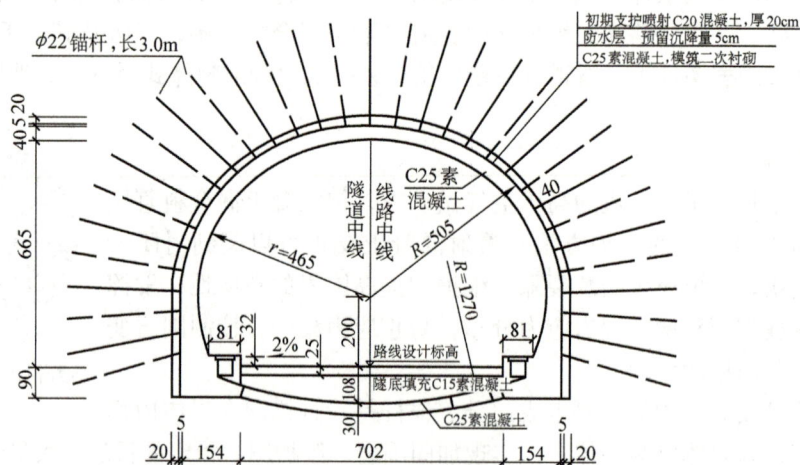

图 3-1　复合式衬砌结构

表 3-3　两车道隧道复合式衬砌设计参数

围岩级别	初期支护						二次衬砌厚度/cm	
	拱部、墙部喷射混凝土厚度/cm	锚杆/m			钢筋网	钢架	拱、墙混凝土	仰拱混凝土
		位置	长度	间距				
Ⅰ	5	局部	2.0~3.0	—	—	—	30~35	—
Ⅱ	5~8	局部	2.0~3.0	—	—	—	30~35	—
Ⅲ	8~12	拱、墙	2.0~3.0	1.0~1.2	局部@25×25	—	30~35	—
Ⅳ	12~20	拱、墙	2.5~3.0	0.8~1.2	拱、墙@25×25	拱、墙	35~40	35~40
Ⅴ	18~28	拱、墙	3.0~3.5	0.6~1.0	拱、墙@20×20	拱、墙、仰拱	35~50	35~50
Ⅵ	通过试验、计算确定							

1）复合式衬砌初期支护多采用喷锚支护，具有支护及时、柔性的特点，并在一定程度上能够随着围岩的变形而变形，能很好地发挥围岩的自承能力。

2）二次衬砌应采用刚度较大、整体性好和外观平顺的模筑（钢筋）混凝土衬砌，衬砌截面宜采用连接圆顺的等厚衬砌截面，仰拱厚度宜与拱墙厚度相同。

3）为了使衬砌所承受的变形压力最小，允许围岩产生一定的变形，释放一定的能量。预留变形量的大小应根据围岩地质条件，采用工程类比法确定。无类比资料时预留变形量可参照表3-4，并应根据现场量测数据进行调整。

表3-4　预留变形量　　　　　　　　　　　　　　　（单位：mm）

围岩级别	两车道隧道	三车道隧道	围岩级别	两车道隧道	三车道隧道
I	—	—	IV	50 ~ 80	60 ~ 120
II	—	10 ~ 30	V	80 ~ 120	100 ~ 150
III	20 ~ 50	30 ~ 80	VI	现场量测确定	

4. 装配式衬砌

整体式混凝土衬砌虽然在我国广泛应用，但是它在浇筑以后不能立即承受荷载，必须经过一个养护时期，施工进度受到一定的限制。装配式衬砌则不影响施工进度。这种衬砌由工厂或现场预先成批生产运入坑道内，用机械手将它们拼装成一环接着一环的衬砌。这种预制衬砌不需养护时间，一经装配即可承受围岩压力，缩短了工期，还有可能降低造价。装配式衬砌应满足足够强度和耐久性，能立即承受荷载和有防水设施等条件。但装配式衬砌需要坑道内有足够的拼装空间，制备构件尺寸上要求一定的精度，它的接缝多，防水较困难。目前基本限于使用盾构法施工的城市地下铁道中应用。

盾构管片

5. 连拱式衬砌

连拱隧道就是将两隧道之间的岩体用混凝土取代，或者说是将两隧道相邻的边墙连接成一个整体，形成双洞拱墙相连的一种结构形式，如图3-2所示。

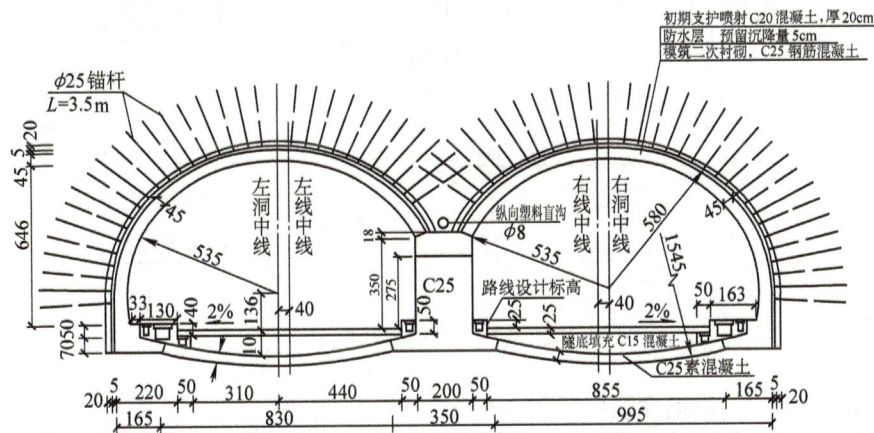

图3-2　连拱隧道衬砌结构

《公路隧道设计规范　第一册　土建工程》规定，高速公路、一级公路一般应设计为上、下行分离的两座独立隧道。两相邻隧道最小净距视围岩类别、断面尺寸、施工方法、爆破振动影响等因素确定，一般在30m以上。但在某些特定条件下，如路线分离困难或洞外地形条件复杂、土地紧张、拆迁数量大或采用上下行分离双孔隧道，其中一孔的隧道长度需要过分加长或造成路基工程数量急剧增加时，将使执行这一净距非常困难，尤其是桥隧相连更是如此。在这种情况下，采用连拱隧道衬砌结构，可以很好地解决这个问题。

3.3 隧道洞门结构

3.3.1 概述

洞门是各类隧道的咽喉,其附近的岩土体通常都比较破碎松散,容易失稳,产生滑坡或崩塌现象。为了保护岩土体的稳定性和使车辆不受崩塌、落石等威胁,确保行车安全,应根据实际情况,选择恰当合理的洞门形式,同时还应适当地进行洞门的美化,并注意环保要求。洞门可以拦截、汇集地表水,使地表水沿排水渠道进入道路两侧的排水沟,防止地表水沿洞门漫流。洞门上方女儿墙应有一定高度。

洞门上方岩土体若有可能滑落或崩塌时,一般采用接长明洞,尽量减少对洞口边坡、仰坡的扰动,使洞门墙离开仰坡底部一段距离,确保落石不会滚落在车行道上。

3.3.2 洞门的类型

(1) 环框式洞门 当洞口岩层坚硬而稳定(Ⅰ级)围岩,地形陡峻而又无排水要求时,可以设置一种不承载的简单洞口环框。它能起到加固洞口和减少雨后洞口滴水的作用。环框微向后倾,其倾斜度与顶上的仰坡一致。环框的宽度与洞口外观相匹配,一般不小于 70cm,突出仰坡坡面不少于 30cm,使仰坡上流下的水从洞口正面淌下,如图 3-3 所示。

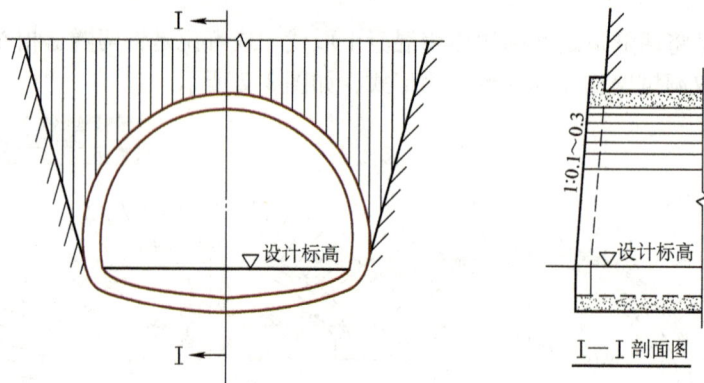

图 3-3 环框式洞门

(2) 端墙式洞门 端墙式洞门适用于地形开阔、岩层稳定的 Ⅰ ~ Ⅲ级围岩地区,其作用在于支护洞口仰坡,保持其稳定,并将仰坡水流汇集排出。端墙的构造一般是采用等厚的直墙,直墙圬工体积比其他形式都小,而且施工方便。墙身向后微斜,斜度约为 1:0.1,如图 3-4 所示。

(3) 翼墙式洞门 当洞口地质较差,山体水平推力较大时,可以在端墙式洞门以外,增加单侧或双侧的翼墙,称为翼墙式洞门,如图 3-5 所示。翼墙与端墙共同作用,以抵抗山体水平向推力,增加洞门的抗滑动和抗倾覆的能力,翼墙式洞门适用于Ⅳ级及以下的围岩。翼墙的正面端墙一般采用等厚的直墙,微向后方倾斜,斜度为 1:0.1。翼墙前面与端墙垂直,顶面斜度与仰坡坡度一致。

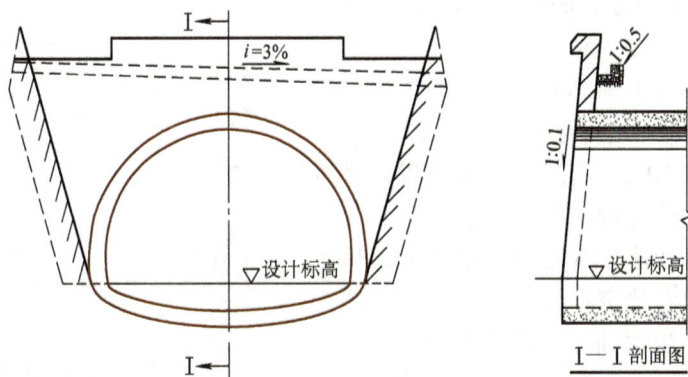

图 3-4　端墙式洞门

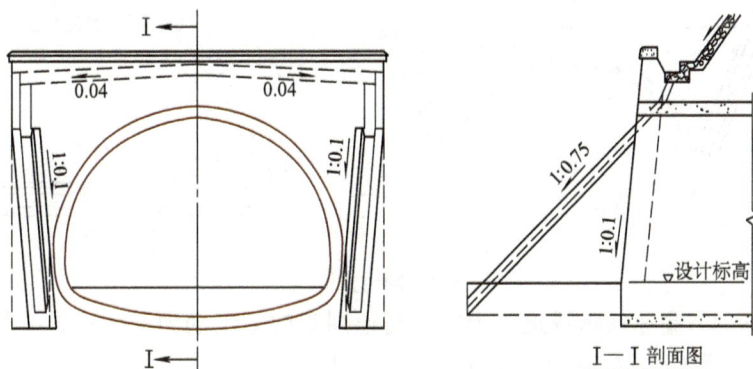

图 3-5　翼墙式洞门

（4）柱式洞门　当地形较陡，地质条件较差，仰坡有下滑的可能性，但又受地形或地质条件限制，不能设置翼墙时，可以在端墙中部设置两个断面较大的柱墩，以增加端墙的稳定性，如图 3-6 所示。这种洞门墙面有凸出线条，较为美观，适宜在城市附近或风景区内采用。对于较长大的隧道，采用柱式洞门比较壮观。

（5）台阶式洞门　当洞门处于傍山侧坡地区，洞门一侧边坡较高时，为减小仰坡高度及外露坡长，可以将端墙一侧顶部改为逐步升级的台阶形式，以适应地形的特点，减

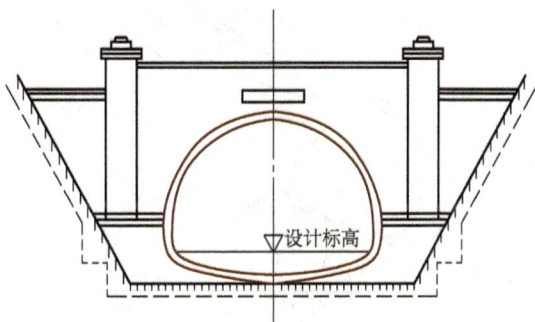

图 3-6　柱式洞门

少仰坡土石方开挖量。这种洞门也有一定的美化作用，如图 3-7 所示。

（6）削竹式洞门　当隧道洞口段有一节较长的明洞衬砌时，由于洞门背后一定范围内是以回填土为主，山体的推滑力不大，可采用削竹式洞门，由于结构形式类似竹筒被斜向削断的样子，故得其名，如图 3-8 所示。这种洞门结构近些年在公路隧道的建造中被普遍使用。

削竹式洞门的特点是：洞口边仰坡开挖量少，有利于山体的稳定，减少对植被的破坏和有利于保护环境；各种围岩类别均能适用。但其使用条件是：地形相对来说比较对称和不太陡峻。

（7）遮光棚式洞门 当洞外需要设置遮光棚时，其入口通常外伸很远。遮光构造物有开放式和封闭式之分，前者遮光板之间是透空的，后者则用透光材料将前者透空部分封闭。但由于透光材料上面容易沾染尘垢油污，养护困难，因此很少使用后者。形状上又有喇叭式与棚式之分。

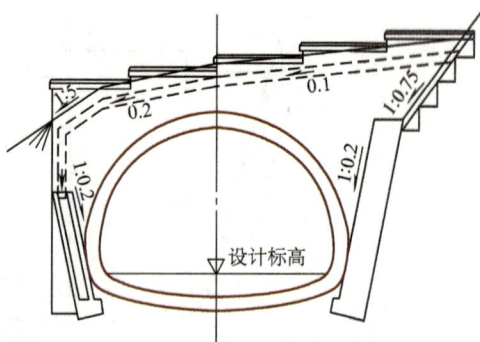

图3-7 台阶式洞门

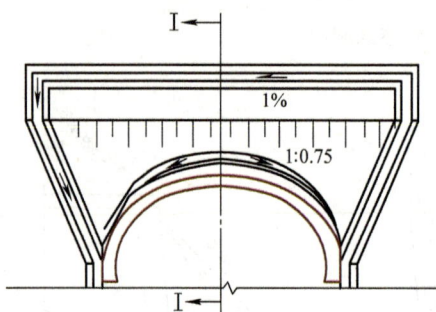

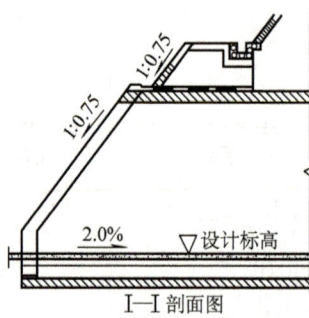

图3-8 削竹式洞门

（8）缓冲洞门 高速铁路隧道，为减缓高速列车的空气动力学效应，一般设洞口缓冲段，同时兼做隧道洞门（图3-9）。缓冲段结构形式有喇叭口式、帽檐式，以及在洞口段设置开天窗。

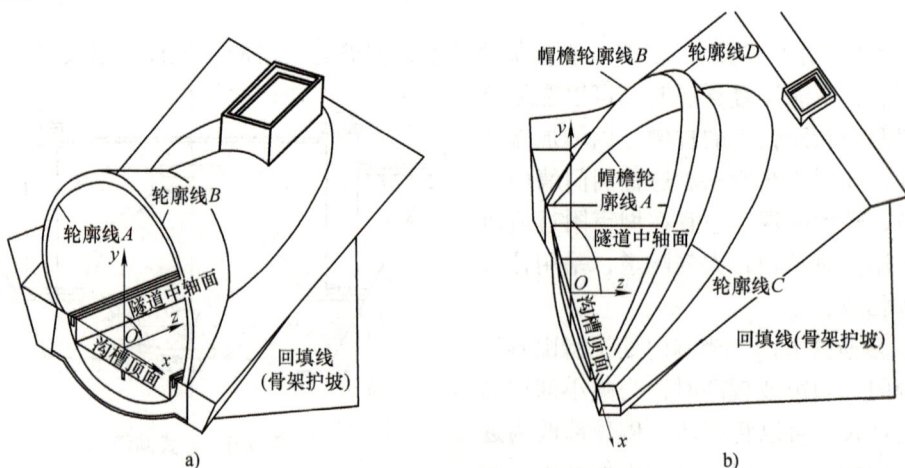

图3-9 缓冲洞门结构
a）喇叭口式 b）帽檐式

3.3.3 洞门构造

洞口仰坡坡脚至洞门墙背应有不小于1.5m的水平距离，以防仰坡土石掉落到路面上，危及安全。洞门端墙与仰坡之间水沟的沟底与衬砌拱顶外缘的高度不应小于 1.5m，以免落石破坏拱圈。洞门墙顶应高出仰坡脚 0.5m 以上，以防水流溢出墙顶，也可防止掉落土石弹出。水沟底下填土应夯实，否则会使水沟变形，产生漏水，影响衬砌强度。

洞门墙应根据情况设置伸缩缝、沉降缝和泄水孔，以防止洞门变形。洞门墙的厚度可按计算或结合其他工程类比确定，但墙身厚度不得小于 0.5m。

洞门墙基础必须置于稳固地基上，这是因为通常洞口位置的地形、地质条件比较复杂，有的全为松散堆积覆盖层，有的半软半硬，有的地面倾斜陡峻，为了保证建筑物稳固，应视地形及地质条件将洞门墙基础埋置足够的深度。基底埋入土质地基的深度不应小于 1m，嵌入岩石地基的深度不应小于 0.2m。

当基础设置在岩石上时，应清除表面强风化层。当风化层较厚，很难全部清除时，可根据地基的风化程度及其相应的允许承载力，将基底埋在风化层中。斜坡岩基应挖台阶，以防墙体滑动，岩基的废渣均应清除干净，这样才能确保洞门稳定。在松软地基上，地基强度偏小时，可根据情况采用扩大基础、换土、桩基、压浆加固地基等措施。

地基为冻胀土层时，冻结时土壤隆起、膨胀力大，而解冻时由于水融作用，土壤变软后沉陷，建筑物相应下沉，产生衬砌变形。根据公路工程一般设置基础的经验，要求基底设在冻结线以下不小于 0.25m（所指的冻结线为当地最大的冻结深度）。如果冻结线较深，施工有困难，可采取非冻结性的砂石材料换填，也可采用桩基等处理措施。

3.4 隧道明洞结构

3.4.1 明洞的类型

当隧道顶部覆盖层较薄难以用暗挖法修建，或隧道洞口、路堑地段受塌方、落石、泥石流、雪害等危害，或道路之间、公路与铁路之间形成立体交叉，但又不宜修建立交桥时，通常修建明洞。明洞结构类型可分为拱式明洞、棚式明洞和箱形明洞三类。

(1) 拱式明洞 拱式明洞的内外墙身用混凝土结构，拱顶用钢筋混凝土结构，整体性较好，能承受较大的垂直压力和单向侧压力。必要时加设仰拱。通常用作洞口接长衬砌的明洞，多选用拱式明洞。拱式明洞结构坚固，可以抵抗较大的推力，其适用的范围较广。例如，洞口附近埋深很浅，施工时不能保证上方覆盖层的稳定，或是深路堑、高边坡上有较多的崩塌落石对行车有威胁时，常常修筑拱式明洞来防护。按其所在的位置可以分为：

1) 路堑式拱形明洞。它位于两侧都有高边坡的路堑中。在挖出路堑的基面上，先修建与隧道衬砌相似的结构，两侧墙外填以浆砌片石，使其密实。上面填以土石，夯实并覆盖防水黏土层，土层上留有排水的沟槽，以防止地面水的渗入。它又可分为对称式（图 3-10）和偏压式（图 3-11）两种。

2) 半路堑式拱形明洞。在傍山隧道的洞口或傍山线路上，一侧边坡陡立且有塌方、落石的可能，对行车安全有威胁时，或隧道必须通过不良地质地段而急需提前进洞时，都宜修建半路堑式拱形明洞。由于它受到单侧的压力，虽然它的结构内轮廓与隧道一致，仍是左右对称的，但结构截面是左右不同的，外墙需要相对地加大，而且必须把基础放在稳固的基岩上。这类明洞又可分为偏压斜墙式（图 3-12）和单压耳墙式（图 3-13）两种。

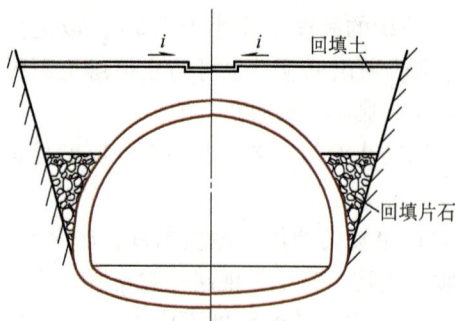

图 3-10 对称式明洞

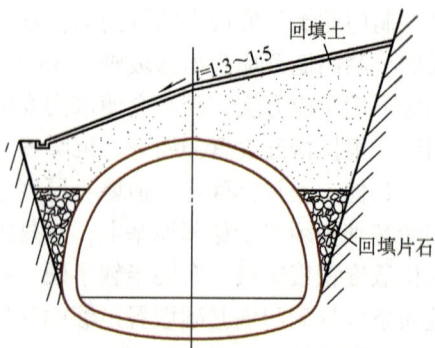

图 3-11 偏压式明洞

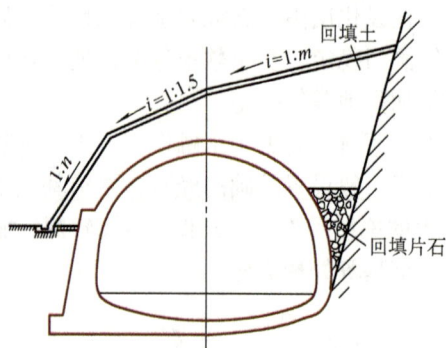

图 3-12 偏压斜墙式明洞

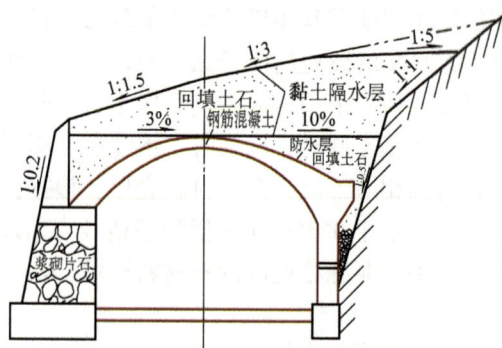

图 3-13 单压耳墙式明洞

（2）**棚式明洞** 当路线外侧地形狭窄或外侧基岩埋藏较深，设置稳固的基础工程大时，或者是当山坡的塌方、落石数量较少，山体侧向压力不大，或因受地质、地形限制，难以修建拱式明洞时，可采用棚式明洞。棚式明洞常见的结构形式有墙式（图 3-14）、刚架式（图 3-15）、柱式（图 3-16）和悬臂式（图 3-17）等。

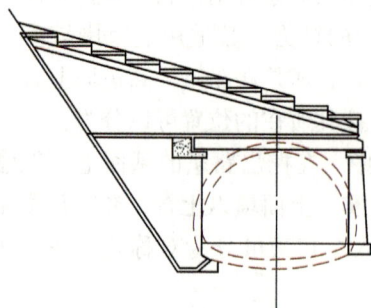

图 3-14 墙式明洞

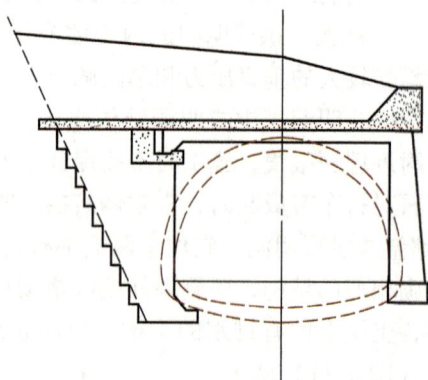

图 3-15 刚架式明洞

（3）**箱形明洞** 箱形结构建筑高度较小，对地基要求较低。所以在明洞净高、建筑高度受到限制、地基软弱的地方，可采用箱形明洞。图 3-18 所示为一方形刚构明洞，全部用钢筋混凝土制成。若右侧岩层顺层滑动，利用上部回填土石的压力及底层的弹性抗力，平衡侧向岩层滑动的推力，并传于左侧岩层上。

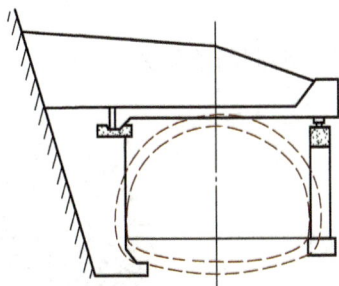

图 3-16　柱式明洞

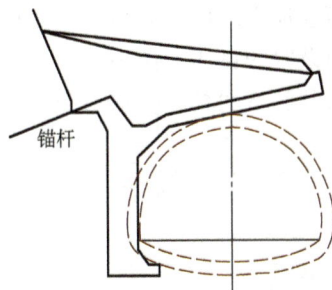

图 3-17　悬臂式明洞

3.4.2　明洞衬砌

1）拱形明洞结构和隧道整体式衬砌基本相似，是由拱圈、边墙、铺底（或仰拱）组成，当采用拱形明洞时，可按整体式衬砌设计。半路堑拱形明洞由于衬砌所受荷载明显不对称，靠山侧所受荷载较大，外边墙及拱圈宜适当加厚，也可对称加厚。当拱形明洞边墙侧压较大及地层松软时，宜设仰拱。

2）棚洞结构主要由盖板、内边墙和外侧支承建筑物三部分组成。采用棚洞结构时，顶板一般可采用 T 形或空心板截面构件，内边墙可采用挡墙结构；当内侧岩体完整、坚固、无地下水时，可采用锚杆挡墙；

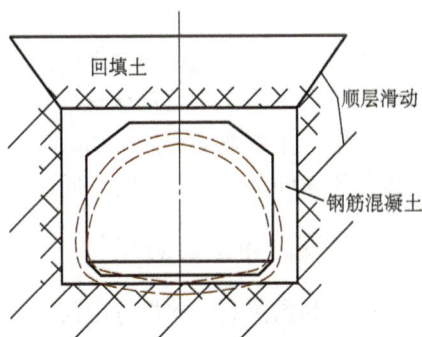

图 3-18　箱形明洞

外侧边墙可视地形、地基、边坡塌方、落石等情况选用墙式、柱式、刚架等结构类型。

3）当明洞作为整治滑坡的措施时，应按支挡工程设计，充分考虑明洞上方滑坡体的推力，采取综合治理措施，如地表排水、减载、反压、支撑墙、抗滑桩、地下排水盲沟等，确保明洞与滑坡的稳定。

4）在气温变化较大的地区，为了减少衬砌变形开裂，应根据具体情况设置伸缩缝。伸缩缝的间距可视明洞长度、覆土或暴露情况、温差大小及地质情况综合确定。

3.4.3　明洞衬砌基础

1）明洞衬砌基础和隧道衬砌基础一样，应置于稳固的地基上。为防止侧沟及铺底施工开挖时影响边墙地基稳定，明洞基础底标高不宜高于隧道侧沟沟底标高或路面基层标高。当基岩埋深较浅时，基础可设置于基岩上；当基础位于软弱地基上时，可采用仰拱、整体式钢筋混凝土底板，也可采用桩基、扩大基础、基础加深和地基加固处理等措施。

2）外墙基础趾部应保证一定的嵌入基岩深度和护基宽度。在冻胀性土上设置明洞基础时，基底埋置深度应不小于冰冻线以下 250mm。当地基为斜坡地形时，地基可切割成台阶。

3）山区傍山沿河公路，设计明洞时，要考虑河岸冲刷可能影响基础稳定的地段，应根据地形、地质、流速等情况，采取加固和防护措施。

4）明洞外边墙、棚洞立柱基础埋置深度超过路面以下 3m 时，宜在路面以下设置钢筋混凝土横向水平拉杆，并锚固于内边墙基础或岩体中，或用锚杆锚固于稳定的岩体中；立柱可在路基平面处加设纵撑，应与相邻立柱及内边墙连接。

根据明洞设置的目的、作用，以及地形条件、山坡病害，明洞洞顶要进行回填，拱背要进行处理，明洞回填的具体要求参照隧道设计和规范。

3.5 隧道附属建筑设施

3.5.1 紧急停车带

隧道中行驶的车辆发生故障时应及时离开干道进行避让，以免发生交通事故，紧急停车带就是专供紧急停车使用的停车或转向的位置。尤其在长大隧道中，故障车必须尽快离开干道，以免引起交通阻塞，甚至导致交通事故。

山岭特长、长隧道内不设硬路肩或硬路肩宽度小于2.5m时，单洞两车道隧道应设置紧急停车带，单洞三车道隧道宜设置紧急停车带。

紧急停车带宽度应为3.0m，且与右侧侧向宽度之和应大于或等于3.5m，有效长度应大于或等于40m，单向行车时，间距不宜大于750m，双向行车时，同侧间距不宜大于1000m。

3.5.2 横洞和预留洞室

横洞和预留洞室的位置应设置在地质条件良好地段内。JTG D70/2—2014《公路隧道设计规范　第二册　交通工程与附属设施》规定，分离式独立双洞公路隧道之间应设置横向通道，以供巡查、维修、救援及车辆转换方向用。行人横洞间距可取250m，并不大于500m；行车横洞间距可取750m并不大于1000m，长1000~1500m的隧道宜设1处，中、短隧道可不设。

横洞的衬砌类型，一般应和隧道相应部位衬砌类型相同，行人横洞的底面应与人行道或边沟盖板顶面平齐。行车横洞两端应与路缘顺坡，并设半径不小于5m的转弯喇叭口。

3.5.3 运营通风建筑物

公路隧道一般只有进出口与大气相通，隧道内污染物不能很快扩散，空气中污染物的含量会逐渐积累。隧道内空气的污染是由汽车排出的废气和汽车携带的尘土、卷起尘埃造成的。其中排放的废气含有多种有害成分，如CO、煤烟、铝、磷化物、硫等，是气态和浮游固态微粒的混合物。

公路隧道内的空气污染，既会对人体造成危害，又会影响行车安全。空气中污染物的含量很小时，通常影响不大。但是CO等含量增加时，会使人体产生不同程度的中毒症状，甚至危及生命。另外，污染空气中的烟雾会影响能见度，烟（尘）含量达到一定程度后，可使能见度下降到妨碍行车安全的程度。因此，隧道通风主要对CO、烟雾和异味等进行稀释。

1. 通风标准

公路隧道通风设计的安全标准应以稀释机动车排放的烟尘为主，必要时可考虑隧道内机动车带来的粉尘污染。公路隧道通风设计的卫生标准应以稀释机动车排放的CO为主，必要

时可考虑稀释 NO_2。公路隧道通风设计的舒适性标准应以换气稀释机动车带来的异味为主，必要时可考虑稀释富余热量。

（1）CO 和 NO_2 设计浓度　正常交通时，隧道内 CO 设计浓度可按表 3-5 取值。交通阻滞时（隧道内各车道均以怠速行驶，平均车速为 10km/h）时，阻滞段的平均 CO 设计浓度可取 150cm³/m³，同时经历时间不宜超过 20min。隧道内 20min 内的平均 NO_2 设计浓度可取 1cm³/m³。人车混合通行的隧道，隧道内 CO 设计浓度不应大于 70cm³/m³，隧道内 60min 内 NO_2 设计浓度不应大于 0.2cm³/m³。隧道内养护维修时，隧道作业段空气的 CO 允许浓度不应大于 30cm³/m³，NO_2 允许浓度不应大于 0.12cm³/m³。

表 3-5　CO 设计浓度 δ_{CO}

隧道长度/m	≤1000	>3000
δ_{CO}/（cm³/m³）	150	100

注：隧道长度为 1000～3000m 时，可按插入法取值。

（2）烟尘设计浓度　采用的灯光光源不同时，烟尘的设计浓度不同，具体见表 3-6。双洞单向交通临时改为单洞双向交通时，隧道内烟尘允许浓度不应大于 0.0120m⁻¹。隧道内养护维修时，隧道内作业段空气的烟尘允许浓度不应大于 0.0030m⁻¹。

表 3-6　烟尘设计浓度 K

设计速度 v_t/（km/h）	≥90	60≤v_t<90	50≤v_t<60	30<v_t<50	v_t≤30
钠光源烟尘设计浓度 K/m	0.0065	0.0070	0.0075	0.0090	0.0120
荧光灯/LED 等光源烟尘设计浓度 K/m	0.0050	0.0065	0.0070	0.0075	0.0120

注：1. 当 v_t≤30km/h 时，该工况下采取交通管制或关闭隧道等措施。
　　2. 钠光源的显色指数为 33～60、相关色温为 2000～3000K；荧光灯/LED 等光源的显色指数大于 65、相关色温为 3300～6000K。

（3）换气要求　隧道空间最小换气频率不应低于每小时 3 次。采用纵向通风的隧道，隧道换气风速不应低于 1.5m/s。

火灾通风标准根据隧道不同长度确定：长度 L≤5000m 的隧道火灾按两车相撞产生 20MW 的热量考虑，火灾时排烟风速可按 2.0～3.0m/s 取值；长度 L>5000m 的隧道火灾按两车相撞产生 50MW 的热量考虑，火灾时排烟风速可按 3.0～4.0m/s 取值。

2. 需风量计算

需风量计算中，设计小时交通量及相对应的机动车有害气体排放量均应与各设计目标年份相匹配。机动车有害气体基准排放量宜均以 2000 年为起点，按每年 2.0% 的递减率计算至设计目标年份获得的排放量，作为隧道通风设计目标年份的基准排放量，最大折减年限不宜超过 30 年。当隧道所在路段交通组成中有新型环保发动机车辆时，其有害气体排放量宜单独计算。确定需风量时，应对稀释烟尘、CO 按隧道设计速度以下各工况车速 10km/h 为一档分别进行计算，并计算交通阻滞和换气的需风量，取其较大者作为设计需风量。

（1）稀释 CO 需风量　机动车尾排有害气体中 CO 的基准排放量取值应符合下列规定：正常交通时，2000 年的机动车尾排有害气体中 CO 的基准排放量应取 0.007m³/（辆·km）；交通阻滞时车辆按怠速考虑，2000 年的机动车尾排有害气体中 CO 的基准排放应取 0.015m³/（辆·km），且阻滞段计算长度不宜大于 1000m。CO 排放量应按下式计算

$$Q_{CO} = \frac{1}{3.6 \times 10^6} q_{CO} f_a f_d f_h f_{iv} L \sum_{m=1}^{n} (N_m f_m) \qquad (3-1)$$

式中　Q_{CO}——隧道全长 CO 排放量（m^3/s）；

q_{CO}——设计目标年份的 CO 基准排放量[$m^3/$（辆·km）]，参照上述规定取值；

f_a——考虑 CO 的车况系数，高速公路、一级公路取 1.0，二、三、四级公路取 1.1~1.2；

f_d——车密度系数，按表 3-7 取值；

f_h——考虑 CO 的海拔高度系数，按图 3-19 取值；

N_m——相应车型的设计交通量（辆/h）；

f_m——考虑 CO 的车型系数，按表 3-8 取值；

f_{iv}——考虑 CO 的纵坡车速系数，按表 3-9 取值；

n——车型类别数；

L——隧道长度（m）。

表 3-7　车密度系数 f_d

$v/(km/h)$	100	80	70	60	50	40	30	20	10
f_d	0.6	0.75	0.85	1.0	1.2	1.5	2.0	3.0	6.0

表 3-8　考虑 CO 的车型系数 f_m

车型	各种柴油车	汽 油 车			
		小客车	旅行车、轻型货车	中型货车	大型客车、拖挂车
f_m	1.0	1.0	2.5	5.0	7.0

表 3-9　考虑 CO 的纵坡车速系数 f_{iv}

$v/(km/h)$	纵坡坡度 i（%）								
	-4	-3	-2	-1	0	1	2	3	4
100	1.2	1.2	1.2	1.2	1.2	1.4	1.4	1.4	1.4
80	1.0	1.0	1.0	1.0	1.0	1.0	1.2	1.2	1.2
70	1.0	1.0	1.0	1.0	1.0	1.0	1.0	1.2	1.2
60	1.0	1.0	1.0	1.0	1.0	1.0	1.0	1.0	1.2
50	1.0	1.0	1.0	1.0	1.0	1.0	1.0	1.0	1.0
40	1.0	1.0	1.0	1.0	1.0	1.0	1.0	1.0	1.0
30	0.8	0.8	0.8	0.8	0.8	1.0	1.0	1.0	1.0
20	0.8	0.8	0.8	0.8	0.8	1.0	1.0	1.0	1.0
10	0.8	0.8	0.8	0.8	0.8	0.8	0.8	0.8	0.8

根据式（3-1）计算的 CO 排放量，稀释 CO 到设计值的需风量按下式计算

$$Q_{req(CO)} = \frac{Q_{CO}}{\delta} \cdot \frac{p_0}{p} \cdot \frac{T}{T_0} \times 10^6 \qquad (3-2)$$

式中　$Q_{req(CO)}$——隧道全长稀释 CO 的需风量（m^3/s）；

p_0——1 标准大气压（kN/m^2），取 101.325kN/m^2；

p——隧址设计气压（kN/m^2）；

T_0——标准气温（K），取 273K；

T——隧道夏季的设计气温（K）；

δ——CO 设计浓度（体积分数）。

（2）稀释烟尘需风量　2000 年的机动车尾排有害气体中烟尘的基准排放量应取 2.0m^3/（辆·km）。烟尘排放量按下式计算

$$Q_{\text{VI}} = \frac{1}{3.6 \times 10^6} q_{\text{VI}} f_{a(\text{VI})} f_d f_{h(\text{VI})} f_{iv(\text{VI})} L \sum_{m=1}^{n_D} N_m f_{m(\text{VI})}$$

$$(3-3)$$

式中　Q_{VI}——隧道全长烟雾排放量（m^3/s）；

q_{VI}——设计目标年份的烟尘基准排放量[m^3/（辆·km）]，参照上述规定取值；

$f_{a(\text{VI})}$——考虑烟雾的车况系数，高速公路、一级公路取 1.0，二、三、四级公路取 1.2～1.5；

f_d——车密度系数，按表 3-7 取值；

$f_{h(\text{VI})}$——考虑烟雾的海拔高度系数，按图 3-20 取值；

$f_{m(\text{VI})}$——考虑烟雾的车型系数，按表 3-10 取值；

$f_{iv(\text{VI})}$——考虑烟雾的纵坡车速系数，按表 3-11 取值；

n_D——车型类别数；

L——隧道长度（m）。

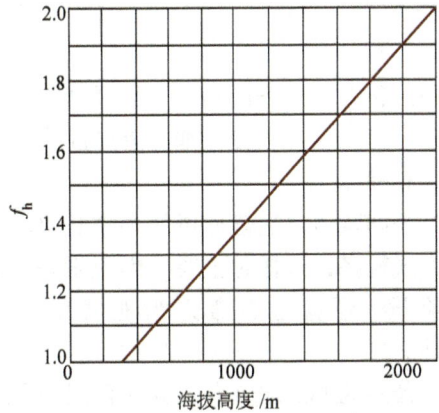

图 3-19　考虑 **CO** 的海拔高度系数 f_h

表 3-10　考虑烟雾的车型系数 $f_{m(\text{VI})}$

车型	柴 油 车			
	轻型货车	中型货车	重型货车、大型客车、拖挂车	集装箱车
$f_{m(\text{VI})}$	0.4	1.0	1.5	3～4

表 3-11　考虑烟雾的纵坡车速系数 $f_{iv(\text{VI})}$

v/（km/h）	纵坡坡度 i（%）								
	−4	−3	−2	−1	0	1	2	3	4
80	0.3	0.4	0.55	0.8	1.3	2.6	—	—	—
70	0.3	0.4	0.55	0.8	1.1	1.8	3.1	—	—
60	0.3	0.4	0.55	0.75	1.0	1.45	2.2	—	—
50	0.3	0.4	0.55	0.75	1.0	1.45	2.2	—	—
40	0.3	0.4	0.55	0.7	0.85	1.1	1.45	2.2	—
30	0.3	0.4	0.5	0.6	0.72	0.9	1.1	1.45	2.0
10～20	0.3	0.36	0.4	0.5	0.6	0.72	0.85	1.03	1.25

稀释烟雾到设计值的需风量按下式计算

$$Q_{\text{req}(\text{VI})} = \frac{Q_{\text{VI}}}{K} \tag{3-4}$$

式中　$Q_{\text{req}(\text{VI})}$——隧道全长稀释烟雾的需风量（$\text{m}^3/\text{s}$）；

　　　　K——设计烟雾值（m^{-1}）。

3. 通风方式

公路隧道对运营通风的要求较高，可供选择的通风方式较多，选择时主要考虑因素是隧道的长度和交通流量，还应适当考虑当地气象、环境、地形等条件。

公路隧道的通风方式分为自然通风和机械通风两种。自然通风是利用洞内的天然风流和汽车运行所引起的活塞风来达到通风目的的。机械通风则是在自然通风不能满足要求时，设置一系列通风机械，送入或吸出空气来达到通风目的的。

按行车道空间的空气流动方式，将公路隧道通风方式分类如下：

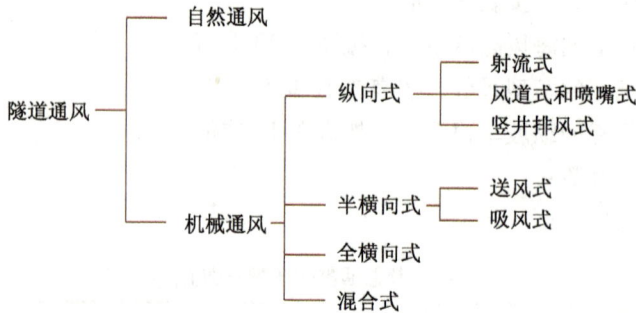

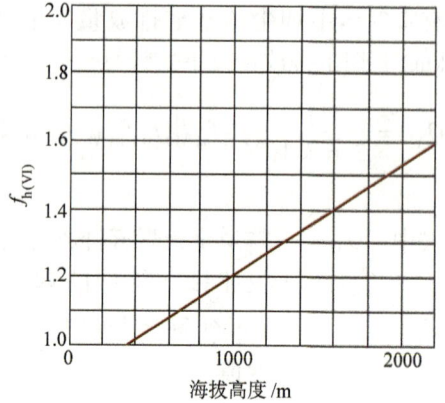

图 3-20　考虑烟雾的海拔高度系数 $f_{\text{h}(\text{VI})}$

```
                          ┌─ 自然通风
                          │
                          │              ┌─ 射流式
                          │     ┌─纵向式─┼─ 风道式和喷嘴式
                          │     │        └─ 竖井排风式
    隧道通风──────────────┤     │
                          │     │        ┌─ 送风式
                          └─机械通风─半横向式─┤
                                │        └─ 吸风式
                                │
                                ├─ 全横向式
                                │
                                └─ 混合式
```

在选择通风方式时，首先应确定隧道内所需的通风量，然后论证自然通风能否满足要求，如果不能，则应当采用机械通风。

JTG/T D70/2 –02—2014《公路隧道通风设计细则》规定，宜设置机械通风的条件为

双向交通隧道　　　　　　$LN \geqslant 6 \times 10^5$ 　　　　　　(3-5)

单向交通隧道　　　　　　$LN \geqslant 2 \times 10^6$ 　　　　　　(3-6)

式中　L——隧道长度（m）；

　　　　N——设计交通流量（辆/h）。

(1) 自然通风　目前还没有可靠的计算自然通风的隧道最大允许长度的一般算式。因为隧道两个洞口的大气条件（气压、温度、风等）和高差会引起压头差值，从而导致隧道内自然风是不稳定的。上述大气条件在隧道内引起的总阻力，可由下式计算

$$\Delta p_{\text{m}} = \left(1 + \zeta_{\text{e}} + \lambda_{\text{r}} \frac{L}{D_{\text{r}}}\right) \frac{\rho}{2} v_{\text{n}}^2 \tag{3-7}$$

式中　Δp_{m}——自然风阻力（N/m^2）；

　　　　ζ_{e}——隧道入口损失系数，可取 0.6；

λ_r——隧道沿程阻力系数；

v_n——自然风作用引起的洞内风速（m/s），可取 2~3m/s；

ρ——空气密度（kg/m³），可取 1.2kg/m³；

D_r——隧道断面当量直径（m），$D_r = \dfrac{4A_r}{G_r}$，A_r 为隧道净空断面积（m²），G_r 为隧道断面周长（m）。

自然风的变化是复杂且不稳定的，用它作为通风计算的依据，其可靠性自然很差。但是作为机械通风时的辅助作用，却不应忽视，至少可以调节通风机的转速，有利于节能。不过，车道空间有 2m/s 左右的自然风是较佳的情况。另一方面，对向交通时，机械通风装置应为可逆式；单向交通时，机械通风应具有克服自然通风逆压的能力。不稳定的自然风对单向交通的隧道影响较小。

由于交通风比自然风作用大，在单向交通情况下，即使隧道相当长，也有可能进行足够的通风。交通通风力可按下式计算（当 $v_t > v_r$ 时，Δp_t 取"+"，当 $v_t < v_r$，Δp_t 取"－"）

$$\Delta p_t = \pm \frac{(1 - r_l)A_{cs}\xi_{c1} + r_l A_{cl}\xi_{c2}}{A_r} \frac{\rho}{2} n_c (v_t - v_r)^2 \tag{3-8}$$

式中 Δp_t——交通通风力（Pa）；

A_r——隧道净空断面积（m²）；

r_l——大型车比例；

A_{cs}、A_{cl}——小型车、大型车正投影面积（m²）；

ξ_{c1}、ξ_{c2}——隧道内小型车、大型车空气阻力系数；

ρ——空气密度（kg/m³）；

n_c——隧道内车辆数；

v_t——各工况车速（m/s）；

v_r——隧道设计风速（m/s），一般 $v_r = \dfrac{Q_{req}}{A_r}$。

隧道内通风阻力应按下式计算

$$\Delta p_r = \left(\lambda_r \frac{L}{D_r} + \sum \zeta_i\right)\frac{\rho}{2}v_r^2 \tag{3-9}$$

式中 Δp_r——隧道内通风阻力（N/m²）；

ζ_i——隧道局部阻力系数。

（2）纵向式通风 纵向通风时，可以认为隧道内沿纵向流动的气流从入口至出口都是匀速的。这种通风方式使得空气的污染物含量由入口向出口方向成直线增加。如果自然风从出口吹入隧道（单向交通）时，洞内污染物含量会增大。当洞内为双向交通时，交通风自然抵消，此时如有自然风吹入隧道，在下风方向的空气污染物含量也会增加。

纵向式通风的类型有射流式通风、竖（斜）井式通风等，根据交通方式不同又可以有不同的具体设计。

1）射流式通风。射流式通风是在车道空间上方直接吊设射流式通风机（图 3-21）用以升压通风的方式。通常根据需要沿隧道纵向以适当的间隔吊设数组，每组为一个至数个射流式通风机，如图 3-22 所示。射流式通风机是一种新型通风机，具有体积小、风量大的特点，其喷射风速能达到 25~30m/s。

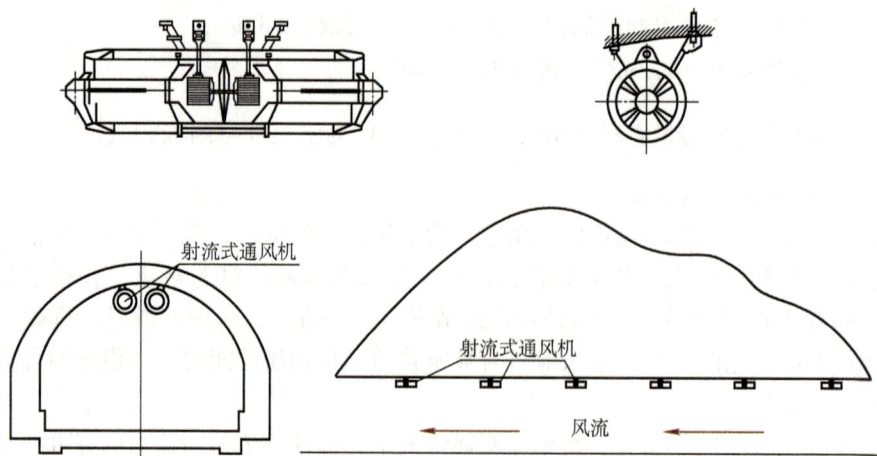

图 3-21　射流式通风机结构及布置示意图

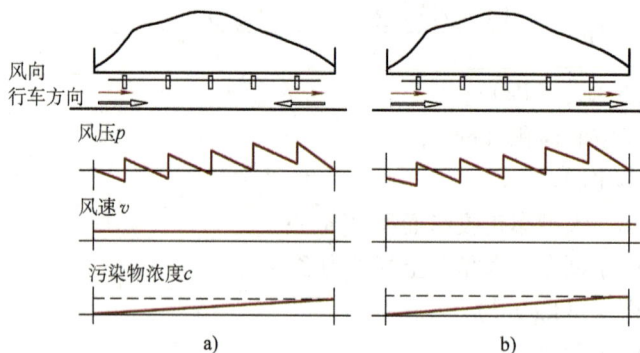

图 3-22　射流式通风
a）双向交通　b）单向交通

　　射流式通风机应安装在限界以外，吊设于拱顶，并且喷出的气流对交通无不良影响。射流式通风机的安装间隔要考虑到射流的能量和气流的搅动状况，使空气能充分混合。因此，沿纵向最外边一台距洞口可取 100m 左右，内部间隔取 70m 左右为宜，至少也要保持40m 距离。

　　射流式通风，双向交通时一般适用于 1km 以下的隧道，单向交通时可达 2km 左右，通常要根据所需通风量和车道风速限界允许的最大通风量验算。如果交通量小，即使隧道很长仍可运用。射流式通风设备费用少、经济，但噪声较大。

　　2）竖（斜）井式通风。长隧道纵剖面为人字坡时，污浊空气常积聚在坡顶，通风效果不好。若在隧道施工中设置竖井或斜井作为辅助坑道时，可以利用这些辅助坑道作为通风道，把通风机置于竖井或斜井处，借助于通风机和竖井的换气作用把污浊空气吸出，或把新鲜空气引入，如图 3-23 所示。竖井、斜井用于排气时，起到了烟囱的作用，能收到很好的效果，但为了能达到稳定的通风效果，仍需安装风机，如图 3-24 所示。

　　（3）全横向式通风　在通风机的作用下，风流的方向与隧道轴线方向成正交的称为横向式通风。图 3-25 所示为全横向式通风工作原理。隔出隧道部分面积作为沿洞身轴线的通风渠（包括压入风渠和吸出风渠）。根据计算确定风量和风压，选择合适的通风机。

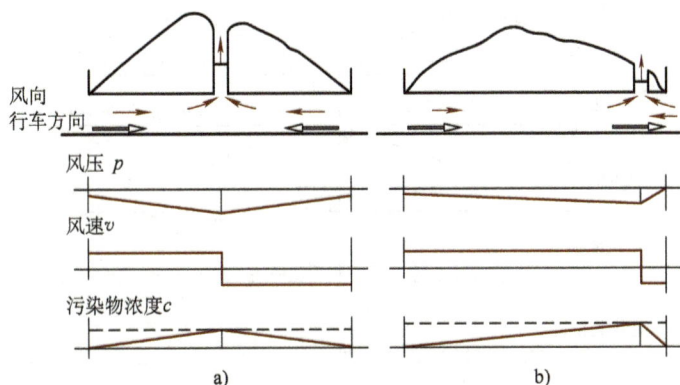

图 3-23 竖井、斜井式通风

a）双向交通 b）单向交通

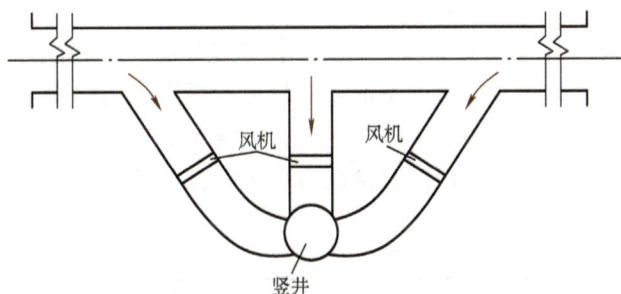

图 3-24 竖井、斜井式通风平面示意图

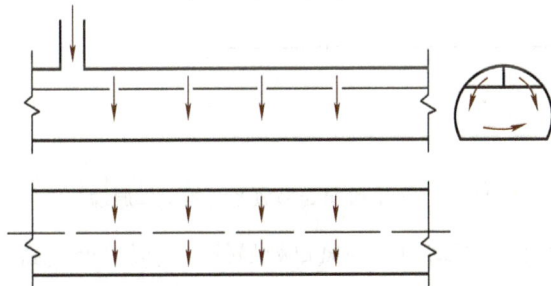

图 3-25 全横向式通风工作原理

新鲜空气首先送入压入通风渠，并沿着通风渠流到隧道全长范围内。压入通风渠设有系列的出风口，把新鲜空气在均匀的间隔上吹入隧道中，隧道内的污浊空气则从吸出风渠的系列进风口吸出洞外，隧道内基本上不产生沿纵向流动的风，只有横向流动的风。

全横向式通风系统能将新鲜空气沿隧道全长范围内均匀吹入，污浊气体无须沿隧道全长范围流过，就地直接被进风口吸出，通风效果较好。

在双向交通时，车道的纵向风速大致为零，污染物沿全隧道大体均匀分布。但是，在单向交通时，因为交通风的影响，在纵向能产生一定风速，污染物浓度由入口至出口有逐渐增加的趋势，一部分污染空气会直接由出口排向洞外，这种排风量有时占很大比例。通常情况下，可以认为送风量与吸风量是相等的，因而设计时也把送风管道和吸风管道的断面积设计成一样，如图 3-26 所示。

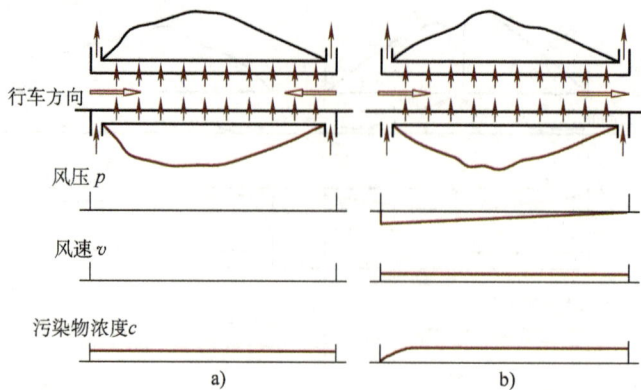

图 3-26 全横向式通风

a）双向交通 b）单向交通

（4）半横向式通风 半横向式通风系统的工作原理如图 3-27 所示。这种通风系统是在隧道的顶部设置进风管，并在进风管的下部，沿隧道的长度方向每隔一定距离开一通风口，气流则沿通风口流向隧道内，然后隧道内的空气在新鲜气流的推动下，沿隧道的纵向排出洞外。半横向式通风效果比纵向好，但没有全横向式通风能力强。

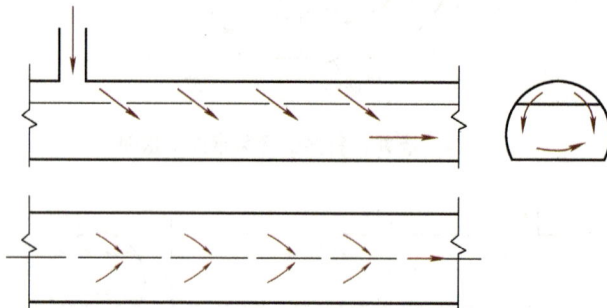

图 3-27 半横向式通风系统的工作原理

纵向式通风的污染物分布不均匀，进风口处最低，出风口处最高。为使出口处的污染物浓度保持在允许限度以下，只好加大通风量，但其他地方的污染物浓度却相当低，这样既不经济，又使隧道内风速过大。而半横向式通风可使隧道内的污染物浓度大体上接近一致。送风式半横向通风是半横向通风的标准形式，新鲜空气经送风管吹向汽车的排气孔高度附近，直接稀释汽车排放的废气。污染空气在隧道上部扩散，经过两端洞口排出洞外，如图3-28所示。

双向交通时，不论是送风方式还是吸风方式，如果双方的交通流量相等，两洞口的气象条件也相同，则隧道内的风压分布为中间最大，两洞口排出或送的空气为等量。因此，在隧道的中点，空气是静止的，风速为零，该点称为中性点。除该点外，风速向两洞口呈直线增加。污染物浓度在送风方式中各处是相同的，而在吸风方式中是中性点处最大。如果双向的交通流量不等，或两洞口的气象条件发生变化，则中性点的位置也随之变动。

单向交通时，送风方式的中性点多半移至进口之外。吸风方式的中性点则靠近出口，污染物浓度和双向交通时一样，中性点附近污染物浓度最高。

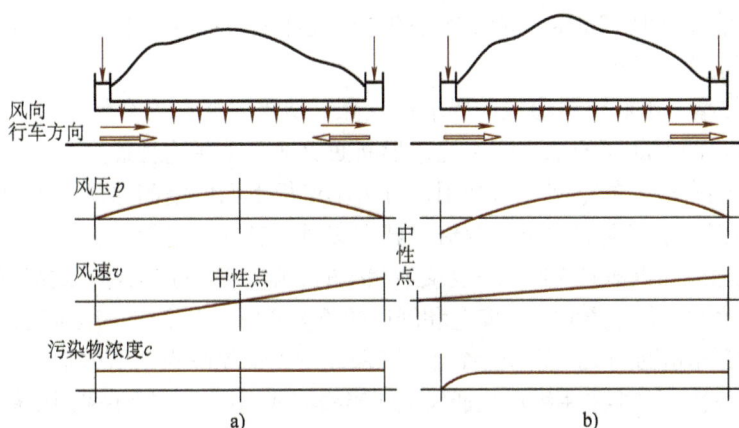

图 3-28 半横向式通风
a) 双向交通 b) 单向交通

（5）混合式通风 混合式通风没有固定的格局，可以由上述几种基本通风形式组合而成，一般都是用于公路隧道。国外采用混合式通风的隧道不乏先例，其组合方式有多种，但也必须符合一般性的设计原则，力求既经济，又实用。

4. 通风方式的选择

（1）影响通风方式选择的因素

1）隧道长度。隧道长度是影响隧道通风方式选择的最主要的因素。隧道越长，隧道发生事故和灾害造成的损失一般也越大，所以隧道越长，对隧道通风的安全性和可靠性要求越高。

2）隧道交通条件。单向交通时，车速越大，活塞作用越显著。例如，车速为 50 ~ 60km/h，大约可以有 6m/s 的交通风（活塞风）。这种情况以纵向式通风为宜。不过随着交通量的增大，往往容易发生交通阻滞，导致车速降低，从而影响活塞作用的效果。这时交通风处于不稳定状态，所以最好改用半横向式或全横向式通风。车道的平均截面积与隧道的过风面积的比值是直接影响活塞作用的参数，比值越小则活塞风越大。双向交通的隧道则因风流效果互为抵消，故没有活塞作用。

3）隧道所处地质条件。隧道所处地层的地质条件好，隧道施工比较容易，费用低，这时选用横向通风方式，隧道断面可适当加大，送风道和排风道容易布置并可以布置得大一些，这样隧道的建设和运营费用不会很高。相反，如果围岩条件差，则可能由于隧道施工困难、施工费用高而影响到横向通风的使用。

4）隧道所处地区的地形和气象条件。地形和气象条件与隧道自然风流的流向和流量有关。当自然风流比较大，流向相对稳定时，对于较短的隧道，可直接利用它通风。但对于纵向通风的隧道，若自然风流变化较大，将会影响通风效果，严重者会造成隧道无风或风机损坏。

5）风速要求。当隧道纵坡大或很长时，所需的通风量会很大，因而可能使得车道空间沿隧道纵向流动的风速过大，对车辆产生不良影响，使人感到不舒服，此时应考虑改变通风方式或进行分段通风。此外，万一发生火灾，过大的风速会导致烟火迅速蔓延，危及下风方向的车辆和行人。所以对风速应当有一定的限制。我国规定，单向交通隧道设计风速不宜大于10m/s，特殊情况可取12m/s；双向交通的隧道设计风速不应大于8m/s；人车混合通性的隧道设计风速不应大于7m/s。

6）隧道的类型。水底隧道通风的要求比较高，从重要性和安全性上都宜采用可靠性高的全横向式通风。圆形断面的水底隧道比矩形断面更适合采用这种通风方式，因为圆形断面除了车道空间，还有多余的空间可以利用，可由车道板下面的空间送风，用顶棚以上的空间排风，其效果相当于半横向式通风的两倍。城市交通隧道的交通量一般都很大，且车流不稳定，而全横向式通风和半横向式通风不受交通状况的影响，所以这两种方式都可以用。如果在隧道内设置人行道和自行车道时，从安全和舒适的角度考虑，全横向式通风最为理想，其送风口通常设在两侧距车道面约1m高的位置上，能保证行人最先呼吸到新鲜空气。山岭隧道通风要更多地考虑经济性，多半采用纵向式通风或者半横向式通风，一般不采用全横向式通风。

（2）通风方式的选择　选择通风方式时，应该综合考虑上述诸多因素。合理的通风方式应是安全，可靠性高，建设安装方便，投资小，隧道内环境好，对灾害的适应能力强，运营管理方便，运营费用低的通风方式。但是，各种通风方式都既有优点，又有缺点，一种通风方式不可能完全满足这些要求。因此，实际上的合理是在给定条件下尽可能做到既安全可靠，又经济方便。

5. 通风机的选择

通风机是把机械能转变为空气压能的一种装置，是实现隧道机械通风的关键设备。目前国产通风机有两种类型，即离心式通风机和轴流式通风机。通风机的选择包括选择通风棚的类型、通风机的型号、通风机的联合运转方式，以及通风机的机号、转速和叶片安装角等。合理的通风机是在满足通风要求（足够的风量）时，工作效率 η 比较高。通风机选择的依据是隧道的通风阻力、要求的通风量 Q（m^3/s）及其他的一些隧道条件。

（1）通风机的类型

1）根据离心式和轴流式通风机的优缺点选择通风机的种类。在结构上轴流式通风机具有体积小、重量轻、动轮直径小、转速高、可与电动机直接连接等优点；但其缺点是结构复杂、故障多、各部件都装在机壳内部检修不方便、噪声大。离心式通风机具有结构简单、造价低、维修方便、坚固耐用、运行可靠等优点；其缺点是动轮直径大、机体大、转速低、一般不能与高速电动机直接相连。

在性能上，轴流式通风机特性曲线（图3-29）的工作段比较陡斜，当风量 Q 有较小变化时会引起风压 h 较大变动。因此，它适应于阻力变化大而要求风量变化小的隧道中。而离心式与其相反，如图3-30所示，轴流式风机的风压 h 曲线上有驼峰，若风机在驼峰范围内工作，就会引起风机风量、风压和功率的波动，产生不正常的振动和噪声，因此，风机的工况点应选在驼峰右侧稳定区中。

在性能调节方面，轴流式通风机可通过改变叶片的安装角和转速调节性能，调节简单、经济，调节幅度大。离心式通风机也可通过改变前导叶的角度和转速调节性能，但调节不方便且调节幅度小。选择通风机时，要根据两类通风机的优缺点，结合隧道通风条件和要求进行具体分析和计算，选择应做到安全可靠、经济方便。

2）根据通风机的类型特性曲线选择通风机的型号。同一种类的通风机，按照叶轮和前导器的形式、前导器和整流器上叶片的安装角等不同分成多种形式（型号）。每一种类型的通风机的特性用它的类型特性曲线描述，不同类型的通风机的类型特性曲线不同，其中区别

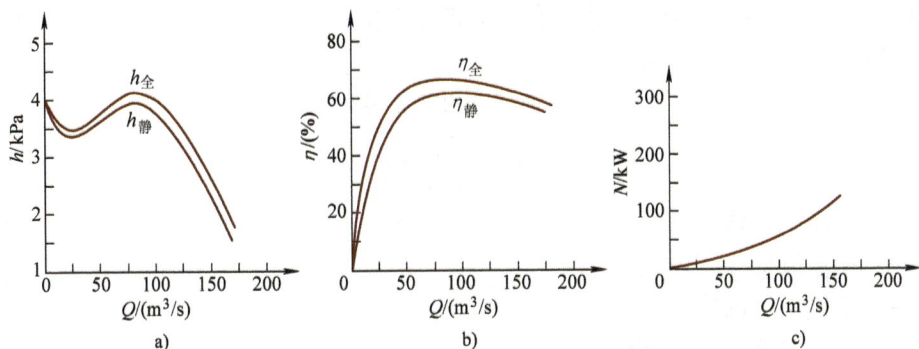

图 3-29 轴流式通风机个体特性曲线

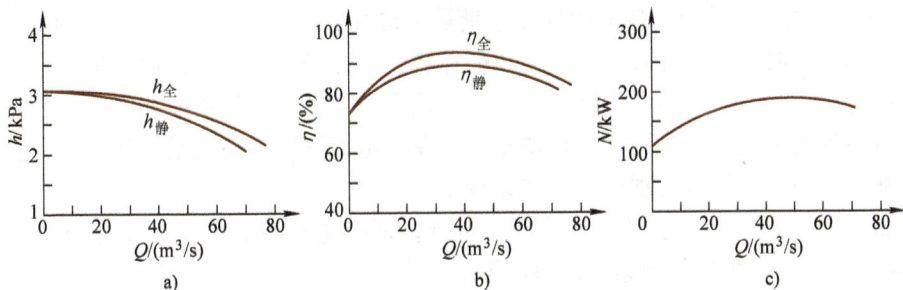

图 3-30 离心式通风机个体特性曲线

较大的是合理的工况点的范围（通风量和通风压力的范围）。正确选择通风机的型号就是寻求既能满足隧道通风量又能使工况点落在合理的范围的类型特性曲线。通风机型号选择是通风机选型的关键。

3）根据通风机的个体特性曲线选择通风机的机号。对于同一种类型的通风机，按照叶轮直径的大小又分成不同的规格（不同的机号）。在通风机的类型选定以后，就能够保证通风机的工况点处于一个比较合理的（效率能够满足要求的）范围内，但要使通风机具有一个更为理想的工况点，还要选择合适的机号。选择机号主要依据通风量。一般风量要求大，叶轮直径选择就大些。

4）当单机不能满足风量要求时，应取两机或多机并联运转。在隧道通风阻力小，而要求风量大的情况下，采用通风机并联运转能够取得比较好的效果。通风机联合运转的效果取决于单个通风机的特性及两台通风机的联合特性。两台通风机并联运转时，通风量增加明显，一般可比单机通风量增大 70% 左右。随着并联通风机的台数增多，风量增加的效果会减小，所以并联通风机以 2～3 台为宜。通风机并联运转时两台通风机的型号相同时，选型方便，管理维修方便。

5）调整通风机动轮转速和叶片安装角。调整动轮的转速和叶片安装角有两个目的：一是调整动轮转速和叶片安装角，使通风机处于效率最高且最稳定的工作状态；二是因隧道交通量或其他条件变化引起隧道通风量和风阻发生变化时，调整动轮转速或叶片安装角可改变通风机工况点。

（2）通风机的台数 正确选定通风机的台数，可以提高通风的可靠性。如果按照计算结果，选用一台通风机负担全部通风需要，发生故障时，就失去了通风能力。如果使用两台通风机并联时，一台发生故障时，另一台仍可正常工作，所以较使用一台时可靠性增加了。但此时要求并联中每一台通风能力达65%。

（3）通风机的轴功率 通风机所需轴功率可用下式计算

$$N = \frac{Q_{req}H}{10^3 \eta} \qquad (3-10)$$

式中　　N——轴功率（kW）；

Q_{req}——所需风量（m³/s）；

H——全风压（Pa）；

η——通风机效率（约80%）。

如果温度和气压改变，还可以修正其轴功率。

（4）通风机的运转等级 隧道内的交通量是经常改变的，但进行通风设计时是按第30h交通量进行的。平时在交通量较少时，全负荷运转是不经济的。一般将通风量分为2~4级，根据需要调整通风量，使之适合实际需要。所分档次不宜太多，频繁地调整档次容易引起故障。现在有一种通风机的中片角度可以调整，能在一定范围内调整风量。如果配合转速的变化、进行适当地组合，可以实现风量的连续调整。

（5）通风的附属设施 通风时，除通风机外，还有电动机、供电、变电设备、控制转换风路的风门、CO检测计及烟雾透过率计等。

通风系统不是孤立的系统，它与照明、安全设施等有密切联系。例如，发生火灾时，需要调整通风状态，但必须有火灾报警器、紧急电话甚至闭路电视等设备及时发现异常情况。通风系统的电源应有两套独立的供电系统，并能自动转换。

3.5.4 运营照明设施

1. 隧道照明的必要性

公路隧道的照明，是为了把必要的视觉信息传递给驾驶人，防止因视觉信息不足而出现交通事故，提高驾驶上的安全性和增加舒适感。隧道照明与道路照明的显著不同是白天也需要照明，而且白天照明问题比夜间更加复杂。从理论上讲隧道照明与道路照明一样，也需要考虑路面应具有一定的亮度水平，同时应进一步考虑设计速度、交通量、线性等影响因素，并从驾驶人的安全性和舒适性等方面综合确定照明水平，特别是在隧道入口及其相应区段需要考虑驾驶人的视觉适应过程。

汽车驾驶人在白天从明亮的环境接近、进入和通过隧道过程中，将产生种种视觉问题：

1）进入隧道前的视觉问题（白天）。由于隧道内外的亮度差别极大，所以，从隧道外部去看照明很不充分的隧道入口，会看到黑洞（长隧道）（图3-31）及黑框（短隧道）（图3-32）现象。

2）进入隧道立即出现的视觉问题（白天）。汽车由明亮的外部进入即使是不太暗的隧道以后，要经过一定时间才能看清楚隧道内部的情况，这称为"适应的滞后现象"，这是因为急剧的亮度变化，使人的视觉不能迅速适应。

3）隧道内部的视觉问题（白天、夜间）。隧道内部与一般道路不同，主要在于隧道内部汽车排出的废气无法迅速消散，形成烟雾，它可以将汽车头灯和道路照明器发出的光吸收和散射，降低能见度。

图 3-31 黑洞效应

图 3-32 黑框效应

洞内照明与出口效应

4）隧道出口处的视觉问题。白天汽车穿过较长的隧道接近出口时，由于通过出口看到的外部亮度极高，出口看上去是个亮洞，出现极强的眩光，驾驶人在这种极强的眩光效应下会感到十分不舒服；夜间与白天正好相反，隧道出口看到的不是亮洞而是黑洞，这样就看不出外部道路的线形及路上的障碍物。

解决上述视觉问题的方法是设置合理的灯光照明，以利行车安全。规范规定：长度大于100m 的隧道应设置照明。

2. 照明区段的划分

长隧道的照明沿纵向可以分为洞口接近段、入口段、过渡段、中间段、出口段五个区段。

(1) 接近段长度 公路隧道各照明区段中，在洞口（设有光过渡建筑时，则为其入口）前，从注视点到适应点之间的一段道路，在照明上称为接近段。通常情况下，当汽车驶近隧道时，驾驶人的注意力会自然地集中在观察洞口附近情况上，开始注视之点称为注视点。继续接近洞口时，驾驶人视野中外界景物会逐渐减少，当行驶至某位置时，外界景物会全部消失，在驾驶人眼前看到的就是洞口，这时距洞口的距离约为 10m，这点称为适应点。注视点至适应点之间的距离就称为接近段。

(2) 入口段长度 入口段指进入隧道洞口的第一段，如设置了遮阳棚等光过渡建筑，则其入口为该段的开始点。设置此段的目的是使驾驶人的视力开始适应隧道内的照明光线。

入口段 th1、th2 长度应按下式计算

$$D_{th1} = D_{th2} = \frac{1}{2}\left(1.154D_s - \frac{h-1.5}{\tan10°}\right) \tag{3-11}$$

式中 D_{th1}、D_{th2}——入口段 th1、th2 的照明长度；

D_s——照明停车视距（m），可按表 3-12 取值；

h——洞口内净空高度（m）。

当设计速度为 20 ~ 50km/h 时，入口段总长度可取 1 倍照明停车视距。

表 3-12 照明停车视距 D_s （单位：m）

设计速度	纵坡坡度（%）								
v_t/（km/h）	-4	-3	-2	-1	0	1	2	3	4
120	260	245	232	221	210	202	193	186	179
100	179	173	168	163	158	154	149	145	142

（续）

设计速度	纵坡坡度（%）								
v_t/（km/h）	-4	-3	-2	-1	0	1	2	3	4
80	112	110	106	103	100	98	95	93	90
60	62	60	58	57	56	55	54	53	52
40	29	28	27	27	26	26	25	25	25
20~30	20	20	20	20	20	20	20	20	20

（3）过渡段长度 介于入口段和中间段之间的照明区段为过渡段，可解决从入口段的高亮度到中间段的低亮度之间的剧烈变化（可差数十倍）给驾驶人带来的不适，使之有充分的适应时间。

过渡段由 tr1、tr2、tr3 三个照明段组成，各段照明长度 D_{tr} 可按表 3-13 取值。

表 3-13 过渡段长度 D_{tr} （单位：m）

设计速度	D_{tr1}			D_{tr2}	D_{tr3}
v_t/（km/h）	隧道内净空高度 h				
	6m	7m	8m		
120	139	137	135	133	200
100	108	106	103	111	167
80	74	72	70	89	133
60	46	44	42	67	100
40	26	26	26	44	67

（4）中间段长度 过了过渡段，驾驶人已基本适应洞内的照明光线，中间段的基本任务就是保证行车照明，使驾驶人能保证停车视距。

（5）出口段长度 在单向交通隧道中，应设置出口段照明，以便缓和白洞效应带来的不利影响。出口段宜划分为 ex1、ex2 两个照明段，每段长度宜取 30m。在双向交通隧道中，隧道的两端均为入口，同时也均为出口，照明情况完全相同，可不设出口段照明，都采用入口段的照明标准设计。

3. 照明区段的亮度

隧道照明的五个区段亮度，如图 3-33 所示。

（1）接近段亮度 公路隧道接近段可设可不设照明设施，但它的亮度（周围环境平均亮度）对于确定入口段、过渡段和中间段的亮度有很大影响，其取值将直接影响到照明设施造价和运营费用。

（2）入口段亮度 入口段亮度宜划分为 th1、th2 两个照明段，与之对应的亮度分别按下式计算

$$L_{th1} = kL_{20}(S), \quad L_{th2} = 0.5kL_{20}(S) \tag{3-12}$$

式中 L_{th1}、L_{th2}——入口段 th1、th2 的亮度（cd/m²）；

k——入口段亮度折减系数，可按表 3-14 取值；

$L_{20}(S)$——洞外亮度（cd/m²）。

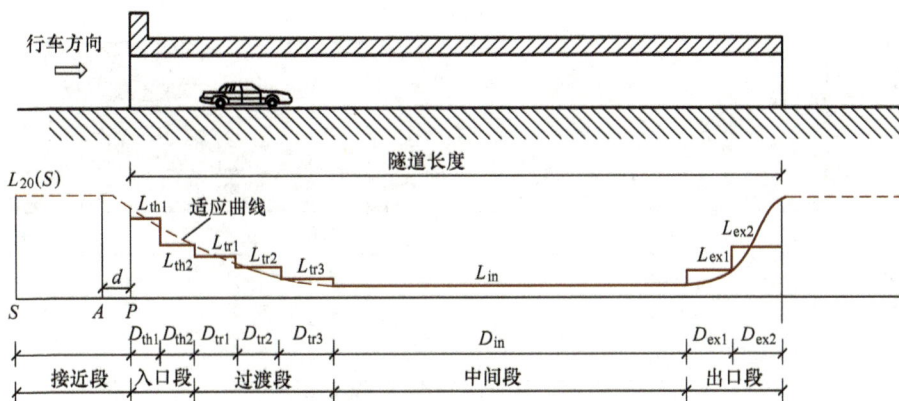

图 3-33　照明区段的亮度

P—洞口　S—接近段起点　A—适应点　d—适用距离　$L_{20}(S)$—洞外亮度

L_{th1}、L_{th2}—入口段 th1、th2 分段亮度　L_{tr1}、L_{tr2}、L_{tr3}—过渡段 tr1、tr2、tr3 分段亮度

L_{in}—中间段亮度　L_{ex1}、L_{ex2}—出口段 ex1、ex2 亮度　D_{th1}、D_{th2}—入口段 th1、th2 分段长度

D_{tr1}、D_{tr2}、D_{tr3}—过渡段 tr1、tr2、tr3 分段长度　D_{in}—中间段长度　D_{ex1}、D_{ex2}—出口段 ex1、ex2 分段长度

表 3-14　入口段亮度折减系数 k

设计交通量 $N/[$辆$/($h·ln$)]$		设计速度 $v_t/($km/h$)$				
双车道单向交通	双车道双向交通	120	100	80	60	40～20
≥2400	≥1300	0.07	0.045	0.035	0.022	0.012
≤700	≤360	0.05	0.035	0.025	0.015	0.010

注：当交通量在中间值时，按线性内插取值；辆/(h·ln)为每车道每小时的车流量。

（3）过渡段亮度　过渡段由 tr1、tr2、tr3 三个照明段组成，各段照明亮度可按表 3-15 取值。

表 3-15　过渡段亮度

过渡段	tr1	tr2	tr3
亮度	$L_{tr1} = 0.15L_{th}$	$L_{tr2} = 0.05L_{th}$	$L_{tr3} = 0.02L_{th}$

（4）中间段亮度　中间段亮度可按表 3-16 取值。单向交通且通过隧道的行车时间超过 135s 时，中间段宜分为两个照明段：第一照明段长度为设计速度下 30s 行车距离，亮度为设计行车速度下的 L_{in}；第二照明段长度为余下中间段长度，亮度为 $0.8L_{in}$ 且不低于 $1.0cd/m^2$，当采用连续光带带灯形式或隧道壁面反射系数不小于 0.7 时，亮度为 $0.5L_{in}$ 且不低于 $1.0cd/m^2$。人车混合通行的隧道中，中间段亮度不得低于 $2.0cd/m^2$。当隧道内按设计速度行车超过 20s 时，灯具布置应满足闪烁频率低于 2.5Hz 或高于 15Hz 的要求。中间段灯具的平面布置形式可采用单光带布置、两侧交错布置或两侧对称布置。紧急停车带宜采用黑色指数高光源，其照明亮度不应低于 $4.0cd/m^2$。横通道亮度不应低于 $1.0cd/m^2$。

（5）出口段亮度　在单向交通隧道中，出口段 ex1 亮度应为中间段亮度的 3 倍，出口段

ex2 亮度应为中间段亮度的 5 倍。在双向交通隧道中，可不设出口段照明。

表 3-16　中间段亮度 L_{in}

（单位：cd/m²）

设计速度 v_t/（km/h）	单向交通		
	$N \geqslant 1200$ 辆/（h·ln）	350 辆/（h·ln）$< N < 1200$ 辆/（h·ln）	$N \leqslant 350$ 辆/（h·ln）
	双向交通		
	$N \geqslant 650$ 辆/（h·ln）	180 辆/（h·ln）$< N < 650$ 辆/（h·ln）	$N \leqslant 180$ 辆/（h·ln）
120	10.0	6.0	4.5
100	6.5	4.5	3.0
80	3.5	2.5	1.5
60	2.0	1.5	1.0
20～40	1.0	1.0	1.0

注：1. 当设计速度为 100km/h 时，中间段亮度可按 80km/h 对应亮度取值。

　　2. 当设计速度为 120km/h 时，中间段亮度可按 100km/h 对应亮度取值。

4. 洞外接近段的减光建筑物与减光措施

（1）遮阳棚　遮阳棚设置在洞口外，是为减弱自然光亮度而建筑的拱棚状构造物。其顶棚为透光构造，形如网状结构，网孔大多为透空的，称为开放式构造；也有用玻璃封闭的，称为封闭式构造。网孔应设计成不准阳光直接投射到路面上。设计遮阳棚应以当地日照图为依据，由太阳的高度角和方位角计算出遮阳棚的尺寸、间隔和倾斜角度。

（2）遮光格栅　遮光格栅也是一种棚状减光建筑物，但构造较简单。其主要特点是允许阳光直接投射到路面上，这是与遮阳棚的根本区别。减光建筑物可以设置得很长，长度可达百米以上，给工程增加了很多造价，长度过短时又起不到作用，所以除非重要的大交通量公路隧道，一般不予设置。虽然减光建筑物在白天能十分有效地缓和洞内外的亮度，但鉴于我国经济的实际情况，规范中没有规定必须设置这类建筑。

（3）植被减光　较为简便、经济的降低洞外亮度的方法是种植常绿植被。人类对植被的反射光有舒适感，植被反射光比裸露的岩石、土坡、建筑物墙面等的反射光柔和得多。植被大致可以分为草地、农作物类和树木类。

5. 亮度曲线的组成

沿道路轴线，由入口洞外的接近段经入口段、过渡段、中间段直至出口段，驾驶人在白天所需要的路面亮度变化曲线，称为亮度曲线，如图 3-34 所示。其中的亮度包括自然光在路面反射引起的亮度和人工照明在路面反射引起的亮度，是综合的亮度。前者有可以利用的亮度和需要限制的亮度两部分。后者是因自然光不足或根本影响不到而需用人工照明加以弥补的亮度。人工亮度沿路轴的变化曲线称为人工亮度曲线。由于自然光的影响范围很小，一般仅为 2 倍隧道入口高度（约 10m）的范围，除洞外散射光较强时，可以不考虑人工照明外，在 10m 以外自然光影响很小，不再考虑它的影响，所以只按人工亮度计算，这样做能使计算得以简化。

由于目前人们对视觉适应能力的估算不一致，所以在入口（包括入口段和过渡段）亮度曲线的划法上相差甚远。JTG/T D70/2-01—2014《公路隧道通风照明设计细则》对各区段的长度与亮度做了具体规定，如图 3-34 所示。

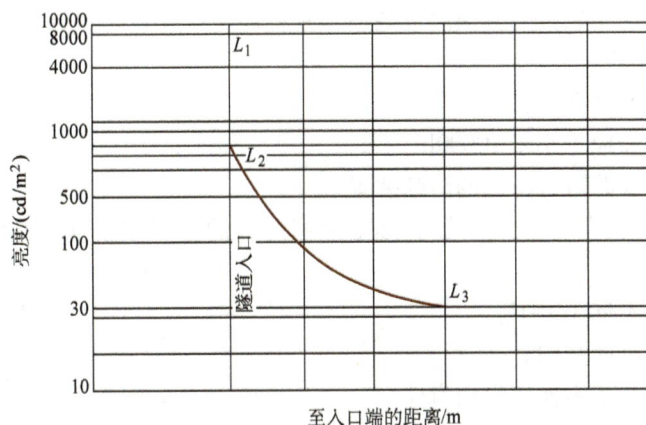

图 3-34　亮度曲线

6. 照明设计

道路隧道的内部照明不但要有足够的亮度，而且要符合要求的质量。另外，隧道是一个封闭空间，驾驶人在动态条件下观察障碍物时，需要更长的背景，即在增加的背景长度上要保证亮度和亮度对比。

隧道照明的效果不仅取决于电灯的亮度，还与背景空间的反射率密切相关，因此，墙面和路面宜用反射率高的材料。一般隧道墙面反射率应大于 0.7，明亮的混凝土路面反射率为 0.24～0.31，明亮的沥青路面反射率为 0.18～0.21，很深的黑色路面反射率为 0.11～0.14，照明设计路面亮度总均匀度 U_0 应不低于表 3-17 的要求，路面亮度纵向均匀度 U_1 应不低于表 3-18 的要求。另外，墙面应当平滑，容易清洗，并且难以附着尘埃和油污。

为了增加诱导性，早期发现障碍物和看清车道界线，除了保证亮度和均匀度，车道的分隔线、路缘石应该是反射率最高的白色线条标志。照明设计应综合考虑环境条件、交通状况、土建结构设计、供电条件、建设与营运费用等因素。

表 3-17　路面亮度总均匀度 U_0

设计交通量 $N/[辆/(h \cdot ln)]$		U_0
单向交通	双向交通	
≥1200	≥650	0.4
≤350	≤180	0.3

注：当交通量在其中间值时，可按插入法取值。

表 3-18　路面亮度纵向均匀度 U_1

设计交通量 $N/[辆/(h \cdot ln)]$		U_1
单向交通	双向交通	
≥1200	≥650	0.6～0.7
≤350	≤180	0.5

注：当交通量在其中间值时，可按插入法取值。

（1）隧道照明光源的选择

1）一般情况下宜选择效率高、透雾性能较好的光源。

2）短隧道、柴油车较少的城镇附近隧道、紧急停车带、人行横通道、车行横通道可选用显色指数较高的光源。

3）配光特性要符合照明目的。

4）光源使用寿命应不小于10000h。

5）应具有适合公路隧道特点的防眩装置。

（2）隧道照明灯具的选择与布置 隧道照明灯具的主要作用是控制配光及保护光源，选择时应满足以下要求：

1）防护等级应不低于IP65。

2）形状和尺寸小而坚固。

3）灯具结构应便于更换灯泡和附件。

4）灯具零部件应具有良好的防腐性能，必要时要施以表面处理。

5）灯具符合设置该照明器场所的几何条件，灯具配件安装、维修方便，并能调整安装角度。

6）对隧道墙面的配光及烟尘的污染应充分注意。

7）灯具不得侵入隧道建筑限界。

8）在满足照明质量、环境条件及防触电保护要求的情况下，尽量选用光输出比高，利用系数高、寿命长、光通衰减少的照明器。

为了使路面亮度、均匀度、眩光及诱导性等照明基本参数较好，应在选择灯具的类型及灯具的悬挂方式、高度、间距等各方面综合考虑，以便获得最佳效果。隧道照明灯具的布置方法很多，可安装在拱顶、墙壁或吊装顶棚上，沿隧道纵向单排布置或双排布置。在双排布置的情况下，既可对称布置，也可交错布置，如图3-35所示。

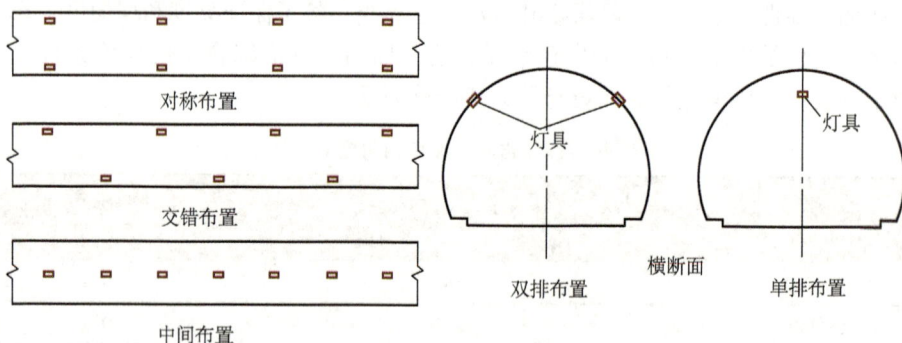

图3-35 灯具的布置方式

（3）照度计算 照度计算的目的是根据所需要的照度值及其他已知条件（灯具的形式及布置、隧道内装及路面的反射条件及空气污染情况等）来决定灯具的容量或灯具的数量；或在灯具形式、布置及光源的容量都已确定的情况下，计算某点的照度值。

不论是水平面、垂直面还是倾斜面上的某一点的照度，都是由直射光和反射光两部分组成的。照度计算的基本方法有利用系数法和逐点计算法。逐点计算法又包括平方反比法、等照度曲线法、方位系数法等。利用系数法用于计算平均照度与配灯数，逐点计算法用于计算某点的直射照度。

照明设备久经使用后，被照面照度值会下降，这是由光源本身的光通衰减、灯具被污染、透光材料及反光材料的老化等因素引起的。为了维护一定的照度水平，计算布灯时要考虑维护系数以补偿这些因素的影响。隧道内烟尘大，灯具不易擦洗，所以设计计算时应选用较低的维护系数。

隧道照度计算包括：路面任一点的照度、平均照度、照度均匀度，任一点的亮度、亮度均匀度，以及眩光等计算。

(4) 隧道照明设计程序与要求 隧道照明设计必须符合隧道设计规范中的有关照明的要求，照明电气设计还必须符合电气设计规范的有关规定。

按我国目前的设计程序，多数采用两阶段设计：初步设计和施工图设计。各阶段的设计深度和有关设计的内容、图样、说明等要求分述如下。

1）初步设计。

① 初步设计的深度要满足的要求：综合各项原始资料经过比选，确定电源、照度、布灯方案、配电方式等初步设计方案，作为编制施工图设计的依据；确定主要设备及材料规格和数量作为订货的依据；确定工程造价，据此控制工程投资；提出与其他工种设计及概算有关系的技术要求（简单工程不需要），作为其他有关工种编制施工图设计的依据。

② 说明书内容：照明电源、电压、容量、照度选择及配电系统形式的确定原则；光源与灯具的选择；导线的选择及线路控制方式的确定；工作、应急、检修照明控制原则、应急照明电源切换方式的确定。

③ 图样应表达的内容和深度：照明干线、配电箱、灯具、开关平面布置，并注明区段名称和照度；由配电箱引至各灯具和开关的支线。

④ 计算书：照度计算、保护配合计算、线路电压损失计算等。

⑤ 主要设备材料表：统计出整个工程的一、二类机电产品（照明器、导线、电缆、配电箱、开关、插座、管材等）和非标准设备的数量及主要材料。

2）施工图设计。

① 施工图设计深度的要求：据此编制施工图预算；据此安排设备材料和非标准设备的订货或加工；据此进行施工和安装。

② 图样应表达的内容与深度。照明平面图：配电箱、灯具、开关、插座、线路等平面布置，线路走向，引入线规格，计算容量，电能计算方法；复杂工程的照明，需绘局部平剖面图；图样说明（电源电压、引入方式，导线选型和敷设方式，设备安装高度，接地或接零，设备、材料表等）。照明系统图：用单线图绘制，标出配电箱、开关、熔断器、导线型号规格、保护管径和敷设方法、用电设备名称等。照明控制图：包括照明控制原理图和特殊照明装置图。照明安装图：照明器及线路安装图。

说明书、图样的内容、深度等根据各工程的特点和实际情况会有所增减，但一般上述每个阶段设计深度要求希望能够达到。

电气图绘制要求：图样的绘制按国家现行的制图标准执行，如现行的 GB/T 4728《电气简图用图形符号》系列标准和 GB/T 6988《电气技术用文件的编制》系列标准。如果采用《电气简图用图形符号》中未规定的图符号，必须加以说明。

3.5.5 洞门及洞身装饰

为了确保行车安全,在隧道中必须采取措施,使墙面在长期的运营中保持必要的亮度,墙面须用适当的材料加以内装处理,以改善隧道内的环境,提高能见度和吸收噪声,提高墙面的反射率,增加照明效果。

未经内装的混凝土衬砌表面,特别容易吸附汽车引擎排出的废气中的黏稠油分,并与烟雾、尘埃一起粘在表面上。在隧道内潮湿、漏水的情况下,这种污染过程十分迅速,能使墙面的反光率降到极低的水平。

经过内装的墙面,污染仍然是不可避免的。但要求装修材料具有不易污染、易清洗、耐刷、耐酸碱、耐腐蚀、耐高温及便于更换或修复等特点,表面应该光滑、平整和明亮。

内装的作用是美化洞室,使隧道漏水不露出墙面,隐藏各种管线,提高照明和通风效果,吸收噪声等。

内装材料表面应当是光洁的,颜色应当是明亮的,应尽量采用淡黄和浅绿色。作为背景的墙面,要能衬托出障碍物的轮廓,具有良好的反射率,减少眩光,并使这种反射呈漫反射。装修材料还应具有吸收噪声的作用。常用的有瓷砖镶面、块状混凝土、油漆及喷涂、镶面板等。与之相应的有贴瓷砖或贴马赛克法、安装砌块法、喷涂法及镶板法等,应按照 GB 50210—2018《建筑装饰装修工程施工质量验收规范》的有关规定执行。

顶棚的反射率对提高照明效果有利,经过顶棚的反射光使路面产生二次反射,能明显增加路面亮度。顶棚是背景的一部分,特别是在有坡度处和变坡点附近对识别障碍物和察觉隧道内异常现象颇有帮助。

顶棚可以美化隧道,特别是与整齐排列的灯具相互衬托,更可以起到美化的效果,并有明显的诱导作用。

顶棚用漫反射材料可以避免产生眩光,其颜色的明亮程度直接影响到路面亮度,因此,顶棚颜色应该是浅色的,但是应有别于墙面,在色调和饱和度上可以有所区别。根据实际需要可以把顶棚做成平顶或者拱顶。在自然通风或诱导通风时,可以用拱顶。在半横向或横向通风时可以用平顶。

3.6 隧道防排水设施

3.6.1 水对隧道的危害

水对隧道的危害是多方面的,漏水的长期作用可能造成隧道侵蚀破坏,危害隧道结构的耐久性;寒冷地区,尤其是严寒地区,隧道衬砌渗水反复的冻融循环在衬砌内部造成衬砌混凝土冻胀开裂破坏;隧道漏水还将使隧道拱部和侧墙产生冰凌侵入净空;隧道滴水将使路面结冰,降低轮胎与路面的附着力,恶化隧道的营运条件,危及行车安全;隧道渗漏水还将极大地降低隧道内各种设施的使用功能和寿命。

地表水与地下水经常存在联系,大量排水后将有可能引起地表水补给,所以防止或减少地表水下渗、下漏,是减少围岩颗粒流失,形成地下空洞甚至地表塌陷,降低围岩稳定性,改变该地区的自然环境的有力措施。有侵蚀性的地下水时,混凝土结构会受到侵蚀而影响其结构强度，失去防水能力。

3.6.2　隧道防排水的要求

隧道防排水设计应对地表水、地下水妥善处理，洞内外应形成一个完整通畅的防排水系统。

垫片热熔焊接

1. 一般规定

高速公路、一级公路、二级公路隧道防排水应满足下列要求：

1）拱部、边墙、路面、设备箱洞不渗水。

2）有冻害地段的隧道衬砌背后不积水，排水沟不冻结。

3）车行横通道、人行横通道等服务通道拱部不滴水，边墙不淌水。

三级公路、四级公路隧道应做到：

1）拱部、边墙不滴水，路面不积水，设备箱洞不渗水。

2）有冻害地段的隧道衬砌背后不积水，排水沟不冻结。

当隧道内渗漏水引起地表水减少，影响居民生产、生活用水时，应对围岩采取堵水措施，减少地下水的渗漏，同时应注意保护自然环境。

2. 防水要求

隧道采用复合式衬砌时，在初期支护与二次衬砌之间应设置防水板及无纺布。防水板应采用易搭接的防水卷材，厚度不小于 1.0mm，接缝搭接长度不小于 100mm；无纺布密度不小于 300g/m²。

二次衬砌应满足抗渗要求。混凝土的抗渗等级不宜低于 P8。二次衬砌的施工缝、沉降缝、伸缩缝应采取可靠的防水措施。有侵蚀性地下水时，应针对侵蚀类型，采用耐蚀混凝土，压注耐蚀浆液，或铺设耐蚀防水层。围岩破碎、涌水易坍塌地段，宜向围岩内预注浆。向衬砌背后压浆时，应防止因压浆而堵塞衬砌背后的排水管道。当隧道位于常水位以下，又不宜排泄时，隧道衬砌应采用抗水压衬砌。

3. 排水要求

隧道洞内宜按地下水和运营清洗污水、消防污水分离排放的原则设置纵向排水系统，应能保证排水畅通，避免洞内积水。隧道内排水应符合下列规定：

1）路面两侧应设纵向排水沟，引排运营清洗水、消防水和其他废水。

2）隧道纵向排水坡宜与隧道纵坡一致。

3）路侧边沟可设置为开口式明沟或暗沟。当边沟为暗沟时，应设沉沙池、滤水箅，其间距宜为 25～30m。

4）检修道或人行道的道面应考虑排水，可酌情设 0.5%～1.5% 的横坡，也可在墙脚与检修道交角处设宽 50mm、深 30mm 的纵向凹槽，以利道面清洁排水。

路面结构底部排水设施应符合下列规定：

1）路面结构下宜设纵向中心水沟（管），集中引排地下水。

2）中心水沟（管）断面积应根据隧道长度、纵坡、地下水渗流量，通过水力计算确定。

3）中心水沟（管）纵向应按间距 50m 设沉沙池，并根据需要设检查井。检查井的位置、构造不得影响行车安全，并应便于清理和检查。

4）隧底应设横向导水管，以连接中心水沟（管）与衬砌墙背排水盲管。横向导水管的直径不宜小于100mm，横向坡度不应小于2%，其纵向间距应根据地下水量确定，一般可按30～50m设置。当不设隧底中心水沟（管）时，横向导水管的纵向间距不宜小于10m。

5）路面底部应设不小于1.5%的横向排水坡度。

6）寒冷和严寒地区有地下水的隧道，最冷月份平均气温低于−10℃时，应采用深埋中心水沟；最冷月份平均气温低于−25℃时，应在隧道下设防寒泄水隧洞。

隧道衬砌外排水设施应符合下列规定：

1）在衬砌两侧边墙背后底部应设沿隧道的纵向排水盲管（沟），其孔径不应小于80mm。

2）沿衬砌背后环向应设置导水盲管，其纵向间距不应大于20m，遇水量较大时，环向盲管应加密。对有集中出水处，应单独设竖向盲管。环向盲管、竖向盲管的直径不应小于50mm。

3）环向盲管、竖向盲管应与边墙底部的纵向排水盲管（沟）连通；纵向排水盲管（沟）应与横向导水管连通，以形成完整的纵横向排水系统。环向盲管、竖向盲管、纵向排水盲管应用无纺布包裹。

当地下水发育，含水层明显，又有长期充分补给来源时，可利用辅助坑道排水或设置泄水洞等截、排水设施。当洞内水质有侵蚀时，应采取适当措施，防止排水污染环境。

4. 洞口与明洞防排水要求

隧道、辅助坑道的洞口及明洞应设置截水沟和排水沟，洞口边坡、仰坡应采取防护措施，防止地表水的下渗和冲刷。为防止洞外水流入隧道内，可在洞口外设置反向排水边沟或采取截流措施。明洞防排水要求：

1）明洞顶部应设置必要的截、排水系统。

2）回填土表面宜铺设隔水层，并与边坡搭接良好。

3）靠山侧边墙底或边墙后宜设置纵向和竖向盲沟，将水引至边墙泄水孔排出。

4）衬砌外缘应敷设外贴式防水层。

5）明洞与隧道接头处应做好防水处理。

为确保公路隧道的行车安全和洞内设备正常运转，等级较高的公路隧道各部位均不得渗水，三级及以下公路隧道要求相对低一些。

3.6.3 隧道防排水的原则

隧道防排水应根据"防、排、截、堵结合，因地制宜，综合治理"的原则，采取切实可靠的设计、施工措施，达到防水可靠、排水畅通、经济合理的目的。

（1）"防" 要求隧道衬砌、防水层具有防水能力，防止地下水透过防水层、衬砌结构渗入洞内。

（2）"排" 隧道应有畅通的排水设施，将衬砌背后、路面结构层下的积水排入洞内中心水沟或路侧边沟。排出衬砌背后的积水，能减少或消除衬砌背后的水压力，排得越好，衬砌渗漏水的概率就越小，防水也就更容易；排出路面结构层下的积水，能防止路面冒水、翻浆、结构破坏。

（3）"截" 对易于渗漏到隧道的地表水，应采用设置截（排）水沟、清除积水、填筑积水坑洼地、封闭渗漏点等措施。对于地下水，应采取导坑、泄水洞、井点降水等措施。

（4）"堵" 针对隧道围岩有渗漏水地段，采用注浆、喷涂、堵水墙等方法，将地下水堵在围岩体内。

隧道防排水工作，应结合水文地质条件、施工技术水平、材料来源和成本等，因地制宜，选择适宜的方法，以满足使用期内结构和设备的"正常使用和行车安全"的目的。

3.6.4 隧道防排水措施

1. 防水措施

常用的防水措施有喷射混凝土防水、塑料防水板防水、模筑混凝土衬砌防水、防水涂料防水。当水量大、压力大时，则可采用注浆堵水，注浆既可以堵水也可以起到加固围岩的作用。

1）喷射混凝土防水。当围岩有大面积裂隙渗水，且水量、压力较小时，可结合初期支护采用喷射混凝土堵水。但应注意此时需加大速凝剂用量，进行连续喷射，且在主裂隙处不喷射混凝土，使水流能集中于主裂隙流入盲沟，通过盲沟排出。

2）塑料防水板防水。当围岩有大面积裂隙滴水、流水，且水量压力不太大时，可于喷射混凝土等初期支护施作完毕后，二次衬砌施作前，在岩壁全断面铺设塑料防水板防水。塑料板防水层具有优良的防水，耐腐蚀性能，目前在隧道及地下工程中得到了广泛的应用。

3）模筑混凝土衬砌防水。模筑混凝土本身就具有一定的抗渗阻水性能，但普通混凝土的抗渗性较差，尤其是在施工质量不高的情况下，如振捣不密实，施工缝、沉降缝、伸缩缝处理不好，配比不当等，更易形成水的渗漏、漫流。当地下水有侵蚀性时，对混凝土的腐蚀就更为严重。如果能保证混凝土衬砌的抗渗防水性能，则不需要另外增加其他防水、堵水措施。因此，充分利用混凝土衬砌的防水性能，是经济合算的和最基本的防水措施。

4）防水涂料防水。防水涂料防水是在隧道内表面喷涂或涂刷防水涂料，如乳化沥青、环氧焦油等，在隧道内表面形成不透水的薄膜。涂料的黏结力要强，抗渗性要好，无毒，施工方便。涂料防水目前在地下工程结构中已得到应用，但在一般山岭隧道中，应用还不是很广泛。

5）防水砂浆抹面。防水砂浆是在普通水泥砂浆中掺加各种防水剂，以提高抹面的防水性能。目前使用的防水砂浆种类较多，效果较好的有氯化铁防水砂浆和氯化钙防水砂浆。氯化铁防水砂浆的配合比可采用 $1:(2\sim2.5):0.3:(0.5\sim0.55)$（水泥：砂：防水剂：水）。氯化钙防水砂浆中的防水剂掺量为水泥用量的 12%～16%。两种砂浆在硬化过程中的收缩量都较大，应注意保持潮湿养护。防水砂浆是一种刚性防水层，在隧道内产生较大变形的部位不能使用。

6）注浆堵水。围岩破碎、含水、易坍塌地段，宜采用注浆加固围岩和防水措施。注浆堵水有化学注浆和压注水泥砂浆两类。压注水泥砂浆防水消耗水泥过多，但防水效果不好。向围岩进行化学压浆是一种有效的堵水措施。化学压浆材料种类也颇多，比较有效的材料为丙凝浆液、聚氨酯浆液、水泥-水玻璃浆液等。

7）防止地表水的下渗。当隧道地表的沟谷、坑洼积水对隧道有影响时，应采取疏导、勾补、铺砌和填平等措施，对废弃的坑穴、钻孔等应填实封闭，防止地表水下渗。隧道附近水库、池沼、溪流、井泉的水，当有可能渗入隧道，影响农田灌溉及生活用水时，应采取措施处理。

8）有侵蚀性地下水时，应针对侵蚀类型，采用耐蚀混凝土及压注耐蚀浆液，敷设防水、防蚀层等措施。

9）最冷月平均气温低于 -15℃ 的地区和高海拔地区，对地下水的处理应以堵为主。

2. 排水措施

排水与防水是紧密结合的，只防不排很难达到治水的效果。因此给水一个通道或出路是必要的，当然这种通道和出路应当是有组织的。

1）隧道内纵向应设排水沟。

2）遇围岩地下水出露处所，在衬砌背后设竖向盲沟或排水管（槽）、集水钻孔等予以引排，对于颗粒易流失的围岩，不宜采用集中疏导排水。

3）根据工程地质和水文地质条件，应在衬砌外设环向盲沟、纵向盲沟和隧底排水盲沟、组成完整的排水系统，保证路基不积水。

4）当地下水发育，含水层明显，又有长期补给来源，洞内水量较大时，可利用辅助坑道或设置泄水洞等作为截、排水设施。

5）采用盲沟—泄水孔—排水沟排水。其排水过程是：水从围岩裂隙进入衬砌背后的盲沟，盲沟下接泄水孔（泄水孔穿过衬砌边墙下部），水从泄水孔泄出后，进入隧道内的纵向排水沟，并经纵向排水沟排出洞外。

6）在洞口仰坡外缘 5m 以外，设置天沟，并加以铺砌。当岩石外露、地面坡度较陡时可不设天沟。仰坡上可种植草皮、喷抹灰浆或铺砌。

7）对洞顶天然沟槽加以整治，使山洪宣泄畅通。

8）对洞顶地表的陷穴、深坑加以回填，对裂缝进行堵塞。处理隧道地表水时，要有全局观点，不应妨碍当地农田水利规划，做到因地制宜，一改多利，各方满意。

9）在地表水上游设截水导流沟，地下水上游设泄水洞，洞外井点降水或洞内井点降水。

3.6.5 隧道内防排水建筑物

1. 排水沟

除了常年干燥无水的隧道，一般隧道都应设置纵向排水沟，以便将渗漏到洞内的地下水和公路路基内的积水顺着线路方向排出洞外。排水沟的断面按排水量计算确定，但一般沟底宽不应小于 40cm，沟深不应小于 35cm。排水沟应用预制的钢筋混凝土盖板遮盖。排水沟在一定长度上应设检查井，以便随时清理淤渣。排水沟边墙上应预留足够的泄水孔。

公路隧道纵向排水沟的坡度与线路坡度一致，一般排水坡不小于 0.5%，困难地段不小于 0.3%，路面横坡排水坡度不应小于 1%，横向排水暗（盲）沟坡度不应小于 2%。宜优先设置双侧排水沟。有仰拱的隧道或需要设置深埋排水沟的隧道，为了避免过深的墙基深度和过低的仰拱底开挖标高，可考虑设置中心排水沟。

在严寒地区，为了不使流水冻结而堵死排水沟，应采取防寒措施。一般可修筑浅埋保温排水沟，即将排水沟加深，用轻质混凝土做成上、下两层，各自设钢筋混凝土盖板。两层盖板之间用保温材料充填密实，其厚度不小于 70cm。但当浅埋保温排水沟不足以防止冻害时，可考虑设置中心深埋渗水沟，即利用地温本身的作用，达到保温防冻害的目的。

公路隧道除了要排走衬砌后面的地下水，还要排走道路清洁冲洗后的废水和下雨时汽车带进来的雨水，因此排水沟一般设于靠车道一方，而电缆槽设于靠衬砌一方，衬砌背后的地下水则由排水暗管排入排水沟，如图 3-36 所示。

隧道纵向排水沟，有单侧、双侧、中心式三种形式。排水沟通常是与仰拱混凝土或底板混凝土同时模筑，以保证排水沟的整体性，防止水向下渗流影响地基。

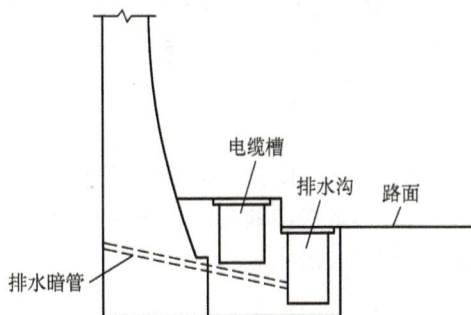

图 3-36　隧道电缆槽与排水沟

2. 盲沟

在衬砌背后砌筑片石盲沟或埋置弹簧软管盲沟。盲沟沿隧道环向设置，间距视水量大小而定，一般为 4 ~ 10m。环向盲沟之间用纵向盲沟相连，汇集衬砌周围的地下水，引入隧道侧沟排出。

盲沟的作用是在衬砌与围岩之间提供过水通道，并使之汇入泄水孔。它主要用于引导较为集中的局部渗流水。

柔性盲沟通常由工厂加工制造。它具有现场安装方便、布置灵活、连接容易、接头不易被混凝土堵塞、过水效果良好、成本也不太高等优点。其构造形式有以下几种：

(1) 弹簧软管盲沟　这种盲沟一般采用 10 号钢丝缠成直径为 5 ~ 8cm 的圆柱形弹簧，或采用硬质又具有弹性的塑料丝缠成半圆形弹簧，或采用带孔塑料管作为过水通道的骨架，安装时外覆塑料薄膜和铁窗纱，从渗流水处开始环向铺设并接入泄水孔，如图 3-37 所示。

(2) 化学纤维渗滤布盲沟　这种盲沟是以结构疏松的化学纤维渗滤布作为水的渗流通道，其单面有塑料敷膜，安装时使敷膜朝向混凝土一面，可以阻止水泥浆渗入渗滤布。这种渗滤布式盲沟重量轻，便于安装和连续加垫焊接，宽度和厚度也可以根据渗排水量的大小进行调整。这种渗滤布盲沟是一种用于汇集引排大面积渗水的较理想的渗水盲沟，如图 3-38 所示。

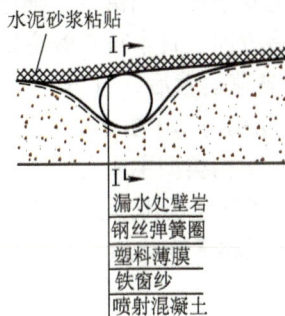

图 3-37　弹簧软管盲沟

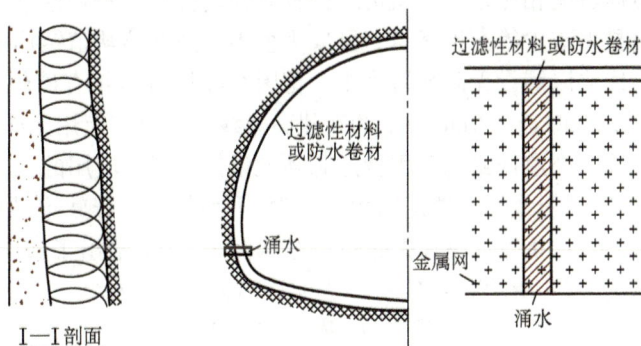

图 3-38　渗滤布盲沟

施作盲沟时，应注意以下几点：

1）安装时，应将盲沟与岩壁尽量密贴固定。

2）喷射混凝土时要注意掌握喷射角度和距离，不要把盲沟冲击损伤或冲掉，并尽可能将其压牢或覆盖。

3）对于未及覆盖或喷后安设的盲沟，在模筑衬砌混凝土时，应注意不得使水泥砂浆进入盲沟内，以免阻塞渗水通道。

4）注意一定要将盲沟接入泄水孔。若采用模筑后钻孔泄水，则应详细准确记录盲沟位置。

由上可知，防排水措施应当充分考虑实际的渗流水情形来选择，不求一次解决。喷射混凝土时要尽量将渗漏范围压缩为局部出水，然后结合模筑混凝土衬砌施作有组织的排水设施，实现彻底治水。

3. 泄水孔

泄水孔是设于衬砌边墙下部的出水孔道，它是将盲沟流出的水直接泄入隧洞内的纵向排水沟。

1）在立边墙模板时，安设泄水管，并特别注意使其里端与盲沟接通，外端穿过模板。泄水管可用钢管、竹管、塑料管等。这种方法主要在排水量较大时采用。

2）当排水量较小时，则可以待模筑边墙混凝土拆模后，再根据记录的盲沟位置钻泄水孔。

3.7 高速铁路隧道底部结构及附属建筑设施

3.7.1 高速铁路隧道底部结构

高速铁路隧道底部结构的两种基本形式为有砟轨道和无砟轨道。

有砟轨道是用散体材料碎石组成道床的传统轨道形式，也叫普通轨道。有砟轨道弹性条件好，在一定的维修质量条件下有较好的轮轨接触效应；减振、降噪效果较好；维修较方便；造价相对较低。但有砟轨道的线路状态保持能力较差，在列车动荷载作用下，轨道的平顺性容易受到破坏，道砟粉化严重，养护维修工作量较大；高速行车时车轮横向压力较大而道床横向阻力较小，对无缝线路的稳定性较为不利。

与有砟轨道相比，无砟轨道结构具有稳定性好、平顺性高、轨道状态可长期保持、维修工作量可显著减少等突出优点，已成为世界高速铁路轨道结构的发展方向。日本自东海道以后的新干线均以铺设无砟轨道为主，德国在经历过多年有砟轨道的高速运营后，自20世纪90年代后，在时速250km以上的新建高速线全面推广应用无砟轨道结构得到了更多的肯定。

结合我国高速铁路的工程特点和环境条件，目前应用的无砟轨道结构类型主要有以下四种：CRTS Ⅰ型板式无砟轨道结构、CRTS Ⅱ型板式无砟轨道结构、CRTS Ⅰ型双块式无砟轨道结构及CRTS Ⅱ型双块式无砟轨道结构。表3-19给出了我国高铁线路无砟轨道结构的应用情况，图3-39所示为CRTS Ⅰ型板式无砟轨道结构。

表3-19 我国高铁线路无砟轨道结构应用情况

轨道结构类型	应用线路
CRTS Ⅰ型板式	遂渝试验段、石太、广州新客站、广深港、广珠、沪宁城际等
CRTS Ⅱ型板式	京津城际、京沪、京石、石武、津秦、沪杭、合蚌等
CRTS Ⅰ型双块式	武广客专、合武、温福、福厦、襄渝、太中银等
CRTS Ⅱ型双块式	郑西客专

3.7.2　铁路隧道附属建筑设施

1. 避车洞

当列车通过隧道时，为了保证洞内行人、维修人员及维修设备的安全，在隧道两侧边墙上交错均匀地修建了洞室，用于躲避列车，称为避车洞。根据避车洞的大小，分为大避车洞和小避车洞两种。

（1）大避车洞　在碎石道床的隧道内，每侧相隔 300m 布置一个大避车洞，在整体道床的隧道内，因人员等待、避让行车较方便，且线路维修

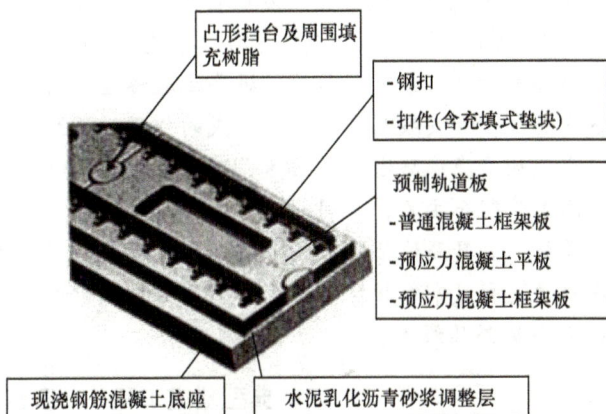

图 3-39　CRTS I 型板式无砟轨道结构

工作量较小，故每侧相隔 420m 布置一个大避车洞门。当隧道长度在 300～400m 时，可在隧道中间布置一个大避车洞；隧道长度在 300m 以下时，可不布置大避车洞；如果两端洞口接桥或路堑，当桥上无避车台或路堑两边侧沟外无平台时，应与隧道一并考虑布置大避车洞。

（2）小避车洞　无论是碎石道床还是整体道床，在单线隧道内，每侧边墙应间隔 60m，双线隧道每侧边墙间隔 30m，布置一个小避车洞。布置时应结合大避车洞一起考虑，有大避车洞的地点就不再设置小避车洞。同时，应注意不得将避车洞设于衬砌断面变化处、不同衬砌类型衔接处或变形缝处。如隧道邻近有农村市镇，估计由隧道通行的人较多，或曲线半径小，视距较短时，小避车洞还可适当加密。

2. 电力及通信设施

（1）电缆槽　穿越隧道的各种电缆，如照明、通信、信号及电力等电缆，必须有一定的保护措施，即设置电缆槽来防止潮湿、腐烂及人为破坏。电缆槽用混凝土浇筑，可紧靠水沟并行设置，且位于轨道一侧，或设置在水沟的异侧（当为单侧水沟时）。槽内铺以细砂做垫层，低压电缆可直接放在垫层面上，高压电缆则吊在槽边预埋的托架上。槽顶设有盖板防护。盖板顶面应与避车洞底面或道床顶面齐平。当电缆槽与水沟同侧并行时，应与水沟盖板齐平。通信、信号电缆可设在一个电缆槽内，也可以分设，但必须和电力电缆分槽设置。电缆槽在转折处，应以半径不小于 1.2m 的曲线连接，以免电缆弯曲而折断。当隧道长度大于500m 时，需在设有电缆槽的同侧大避车洞内设置余长电缆槽。设置方式为：隧道长度在500～1000m 时，在隧道中间设置一处，1000m 以上的隧道则每隔 500m 设置一处。

（2）信号继电器箱和无人增音站洞　隧道内如需设置信号继电器，则应在电缆槽同侧设置信号继电器箱洞，其宽度和深度均为 2m，中心宽度为 2.2m。根据电信传输衰耗和通信设计要求，在隧道内设置无人增音站时，其位置可根据通信要求确定，也可与大避车洞结合使用，如不能结合时，则另行修建，其尺寸同大避车洞。电力牵引的长隧道，如需设置存放维修接触网的绝缘梯车洞时，宜利用施工辅助坑道或避车洞修建，其间距约为 500m。

拓展阅读

典型隧道工程——厦门翔安海底隧道

厦门翔安海底隧道是我国大陆第一座海底隧道，隧道全长 8.695km，其中海底隧道长

6.05km，为双向6车道，左、右线行车隧道中心线间距为64~66m，行车隧道开挖最大断面尺寸为17.04m×12.56m（宽×高），净宽13.5m，建筑限界净高5.0m。隧道采用钻爆暗挖法修建，是世界上最大断面的钻爆法海底隧道，由我国完全自主设计、施工，对我国隧道建设技术的进步和发展起到了里程碑式的作用。2005年9月开工，2009年11月贯通。

厦门翔安海底隧道是连接厦门市本岛和翔安区陆地的重要通道，采用三孔建设形式修建，两侧为行车主洞，中间一孔为服务隧道，左、右线行车隧道按照双向六车道高等级公路标准设计，兼具高速公路和城市道路双重功能，设计行车速度为80km/h。服务隧道作为紧急避难通道和日常维护检修通道，洞体上方预留检修车辆兼逃生空间，洞体下方设置供水管道和220kV高压线路。

典型隧道工程——营盘路隧道

营盘路隧道为"湘江第一隧"，荣获第16届中国土木工程詹天佑奖，位于长沙市橘子洲大桥和银盆岭大桥之间，是连接湘江两岸的过江主干道。主线分南北两线，其中南线长2851m，北线长2843m，匝道合计长2752m。主线隧道为双向四车道，设计行车速度50km/h。匝道隧道为单向单车道，设计行车速度40km/h。隧道2条主线4条匝道共8次穿越湘江大堤，2条主线6次穿越3个断层带，隧道穿越大堤、断层破碎带时防沉降变形、防塌方冒顶、防突泥涌水至关重要，需攻克长距离过圆砾流砂层、上下交叉、超浅埋等复杂技术难题。匝道与主线水下交汇处形成分岔大跨段，大跨段最大宽度25m，最大开挖面积376m²，距江底最小埋深为11.5m。

营盘路隧道创新：一是首次提出了水下互通立交隧道设计技术，发明了基于工程控制措施的水下隧道最小覆盖层的确定方法，构建了水下立体交叉的隧道体系，解决了城市核心区域交通疏解和用地紧张难题，并实现了对湘江西岸的风景名胜与文物的有效保护；二是提出了水下浅埋大断面暗挖隧道多断面、多工序施工技术，为我国同类型隧道的建造提供了强有力的技术支撑；三是研发了水下隧道施工动态风险管理软件系统，实现了隧道施工动态全过程的风险评估、监测、控制与管理；四是研发了旋喷桩止水帷幕、超前预注浆、全断面帷幕注浆、洞内大管棚和小导管联合支护等综合施工技术，解决了各种不利地质条件下隧道开挖支护难题，并在长距离情况下过断层破碎带、富水圆砾流砂层及隧道上下立体交叉施工方面取得了突破，对我国水下浅埋大断面暗挖隧道施工工艺起到了极大促进作用。

隧道与岩土工程相关专家——刘建航、朗肯

刘建航：隧道与地下工程专家，1995年当选为中国工程院院士。长期在工程一线，研究和设计了含水软弱地层盾构法隧道的单层钢筋混凝土拼装式衬砌，率先攻克了衬砌结构防水关键，用以建成国内第一条盾构法施工的黄浦江越江隧道及地铁试验段。开拓了盾构、沉管、连续沉井法，建成困难底层的20条市政隧道。在江底高压沼气砂层建隧，解决了喷发沼气流砂等世界罕见难题。首次在建筑密集区用自制11.3m盾构、地下墙深基坑法和环境保护技术建成第二条浦江隧道。在地铁工程中采用车站地下墙深基坑明挖法、逆筑法及盾构穿越建筑群等新技术，有效控制了流变性地层移动，保护了市政建筑设施。他结合实践写出了《盾构法隧道》《基坑工程手册》《地下墙深基坑周围地层移动的预测和治理》等著作。

朗肯（William John Maquorn Rankine）：被后人誉为那个时代的天才，在热力学、流体

力学及土力学等领域均有杰出的贡献。他建立的土压力理论，至今仍在广泛应用。他一生论著颇丰，共发表学术论文 154 篇，并编写了大量的教科书及手册，其中一些直到 20 世纪还在作为标准教科书使用。

思 考 题

1. 隧道衬砌有哪些种类？各有什么特点？

2. 公路隧道常见的洞门形式有哪些？它们的适用条件是什么？以端墙式洞门为例，说明洞门设计要点。

3. 什么是明洞？它有哪几种类型？各自适合哪种场合？

4. 明洞基础和洞顶填土有什么要求？

5. 隧道内通风有哪几种形式？各有什么特点？

6. 隧道照明区段如何划分？

7. 隧道防排水的原则是什么？

8. 秦岭终南山公路隧道（见图 3-40）是我国最长的公路隧道，全长 18.02km，被称为"天下第一隧"，隧道在施工及运营方面有很多创新。请查阅相关资料，了解秦岭终南山公路隧道附属建筑设施的设置，并简要介绍该隧道在施工及运营方面的创新。

图 3-40 秦岭终南山公路隧道

隧道围岩分级及围岩压力 第 4 章

隧道围岩是指隧道周围一定范围内，对隧道稳定性能产生影响的岩（土）体。不同的围岩在修建隧道时会有不同的地质现象，产生不同的地质问题，如变形、坍塌、岩爆等。为了满足隧道设计、施工等的需要，针对各种不同工程项目的具体要求，必须进行隧道围岩分级。

隧道围岩分级是正确进行隧道设计计算及施工组织的基础。而要获得正确的、符合工程实际的围岩分级，必须对围岩的工程地质特征及物理力学性质有全面的了解。本章在简要介绍了几个与隧道围岩分级有关的岩石的工程地质特征及物理力学参数后，详细介绍了现行规范规定的隧道围岩分级及围岩压力计算方法。

4.1　岩石的地质特征

4.1.1　岩石的物质组成

岩石是由具有一定结构构造的矿物（含结晶和非结晶的）集合体组成的。岩石的力学性质主要取决于组成岩石的矿物成分及其相对含量。一般来说，含硬度大的粒柱状矿物（如石英、长石、角闪石、辉石等）越多，则岩石强度越高；含硬度小的片状矿物（如云母、绿泥石、蒙脱石和高岭石等）越多，则岩石强度越低。自然界中的造岩矿物有含氧盐、氧化物及氢氧化物、卤化物、硫化物和自然元素五大类。其中以含氧盐中的硅酸盐、碳酸盐及氧化物类矿物最常见，构成了几乎 99.9% 的地壳岩石。

常见的硅酸盐类矿物有长石、辉石、角闪石、橄榄石、云母和黏土矿物等。这类矿物除云母和黏土矿物外，硬度大，呈粒、柱状晶形。因此，含这类矿物多的岩石（如花岗岩、闪长岩及玄武岩等）强度高、抗变形性能好。但该类矿物多生成于高温环境，与地表自然环境相差较大，在各种风化营力的作用下，易风化成高岭石、水云母等。其中，尤以橄榄石、斜长石等抗风化能力最差，长石、角闪石次之。

黏土矿物属层状硅酸盐矿物，主要有高岭石、水云母及蒙脱石三类，具薄片状或鳞片状构造，硬度小。含这类矿物多的岩石（如黏土岩、黏土质岩）物理力学性质差，并具有不同程度的胀缩性，特别是含蒙脱石多的膨胀岩，其物理力学性质更差。

碳酸盐类矿物是石灰岩和白云岩类的主要造岩矿物。岩石的物理力学性质取决于岩石中 $CaCO_3$ 及酸不溶物的含量。$CaCO_3$ 含量越高，如纯灰岩、白云岩等，强度越高，抗变形和抗风化性能也比较好。泥质含量高的，如泥质炭岩等，力学性质较差。但随岩石中硅质含量的增高，岩石性质将不断变好。另外，碳酸盐类岩体中，常发育各种岩溶现象，使岩体性质趋于复杂化。

氧化物类矿物以石英最常见，是地壳岩石的主要造岩矿物，呈等轴晶系，硬度大，化学性质稳定。因此，一般随石英含量增加，岩石的强度和抗变形性能都明显增强。

岩石的矿物组成与其成因类型密切相关。岩浆岩多以硬度大的粒柱状硅酸盐、石英等矿物为主，所以其岩石物理力学性质一般都很好。沉积岩中的粗碎屑岩如砂砾岩等，其碎屑多为硬度大的粒柱状矿物。岩块的力学性质除了与碎屑成分有关，在很大程度上取决于胶结物成分及其类型。细碎屑岩如页岩、泥岩等，矿物成分多以片状的黏土矿物为主，其岩石力学性质一般很差。变质岩的矿物组成与母岩类型及变质程度有关，浅变质岩如千枚岩、板岩等多含片状矿物（如绢云母、绿泥石及黏土矿物等），岩块力学性质较差。深变质岩如片麻岩、混合岩、石英岩等，多以粒柱状矿物（如长石、石英、角闪石等）为主，其岩块力学性质较好。

4.1.2　岩石的结构构造

岩石的结构是指岩石内矿物颗粒的大小、形状、排列方式，微结构面发育情况，粒间联结方式等反映在岩石构成上的特征。岩石的结构特征，尤其是矿物颗粒间联结及微结构面的发育特征对岩石的力学性质影响很大。

矿物颗粒间具有牢固的联结是岩石区别于土并赋予岩石以优良工程地质性质的主要原因。岩石的粒间联结分结晶联结与胶结联结两类。

结晶联结是矿物颗粒通过结晶相互嵌合在一起，如岩浆岩、大部分变质岩及部分沉积岩均具有这种联结。它是通过共用原子或离子使不同晶粒紧密接触，一般强度较高。但是不同的结晶结构对岩石性质的影响不同。一般来说，等粒结构的岩块强度比非等粒结构的高，且抗风化能力强。在等粒结构中，细粒结构岩石强度比粗粒结构的高。在斑状结构中，具细粒基质的岩石强度比玻璃基质的高。总之，结晶越细越均匀，非晶质成分越少，岩块强度越高。

胶结联结是矿物颗粒通过胶结物联结在一起，如碎屑岩等，胶结联结的岩石强度取决于胶结物成分及胶结类型。一般来说，硅质胶结的岩块强度最高；钙铁质胶结的次之；泥质胶结的岩块强度最低，且抗水性差。从胶结类型来看，基底式胶结的岩块强度最高，孔隙式胶结的次之，接触式胶结的最低。

微结构面是指存在于矿质颗粒内部或颗粒间的软弱面或缺陷，包括矿物解理、晶格缺陷、粒间空隙、微裂隙、微层面及片理面、片麻理面等。它们的存在不仅降低了岩块的强度，还往往导致岩块力学性质有明显的各向异性。

岩石的构造是指矿物集合体之间及其与其他组分之间的排列组合方式。例如，岩浆岩中的流线、流面构造，沉积岩中的微层状构造，变质岩中的片状构造及其定向构造等。这些都可使岩石物理力学性质复杂化。

由上述可知，岩石的结构构造不同，其力学性质也各有不同。

4.1.3　岩石的风化程度

众所周知，风化作用可以改变岩石的矿物组成和结构构造，进而改变岩石的物理力学性质。一般来说，随风化程度的加深，岩石的空隙率和变形增大，强度降低，渗透性增强。

不同的岩石对风化作用的反应是不同的。例如，花岗岩类岩石常先发生破裂，而后被渗入的雨水形成的碳酸所分解。碳酸与长石、云母、角闪石等矿物作用，析出 Fe、Mg、Na 等可溶盐及游离 SiO_2，并被地下水带走，岩屑、黏土物质和石英颗粒等则残留在原地。基性岩浆岩的风化过程，与中酸性岩浆岩类似，只是其风化残留物多为黏土；石灰岩的风化残留物为富含杂质的黏土；砂砾岩的风化，常仅发生解体破碎。因此，研究岩体风化时，应考虑岩石的风化程度及风化产物的类型。

岩石的风化程度可通过定性指标和某些定量指标来表述。定性指标主要有颜色、矿物蚀变程度、破碎程度等；定量指标主要有波速比和风化系数，波速比是指风化岩石与新鲜岩石压缩波速度的比值，用 K_v 表示；风化系数是指风化岩石与新鲜岩石饱和单轴抗压强度的比值，用 K_f 表示。岩石风化程度分类见表4-1。

表4-1　岩石风化程度分类

风化程度	野外特征	风化程度参数指标	
		波速比 K_v	风化系数 K_f
未风化	岩质新鲜，偶见风化痕迹	0.9 ~ 1.0	0.9 ~ 1.0
微风化	结构基本未变，仅节理面有渲染或略有变色，有少量风化裂隙	0.8 ~ 0.9	0.8 ~ 0.9
弱风化	结构部分破坏，沿节理面有次生矿物，风化裂隙发育，岩体被切割成块状，用镐难挖，岩芯钻方可钻进	0.6 ~ 0.8	0.4 ~ 0.8
强风化	结构大部分破坏，矿物成分显著变化，风化裂隙很发育，岩体破碎，用镐可挖，干钻不易钻进	0.4 ~ 0.6	<0.4
全风化	结构基本破坏，但尚可辨认，有残余结构强度，可用镐挖，干钻可钻进	0.2 ~ 0.4	—
残积土	组织结构全部破坏，已风化成土状，锹镐易挖掘，干钻易钻进，具可塑性	<0.2	—

4.1.4　岩体的结构类型

岩体是指在地质历史过程中形成的，由岩石单元体（或称岩块）和结构面网络组成的，具有一定的结构并赋存于一定的天然应力状态和地下水等地质环境中的地质体。

岩体是由结构面网络及其所围的岩石块体所组成。这种岩石块体（或称岩石单元体）称为结构体，它的大小、形态及其活动取决于结构面的密度、连续性及其组合关系。岩体的组成对岩体的力学性质及稳定性具有重要的影响。

具有一定的结构是岩体的显著特征之一。岩体在其形成与存在过程中，长期经受着复杂的建造和改造两大地质作用，生成了各种不同类型和规模的结构面，如断层、节理、片理、裂隙等。这些结构面的切割使岩体形成一种独特的割裂结构。因此，岩体的力学性质不仅受岩体的岩石类型控制，更主要的是受岩体中结构面及由此形成的岩体结构控制。

组成岩体的岩性、遭受的构造变动及次生变化的不均一性，导致了岩体结构的复杂性。为了概括地反映岩体中结构面和结构体的成因、特征及其排列组合关系，将岩体结构划分为5大类。各类结构岩体的基本特征见表4-2。由表可知，不同结构类型的岩体，其岩石类型、结构体和结构面的特征不同，岩体的工程地质性质与变形破坏机理也都不同。

表4-2　岩体结构类型划分

岩体结构类型	岩体地质类型	主要结构体形状	结构面发育情况	岩土工程特征	可能发生的岩土工程问题
整体块状结构	均质，巨块状岩浆岩、变质岩、巨厚层沉积岩、正变质岩	巨块状	以原生构造节理为主，多呈闭合型，裂隙结构面间距大于2.5m，一般为1～2组，无危险结构面组成的落石掉块	整体强度高，岩体稳定，可视为均质弹性各向同性	不稳定结构的局部滑动或坍塌洞室的岩爆
块状结构	厚层状沉积岩、正变质岩、块状岩浆岩、变质岩	块状柱状	只具有少量贯穿性较好的节理型裂隙，裂隙结构面间距0.7～1.5m。一般为2～3组，有少量分离体	整体强度较高，结构面互相牵制。岩体基本稳定，接近弹性各向同性体	
层状结构	多韵律的薄层及中厚层状沉积岩、副变质岩	层状板状	有层理、片理、节理，常有层间错动面	接近均一的各向异性体，其变形及强度特征受层面及岩层组合控制。可视为弹塑性体，稳定性较差	不稳定结构可能产生滑塌。特别是岩层的弯张破坏及软弱岩层的塑性变形
碎裂状结构	构造影响严重的破碎岩层	碎块状	断层、断层破碎带、片理、层理及层间结构面较发育。裂隙结构面间距0.25～0.5m。一般在3组以上，由许多分离体	完整性破坏较大，整体强度很低，并受断裂等软弱结构面控制，多呈弹塑性介质。稳定性很差	易引起规模较大的岩体失稳，地下水加剧岩体失稳
散体状结构	构造影响剧烈的断层破碎带，强风化带、全风化带	碎屑状颗粒状	断层破碎带交叉。构造及风化裂隙密集、结构面及组合错综复杂，并多充填黏性土，形成许多大小不一的分离岩块	完整性遭到极大破坏。稳定性极差，岩体属性接近松散体介质	易引起规模较大的岩体失稳，地下水加剧岩体失稳

4.2　岩石的物理、力学性质

4.2.1　岩石的物理性质

1. 岩石的重度

岩石重度是指单位体积内岩石的重量，单位为 kN/m^3。它是隧道围岩压力计算必需的参数。其表达式为

$$\gamma = \frac{W}{V} \tag{4-1}$$

式中 γ——岩石重度（kN/m^3）；

   W——岩石试件的重量（kN）；

   V——试件的体积（m^3）。

岩石重度按其试件的含水状态，分为干重度（γ_d）、天然重度（γ）和饱和重度（γ_{sat}），在未指明含水状态时一般是指岩石的天然重度。常见岩石的物理性质指标见表4-3。

表4-3　常见岩石的物理性质指标

岩石类型	岩石的天然重度 $\gamma/（kN/m^3）$	空隙率 $n(\%)$	吸水率 $w_a(\%)$	软化系数 η_c
花岗岩	23.0～28.0	0.4～0.5	0.1～0.4	0.72～0.97
闪长岩	25.2～29.6	0.2～0.5	0.3～5.0	0.60～0.80
玄武岩	25.0～31.0	0.5～7.2	0.3～2.8	0.3～0.95
砾 岩	24.0～26.6	0.8～10.0	0.3～2.4	0.50～0.96
砂 岩	22.0～27.1	1.6～28.0	0.2～9.0	0.65～0.97
页 岩	23.0～26.2	0.4～10.0	0.5～3.2	0.24～0.74
石灰岩	23.0～27.7	0.5～27.0	0.1～4.5	0.70～0.94
泥灰岩	21.0～27.0	1.0～10.0	0.5～3.0	0.44～0.54
白云岩	21.0～27.0	0.3～25.0	0.1～3.0	0.65～0.94
片麻岩	23.0～30.0	0.7～2.2	0.1～0.7	0.75～0.97
石英片岩	21.0～27.0	0.7～3.0	0.1～0.3	0.44～0.84
泥质板岩	23.0～28.0	0.1～0.5	0.1～0.3	0.39～0.52
石英岩	24.0～28.0	0.1～8.7	0.1～1.5	0.94～0.96

岩石重度除了与组成岩石的矿物成分有关，还与岩石的空隙性及含水状态密切相关。岩石重度的大小在一定程度上反映出岩石力学性质的优劣，通常岩石重度越大，其力学性质越好。

2. 岩石的空隙性

岩石是有较多缺陷的多晶材料，因此具有相对较多的孔隙。同时，岩石经受过多种地质作用，还发育有各种成因的裂隙。岩石中的孔隙及裂隙统称为岩石的空隙。岩石中的空隙有些部分往往是互不连通的，与大气也不相通，因此，岩石中的空隙有开型空隙和闭型空隙之分。与此相对应，可把岩石的空隙率分为总空隙率（n）、开空隙率（n_o）及闭空隙率（n_c）几种，各自的含义如下

$$n = \frac{V_v}{V} \times 100\% = \left(1 - \frac{\gamma_d}{\gamma_{sat}}\right) \times 100\% \tag{4-2}$$

$$n_o = \frac{V_{vo}}{V} \times 100\% \tag{4-3}$$

$$n_c = \frac{V_{vc}}{V} \times 100\% = n - n_o \tag{4-4}$$

式中 V、V_v、V_{vo}、V_{vc}——岩石试件的体积及试件中空隙的总体积、开空隙体积及闭空隙体积。

一般提到的岩石空隙率是指总空隙率，常见岩石的空隙率见表4-3。岩石的空隙性对岩石的物理力学性质影响很大。一般来说，空隙率越大，岩石的强度越小，塑性变形和渗透性质进一步恶化。对可溶性岩石来说，空隙率大，可以增强岩石中地下水的循环与联系，使岩溶更加发育，从而降低了岩石的力学强度并增强其透水性。当岩体中的空隙被黏土等物质充填时，则又会给工程建设带来如泥化夹层或夹泥层等岩体力学问题。

3. 岩石的吸水性

岩石在一定的试验条件下吸收水分的能力，称为岩石的吸水性。常用吸水率与饱水系数指标表示。

岩石的吸水率（w_a）是指岩石试件在一个大气压和室温条件下自由吸入水的重量（W_{w1}）与岩样干重量（W_s）之比的百分率，即

$$w_a = \frac{W_{w1}}{W_s} \times 100\% \tag{4-5}$$

岩石的吸水率大小主要取决于岩石中空隙和裂隙的数量、大小及其开启程度，同时还受到岩石成因、时代及岩性的影响。大部分岩浆岩和变质岩的吸水率为 0.1% ~ 2.0%，沉积岩的吸水性较强，其吸水率为 0.2% ~ 7.0%。常见岩石的吸水率见表4-3。

岩石的饱和吸水率（w_{sa}）是指岩石试件在高压（一般压力为 15MPa）或真空条件下吸入水的重量（W_{w2}）与岩样干重量（W_s）之比的百分率，即

$$w_{sa} = \frac{W_{w2}}{W_s} \times 100\% \tag{4-6}$$

岩石的饱和吸水率是表示岩石物理性质的一个重要指标。在高压（或真空）条件下，一般认为水能进入岩石中所有开空隙，因此它反映了岩石总开空隙的发育程度，因而也可间接地用它来判定岩石的抗风化能力和抗冻性。饱水系数是指岩石的吸水率与饱和吸水率的比值。

4. 岩石的软化性

岩石浸水饱和后强度降低的性质称为软化性，用软化系数（η_c）表示。η_c 定义为岩石试件的饱和抗压强度（R_c）与干抗压强度（σ_c）的比值，即

$$\eta_c = \frac{R_c}{\sigma_c} \tag{4-7}$$

显然，η_c 越小，岩石软化性越强。岩石的软化性取决于岩石的矿物组成与空隙性，当岩石中含有较多的亲水性和可溶性矿物，且含大开空隙较多时，岩石的软化性较强，软化系数较小。常见岩石的软化系数见表4-3，由表可知，岩石的软化系数总是小于1.0的，说明岩石均具有不同程度的软化性。一般认为，软化系数 $\eta_c < 0.75$ 的岩石是软化性较强和工程地质性质较差的岩石。

4.2.2 岩石的强度性质

在外荷载作用下，当荷载达到或超过某一极限时，岩石就会产生破坏。根据破坏时的应力类型，岩石的破坏有拉破坏、剪切破坏和流动三种基本类型。同时，把岩石抵抗外力破坏的能力称为岩石的强度。由于受力状态的不同，岩石的强度也不同，如单轴抗压强度、单轴抗拉强度、抗剪强度、三轴压缩强度等。由于隧道围岩分级中主要采用的是岩石的抗压强

度，因此，这里仅介绍岩石的单轴抗压强度及三轴压缩强度。

1. 单轴抗压强度

在单向压缩条件下，岩石能承受的最大压应力，称为单轴抗压强度，简称抗压强度。抗压强度是反映岩石基本力学性质的重要参数，它在岩体工程分类、建立岩体破坏判据中都是必不可少的。抗压强度测量方法简单，且与抗拉强度和抗剪强度之间有着一定的比例关系，从而可借助它大致估算其他强度参数。表4-4列出了常见岩石的抗拉、抗剪、抗弯强度与抗压强度的比值。

表4-4 常见岩石的抗拉、抗剪、抗弯强度与抗压强度比值

岩石名称	与抗压强度的比值		
	抗拉强度	抗剪强度	抗弯强度
页 岩	0.06 ~ 0.325	0.25 ~ 0.48	0.22 ~ 0.51
砂质页岩	0.09 ~ 0.18	0.33 ~ 0.545	0.1 ~ 0.24
砂 岩	0.02 ~ 0.17	0.06 ~ 0.44	0.06 ~ 0.19
石灰岩	0.01 ~ 0.067	0.08 ~ 0.10	0.15
大理岩	0.08 ~ 0.226	0.272	—
花岗岩	0.02 ~ 0.08	0.08	0.09
石英岩	0.06 ~ 0.11	0.176	—

岩块的抗压强度通常是采用标准试件在压力机上加轴向荷载，直至试件破坏。如设试件破坏时的荷载为 $P_c(\mathrm{N})$，横断面面积为 $A(\mathrm{mm^2})$，则岩石的单轴抗压强度 $R_c(\mathrm{MPa})$ 为

$$R_c = \frac{P_c}{A} \tag{4-8}$$

除抗压试验外，还可用点荷载试验和不规则试件的抗压试验间接求岩石的 R_c。如用点荷载试验求 R_c 时，常用如下的经验公式换算

$$R_c = 22.82 I_{s(50)}^{0.75} \tag{4-9}$$

式中　$I_{s(50)}$——直径为50mm标准试件的点荷载强度。

常见岩石的抗压强度值列于表4-5中。由表可知，岩石的抗压强度离散性较大，这不单纯是由试验误差引起的，而更主要是由岩石本身的非均匀性和各向异性造成的。因此，在实际选值时，应根据具体情况对试验数据进行统计分析。

表4-5 常见岩石的强度指标值

岩石名称	抗压强度 R_c/MPa	抗拉强度 R_t/MPa	摩擦角 ϕ/(°)	黏聚力 C/MPa
花岗岩	100 ~ 250	7 ~ 25	45 ~ 60	14 ~ 50
流纹岩	180 ~ 300	15 ~ 30	45 ~ 60	10 ~ 50
玄武岩	150 ~ 300	10 ~ 30	48 ~ 55	20 ~ 60
石英岩	150 ~ 350	10 ~ 30	50 ~ 60	20 ~ 60
片麻岩	50 ~ 200	5 ~ 20	30 ~ 50	3 ~ 5
板 岩	60 ~ 200	7 ~ 15	45 ~ 60	2 ~ 20
页 岩	10 ~ 100	2 ~ 10	15 ~ 30	3 ~ 20
砂 岩	20 ~ 200	4 ~ 25	35 ~ 50	8 ~ 40

（续）

岩石名称	抗压强度 R_c/MPa	抗拉强度 R_t/MPa	摩擦角 ϕ/(°)	黏聚力 C/MPa
砾　岩	10~150	2~15	35~50	8~50
石灰岩	50~200	5~20	35~50	10~50
白云岩	80~250	15~25	35~50	20~50
大理岩	100~250	7~20	35~50	15~30

试验研究表明，岩石的抗压强度受一系列因素影响和控制。这些因素主要包括两个方面：一是岩石本身性质方面的因素，如矿物组成、结构构造（颗粒大小、联结结构发育特征等）、密度及风化程度等；二是试验条件方面的因素，主要包括试件的几何形状及加工精度、加荷速率、端面条件、试验温度及湿度等。

2. 三轴压缩强度

试件在三向压应力作用下能抵抗的最大的轴向应力，称为岩石的三轴压缩强度。在一定的围压 σ_3 下，对试件进行三轴试验时，如设试件破坏时的荷载为 P_m(N)，横断面面积为 A(mm^2)，则岩石的三轴压缩强度 σ_{1m}(MPa) 为

$$\sigma_{1m} = \frac{P_m}{A} \tag{4-10}$$

根据一组试件（4 个以上）试验得到三轴压缩强度 σ_{1m} 和相应的围压 σ_3，在 σ-τ 坐标系中可绘制出一组破坏应力圆及其公切线，即得岩石的莫尔强度包络线（图 4-1）。包络线与 σ 轴的交点称为包络线的顶点，除顶点外，包络线上所有点的切线与 σ 轴的夹角及其在 τ 轴上的截距分别代表相应破坏面的内摩擦角（ϕ）和黏聚力（C）。

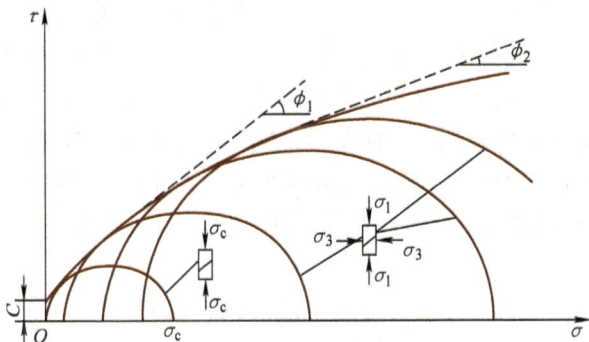

图 4-1　岩石的莫尔强度包络线

当围压不大时，岩石的莫尔强度包络线常可近似地视为一直线，据此，可求得岩石强度参数 σ_{1m}、C、ϕ 与围压 σ_3 间的关系为

$$\sigma_{1m} = \sigma_3 \tan^2(45° + \phi/2) + 2C\tan(45° + \phi/2) \tag{4-11}$$

4.2.3　岩石的变形性质

岩石在外荷载作用下，将会产生变形。随着荷载的不断增加，岩石的变形也不断增加，当荷载达到或超过某一限度时，岩石产生破坏。与普通材料一样，岩石变形也有弹性变形、塑性变形和流变变形之分，但由于岩石的矿物组成及结构构造的复杂性，岩石变形性质比普

通材料要复杂得多。岩石变形性质可用岩石变形试验得到的应力-应变-时间关系及变形模量、泊松比等参数来表示。

在刚性压力机上进行试验时，在单轴连续加载条件下对岩石试件进行变形试验，可得到各级荷载下的轴向应变（ε_L）、横向应变（ε_d）及其体积应变（ε_V）。通过这些数据可绘制出反映岩石变形特征的应力-应变全过程曲线（图4-2）。据此可将岩石变形过程划分成不同的阶段。

孔隙裂隙压密阶段（OA 段）：试件中原有张开型结构面或微裂隙逐渐闭合，岩石被压密，形成早期的非线性变形。σ-ε 曲线上凹，曲线斜率随应力增加而逐渐增大，表明微裂隙的闭合开始较快，随后逐渐减慢。该阶段变形对裂隙岩石来说较明显，而对坚硬少裂隙的岩石则不明显，甚至不显现。

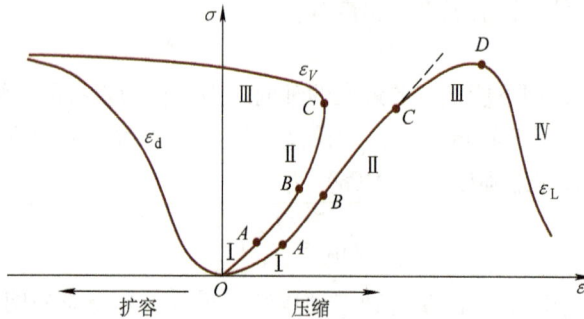

图4-2 岩石应力-应变全过程曲线

弹性变形至微破裂稳定发展阶段（AC 段）：该阶段的 σ-ε_L 曲线呈近似直线关系，而 σ-ε_V 曲线开始（AB 段）为直线关系，随 σ 增加逐渐变为曲线关系，据其变形机理又可细分为弹性变形阶段（AB 段）和微破裂稳定发展阶段（BC 段）。弹性变形阶段不仅变形随应力成比例增加，而且在很大程度上表现为可恢复的弹性变形，B 点的应力可称为弹性极限。微破裂稳定发展阶段的变形主要表现为塑性变形，试件内开始出现新的微破裂，并随应力增加而逐渐发展，当荷载保持不变时，微破裂也停止发展。由于微破裂的出现，试件体积压缩速率减缓，σ-ε_L 曲线偏离直线向纵轴方向弯曲。这一阶段的上界应力（C 点应力）称为屈服极限。

非稳定破裂发展阶段（或称累进性破裂阶段）（CD 段）：进入该阶段后，微破裂的发展出现了质的变化。由于破裂过程中产生的应力集中效应显著，若使外荷载保持不变，破裂仍会不断发展，并在某些薄弱部位首先破坏，应力重新分布，依次引起次薄弱部位的破坏，直至试件完全破坏。试件由体积压缩转为体积膨胀，轴向应变和体积应变速率迅速增大，试件承载能力达到最大，该阶段的上界应力称为峰值强度或单轴抗压强度。

破坏后阶段（D 点以后段）：岩石承载力达到峰值后，其内部结构完全破坏，但试件仍基本保持整体状。该阶段裂隙快速发展、交叉且相互联合形成宏观断裂面，此后，岩石变形主要表现为沿宏观断裂面的块体滑移，试件承载力随变形增大而迅速下降。

根据各类应力-应变曲线，可以确定岩石的变形模量和泊松比等变形参数。变形模量是指单轴压缩条件下，轴向压应力与轴向应变之比，其确定方法如图4-3 所示。

当岩石应力-应变为直线关系时（图4-3a），岩石的变形模量 E(MPa) 为

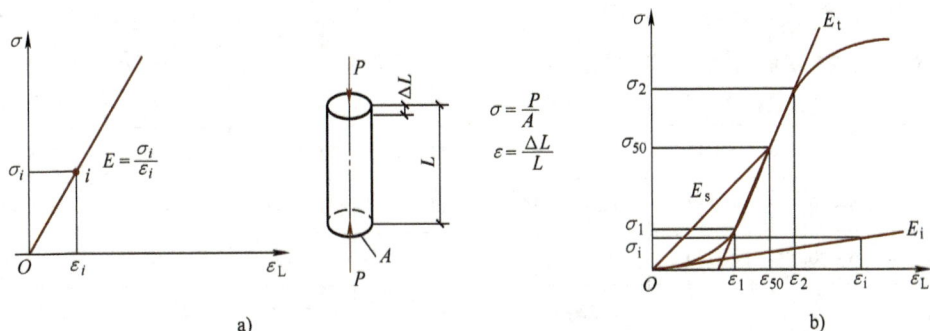

图 4-3 岩石变形模量的确定方法

$$E = \frac{\sigma_i}{\varepsilon_i} \tag{4-12}$$

式中 σ_i、ε_i——应力-应变曲线上任一点 i 的轴向应力（MPa）和轴向应变。

这种情况下岩石的变形模量数值上等于直线的斜率，由于其变形多属弹性变形，所以又称弹性模量。

当应力-应变为非直线关系时，岩石的变形模量为一变量（图 4-3b），即不同应力段上的变形量不同。常用的有如下几种。

1）初始模量（E_i），指曲线原点处切线的斜率，即

$$E_i = \frac{\sigma_i}{\varepsilon_i} \tag{4-13}$$

2）切线模量（E_t），指曲线上任一点处切线的斜率，一般特指中部直线段的斜率，即

$$E_t = \frac{\sigma_2 - \sigma_1}{\varepsilon_2 - \varepsilon_1} \tag{4-14}$$

3）割线模量（E_s），指曲线某特定点与原点连线的斜率，通常取 $\sigma_c/2$ 处的点与原点连线的斜率，即

$$E_s = \frac{\sigma_{50}}{\varepsilon_{50}} \tag{4-15}$$

泊松比（μ）是指在单轴压缩条件下，横向应变（ε_d）与轴向应变 ε_L 之比，即

$$\mu = \frac{\varepsilon_d}{-\varepsilon_L} \tag{4-16}$$

岩石的变形模量和泊松比受岩石矿物组成、结构构造、风化程度、空隙性、含水率、微结构面及其与荷载方向的关系等多种因素的影响，变化较大。如当垂直于层理、片理等微结构面方向加荷时，变形模量最小，而平行微结构面加荷时，其变形模量最大。两者的比值，沉积岩一般为 $1.08 \sim 2.05$；变质岩为 2.0 左右。表 4-6 列出了常见岩石的变形模量和泊松比的经验值。

表4-6　常见岩石的变形模量和泊松比

岩石名称	变形模量/10⁴MPa		泊松比	岩石名称	变形模量/10⁴MPa		泊松比
	初始	弹性			初始	弹性	
花岗岩	2~6	5~10	0.2~0.3	页　岩	1~3.5	2~8	0.2~0.4
流纹岩	2~8	5~10	0.1~0.25	砂　岩	0.5~8	1~10	0.2~0.3
玄武岩	6~10	6~12	0.1~0.35	砾　岩	0.5~8	2~8	0.2~0.3
石英岩	6~20	6~20	0.1~0.25	石灰岩	1~8	5~10	0.2~0.35
片麻岩	1~8	1~10	0.22~0.35	白云岩	4~8	4~8	0.2~0.35
板岩	2~5	2~8	0.2~0.3	大理岩	1~9	1~9	0.2~0.35

除变形模量和泊松比两个最基本的参数外，还有一些从不同角度反映岩石变形性质的参数，如切变模量（G）、弹性抗力系数（K）、拉梅常数（λ）及体积模量（K_V）等。根据弹性力学理论，这些参数与变形模量（E）及泊松比（μ）之间有如下关系

$$G = \frac{E}{2(1+\mu)} \tag{4-17}$$

$$K = \frac{E}{3(1+\mu)R_0} \tag{4-18}$$

$$\lambda = \frac{E\mu}{(1+\mu)(1-2\mu)} \tag{4-19}$$

$$K_V = \frac{E}{3(1-2\mu)} \tag{4-20}$$

式中　R_0——地下洞室半径。

4.2.4　岩石的流变

岩石在力的作用下发生与时间相关的变形的性质，称为岩石的流变性。岩石的流变性包括蠕变、松弛和弹性后效。蠕变是指在应力恒定的情况下岩石变形随时间发展的现象；松弛是指在形变保持恒定的情况下岩石应力随时间而减少的现象；弹性后效是指在卸载过程中弹性应变滞后于应力的现象。隧道工程中遇到的主要是岩石的蠕变，因此这里主要介绍岩石的蠕变性质。

由于岩石的性质（岩性、结构构造、空隙性、含水性等）不同，岩石的蠕变性质也有所不同，通常用蠕变曲线（ε-t 曲线）来表示。岩石的蠕变曲线具有两种典型形式，即稳定蠕变和不稳定蠕变。以图4-4所示花岗岩的蠕变曲线为例，其蠕变变形甚小，荷载施加后不久变形就趋于稳定，这类蠕变对工程不会造成后患，可以忽略不计。又如图4-4中的砂岩蠕变曲线，在蠕变的开始阶段，变形增长较快，以后也就趋于稳定，稳定后的变形量可能比初始变形量增大30%~40%，但由于这种蠕变最终仍是稳定的，一般也不致对工程造成危害，这类蠕变称为稳定蠕变，一般硬质岩具有这种蠕变性质。而图4-4中页岩的蠕变变形不能稳定于某一极限值，而是随时间的增加不断增加，直到岩石破坏，这类蠕变属不稳定蠕变，一般软质岩具有这种蠕变性质。

对于软弱岩石，其典型蠕变曲线可分为 3 个阶段（图 4-5）。蠕变的第 I 阶段（AB 段）称为初始蠕变段，在此阶段内，初始应变速率最大，随后则逐渐减小，应变-时间曲线向上凸起，应变与时间大致呈对数关系，即 $\varepsilon \propto \lg t$；第 II 阶段（BC 段），在此阶段内变形缓慢，应变速率保持不变，应变与时间近于线性关系，故也称等速蠕变段或稳定蠕变段；第 III 阶段（C 点以后），此阶段内应变速率迅速增加，变形无限发展，直至岩石产生破坏，称为加速蠕变段。

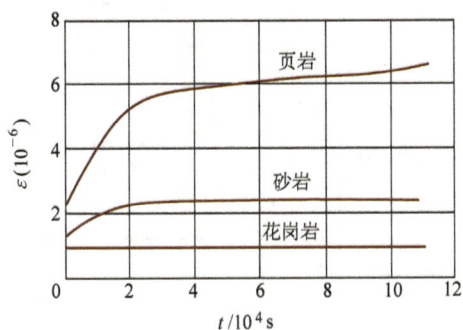

图 4-4　在 10MPa 的常应力及常温下
几种岩石的典型蠕变曲线

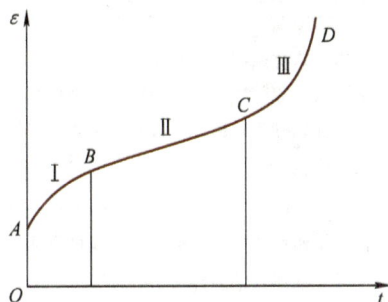

图 4-5　软弱岩石典型的蠕变曲线

岩石的蠕变还受其承受的应力大小影响。同一种岩石，所承受的恒定荷载不同，可能发生稳定蠕变，也可能发生不稳定蠕变。显然，由稳定蠕变向不稳定蠕变的转化，其间必然存在一临界荷载，当荷载小于这个临界荷载时，岩石不会发展到蠕变破坏；而大于这个临界荷载时，岩石会持续变形，并发展到破坏。这个临界荷载即岩石的长期强度，对工程很有意义。

对于隧道工程，由于工作面开挖后，及时对围岩进行了锚喷支护，一般不允许出现不稳定变形，在正常情况下，隧道围岩的变形类似于图 4-4 中砂岩的变形曲线。隧道开挖后围岩变形初始速率最大，以后逐渐减小，应变与时间关系曲线呈上凸形。随着变形速率的递减，围岩的变形越来越小，一般认为，当变形速率小于 0.1mm/d 时，围岩基本处于稳定状态。

4.3　隧道围岩分级

4.3.1　现行公路隧道围岩分级方法

隧道围岩分级的综合评判方法采用两步分级。首先，根据岩石的坚硬程度和岩体完整程度两个基本因素的定性特征和定量的围岩基本质量指标 BQ 综合进行初步分级。然后，在岩体基本质量分级基础上考虑修正因素的影响（如地下水、软弱结构面产状、初始应力状态等），修正岩体基本质量指标值，按修正后的围岩基本质量指标［BQ］，结合岩体的定性特征综合评判，确定围岩的详细分级，见表 4-7。

表4-7 公路隧道围岩分级

围岩级别	围岩或土体主要定性特征	围岩基本质量指标 BQ 或修正后的围岩基本质量指标 [BQ]
I	坚硬岩，岩体完整，整体状或巨厚层状结构	>550
II	坚硬岩，岩体较完整，块状或厚层状结构 较坚硬岩，岩体完整，块状整体结构	550～451
III	坚硬岩，岩体较破碎，巨块（石）碎（石）状镶嵌结构 较坚硬岩或较软岩，岩体较完整，块状或中厚层结构	450～351
IV	坚硬岩，岩体破碎，碎裂结构 较坚硬岩，岩体较破碎～破碎，镶嵌碎裂结构 较软岩或软硬岩互层，且以软岩为主，岩体较完整～较破碎，中薄层状结构	350～251
	土体：压密或成岩作用的黏性土及砂性土；黄土（Q_1、Q_2）；一般钙质、铁质胶结的碎石土、卵石土、大块石土	
V	较软岩，岩体破碎 软岩，岩体较破碎～破碎 极破碎各类岩体，碎、裂状，松散结构	≤250
	一般第四系的半干硬至硬塑的黏性土及稍湿至潮湿的碎石土、卵石土、圆砾、角砾土及黄土（Q_3、Q_4）。非黏性土呈松散结构，黏性土及黄土呈松软结构	
VI	软塑状黏性土及潮湿、饱和粉细砂层、软土等	

注：本表不适用于特殊条件的围岩分级，如膨胀性围岩、多年冻土等。

1. 岩石的坚硬程度

岩石坚硬程度定量指标用岩石单轴饱和抗压强度 R_c 表达。R_c 一般采用实测值，若无实测值时，可采用实测的岩石点荷载强度指数 $I_{s(50)}$ 来换算[见式(4-9)]。岩石坚硬程度的划分见表4-8。

表4-8 岩石坚硬程度划分

名 称		R_c/MPa	定性鉴定	代表性岩石
硬质石	坚硬岩	>60	锤击声清脆，有回弹，震手，难击碎；浸水后大多无吸水反应	未风化～微风化的花岗岩、正长岩、闪长岩、辉绿岩、玄武岩、安山岩、片麻岩、石英片岩、硅质板岩、石英岩、硅质胶结的砾岩、石英砂岩、硅质石灰岩等
	较坚硬岩	60～30	锤击声较清脆，有轻微回弹，稍震手，较难击碎；浸水后有轻微吸水反应	1）弱风化的坚硬岩 2）未风化～微风化的熔结凝灰岩、大理岩、板岩、白云岩、石灰岩、钙质胶结的砂页岩等

（续）

名　称		R_c/MPa	定性鉴定	代表性岩石
软质石	较软岩	30～15	锤击声不清脆，无回弹，较易击碎；浸水后指甲可刻出印痕	1）强风化的坚硬岩 2）弱风化的较坚硬岩 3）未风化～微风化的熔结凝灰岩、千枚岩、砂质泥岩、泥灰岩、泥质砂岩、粉砂岩、页岩等
	软岩	15～5	锤击声哑，无回弹，有凹痕，易击碎；浸水后手可掰开	1）强风化的坚硬岩 2）弱风化～强风化的较坚硬岩 3）弱风化的较软岩 4）未风化的泥岩等
	极软岩	<5	锤击声哑，无回弹，有较深凹痕，手可捏碎；浸水后可捏成团	1）全风化的各种岩石 2）各种半成岩

注：表中岩石的风化程度划分见表4-1。

2. 岩体的完整程度

岩体完整程度的定量指标用岩体完整性系数 K_v 表达。K_v 指岩体弹性纵波速度与岩石弹性纵波速度比值的平方，按下式计算

$$K_v = (v_{pm}/v_{pr})^2 \tag{4-21}$$

式中　v_{pm}——岩体弹性纵波速度（km/s）；

　　　v_{pr}——岩石弹性纵波速度（km/s）。

K_v 一般用弹性波探测值，若无探测值，可用岩体体积节理数 J_V 对应的 K_v 值。岩体完整程度的划分见表4-9。

3. 围岩基本质量指标

围岩基本质量指标 BQ 应根据分级因素的定量指标 R_c 值和 K_v 值按下式计算

$$BQ = 100 + 3R_c + 250K_v \tag{4-22}$$

表4-9　岩体完整程度划分

名称	K_v	J_V/（条/m³）	结构面发育程度 组数	结构面发育程度 平均间距/m	主要结构面的结合程度	主要结构面类型	相应结构类型
完整	>0.75	<3	1～2	>1.0	好或一般	节理、裂隙、层面	整体状或巨厚层结构
较完整	0.75～0.55	3～10	1～2	>1.0	差	节理、裂隙、层面	块状或巨厚层状结构
			2～3	1.0～0.4	好或一般		块状结构
较破碎	0.55～0.35	10～20	2～3	1.0～0.4	差	节理、裂隙、层面、小断层	裂隙块状或中厚层结构
			>3	0.4～0.2	好		镶嵌碎裂结构
					一般		中、薄层状结构
破碎	0.35～0.15	20～35	>3	0.4～0.2	差	各种类型结构面	裂隙块状结构
				<0.2	一般或差		碎裂状结构
极破碎	<0.15	>35	无序		很差		散体状结构

注：平均间距指主要结构面（1～2组）间距的平均值；结构类型划分见表4-2。

当 $R_c > 90K_v + 30$ 时，以 $R_c = 90K_v + 30$ 和 K_v 代入式（4-22）计算 BQ 值；当 $K_v > 0.04R_c + 0.4$ 时，以 $K_v = 0.04R_c + 0.4$ 和 R_c 代入式（4-22）计算 BQ 值。

当隧道围岩处于高初始地应力区，或围岩稳定性受软弱结构面影响，且由一组起控制作用，或有地下水作用时，应对围岩基本质量指标 BQ 进行修正，修正值［BQ］按下式计算

$$［BQ］= BQ - 100(K_1 + K_2 + K_3) \tag{4-23}$$

式中　K_1——地下水影响修正系数；

　　　K_2——主要软弱结构面产状影响修正系数；

　　　K_3——初始地应力状态影响修正系数。

K_1、K_2、K_3 值可分别按表 4-10 ~ 表 4-12 确定，无表中所列情况时，修正系数取 0。

表 4-10　地下水影响修正系数 K_1

地下水出水状态	BQ			
	>450	450 ~ 351	350 ~ 251	≤250
潮湿或点滴状出水	0	0.1	0.2 ~ 0.3	0.4 ~ 0.6
淋雨状或涌流状出水，水压 <0.1MPa 或单位出水量 <10L/（min·m）	0.1	0.2 ~ 0.3	0.4 ~ 0.6	0.7 ~ 0.9
淋雨状或涌流状出水，水压 >0.1MPa 或单位出水量 >10L/（min·m）	0.2	0.4 ~ 0.6	0.7 ~ 0.9	1.0

表 4-11　主要软弱结构面产状影响修正系数 K_2

结构面产状及其与洞轴线的组合关系	结构面走向与洞轴线夹角 <30°，结构面倾角 30° ~ 75°	结构面走向与洞轴线夹角 >60°，结构面倾角 >75°	其他组合
K_2	0.4 ~ 0.6	0 ~ 0.2	0.2 ~ 0.4

表 4-12　初始地应力状态影响修正系数 K_3

初始地应力状态	BQ				
	>550	550 ~ 451	450 ~ 351	350 ~ 251	≤250
极高地应力区	1.0	1.0	1.0 ~ 1.5	1.0 ~ 1.5	1.0 ~ 1.5
高地应力区	0.5	0.5	0.5	0.5 ~ 1.0	0.5 ~ 1.0

注：初始应力状态根据表 4-13 判断。

表 4-13　高初始地应力区围岩在开挖过程中出现的主要现象

应力情况	主要现象	R_c/σ_{max}
极高地应力	1）硬质岩：开挖过程中有岩爆发生，有岩块弹出，洞壁岩体发生剥离，新生裂缝多，成洞性差 2）软质岩：岩芯常有饼化现象，开挖过程中洞壁岩体有剥离，位移极为显著，甚至发生大位移，持续时间长，不易成洞	<4
高地应力	1）硬质岩：开挖过程中可能出现岩爆，洞壁岩体有剥离和掉块现象，新生裂缝较多，成洞性差 2）软质岩：岩芯时有饼化现象，开挖过程中洞壁岩体位移显著，持续时间较长，成洞性差	4 ~ 7

注：σ_{max} 为垂直洞轴线方向的最大初始应力。

4. 各级围岩的物理力学参数及自稳能力

各级围岩的物理力学参数可按表4-14选用，结构面抗剪断峰值强度按表4-15选用；各级围岩的自稳能力根据表4-16做大致评判。

表4-14　各级围岩的物理力学指标标准值

围岩级别	重度 $\gamma/(kN/m^3)$	弹性抗力系数 $k/(MPa/m)$	变形模量 E/GPa	泊松比 μ	内摩擦角 $\phi/(°)$	黏聚力 C/MPa	计算摩擦角 $\phi_c/(°)$
Ⅰ	>26.5	1800~2800	>33	<0.2	>60	>2.1	>78
Ⅱ	>26.5	1200~1800	20~33	0.2~0.25	50~60	1.5~2.1	70~78
Ⅲ	26.5~24.5	500~1200	6~20	0.25~0.3	39~50	0.7~1.5	60~70
Ⅳ	24.5~22.5	200~500	1.3~6	0.3~0.35	27~39	0.2~0.7	50~60
Ⅴ	17~22.5	100~200	<1.3	0.35~0.45	20~27	0.05~0.2	40~50
Ⅵ	15~17	<100	<1	0.4~0.5	<20	<0.2	30~40

注：1. 本表数值不包括黄土地层。

　　2. 选用计算摩擦角时，不再计内摩擦角和黏聚力。

表4-15　岩体结构面抗剪断峰值强度

序号	两侧岩体的坚硬程度及结构面的结合程度	内摩擦角 $\phi/(°)$	黏聚力 C/MPa
1	坚硬岩，结合好	>37	>0.22
2	坚硬~较坚硬岩，结合一般；较软岩，结合好	37~29	0.22~0.12
3	坚硬~较坚硬岩，结合差；较软岩~软岩，结合一般	29~19	0.12~0.08
4	较坚硬~较软岩，结合差~结合很差；软岩，结合差；软质岩的泥化面	19~13	0.08~0.05
5	较坚硬岩及全部软质岩，结合很差；软质岩泥化层本身	<13	<0.05

表4-16　隧道各级围岩自稳能力判断

围岩级别	自稳能力
Ⅰ	跨度20m，可长期稳定，偶有掉块，无塌方
Ⅱ	跨度10~20m，可基本稳定，局部可发生掉块或小塌方 跨度10m，可长期稳定，偶有掉块
Ⅲ	跨度10~20m，可稳定数日~1个月，可发生小~中塌方 跨度5~10m，可稳定数月，可发生局部块体位移及小~中塌方 跨度5m，可基本稳定
Ⅳ	跨度5m，一般无自稳能力，数日~数月内可发生松动变形、小塌方，进而发展为中~大塌方。埋深小时，以拱部松动破坏为主；埋深大时，有明显塑性流动变形和挤压破坏 跨度小于5m，可稳定数日~1个月
Ⅴ	无自稳能力，跨度5m或更小时，可稳定数日
Ⅵ	无自稳能力

注：1. 小塌方：塌方高度<3m，或塌方体积<30m³。

　　2. 中塌方：塌方高度=3~6m，或塌方体积=30~100m³。

　　3. 大塌方：塌方高度>6m，或塌方体积>100m³。

4.3.2 普氏围岩分类法

普氏围岩分类法是以岩石强度指标为基础的围岩分类法。

早期的隧道围岩分类，大都是以岩石的强度为基础。如20世纪50年代我国把隧道围岩划分为坚石、次坚石、松（软）石及土质四类。其后，采用了围岩坚固性系数 f_{up} 进行围岩分类。普氏认为：所有围岩都不同程度地被节理、裂隙所切割，因此，可视围岩为散粒体。但围岩又不同于一般的散粒体，还存在不同程度的黏聚力。由这些假定出发，普氏提出了围岩的坚固性系数（又叫似摩擦系数或普氏系数）的概念。围岩坚固性系数 f_{up} 表达式为

$$f_{up} = \tan\phi = \frac{\tau}{\sigma} = \frac{\sigma\tan\phi_0 + C}{\sigma} \tag{4-24}$$

式中　ϕ、ϕ_0——围岩的似摩擦角和内摩擦角；

　　　τ、σ——围岩的抗剪强度和剪切破坏时的正应力；

　　　C——围岩的黏聚力。

岩石的坚固性系数是一个说明围岩条件性质（如强度、构造及地下水等）的笼统指标。不同的岩石通常用不同的经验计算公式求得。

对于松散性岩石、土及砂质土　$f_{up} \approx \tan\phi$ $\tag{4-25}$

对于坚硬岩石　$f_{up} = R_c(1/100 \sim 1/150)$ $\tag{4-26}$

对于软岩　$f_{up} = R_c(1/80 \sim 1/100)$ $\tag{4-27}$

对于黏土或黄土　$f_{up} = \dfrac{C}{R_c} + \tan\phi$ $\tag{4-28}$

普氏按 f_{up} 值进行围岩分类（表4-17）。普氏围岩分类法较简单，因为 f_{up} 是岩石强度指标的一个反映，但普氏围岩分类法没有充分考虑围岩体的构造因素及稳定性。在确定围岩 f_{up} 值时，除了要考虑其强度指标外，还需要根据围岩构造特征（如风化、破碎、裂隙等）和稳定性等因素将 f_{up} 值加以修正。因此，围岩的 f_{up} 不仅由岩石强度决定，还应当由岩体强度决定，即

$$f_{up岩体} = kf_{up岩石} \tag{4-29}$$

式中　k——考虑地质条件的修正系数（实质是折减系数）。

表 4-17　普氏按 f_{up} 值的围岩分类

f_{up}	地层代表名称	重度 γ /(kN/m³)	似摩擦角 ϕ/(°)	弹性压缩系数/(10^5 kN/m³)		地层与衬砌间摩擦系数(侧向) μ
				侧向 k_1	基层 k_2	
≥8	坚硬的石灰岩、大理岩，不坚硬的花岗岩	25	80	12~20	15~25	0.4~0.5
6	普通砂岩	24	75	8~12	10~15	0.4~0.5
5	砂质片岩、片状砂岩	25	72°30′	6~8	7.5~10	0.4~0.5
4	坚硬的板岩、不坚硬的砂岩及石灰岩，砾岩	25~28	70	4~6	5~7.5	0.3~0.4

（续）

f_{up}	地层代表名称	重度 γ /（kN/m³）	似摩擦角 ϕ/（°）	弹性压缩系数/（10⁵kN/m³）		地层与衬砌间摩擦系数（侧向）μ
				侧向 k_1	基层 k_2	
3	不坚硬的片石、密实的泥灰岩、坚硬胶结的黏土	25	70	3~4	4~5	0.3~0.4
2	软片岩、软石灰岩、破碎砂岩、胶结的卵石、块石土壤	24	65	2~3	2.5~4	0.3~0.4
1.5	碎石土壤、破碎片石、黏结的卵石和碎石、硬化黏土	18~20	60	1.2~2.0	1.5~2.5	0.2~0.3
1	密实黏土、坚硬的冲积土	18	45	0.6~1.2	0.8~1.5	0.2~0.3
0.6	湿砂、黏砂土、种植土、泥炭、轻型黏土	15~16	30	0.5~0.6	0.4~0.8	0.2~0.3

4.3.3 太沙基围岩分类法

太沙基根据 3.0m×3.0m 断面的坑道中实际测量资料，以坑道支护所需的地压值为对象进行围岩分类。太沙基围岩分类见表4-18。

表4-18 太沙基围岩分类

岩层状态	岩石荷载高度/m	说 明
坚硬的，无损害的	0	当有掉块或岩爆时，可设轻型支撑
坚硬的，呈层状或片状的岩层	$(0~0.5)B$	采用轻型支撑，荷载局部作用，变化不规则
大块，有一般节理的	$(0~0.25)B$	采用轻型支撑，荷载局部作用，变化不规则
有裂痕，块度一般的岩层	$0.25B~0.35(B+H_t)$	无侧压
裂隙较多，块度小的岩层	$(0.35~1.10)(B+H_t)$	侧压很小或没有
完全破碎的，但不受化学侵蚀的	$1.10(B+H_t)$	有一定侧压。由于漏水，隧道下部分变软，支撑下部要做基础。必要时可采用圆形支撑
挤压变形缓慢的岩层，覆盖厚度中等	$(1.10~2.10)(B+H_t)$	有很大侧压，必要时修仰拱，推荐采用圆形支撑
挤压变形缓慢的岩层，但覆盖层较厚	$(2.10~4.50)(B+H_t)$	有很大侧压，必要时修仰拱，推荐采用圆形支撑
膨胀性地质条件	与$(B+H_t)$无关，一般达80m以上	要用圆形支撑，激烈时采用可缩性支撑

注：表中 B、H_t 分别为坑道宽度及高度。

由表4-18可见，太沙基围岩分类是以岩体构造、岩体地质特征为依据进行分类的。围岩的定性描述比较概括，每类围岩都有一个相应的地压范围值。分类是以有水条件为基础，当无水时，表中4~7栏围岩的地压值要降低50%。目前，欧美各国的地下工程中，仍广泛采用太沙基围岩分类法。

应该指出，围岩分类是隧道设计与施工中很重要的一环，围岩分类法应向多项参数定量化、统一化方向发展，从而使分类能充分满足隧道工程设计和施工的实际需要。

4.4 围岩压力计算

4.4.1 围岩压力及成拱作用

自然拱的形成

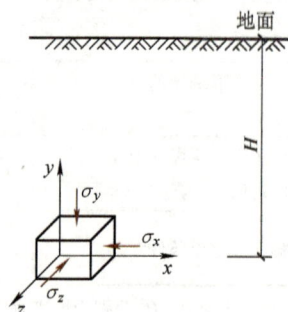

1. 围岩压力的概念

人们对围岩压力的认识是从开挖洞穴后围岩的变形和坍塌现象开始的。在隧道开挖、衬砌施工实践中，人们从支护结构的变形、开裂等现象中进一步认识到围岩压力的存在。

在坚硬稳定的岩层中开挖隧道时，有时会遇到小块岩石突然脱离岩体向隧道内弹出，人们称为"岩爆"；由于爆破时发生围岩松动及暴露后受到风化，出现个别落石掉块现象；在破碎的岩层或松软地层中开挖隧道，围岩由于扰动失去稳定而产生变形、松弛、挤压、下沉或坍陷等现象。所有这些现象统称为围岩压力现象。为了阻止围岩的移动和崩落，保证隧道具有设计的建筑界限和净空，就需要设置永久性支护结构。这种衬砌结构承受的压力，即围岩压力。它是作用于隧道支撑或衬砌结构上的主要荷载之一。

围岩压力按作用力发生的形态，一般可分为松动压力和形变压力。由于开挖而松动或坍塌的岩体以重力形式直接作用在支护结构上的压力称为松动压力。松动压力按作用在支护结构上力的位置不同，分为竖向压力、侧向压力。形变压力是由于围岩变形受到与之密贴的支护如锚喷支护等的抑制，而使围岩在与支护结构的共同变形过程中对支护结构施加的接触压力。

影响围岩压力的因素包括围岩的工程地质条件及水文地质条件、围岩岩体的强度、隧道的埋置深度、围岩压力的时间效应、隧道断面的形状及尺寸、支护结构的特征和施工方法等。

2. 围岩压力的产生

隧道开挖前，地层中各点的应力保持着相对的平衡，地层处于相对静止状态，称为原始应力状态。它是由上覆地层自重、地壳运动的残余应力及地下水活动等因素决定的。

为了研究方便，仅考虑由上覆地层自重形成的原始应力，并取深度 H 处的一个单元体来做应力分析（图4-6）。该单元体受到三对大小相同、方向相反的压力作用，因此该单元体处于力的平衡状态和变形运动的相对静止状态。

在上覆地层自重作用下，竖直压力 p_z 为

$$p_z = \gamma H \tag{4-30}$$

式中　γ——上覆地层的平均重度（kN/m³）；

H——从地面到单元体所处的深度（m）。

由于单元体的侧向变形受到周围地层的限制，便产生了侧向压力 p_x、p_y，按下式计算

图4-6　隧道开挖前任一点的应力状态

$$p_x = p_y = \xi p_z = \xi \gamma H \tag{4-31}$$

式中　ξ——侧压力系数。

根据侧向应变为零的条件，并把地层假定为各向同性的弹性体，可推导出 ξ 的计算公

式，即

$$\xi = \frac{\mu}{1 - \mu} \tag{4-32}$$

式中 μ——地层岩石的泊松比。

隧道开挖后，围岩原来保持的平衡状态受到破坏，由相对静止状态变成显著的运动状态，由于围岩在应力及应变方面开始了一个新的变化运动，出现了围岩应力的重分布和围岩向开挖空间的变形，力图达到新的平衡。变形的大小取决于应力变化的大小和围岩抵抗这些变形的能力。对于不同的岩石，其变形性质及大小是不同的。在坚硬且完整的岩石中，围岩岩体本身强度足以承受隧道周边应力，这时围岩是自承的，不需要支撑或衬砌提供外加平衡力。在松软的或裂隙围岩中，由于围岩体破碎，再加上在开挖时受到爆破震动，因而在隧道周边一定范围内岩体遭到严重破坏，同时，围岩体本身强度低，不足以抵抗围岩的周边应力，因此这一部分岩体在隧道开挖后开始产生向内的变形运动，并逐渐出现松动和坍塌，松动或坍塌的岩体对支护结构施加压力，此压力即围岩压力。

3. 围岩压力的确定方法

围岩压力的确定方法目前常用的有下列 3 种：

(1) 直接测量法 它是一种切合实际的方法，也是研究发展的方向，但由于受测量设备和技术水平的制约，目前还不能普遍采用。

(2) 经验法或工程类比法 它是根据大量以往工程的实际资料的统计和总结，按不同围岩分级提出围岩压力的经验数值，作为确定后建隧道工程确定围岩压力的依据的方法。该法是目前使用较多的方法。

(3) 理论估算法 它是在实践的基础上从理论上研究围岩压力的方法。由于地质条件的不确定性，影响围岩压力的因素又非常多，这些因素本身及它们之间的组合也带有一定的偶然性，企图建立一种完善的和适合各种实际情况的通用围岩压力理论及计算方法是困难的，因此，现有的围岩压力理论都不十分切合实际情况。

目前我国隧道工程设计计算中，一般都是以某种简化的假设为前提，考虑几个主要因素的影响，通过经验公式计算或受力分析，使其结果相对地接近实际围岩压力的情况。

4. 围岩的成拱作用

在工程实践中人们发现，大多数情况下，隧道开挖后围岩的坍塌并不延伸到地表，即使不加支护，围岩的坍塌也是有限度的。当这种坍塌使洞室形状改变到一定程度后将不再发展，而在围岩中建立起新的平衡。也就是说，隧道开挖后围岩力学形态将经历"平衡—变形、破坏、坍塌—应力重分布—新的平衡"的过程，这种过程的最终产物就是人们所熟知的"坍落拱"或"平衡拱"（图4-7）。其上方的一部分岩体承受着上覆地层的全部重力，如同一个承载环一样，并将荷载重力向侧向传递下去，这就是所谓围岩的成拱作用。

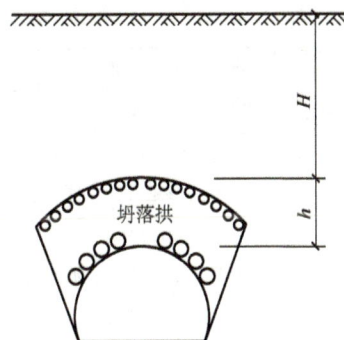

图 4-7 围岩的成拱作用

M. M. 普洛托季亚科诺夫从松散介质的极限平衡出发，认为坍落拱呈抛物线状，其高度为

$$h = \frac{b}{f_{up}} \qquad (4\text{-}33)$$

式中　h——坍落拱高度（m）；

　　　b——隧道跨度的一半（m）；

　　　f_{up}——围岩坚固性系数。

我国现行隧道设计规范用数理统计的方法给出计算各级围岩坍塌高度的经验公式

$$h = 0.45 \times 2^{S-1} \times [1 + i(B - 5)] \qquad (4\text{-}34)$$

式中　S——围岩级别；

　　　B——隧道宽度（m）；

　　　i——隧道宽度 B 每增减 1m 时围岩压力的增减率，以 $B = 5$m 的围岩垂直均布压力为准，当 $B < 5$m 时，取 $i = 0.2$；当 $B > 5$m 时，取 $i = 0.1$。

坍落拱的形成充分说明了围岩的"自承"能力。根据这一点，人们认为，只要支护结构能把坍落拱范围内可能坍塌的全部岩体支撑住，围岩不继续坍塌，就能保证隧道的安全使用。现行设计方法中取坍落拱范围内的全部岩石的重力作为支护结构的主动荷载就是从这一点出发的。

4.4.2　深埋隧道围岩压力计算

1. 松动压力的计算

Ⅴ级及Ⅵ级围岩产生的围岩压力一般为松动压力，Ⅳ级围岩当岩体结构面胶结不好时，也可能产生松动压力。松动压力包括垂直压力及水平压力，为了计算简便，一般按均布压力计算。垂直压力的计算公式如下

$$q = \gamma h \qquad (4\text{-}35)$$

式中　q——垂直均布压力（kN/m²）；

　　　γ——围岩重度（kN/m³）；

　　　h——坍落拱高度（m），按式（4-34）计算。

水平压力可按表 4-19 确定。

表 4-19　围岩水平均布压力

围岩级别	Ⅰ、Ⅱ	Ⅲ	Ⅳ	Ⅴ	Ⅵ
水平均布压力 e	0	$< 0.15q$	$(0.15 \sim 0.3)q$	$(0.3 \sim 0.5)q$	$(0.5 \sim 1.0)q$

注：采用式（4-35）及表 4-19 计算深埋隧道围岩压力时，必须同时具备两个条件：① $H/B < 1.7$，式中 H 为隧道开挖高度，B 为隧道开挖宽度；② 不产生显著偏压力及膨胀力的一般隧道。

2. 形变压力的计算

Ⅳ级以下围岩一般呈塑性和流变特性，隧道开挖后变形的发展往往会持续较久的时间，喷射混凝土层将在同围岩共同变形的过程中对围岩提供支护抗力，使围岩变形得到控制，从而使围岩保持稳定。与此同时，喷层将受到来自围岩的挤压力，这种挤压力由围岩变形引起，常称作"形变压力"。围岩与支护间形变压力的传递是一个随时间的推进而逐渐发展的过程。这类现象称为时间效应。

形变压力可采用有限元法计算。有限元分析中，形变压力常在计算过程中同时确定，而作为开挖效应的模拟，直接施加的荷载是在开挖边界上施加的释放荷载。释放荷载可

由已知初始地应力或与前一步开挖相应的应力场确定。先求得预计开挖边界上各结点的应力，并假定各结点间应力呈线性分布，然后反转开挖边界上各结点应力的方向，据此求得释放荷载。

4.4.3　浅埋隧道围岩压力计算

1. 浅埋和深埋隧道的确定

浅埋和深埋隧道的分界，按荷载等效高度值，并结合地质条件、施工方法等因素综合判定。其判定式如下

$$H_p = (2 \sim 2.5)h_q \tag{4-36}$$

式中　H_p——浅埋隧道分界深度（m）；

h_q——荷载等效高度（m），$h_q = \dfrac{q}{\gamma}$，q 为由式（4-35）算出的深埋隧道垂直均布压力（kN/m²），γ 为围岩重度（kN/m³）。

在矿山法施工的条件下，Ⅳ ~ Ⅵ级围岩取 $H_p = 2.5h_q$；Ⅰ ~ Ⅲ 级围岩取 $H_p = 2h_q$。

2. 埋深小于或等于荷载等效高度时的围岩压力计算

当隧道埋深 H 小于或等于荷载等效高度 h_q 时，荷载视为垂直均布压力，按下式计算

$$q = \gamma H \tag{4-37}$$

式中　q——垂直均布压力（kN/m²）；

γ——隧道上覆围岩重度（kN/m³）；

H——隧道埋深（m），指坑顶至地面的距离。

侧向压力 e 按均布考虑时其值为

$$e = \gamma \left(H + \frac{H_t}{2}\right)\tan^2\left(45 - \frac{\phi_c}{2}\right) \tag{4-38}$$

式中　e——侧向均布压力（kN/m²）；

H_t——隧道高度（m）；

ϕ_c——围岩计算摩擦角（°），其值见表4-14。

3. 埋深大于荷载等效高度时的围岩压力计算

当隧道埋深大于荷载等效高度 h_q 而小于等于分界深度 H_p 时，为了便于计算，假定围岩中形成的破裂面是一条与水平面成 β 角的斜直线（图4-8）。EFHG 岩土体下沉，带动两侧三棱土体 FDB 和 ECA 下沉，整个岩土体 ABDC 下沉时，又要受到未扰动岩土体的阻力；斜直线 AC 或 BD 是假定的破裂面，分析时考虑黏聚力 C，并采用计算摩擦角 ϕ_c；另一滑面 FH 或 EG 则并非破裂面，因此，滑面阻力要小于破裂面的阻力，若该滑面的摩擦角为 θ，则 θ 值应小于 ϕ_c 值。θ 可按表4-20采用。

根据图4-8，设隧道上覆岩土体 EFHG 的重力为 W，两侧三棱岩体 FDB 或 ECA 的重力为 W_1，未扰动岩土体对滑动土体的阻力为 F，当 EFHG 下沉，两侧受到阻力 T 或 T'，则作用于 HG 面上的垂直压力总值 $Q_{浅}$ 为

$$Q_{浅} = W - 2T' = W - 2T\sin\theta \tag{4-39}$$

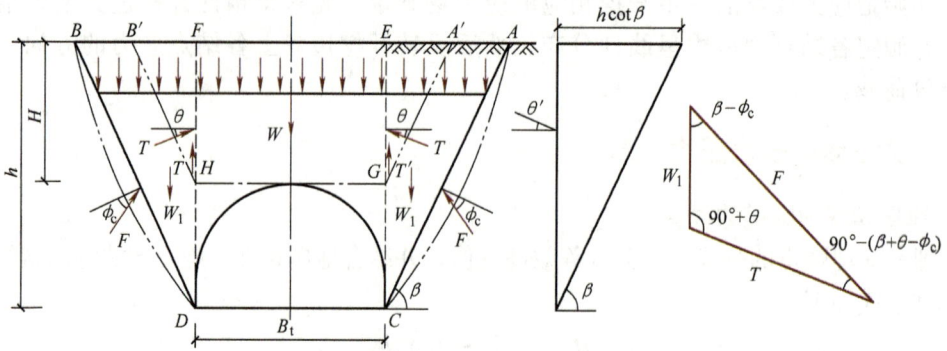

图4-8 浅埋隧道围岩压力计算

表4-20 各级围岩的 θ 值

围岩级别	Ⅰ、Ⅱ、Ⅲ	Ⅳ	Ⅴ	Ⅵ
θ 值	$0.9\phi_c$	$(0.7 \sim 0.9)\phi_c$	$(0.5 \sim 0.7)\phi_c$	$(0.3 \sim 0.5)\phi_c$

三棱体自重为

$$W_1 = \frac{1}{2}\gamma h \frac{h}{\tan\beta} \tag{4-40}$$

式中　h——坑道底部到地面的距离（m）；

　　　β——破裂面与水平面的夹角（°）。

据正弦定理

$$T = \frac{\sin(\beta - \phi_c)}{\sin[90° - (\beta - \phi_c + \theta)]}W_1 \tag{4-41}$$

将式（4-40）代入式（4-41）可得

$$T = \frac{1}{2}\gamma h^2 \frac{\lambda}{\cos\theta} \tag{4-42}$$

式中　λ——侧压力系数，按下式计算

$$\lambda = \frac{\tan\beta - \tan\phi_c}{\tan\beta[1 + \tan\beta(\tan\phi_c - \tan\theta) + \tan\phi_c\tan\theta]}$$

$$\tan\beta = \tan\phi_c + \sqrt{\frac{(\tan^2\phi_c + 1)\tan\phi_c}{\tan\phi_c - \tan\theta}}$$

将式（4-42）代入式（4-39）可求得作用在 HG 面上的总垂直压力 $Q_浅$

$$Q_浅 = W - 2T\sin\theta = W - \gamma h^2\lambda\tan\theta \tag{4-43}$$

由于 GC、HD 与 EG、EF 相比往往较小，衬砌与岩土体之间的摩擦角也不同，前面分析时均按 θ 计，当中间土块下滑时，由 FH 及 EG 面传递，考虑压力稍大些对设计的结构也偏于安全，因此，摩阻力不计隧道部分而只计洞顶部分，即在计算中用 H 代替 h，这样式（4-43）可改写为

$$Q_{浅} = W - \gamma H^2 \lambda \tan\theta \qquad (4\text{-}44)$$

由于 $W = B_t H \gamma$，故

$$Q_{浅} = \gamma H(B_t - H\lambda\tan\theta) \qquad (4\text{-}45)$$

式中 B_t——隧道宽度（m）。

换算为作用在支护结构上的均布荷载（图4-9），即

$$q_{浅} = \frac{Q_{浅}}{B_t} = \gamma H\left(1 - \frac{H}{B_t}\lambda\tan\theta\right) \qquad (4\text{-}46)$$

式中 $q_{浅}$——作用在支护结构上的均布荷载（kN/m²）。

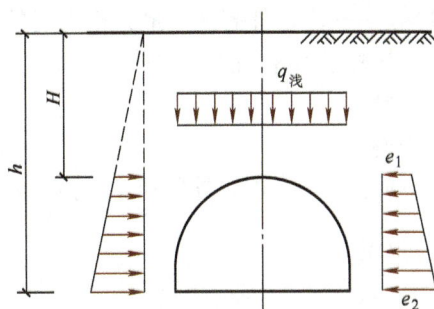

图4-9 浅埋隧道支护结构上的均布荷载

作用在支护结构两侧的水平侧压力为

$$e_1 = \gamma H\lambda, \ e_2 = \gamma h\lambda \qquad (4\text{-}47)$$

侧压力视为均布压力时 $e = \dfrac{1}{2}(e_1 + e_2)$ $\qquad (4\text{-}48)$

4.4.4 偏压隧道围岩压力计算

假定偏压隧道偏压分布图形与地面坡一致（图4-10），则根据式（4-45），隧道垂直压力总值 Q 为

$$Q = \frac{\gamma}{2}\left[(h + h')B - (\lambda h^2 + \lambda' h'^2)\tan\theta\right]$$

$$(4\text{-}49)$$

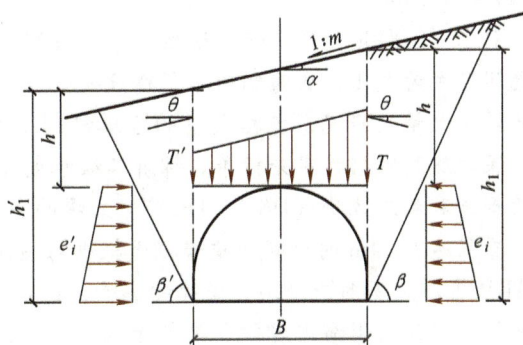

图4-10 偏压隧道偏压分布

式中 h、h'——内、外侧由拱顶水平至地面的高度（m）；

B——隧道跨度（m）；

γ——围岩重度（kN/m³）；

θ——顶板土柱两侧摩擦角（°），可参考表4-20选取；

λ、λ'——内、外侧的侧压力系数。

λ 及 λ' 按下式计算

$$\lambda = \frac{1}{\tan\beta - \tan\alpha} \times \frac{\tan\beta - \tan\phi_c}{1 + \tan\beta(\tan\phi_c - \tan\theta) + \tan\phi_c\tan\theta}$$

$$\lambda' = \frac{1}{\tan\beta' + \tan\alpha} \times \frac{\tan\beta' - \tan\phi_c}{1 + \tan\beta'(\tan\phi_c - \tan\theta) + \tan\phi_c\tan\theta}$$

$$\tan\beta = \tan\phi_c + \sqrt{\frac{(\tan^2\phi_c + 1)(\tan\phi_c - \tan\alpha)}{\tan\phi_c - \tan\theta}}$$

$$\tan\beta' = \tan\phi_c + \sqrt{\frac{(\tan^2\phi_c + 1)(\tan\phi_c + \tan\alpha)}{\tan\phi_c - \tan\theta}}$$

式中 α——地面坡坡角（°）；

ϕ_c——围岩计算摩擦角（°）；

β、β'——内、外侧产生最大推力时的破裂角（°）。

偏压隧道水平侧压力的计算

内侧
$$e_i = \gamma h_i \lambda \qquad (4\text{-}50)$$

外侧
$$e_i' = \gamma h_i' \lambda' \qquad (4\text{-}51)$$

式中 h_i、h_i'——内、外侧任意一点 i 至地面的距离（m）。

拓展阅读

典型隧道工程——锦屏二级水电站隧洞群

锦屏二级水电站位于四川省凉山州，利用雅砻江大河湾天然落差，截弯取直，开挖隧洞引水发电，装机规模 480×104kW。其中包括 7 条平行隧洞，分别是 1#~4#引水隧洞、施工排水洞及 A、B 辅助洞等。4 条平行布置横穿锦屏山的引水隧洞，从进水口至上游调压室的平均洞线长度约 16.67km，中心距 60m，洞主轴线方位角为 N58°W。引水隧洞开挖直径为12.40~13.00m。

引水隧洞群地处高山峡谷地区，具有隧洞长、埋深大、应力高等特点，高地应力带来的岩爆问题尤为突出，成为制约工程建设安全和施工进度的关键技术问题。国内外学者针对岩爆开展了大量的研究，包括大量的岩爆机制研究、岩爆倾向性室内试验研究、微震监测研究、深埋隧洞围岩稳定分析等。锦屏二级水电站的 7 条深埋长隧洞，涵盖了不同开挖半径、断面形态和施工方法（D&B，TBM），岩爆的表现形式也比较丰富。尤其是 1#和 3#引水隧洞采用直径达 12.4m 的大断面硬岩掘进机进行施工，考虑 TBM 应对强岩爆的风险较大，分析了 TBM 开挖方案对岩爆演化规律的影响，包括 TBM 施工速度对岩爆风险的影响、不同半导洞开挖方案的岩爆演化规律，在实际施工中选择了较为合理的 TBM 开挖掘进方案，最大限度地降低了岩爆产生的危害程度和等级。

典型隧道工程——红磡海底隧道

红磡海底隧道是香港第一座跨海隧道，连接港岛铜锣湾和九龙红磡，双向各双车道公路隧道，是我国目前唯一的钢沉管隧道。隧道管段为钢壳与混凝土的组合结构，钢壳既作为防水层又是主要的承载结构，混凝土衬砌结构主要承受压力，又作为压载物。

沉管隧道总长 1602m，断面形式为单钢壳双圆管。单层钢壳管段采用等间距的横向加劲肋和纵向水平钢桁架加强。钢壳内衬砌为 457mm 厚钢筋混凝土，采用钢壳管段浮态、分区域、平衡浇注技术筑捣混凝土。管段托底龙骨混凝土和圆管间的充填混凝土，为抗浮提供了额外的压载，以满足抗浮要求。连续密封的钢壳确保了管段的防水性能，钢壳外层施作64mm 厚的加网喷射混凝土作为锈蚀保护层。

采用刚性接头连接管段，通过相邻管节接头位置上下凸出的钢盖板对接，用高强螺栓固定，接头处采用外浇水下混凝土止水，然后在内衬浇灌混凝土。刚性接头将管节连成整体，可传递弯矩、剪力和轴力，整体性较好。管段对接后，接头两侧设立模板并用钢钉锁定，然后浇注导管混凝土将接头完全围住，使其密封厚内衬板焊接就位。

隧道与岩土工程相关专家——陈宗基、普罗托季亚科诺夫

陈宗基：土力学、岩石力学、流变力学和地球动力学家，1980 年当选为中国科学院学部委员（院士）。1954 年在国际上首创土流变学，提出的"陈氏固结流变理论""陈氏黏土卡片结构""陈氏屈服值""陈氏流变仪"等已被国际上公认；1988 年研制成功 800t 高温高压伺服三轴流变仪；参与指导了我国一些重大工程，研究了唐山大地震的机制、华北地震规律、喜马拉雅造山运动和攀西裂谷成因等。

普罗托季亚科诺夫（Protodyakonov）：苏联著名采矿学家。1907 年建立了矿山压力基本理论，提出了相应的计算公式以及岩石坚固性分级，1926 年提出的岩石坚固性系数（又称普氏系数）至今仍在矿山开采业和勘探掘进中得到广泛应用。他认为岩石的坚固性区别于岩石的强度，强度值必定与某种变形方式（单轴压缩、拉伸、剪切）相联系，而坚固性反映的是岩石在多种变形方式的组合作用下抵抗破坏的能力。

思考题

1. 岩石的物理力学指标有哪些？什么是岩石的流变性和蠕变性？

2. 决定隧道围岩稳定性的因素有哪些？如何认识这些因素的影响？

3. 形变压力、松动压力各在何种场合下应用？简述围岩松动压力的松动过程。如何利用太沙基理论确定公路隧道围岩压力？

4. 某隧道深埋段穿越 Ⅳ 级围岩，其开挖尺寸为：净宽 7.4m，净高 8.8m，围岩的天然重度 $\gamma = 21.0\text{kN/m}^3$，试确定围岩的松动压力值。

5. 为什么要进行围岩分级？怎样进行围岩分级？

隧道支护结构计算 第5章

隧道支护体系是由岩体和支护结构两部分组成的，在通常情况下，岩体是主要的承载单元，而支护结构是辅助性的，但也是不可缺少的。在某些特殊情况下，支护结构也是主要的承载单元。

支护结构包括初期支护和二次衬砌，起着承重和围护两方面的作用，一方面承受围岩压力、结构自重及其他荷载的作用；另一方面可以防止围岩风化、崩塌和防水等作用。

初期支护和衬砌结构形式是否合理，对于结构的承载能力和经济效果都有很大的影响。在进行具体设计时，结构形式的选择应考虑使用要求、工程地质及水文地质条件、围岩的稳定性及其自身的承载能力、施工条件、建筑材料和工程造价等多方面因素，而其中围岩的稳定性对于结构形式的选择起决定性的作用。

5.1 隧道支护体系的形成过程及计算模式

5.1.1 隧道支护体系的形成过程及其对应的力学状态

隧道支护体系的形成过程是通过一定的施工过程或者说是一定的力学过程来实现的。这个过程大体上可做如下表述：

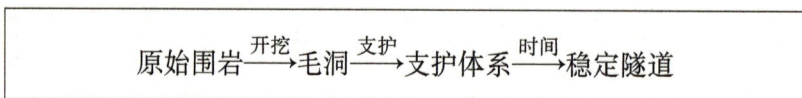

$$原始围岩 \xrightarrow{开挖} 毛洞 \xrightarrow{支护} 支护体系 \xrightarrow{时间} 稳定隧道$$

与之相应的力学过程表述如下：

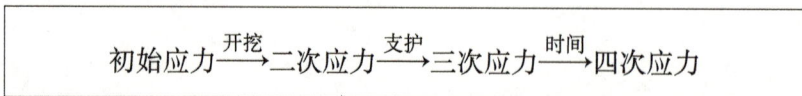

$$初始应力 \xrightarrow{开挖} 二次应力 \xrightarrow{支护} 三次应力 \xrightarrow{时间} 四次应力$$

因此，从毛洞（无支护隧道）的形成到破坏的全过程，即隧道开挖后的围岩力学动态变化过程，以及各种因素（开挖、支护、时间等）对这个过程的影响，是支护结构计算及设计的主要内容和理论基础。

5.1.2 隧道工程的受力特点

隧道工程的受力特点大致可归纳为以下几点：

1）隧道工程是在自然状态下的岩土地质中开挖的，隧道周边围岩的地质环境对隧道支护结构的计算起着决定性作用。地面结构的荷载比较明确，而且荷载的量级不大；隧道结构的荷载取决于当地的地应力，但是地应力难以准确测试，这就使得隧道工程的计算精度受到影响。其次，地面工程中材料的物理力学参数可通过试件测试获得；隧道围岩物理力学参数要通过现场测试，不仅难以进行而且不同地段区别很大，这也使得隧道工程的计算精度受到影响。因此，只有正确认识地质环境对支护结构体系的影响，才能正确地进行隧道支护结构的计算。

2）隧道支护结构周围的围岩不仅对支护结构产生荷载，而且它本身是一种承载体，隧道开挖后的围岩压力是由围岩和支护结构共同来承担的。因此，充分发挥围岩自身的承载能力是隧道支护结构设计的一个根本出发点。

3）作用在支护结构上的荷载受到施工方法和施工时间的影响。某些情况下，即使选用的支护尺寸足够大，但由于施作时机和施工方法不当，也会遭受破坏。

4）与地面结构不同，隧道工程支护结构安全与否，既要考虑到支护结构能否满足承载要求，又要考虑围岩是否失稳。支护结构的承载力可由支护材料强度来判断，但围岩是否失稳至今没有妥善的判断准则，一般都按经验来确定。

5.1.3　隧道工程的计算模型

按衬砌与地层相互作用方式的不同，隧道工程的计算模型主要有荷载－结构模型和地层－结构模型两种。

荷载－结构模型主要适用于围岩因过分变形而产生松弛和崩塌，支护结构主要承担围岩"松动"压力的情况。利用这类模型进行隧道支护结构设计的关键问题，是如何确定作用在支护结构上的主动荷载，其中最主要的是围岩所产生的松动压力，以及弹性支撑给支护结构的弹性抗力。一旦这两个问题解决了，剩下的就只是运用普通结构力学方法求出超静定结构的内力和位移了。属于这一类模型的计算方法有弹性连续框架（含拱形）法、假定抗力法和弹性地基梁（含曲梁和圆环）法等。当软弱地层对结构变形的约束能力较差时（或衬砌与地层间的空隙回填、灌浆不密实时），地下结构内力计算常用弹性连续框架，反之，可用假定抗力法或弹性地基法。弹性连续框架法即进行地面结构内力计算时的力法和位移法。假定抗力法和弹性地基梁法已形成了一些经典计算方法。荷载－结构计算模型概念清晰，计算简单，易于被工程师们所接受，至今仍很通用。

地层－结构模型，又称为连续介质模型，或岩体力学模型。它是将支护结构与围岩视为一体，作为共同承载的隧道结构体系，故又称为围岩－结构模型或复合整体模型。在这个模型中，围岩是直接的承载单元，支护结构只是用来约束和限制围岩的变形。复合整体模型是目前隧道结构体系设计中采用的并正在发展的模型，因为它符合当前的施工技术水平。在围岩－结构模型中可以考虑各种几何形状、围岩和支护材料的非线性特征、在开挖面空间效应所形成的三维状态及地质中不连续面等。在这类模型中有些问题是可以用解析法求解，或用收敛－约束法图解（又叫特征曲线法），或用剪切滑移法求解，但绝大部分问题须依赖数值方法，尤其是有限单元法。利用这类模型进行隧道结构体系设计的关键问题，是如何确定围岩的初始应力场，以及表示材料非线性特征的各种参数及其变化情况。一旦这些问题解决了，原则上任何场合都可用有限单元法求解围岩和支护结构应力和位移状态。

除了上述两种主要模型，还有以参照已往隧道工程的实践经验进行工程类比为主的经验设计法。

隧道工程的受力特点表明，隧道工程的计算，无论在原理上或计算参数的选用上都比地面工程复杂得多，尤其是当仿效地面结构，按假设的荷载和岩块的力学参数作为计算依据，那是不可能获得精确计算结果的。目前，还没有一种很合理的隧道支护结构的计算和设计方法。一般地，隧道工程支护结构的设计都是采用以经验为依据的工程类比设计法为主，再辅以量测为手段的现场监控设计法和计算为根据的理论分析设计法。

5.2　隧道施工过程的力学特性

5.2.1　隧道洞室开挖后的应力状态

隧道洞室开挖后，围岩的初始应力状态遭到破坏，围岩应力在洞室周围一定范围内重新调整，这种应力状态称为二次应力状态或洞室的应力状态。

1. 基本假定

影响洞室围岩二次应力状态的因素有很多，如围岩的初始应力状态、岩体地质因素、洞室开挖的形状和尺寸、埋深及洞室开挖的施工技术等。但目前对洞室二次应力状态的力学分析多以下述假定为前提：

1）视围岩为均质的、各向同性的连续介质。

2）只考虑自重产生的初始应力场。

3）隧道形状以规则的圆形为主。

4）隧道位于地表下一定的深度处，可简化为无限体中的孔洞问题（图5-1）。

隧道开挖后，围岩中的应力与位移视围岩强度可能会出现两种情况：一种是围岩仍处于弹性状态；另一种是开挖后应力达到或超过围岩的屈服条件，使部分围岩处于塑性状态。

2. 隧道开挖后的弹性二次应力状态

为了更清晰地说明问题，还可以认为对位于自重应力场中的深埋隧道，它形成的初始应力为常量场，也就是可以假定围岩的初始应力到处都是一样的，如图5-2所示，并取其等于隧道中心点的自重应力，即

$$\sigma_y^0 = \gamma H_c, \quad \sigma_x^0 = \lambda \gamma H_c, \quad \lambda = \frac{\sigma_x^0}{\sigma_y^0} \tag{5-1}$$

对于在围岩中开挖半径为 r_0 的圆形隧道，弹性力学中有现成答案，即基尔西（G. Kirsch）公式。在洞室周边上，即 $r = r_0$ 处，$\lambda = 1$，有

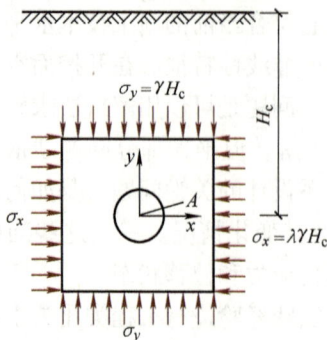

图5-1　无限体中的孔洞问题

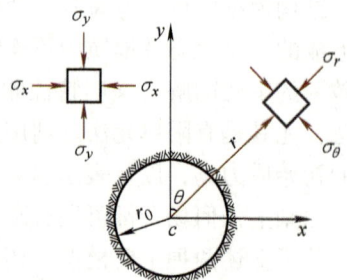

图5-2　围岩的初始应力

$$\sigma_r = \gamma H_c \left(1 - \frac{r_0^2}{r^2} \right)$$

$$\sigma_\theta = \gamma H_c \left(1 + \frac{r_0^2}{r^2} \right)$$

$$\tau_{r\theta} = 0 \tag{5-2}$$

$$u = \frac{\gamma H_c r_0^2}{2Gr}$$

上面各式中正应力又称法向应力，以压为正，剪应力以作用面外法线与坐标轴一致而应力方向与坐标轴指向相反为正。径向位移向隧道内为正，切向位移顺时针为正。

将式（5-2）所表示的围岩二次应力场绘成图 5-3，可以看出，在洞室周边上，主应力 σ_r 和 σ_θ 的差值最大（$2p_0$），由此衍生的剪应力最大，所以洞室周边是最容易破坏的。实践也证明，洞室的破坏总是从周边开始，并逐步向深处发展的。从图 5-3 还可看出，随着 r/r_0 的增大，σ_r 和 σ_θ 均迅速接近围岩的初始应力，当 r/r_0 超过 5 时，相差都在 5% 之内。

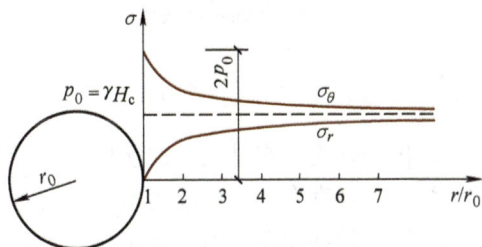

图 5-3 围岩二次应力场

对于非圆形隧道的围岩二次应力场和位移场的确定，要用到复变函数映射理论，公式比较复杂，这里不详述，有兴趣的读者可参考相关文献。对于浅埋圆形隧道，围岩的二次应力场和位移场就不能按以上各式确定了，应采用弹性力学中的 R. D. Mindlin 公式，更进一步的方法是采用有限元法等。

3. 隧道开挖后的弹塑性二次应力状态

自然界的岩体很少是线弹性的，因此，开挖隧道引起的应力集中，有可能超过岩体的强度，而使局部区域的围岩进入塑性状态或受拉而破坏，这必然要改变围岩的弹性二次应力场和位移场。

对于承受任意应力状态作用的连续、均质、各向同性的岩土类材料，常采用莫尔-库仑（Mohr-Coulomb）条件作为塑性判据，也称为屈服准则（图 5-4）。

对于在洞室周边上且轴对称的情况，$\lambda = 1$ 时，距隧道中心某一距离的各点，其应力值是相同的，因此围岩中的塑性区必然是个圆形区域，如图 5-5 所示。令这个圆形塑性区的半径为 R_0，那么在塑性区与弹性区的交界面上（在 $r = R_0$ 处），塑性区的应力 σ^p 与弹性区的应力 σ^e 一定保持平衡，同时，交界面上的应力既要满足弹性条件，又要满足塑性条件，可得到在 $r = R_0$ 处

$$\sigma_r^p = \gamma H_c (1 - \sin\phi) - C\cos\phi$$

$$\sigma_\theta^p = \gamma H_c (1 + \sin\phi) + C\cos\phi \tag{5-3}$$

对于 $\lambda \neq 1$ 的情况，围岩弹塑性二次应力场和位移场比较复杂，这里不再详述，有兴趣的读者可参考相关文献。

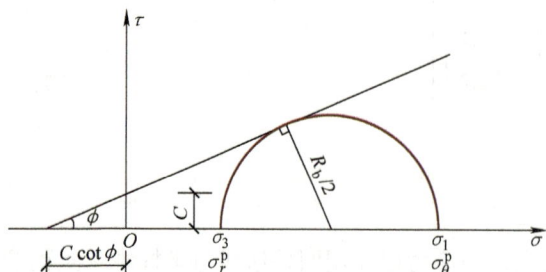

图 5-4　材料的屈服准则

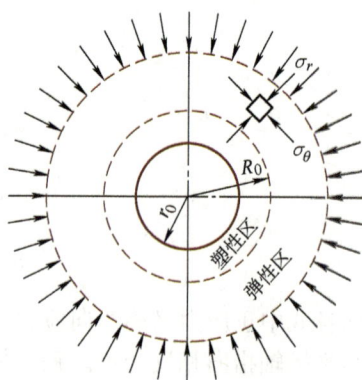

图 5-5　围岩弹塑性区

5.2.2　隧道围岩稳定性判据

隧道围岩丧失稳定是围岩二次应力与围岩体强度特征的矛盾过程的发展结果。围岩的二次应力场是客观存在的，但能否造成隧道围岩的失稳破坏，要具有一定的转化条件和转化过程。从工程设计的角度来看，这个转化条件就是所谓判据。严格地说，破坏判据应该是根据物理实验获得的破坏机理建立起来的材料破坏的力学法则，它必须包含具有一定物理意义的基准值，以及表示材料状态的特征值，如应力状态或变形状态。根据工程设计的实践经验，这个判据主要应包括以下两方面的内容。

1. 围岩的二次应力状态与岩体强度的关系

实验证明，只有围岩的应力状态超过岩体的强度，才能造成岩体的塑性变形、剪切破坏、坍塌、滑动、弯曲变形等失稳的前兆。所以，满足岩体的强度条件是围岩失稳和破坏的必要条件。由于岩体中实际存在的不连续性和各向异性，岩体的强度必然不能直接引用岩石的强度公式。遗憾的是，虽然岩石力学工作者多年努力，但迄今仍未建立起一个完备而又实用的岩体强度的理论判据。

2. 围岩的位移状态和岩体变形能力的关系

工程实践证明，隧道是高次超静定结构，围岩局部区域进入塑性状态或受拉破坏，都不一定意味着隧道围岩就将丧失整体的稳定性。除非渐进的强度损失引起岩体变形无法控制，使围岩极度松弛，才有可能导致隧道围岩发生坍塌。所以，满足围岩的变形条件是造成围岩失稳破坏的充分条件。

5.2.3　支护结构与围岩的相互作用

1. 支护结构特性曲线

洞室开挖后，修筑支护结构，此时洞室围岩应力的变化状态，称为三次应力状态。洞室开挖后的应力状态有两种情况，一种是开挖后的二次应力状态仍然是弹性的，洞室围岩除因爆破、地质状态、施工方法等原因可能引起稍许松弛掉块外，它是稳定的。此时，原则上讲洞室是自稳的，无须支护，即使支护也是防护性的。在这种情况下采用的支护防护多是喷浆或是喷射混凝土。另一种是开挖后，洞室围岩产生塑性区，此时洞室要采用承载的支护结构，支护结构对洞室围岩应力状态和位移状态产生影响。

洞室修筑衬砌后，相当于在洞室周边施加一阻止围岩变形的阻力，从而也改变了围岩的二次应力状态。支护阻力的大小和方向对围岩的应力状态有很大的影响。通过力学分析可得到弹性和塑性应力状态下，支护阻力对洞室围岩应力状态产生的影响。

隧道应力重分布的结果，也必然伴随着变形的发展，这种变形表现在隧道直径的减少，即隧道壁会产生向内的径向位移 u，在一定条件下，允许变形（位移）越大，即 u 越大，塑性区范围也越大，所需的支护阻力也越小。

隧道壁的径向位移 u 是和塑性区范围直接有关的，支护阻力也必然和 u 有关。根据弹性力学和岩体力学可得，隧道壁的径向位移与支护阻力之间的关系式为

$$u^{\mathrm{p}}\big|_{r=r_0} = \frac{r_0}{2G}(\gamma H_{\mathrm{c}}\sin\phi + C\cos\phi)\left[(1-\sin\phi)\frac{\gamma H_{\mathrm{c}} + C\cot\phi}{p_{\mathrm{a}} + C\cot\phi}\right]^{\frac{1-\sin\phi}{\sin\phi}} \tag{5-4}$$

由此可见，在形成塑性区后，隧道壁径向位移不仅与岩体的物理参数 C、ϕ、γ、坑道尺寸 r_0 和隧道埋深 H_{c} 有关，还取决于支护阻力 p_{a} 的大小。

根据式（5-4）就可以画出弹塑性状态下，支护阻力与洞壁的相对径向位移的关系曲线，如图 5-6 虚线所示。从图中可以发现：

1）在形成塑性区后，无论加多大的支护阻力都不能使围岩的径向位移为零（p_{a} 无论多大，u 不能为零）。

2）不论支护阻力如何小（甚至不设支护），围岩的变形如何增大，围岩总是可以通过增大塑性区范围来取得自身的稳定而不致坍塌（$p_{\mathrm{a}}=0$，当 $u_{\max}$ 时可稳定）。

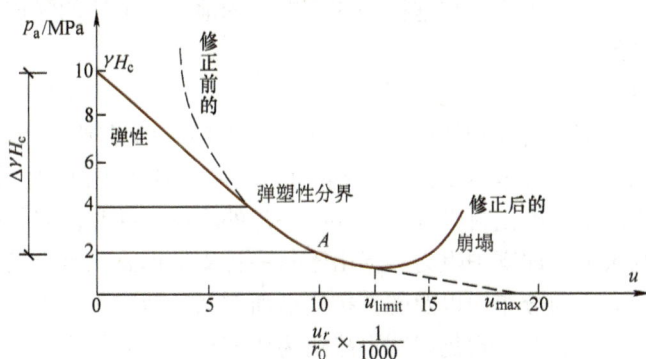

图 5-6　p_{a}-u_r/r_0 关系曲线

这两点显然与客观实际有出入，如隧道开挖后立即支护并起作用，只要支护阻力达到一定值，围岩内就可以不出现塑性区，当支护阻力等于围岩的初始应力时，洞壁径向位移就为零；其次，实践证明，任何类别的围岩都有一个极限变形量 u_{limit}，超过这个极限值，岩体的 C、ϕ 值将急剧下降，造成岩体松弛和坍落。而在较软弱的围岩中，这个极限值一般都小于无支护阻力时洞壁的最大计算径向位移量 $u_{\max}$。因此，在洞壁径向位移超过 u_{limit} 后，围岩就将失稳，如果此时进行支护以稳定围岩，无疑其所需的支护阻力必将增大。也就是说，这条曲线到达 u_{limit} 后不应该再继续下降，而是上升。

鉴于上述原因，我们可以将弹塑性状态的洞壁径向位移与支护阻力的理论曲线做适当修正：

1）在弹性应力状态时，即 $p_{\mathrm{a}} \geq \gamma H_{\mathrm{c}}(1-\sin\phi) - C\cos\phi$ 阶段改用直线，用弹性力学中厚

壁圆筒的公式来确定支护阻力 p_a 与洞壁径向位移的关系

$$u^e \mid_{r=r_0} = \frac{1}{2G}(\gamma H_c - p_a)r_0 \tag{5-5}$$

2）洞壁径向位移超过 u_{limit} 后改用一个上升的凹曲线表示，说明随着位移的发展，所需的支护阻力将增大。但对于超过极限变形量后所需的支护阻力的真实情况仍然很不清楚，所以这段曲线形态只能任意假定。不过，这并不影响对位移与支护结构相互作用进行分析。

当然，在 $u_{\text{max}} < u_{\text{limit}}$ 的情况下，可不必进行第2）项修正。

修正后的 p_a-u_r/r_0 关系曲线在图5-6中以实线表示。从图中可以看出，随着 u_r/r_0 的增大，p_a 逐渐减小，超过 u_{limit}/r_0 后 p_a 又逐渐增大；反之，随着 p_a 的增大，u_r/r_0 也逐渐减小。可以认为这条曲线形象地表达了支护结构与隧道围岩之间的相互作用：在极限位移范围内，围岩允许的围岩压力大了，所需的支护阻力就小，而应力重分布所引起的后果大部分由围岩所承担，如图5-6中的 A 点，围岩承担的部分为 $\Delta\gamma H_c$；围岩允许的位移小了，所需的支护阻力就大，围岩的承载能力则得不到充分发挥。所以这条曲线可以称为"支护需求曲线"或"围岩特性曲线"。

应该指出，上述的分析是在理想条件下进行的，例如，假定洞壁各点的径向位移都相同，又如假定支护需求曲线与支护刚度无关等。事实上，即使在标准固结的黏土中，洞壁各点的径向位移相差也很大，也就是说洞壁的每一点都有自己的支护需求曲线。而且支护阻力是支护结构与隧道围岩相互作用的产物，而这种相互作用与围岩的力学性质有关，当然也取决于支护结构的刚度。不过，尽管存在这样一些不准确的地方，上述的隧道围岩与支护结构相互作用的机理仍是有效的。

2. 支护结构的补给曲线——支护特性曲线

支护特性曲线是隧道围岩与支护结构共同作用的一方面，即是围岩对支护的需求情况。相互作用的另一个方面是支护结构可以提供约束力。任何一种支护结构，如钢拱支撑、锚杆、喷射混凝土、模板浇筑混凝土衬砌等，只要有一定的刚度，并和围岩紧密接触，总能对围岩变形提供一定的约束力，即支护阻力。但由于每一种支护形式都有自己的结构特点，因而可能提供的支护阻力大小与分布，以及随支护变形而增加的情况都有很大的不同。

（1）一般支护特性曲线公式 现仍以圆形隧道为研究对象，并假定围岩给支护结构的反力也是径向分布的。因此，还是一个轴对称问题。相对于围岩的力学特性而言，混凝土或钢支护结构的力学特性可以认为是线弹性的，也就是说作用在支护结构上的径向均布压力 p_a 是和它的径向位移 u_s 呈线性关系，即

$$p_a = K_s \frac{u_s}{r_0} \tag{5-6}$$

式中　K_s——支护结构的刚度。

因为这里只考虑径向均布压力，所以 K_s 中只包含支护结构受压（拉）刚度。若隧道周边的收敛不均匀，则支护结构的弯曲刚度就成为主要的了。不同的支护结构形式将有不同的 K_s 值。

（2）几种主要支护的刚度

1）混凝土或喷射混凝土的支护结构。假设圆形模筑混凝土衬砌或喷射混凝土支护的厚度为 t_c，且 $t_c/r_0 \leq 0.04$ 时，可采用薄壁筒的公式来计算支护结构的受压刚度

$$K_{sc} = \frac{E_c t_c}{r_0(1 - \mu^2)} \tag{5-7}$$

它能提供的最大径向压力 p_{cmax} 为

$$p_{cmax} = \frac{1}{2}\sigma_c\left[1 - \frac{(r_0 - t_c)^2}{r_0^2}\right] \tag{5-8}$$

式中　E_c、σ_c——混凝土或喷射混凝土的弹性模量和抗压强度。

2）灌浆锚杆。灌浆锚杆的受力变形情况是比较复杂的，它对围岩变形的约束力是通过锚杆与胶结材料之间的剪应力来传递的，所以，在围岩向隧道内变形过程中锚杆始终是受拉（图 5-7），同时，锚杆所能提供的约束力必然与灌浆的质量直接有关。因此，目前在评价锚杆的力学特征时，只能通过现场的拉拔试验决定。在无试验条件时，参考以下近似公式来确定锚杆的受拉刚度，此时假定锚杆是沿隧道周边均匀分布的

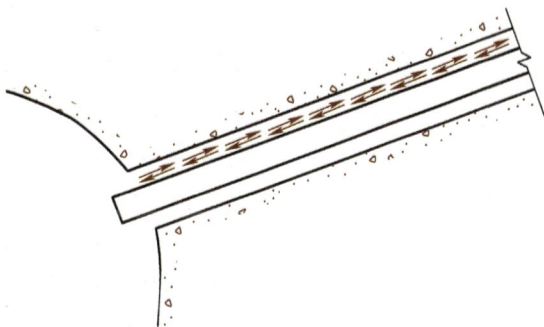

图 5-7　锚杆受拉

$$K_{sB} = \frac{E_s \pi d_B^2}{4l}\frac{r_0}{S_a S_e}\psi \tag{5-9}$$

式中　ψ——大于 1 的系数，表示灌浆后所增加的刚度；

$\quad\quad E_s$——钢筋弹性模量；

$\quad\quad d_B$——锚杆的直径；

$\quad\quad S_a$——锚杆的纵向间距；

$\quad\quad S_e$——锚杆的横向间距；

$\quad\quad l$——锚杆的长度。

锚杆最大的抗拔力参考类似工程实例确定。

3）组合式支护结构。如采用喷射混凝土和锚杆联合支护时，其组合的支护刚度为

$$K_{scB} = K_{sc} + K_{sB} \tag{5-10}$$

它能提供的最大支护阻力也是两者之和。

（3）p_a-u_s/r_0 图　在已知支护结构的刚度后，根据式（5-6）即可画出支护结构提供约束的能力和它的径向位移 u_s/r_0 的关系曲线（图 5-8）。图 5-8 说明，支护结构所能提供的支护阻力是随支护结构的刚度而增大，所以，这条曲线又称为"支护补给曲线"，或称为"支护特性曲线"。

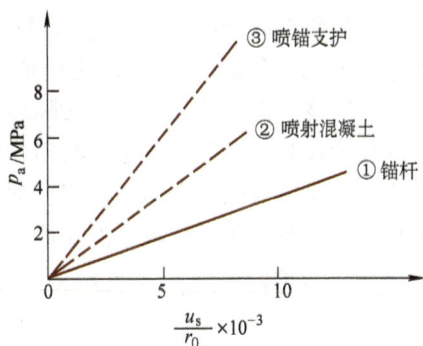

图 5-8　p_a-u_s/r_0 关系曲线

3. 围岩与支护结构平衡状态的建立

为了进一步理解围岩与支护结构的共同作用，将围岩位移曲线与支护特性曲线放在同一坐标系统上来考察，由此得到的曲线图称为支护特性曲线与围岩特性曲线关系，如图 5-9 所示。从图中可以看出：

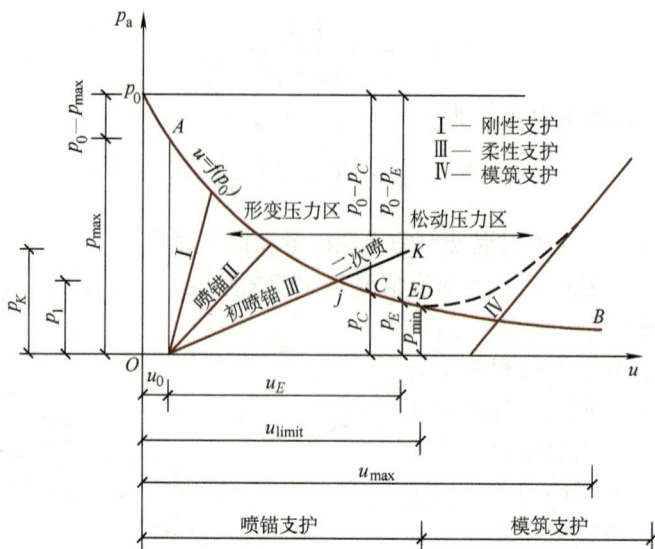

图 5-9　支护特性曲线与围岩特性曲线关系

1）隧道开挖后，如支护特别快，且支护刚度又很大，没有或很少变形，则在图中 A 点取得平衡，支护需提供很大支护力 p_{max}，围岩仅负担产生弹性变形 u_0 的压力 $p_0 - p_{max}$，故刚度大的支护是不合理的（不经济）。

2）如隧道开挖后不加支护，或支护很不及时，也就是允许围岩自由变形。在图中是曲线 DB，这时洞室周边位移达到最大值 u_{max}，支护压力 p_a 很小或接近于零。这在实际中也是不允许的，因为实际上周边位移达到某一位移值时，围岩就会出现松弛、散落、坍塌的情况。这时，围岩对支护的压力就不是形变压力，而是围岩坍塌下来的岩石重力，即松动压力，此时，已不适于施作喷锚支护，只能按传统施工方法施作模筑混凝土衬砌。

3）较佳的支护工作点应当在 D 点以左，邻近 D 点处，如图中的 E 点。在该点附近既能让围岩产生较大的变形（$u_0 + u_E$），较多的分担岩体压力（$p_0 - p_E$），较小的支护分担的形变压力（p_E），又保证围岩不产生松弛、失稳，局部岩石脱落、坍塌的现象。合理的支护与施工，就应该掌握在该点附近。实际施工中，一般是分两次进行支护的。第一次在洞室开挖后，尽可能及时进行初期支护和封闭，保证周边不产生松弛和坍塌，并让围岩在有控制的条件下变形，通过对围岩变形的监测，掌握洞室周边位移和岩体支护变形情况，待位移和变形基本趋于稳定时，再进行第二次支护（达到图中 C 点的附近），随着围岩和支护的徐变，支护和形变压力将发展到 p_E，支护和围岩在最佳工作点 E 处共同承受围岩形变压力，围岩承受的压力值为（$p_0 - p_E$），支护承受的压力值为 p_E，支护承载力尚有值为（$p_K - p_E$）的安全余量。

5.3　隧道衬砌受力计算

5.3.1　隧道衬砌受力特点

和地面结构不同，衬砌作为地下结构，它的四周一般均为围岩紧密包裹。隧道衬砌在主动荷载作用下，会产生变形。其变形规律如图 5-10 所示，从中可以看出，拱顶部分向隧道内变形，没有受到围岩的约束，这部分称为"脱离区"（实际上衬砌与围岩并没有脱离，只是不受围岩的约束而已），两侧及底部衬砌则压入围岩，引起围岩对衬砌的约束，产生相应的被动抵抗力，这种来自围岩方面的抗力称为"弹性抗力"。弹性抗力的作用，限制了衬砌变形，改善了衬砌结构的受力条件，提高了结构的承载力。所以，衬砌与围岩相互作用、相互约束、共同作用是地下结构的重要特点，在衬砌计算中必须加以考虑。如何正确地考虑弹性抗力区的范围及弹性抗力的大小，对合理而经济地设计隧道衬砌有着重要的意义。

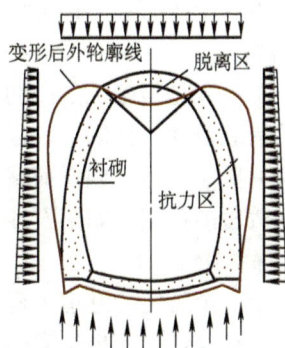

图 5-10 衬砌在外力作用下变形规律

抗力区的范围和弹性抗力的大小因围岩压力大小和结构变形的不同而不同，从而导致对这个问题存在不同的见解。目前计算弹性抗力的理论主要有两种：一种为"局部变形"理论，认为弹性地基（围岩）某点上施加的外力只引起该点的沉陷，这一理论相当于把地基（围岩）视为一组独立弹簧，如图 5-11a 所示，在荷载作用下，弹簧各自单独发生变形；另一种是"共同变形"理论，认为弹性地基（围岩）上一点承受外力，不仅引起该点沉陷，还引起其附近一定范围内的地基（岩体）发生沉陷，如图 5-11b 所示。"共同变形"理论是一种较好的理论，与实际情况较为相符，但是由于其在计算过程中比较复杂，故使用较少。"局部变形"理论虽然有一些缺陷，但公式简明，实际使用时比较简便，有利于简化衬砌计算工作，计算结果在一定程度上也反映了实际情况，因此在隧道衬砌计算中仍被广泛采用。

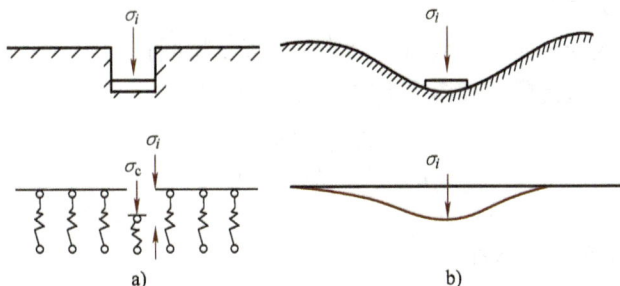

图 5-11 围岩弹性变形

5.3.2 荷载的分类和组合

1. 荷载的分类

隧道结构所承受的荷载，根据其作用特点及使用中可能出现的情况，可以分为永久荷载、可变荷载、偶然荷载三类。

（1）永久荷载 永久荷载是指长期作用的荷载，主要包括围岩压力、土压力、结构自重、结构附加恒载、混凝土收缩和徐变的影响力及水压力。结构附加恒载主要是指伴随隧道运营的各种设备、设施等的恒重。水压力主要是针对有水或含水地层中的隧道结构，这时应考虑水压力的影响。

（2）可变荷载 在设计使用期内，其值随时变化，且其变化与平均值相比，是不可忽略

115

的荷载。可变荷载又分为基本可变荷载和其他可变荷载。基本可变荷载包括公路车辆荷载、人群荷载，立交公路车辆荷载及其所产生的冲击力、土压力，立交铁路列车活载及其所产生的冲击力、土压力；其他可变荷载包括立交渡槽流水压力、温度变化的影响力、冻胀力和施工荷载等。

施工荷载是指施工阶段的某些外加力，如机械设备自重、人群、温度作用、吊扣或其他机具的荷载及在构件制造、运送、吊装时作用于构架上的临时荷载等。

(3) 偶然荷载 偶然荷载是指在设计使用期内，不一定出现，但一旦出现其值很大且持续时间较短的荷载，如落石冲击力、地震力等。

2. 荷载的组合

对于一个特定的隧道工程来说，上述几种荷载不一定都存在，也不可能同时作用在某段衬砌上。在设计中应根据实际可能出现的情况进行荷载组合。所谓荷载组合，就是将有可能同时作用在衬砌上的荷载进行编组，并取其最不利者作为设计荷载，求得最危险截面中产生的最大内力值，作为选择截面时的依据。设计中需要考虑哪几种组合，这要根据各种荷载可能出现的情况及其影响程度，以及所设计的公路等级的要求来确定。

公路隧道衬砌荷载计算的有关规定，参照《公路隧道设计规范 第一册 土建工程》的有关章节。

5.3.3 结构自重

计算结构的静荷载时，结构自重必须计算在内。结构自重包括墙、梁、板、柱、拱圈等结构体自重。墙、梁、板、柱的自重计算较为简单，而衬砌拱圈的自重计算复杂一些，因此，本节主要介绍衬砌拱圈自重计算的几种方法。

1. 简化为竖向的均布荷载

当拱圈为等截面或变截面，但截面变化不大，以及拱圈自重所占比例较小时，一般可将拱圈自重简化为竖向均布荷载，如图 5-12 所示，其值为

$$q = \gamma d_0 \tag{5-11}$$

或

$$q = 0.5\gamma(d_0 + d_n) \tag{5-12}$$

式中 q——拱圈自重（kN/m^2）；

γ——拱圈材料重度（kN/m^3）；

d_0——拱顶截面（m）；

d_n——拱脚截面厚度（m）。

2. 简化为竖向均布荷载与三角形荷载

对于拱脚厚度 d_n 远大于拱顶 d_0 的变截面拱或矢高较大的等截面拱，可将拱圈自重分为两部分的和（图 5-13）。一部分按均布荷载计算，即 $q = rd_0$，另一部分近似按对称分布的三角形荷载计算，即

$$\Delta q = \gamma\left(\frac{d_n}{\cos\phi_n} - d_0\right) \tag{5-13}$$

或再简化为

$$\Delta q = \gamma(d_n - d_0) \tag{5-14}$$

式中 Δq——三角形荷载边缘处最大荷载强度（kN/m^2）；

ϕ_n——拱脚截面与竖直线间夹角。

当拱圈为半圆拱时，该种计算方法并不适用，因为当 $\phi_n = 90°$ 时，$\cos\phi_n = 0$，则 Δq 趋于无穷大。

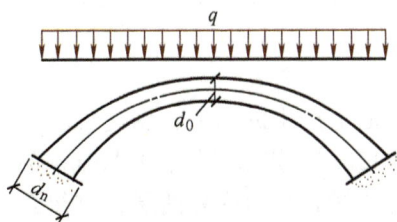

图 5-12　拱圈自重简化为竖向均布荷载　　图 5-13　拱圈自重简化为竖向均布荷载和三角形荷载

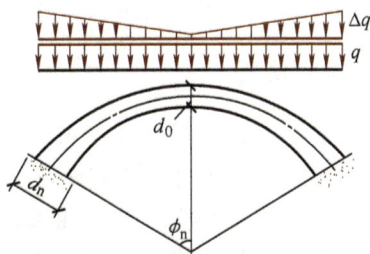

3. 拱圈分成足够数量的小块

将拱圈分成足够数量的小块，并用折线法连接，求每块的自重，然后用近似积分法求出拱圈内力。此种方法可用于结构自重在总荷载中所占比例较大，且精度要求较高的情况。但此方法计算时较为复杂。

上述三种方法都是近似的计算方法，最终采用哪种计算方法，应根据实际的情况及要求来确定。

5.3.4　隧道衬砌计算的有关规定

采用荷载结构法计算隧道衬砌的内力和变形时，应考虑围岩对衬砌变形的约束作用，如弹性抗力（被动荷载）。弹性抗力的大小及分布，对回填密实的衬砌构件可采用局部变形理论，其计算公式如下

$$\sigma = k\delta$$

式中　σ——弹性抗力的强度（MPa）；

k——围岩弹性抗力系数，无实测数据时，可按表 5-1 选用；

δ——衬砌朝向围岩的变形值（m），变形朝向洞内时，取为零。

表 5-1　各类围岩的弹性抗力系数

围岩级别	弹性抗力系数 /（MPa/m）	备　　注
I	1800~2800	1. 表中数值系根据部分水利工程现场试验资料和部分铁路工程承载力试验资料的结果，经分析、归纳统计得出 2. 一般情况下可参考下列情况取值： 1）洞径在 10m 及以上的取较低值，在 10m 以下的取较高值 2）裂隙发育的取较低值 3）对受地下水作用强度降低的围岩和可能继续风化的围岩取较低值 4）洞口、浅埋、傍山隧道地段取较低值 3. 表列数值适用于洞径 15m 以下的隧道，不适用于黄土、冻土及其他特殊土（膨胀土）隧道
II	1200~1800	
III	500~1200	
IV	200~500	
V	100~200	
VI	<100	

在Ⅰ~Ⅴ级围岩中，复合式衬砌的初期支护应主要按工程类比法设计。其中Ⅳ、Ⅴ级围岩的支护参数应通过计算确定。复合式衬砌中的二次衬砌，Ⅰ~Ⅲ级围岩中为安全储备，并按构造要求设计；Ⅳ、Ⅴ级围岩中为承载结构，可采用地层结构法来计算内力和变形。

5.3.5 隧道衬砌类型

隧道衬砌结构计算的目的，在于求得外荷载在衬砌截面上产生的内力，据此检算其强度，从而检查拟定的断面尺寸是否安全可靠。目前整体式衬砌多为拱形结构，其最基本的类型可归纳为半衬砌、直墙拱形衬砌、曲墙拱形衬砌。复合式衬砌是由内外两层衬砌组合而成，第一层称为初期支护，第二层称为二次衬砌。复合式衬砌的初期支护采用喷锚支护，二次衬砌采用模筑混凝土或钢筋混凝土衬砌。其优点是能充分发挥喷锚支护快速、及时与围岩密贴的特点，可充分发挥围岩的自承能力，使二次衬砌所受的力减少到最小。

(1) 半衬砌结构 岩层较坚硬，岩石整体性好而节理又不发育的稳定或基本稳定的围岩，通常采用半衬砌结构。半衬砌结构只施作拱圈，不施作边墙。它仅在毛洞顶部构筑一个直接支承在围岩上的拱圈承受围岩压力，两侧构筑不承受围岩水平压力的构造墙。

(2) 直墙拱形衬砌 直墙拱形衬砌由拱圈、竖直边墙和底板组成，衬砌与围岩的超挖部分都进行了密实回填。直墙拱形衬砌是我国较早和较普遍采用的结构形式，一般适用于用水平压力的岩层中，也可用于稳定性较差的岩层中。

(3) 曲墙拱形衬砌 当遇到较大的垂直压力和水平压力时，可采用曲墙式衬砌。如果洞室底部为软弱地层，有涌水现象或遇到膨胀性岩层时，则应采用有底板或带仰拱的曲墙式衬砌。

5.4 半衬砌结构计算

5.4.1 计算简图

选择计算简图时，必须切实反映出结构工作的实际情况，使得结果与实际受力状态足够接近，同时忽略一些次要的细节，使得计算工作得以简化。

根据上述基本原则，具体分析半衬砌的实际工作状态，即可确定较为合适的计算简图（图5-14、图5-15）。

由于拱脚直接放置在较好的岩层上，因此，在荷载作用下，拱脚变形将受到岩层的弹性约束（岩层将随拱脚一起变形），且假定其变形符合温克尔（Winkler）假设。这种约束既非铰接，又非完全刚性固定，而是介于两者之间的"弹性固定"。鉴于拱脚与岩层间存在较大的摩擦力，故认为拱脚不能产生径向位移。所以，固定在岩层上的半衬砌的拱脚只能产生转动和沿拱轴切向方向的位移。

由于半衬砌是修建在水平压力很小或无水平压力的围岩中，因此，作用在衬砌上的主动荷载，仅有围岩压力、衬砌自重、回填材料自重等。半衬砌结构的拱圈矢跨比较小（1/6~1/4），故在上述各种荷载作用下，拱圈的绝大部分位于脱离区，因此，可不考虑弹性抗力的影响，这样考虑后，计算结果偏于安全。

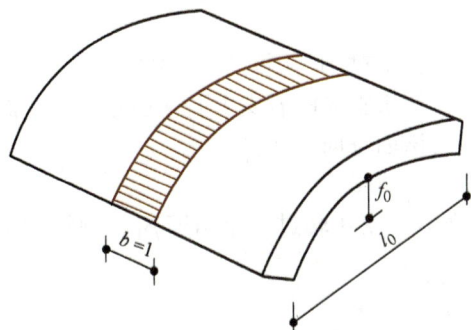

图 5-14　衬砌计算单元

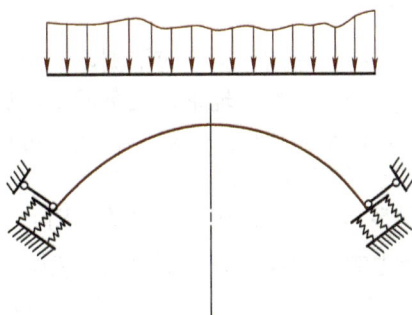

图 5-15　计算简图

5.4.2　拱圈内力计算的基本方程式

对于荷载和结构沿轴线对称分布的情况，可只取一半来进行计算，其基本计算结构如图 5-16 所示。图 5-16 所示为二次超静定结构，拱顶截面处仅有多余未知力 X_1（弯矩）、X_2（轴力），现规定图中所示未知力方向为正，拱脚截面的转角以向拱外转为正，水平位移以向外移为正，反之为负。

在对称问题中，两拱脚的位移也是对称的，其中转角为 β_0，水平位移为 u_0，垂直位移 v_0 在对称问题中仅使拱圈产生刚体下沉，对内力并无影响。根据拱顶切开处的截面相对变位为零的条件，可建立两个变位协调方程式

$$\left.\begin{array}{l} X_1\delta_{11} + X_2\delta_{12} + \Delta_{1p} + \beta_0 = 0 \\ X_1\delta_{21} + X_2\delta_{22} + \Delta_{2p} + u_0 + f\beta_0 = 0 \end{array}\right\} \tag{5-15}$$

式中　δ_{ik}——拱顶截面处的单位变位，即基本结构中，悬臂端在 $X_k = 1$ 作用下，沿未知力 X_i 方向产生的变化（i，$k = 1$，2）。由位移互等定理知 $\delta_{ik} = \delta_{ki}$；

　　　Δ_{ip}——拱顶截面处的荷载变位，即基本结构中，在外荷载作用下，沿未知力 X_i 方向产生的变化（$i = 1$，2）；

　　β_0、u_0——拱脚截面总弹性转角及总水平位移。

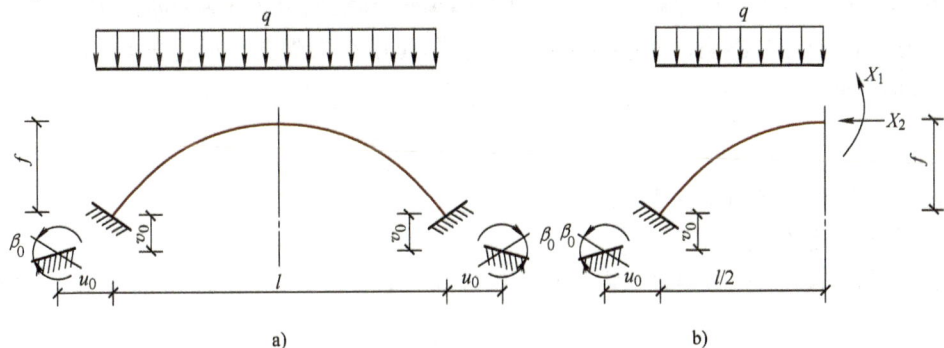

图 5-16　计算简图及基本结构

a）计算简图　b）基本结构

5.4.3 拱脚位移计算

对于拱脚位移的计算，应根据以下两个假设来进行：①拱脚与围岩支承面间的应力与变形关系，符合局部变形理论，支承面变形后仍为平面；②拱脚与围岩支承面存在着足够大的摩擦力，足以平衡该面上的剪力，从而可认为不产生沿该面方向的变位。

1. 单位力矩作用时

如图 5-17a 所示，在 $M_A = 1$ 作用下，拱脚截面绕中心点 A 转过一个角度 β_1，则拱脚围岩边缘产生的法向应力 σ_1 和相应该应力方向的变位 y_1 为

$$\sigma_1 = \frac{M_A}{W_A} = \frac{6}{bd_n^2}, \quad y_1 = \frac{\sigma_1}{k_d} = \frac{6}{k_d b d_n^2}$$

拱脚截面绕中心点转过一个角度 β_1，中心点不产生水平位移，因此有

$$\beta_1 = \frac{y_1}{\frac{d_n}{2}} = \frac{12}{k_d b d_n^3} = \frac{1}{k_d I_n}, \quad u_1 = v_1 = 0 \tag{5-16}$$

式中　d_n——拱脚截面厚度；

　　　b——拱脚截面纵向单位宽度，取 1m；

　　　I_n——拱脚截面惯性矩；

　　　k_d——拱脚围岩基底弹性抗力系数。

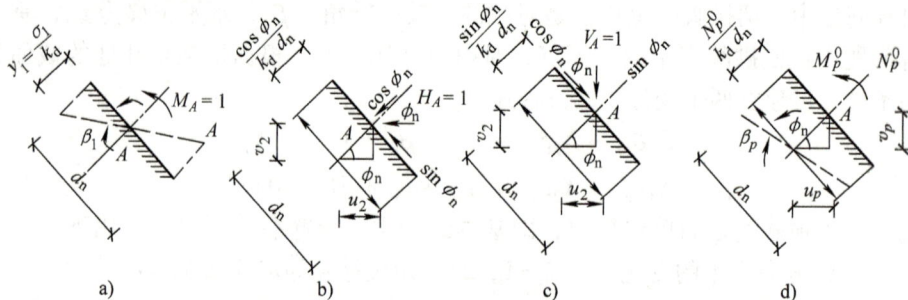

图 5-17 拱脚围岩支承面变位

2. 单位水平力作用时

单位水平力 $H_A = 1$ 可以分解为轴向分力 $1 \times \cos\phi_n$ 和切向分力 $1 \times \sin\phi_n$，因此，计算时只需要考虑轴向分力的影响，如图 5-17b 所示，则作用在拱脚支承面上的均匀法向压应力 σ_2 和相应的法向位移 y_2 为

$$\sigma_2 = \frac{\cos\phi_n}{bd_n}, \quad y_2 = \frac{\cos\phi_n}{k_d b d_n}$$

式中　ϕ_n——拱脚截面与竖直线间的夹角；

　　　其他符号意义与前相同。

法向位移的水平投影和垂直投影即水平位移和垂直位移，同时均匀沉降时不产生转动，因此有

$$\beta_2 = 0, \quad u_2 = \frac{\cos^2\phi_n}{k_d d_n} \tag{5-17}$$

3. 单位竖直力作用时

有单位竖直力作用时，其计算过程与单位水平力作用时的计算类似，因此，在单位竖直

力 $V_A = 1$ 作用下，如图 5-17c 所示，拱脚位移可表示如下

$$\beta_3 = 0, \quad u_3 = \frac{\cos\phi_n}{k_d d_n}\sin\phi_n \tag{5-18}$$

4. 外荷载作用时

在外荷载作用下，基本结构中 A 点处产生弯矩 M_p^0 和轴力 N_p^0，如图 5-17d 所示，则利用前述结果叠加后，拱脚位移可表示如下

$$\left. \begin{aligned} \beta_p &= M_p^0\beta_1 = \frac{M_p^0}{k_d I_n} \\ u_p &= M_p^0 u_1 + \frac{N_p^0\cos\phi_n}{k_d d_n} = \frac{N_p^0\cos\phi_n}{k_d d_n} \end{aligned} \right\} \tag{5-19}$$

5.4.4　拱圈的单位变位及荷载变位的计算

假设轴向力与剪力影响忽略不计，则由结构力学求曲梁变位的方法知

$$\left. \begin{aligned} \delta_{ik} &= \int \frac{M_i M_k}{EI}\mathrm{d}s \\ \Delta_{ip} &= \int \frac{M_i M_p}{EI}\mathrm{d}s \end{aligned} \right\} \tag{5-20}$$

式中　M_i——基本结构在 $X_i = 1$ 作用下产生的弯矩；

　　　M_k——基本结构在 $X_k = 1$ 作用下产生的弯矩；

　　　M_p——基本结构在外荷载作用下产生的弯矩；

　　　EI——结构的抗弯刚度。

在进行具体计算时，当结构、荷载对称时，只需要计算半个拱圈，如图 5-18 所示，在很多情况下，衬砌厚度是变化的，将给积分造成困难，这时可将拱圈分成偶数段，用抛物线近似积分法代替，便可得到变位积分的近似计算公式

$$\left. \begin{aligned} \delta_{ik} &\approx \frac{\Delta s}{E}\sum \frac{M_i M_k}{I} \\ \Delta_{ip} &\approx \frac{\Delta s}{E}\sum \frac{M_i M_p}{I} \end{aligned} \right\} \tag{5-21}$$

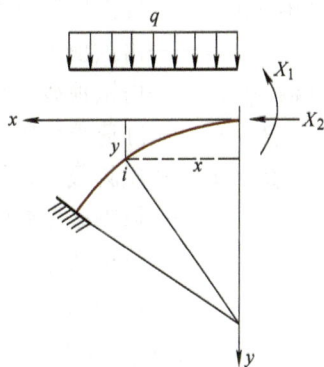

图 5-18　基本结构悬臂端变位计算图

其中，当 $X_1 = 1$ 时，$M_1 = 1$；当 $X_2 = 1$ 时，$M_2 = y$；当 $X_3 = 1$ 时，$M_3 = -x$。

利用式（5-21），并参照图 5-19，可以得到下列变位

$$\left. \begin{aligned} \delta_{11} &= \frac{\Delta s}{E}\sum \frac{1}{I} \\ \delta_{12} &= \frac{\Delta s}{E}\sum \frac{y}{I} \\ \delta_{22} &= \frac{\Delta s}{E}\sum \frac{y^2}{I} \\ \Delta_{1p} &= \frac{\Delta s}{E}\sum \frac{M_p}{I} \\ \Delta_{2p} &= \frac{\Delta s}{E}\sum \frac{y M_p}{I} \end{aligned} \right\} \tag{5-22}$$

式中 Δs——半拱弧长 n 等分后的每段弧长。

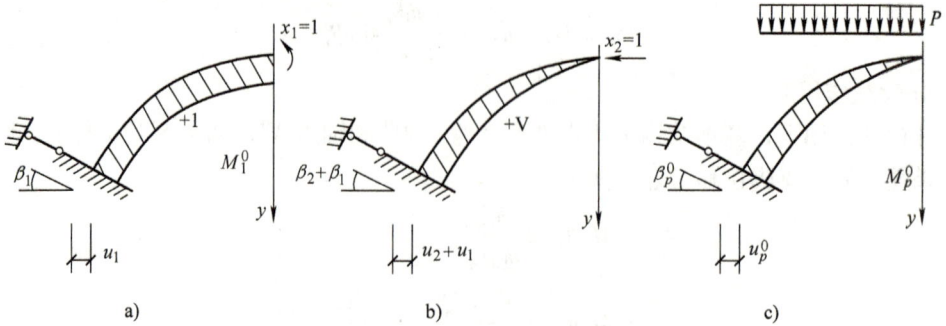

图5-19 单位变位及荷载计算

对称问题的拱脚变位如图5-20所示，根据变位叠加原理，可以得到 β_0、u_0 的表达式

$$\left.\begin{array}{l} \beta_0 = X_1\beta_1 + X_2(\beta_2 + f\beta_1) + \beta_p \\ u_0 = X_1 u_1 + X_2(u_2 + fu_1) + u_p \end{array}\right\} \tag{5-23}$$

式中 $X_1\beta_1$——由拱顶截面弯矩 X_1 引起的拱脚截面转角；

$X_2(\beta_2 + f\beta_1)$——由拱顶截面水平推力 X_2 引起的拱脚截面转角；

$X_1 u_1$——由拱顶截面弯矩 X_1 引起的拱脚截面水平位移；

$X_2(u_2 + fu_1)$——由拱顶截面水平推力 X_2 引起的拱脚截面水平位移；

β_p、u_p——外荷载作用下，基本结构拱脚截面的转角及水平位移；

β_1、u_1——拱脚截面处作用有单位弯矩 $M_A = 1$ 时，该截面的转角及水平位移；

β_2、u_2——拱脚截面处作用有单位水平推力 $H_A = 1$ 时，该截面的转角及水平位移，由位移互等定理可知 $\beta_2 = u_1$；

f——拱轴线矢高。

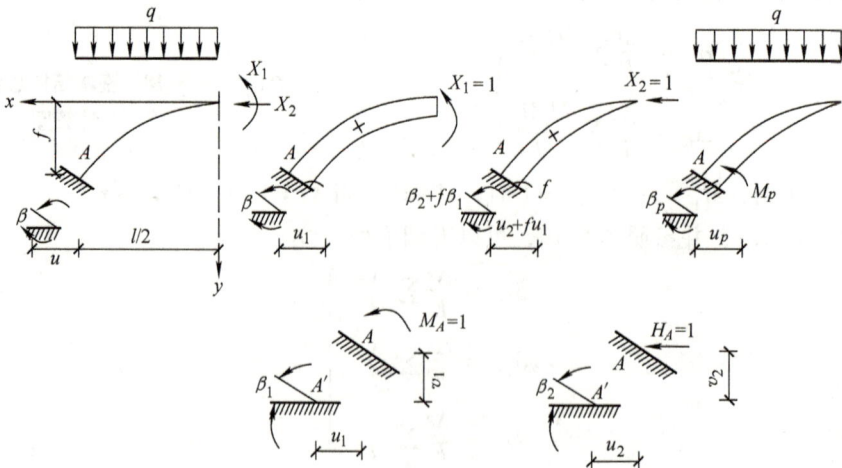

图5-20 对称问题的拱脚变位

将式（5-22）、式（5-23）代入式（5-15）中，并注意到 $\delta_{12} = \delta_{21}$、$\beta_2 = u_1$，经整理得

求解多余未知力 X_1、X_2 的方程组

$$\left.\begin{array}{l} a_{11}X_1 + a_{12}X_2 + a_{10} = 0 \\ a_{21}X_1 + a_{22}X_2 + a_{20} = 0 \end{array}\right\} \tag{5-24}$$

式中

$$\left.\begin{array}{l} a_{11} = \delta_{11} + \beta_1 \\ a_{12} = a_{21} = \delta_{12} + \beta_2 + f\beta_1 = \delta_{21} + u_1 + f\beta_1 \\ a_{22} = \delta_{22} + u_2 + 2f\beta_2 + f^2\beta_1 \\ a_{10} = \Delta_{1p} + \beta_p \\ a_{20} = \Delta_{2p} + f\beta_p + u_p \end{array}\right\} \tag{5-25}$$

式（5-24）中的系数 a_{ik}（i，$k=1$，2）的物理意义是：基本结构取为弹性固定悬臂曲梁时的单位变位；a_{i0}（$i=1$，2）为荷载变位。

解式（5-24），可以得到多余未知力为

$$\left.\begin{array}{l} X_1 = \dfrac{a_{20}a_{12} - a_{10}a_{22}}{a_{11}a_{22} - a_{12}^2} \\[3mm] X_2 = \dfrac{a_{10}a_{12} - a_{20}a_{11}}{a_{11}a_{22} - a_{12}^2} \end{array}\right\} \tag{5-26}$$

对于任意拱圈截面 i 内的内力，根据静力平衡条件，对于弯矩 M_i，假设以截面内缘受拉为正，轴力 N_i 以截面受压为正，则任意截面内的内力为

$$\left.\begin{array}{l} M_i = X_1 + X_2 y_i \mp X_3 x_i + M_{ip}^0 \\ N_i = X_2 \cos\phi_i \pm X_3 \sin\phi_i + N_{ip}^0 \end{array}\right\} \tag{5-27}$$

式中　M_{ip}^0、N_{ip}^0——外荷载作用下基本结构任意截面 i 处产生的弯矩、轴力；

　　　ϕ_i——基本结构任意截面 i 与竖直线间的夹角。

求出半衬砌各截面的弯矩 M_i 和轴力 N_i 后，即可绘出内力图，并确定出危险截面。同时用偏心距 $e = \dfrac{M_i}{N_i}$ 表示出偏心图。

计算表明，当拱厚 $d < l/10$（l 为拱的跨度）时，曲率和剪力的影响可以略去。当矢跨比 $f/l > 1/3$ 时，轴向力影响可以略去。

5.5　直墙式衬砌结构计算

直墙式衬砌的计算方法很多，如力法、位移法及链杆法等，本节仅介绍力法。这种直墙式衬砌广泛用于道路隧道，它由拱圈、直边墙和底板组成。计算时仅计算拱圈及直边墙，底板不进行衬砌计算，需要时按道路路面结构计算。

5.5.1　计算原理

拱圈按弹性无铰拱计算，与 5.4 节所述方法相同，拱脚支承在边墙上，边墙按弹性地基上的直梁计算，并考虑边墙与拱圈之间的相互影响，如图 5-21 所示。由于拱脚并非直接固定在岩层上，而是固定在直墙顶端，所以拱脚弹性固定的程度取决于墙顶的变形。拱脚有水平位移、垂直位移和角位移，墙顶位移与拱脚位移一致。当结构对称和荷载对称时，垂直位

移对衬砌内力没有影响，计算中只需考虑水平位移与角位移。边墙支承拱圈并承受水平围岩压力，可看做置于侧向弹性抗力系数为 k 的弹性地基上的直梁。有扩大基础时，其高度一般不大，可以不计其影响。由于边墙高度远远大于底部宽度，对基础的作用可以看作是置于基底弹性抗力系数为 k_a 的弹性地基上的刚性梁。

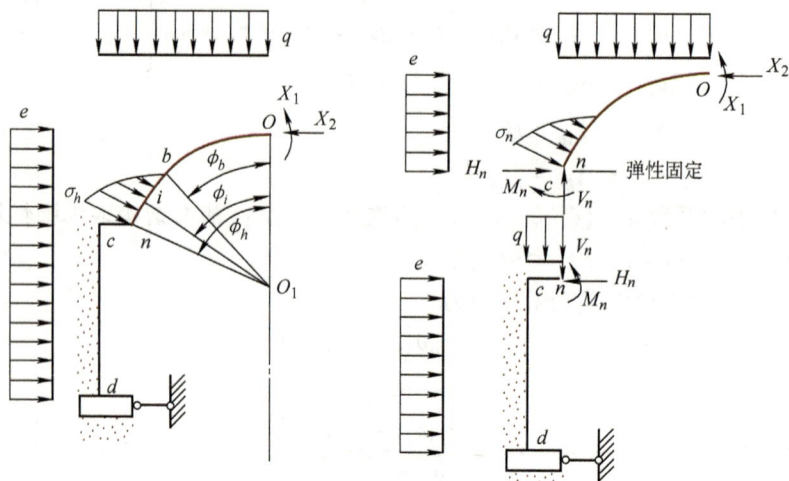

图 5-21 对称问题基本结构的左半部

衬砌结构在主动荷载（围岩压力和自重等）的作用下，拱圈顶部向坑道内部产生位移，如图 5-22 所示，这部分结构能自由变形，没有围岩弹性抗力。拱圈两侧压向围岩，形成抗力区，引起相应的弹性抗力。在实际施工中，拱圈上部间隙一般很难做到回填密实，因而拱圈弹性抗力区范围一般不大。弹性抗力的分布规律及大小与多种因素有关。由于拱圈是弹性地基上的曲梁，尤其是曲梁刚度改变时，其计算非常复杂，因而采用假定抗力分布图形法。直墙式衬砌拱

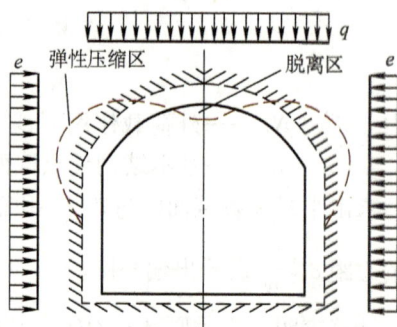

图 5-22 主动荷载作用下衬砌的变形

圈变形计算时可认为按二次抛物线形状分布。如图 5-21 所示，上零点 ϕ_b 位于 45°～55° 之间，最大抗力 σ_h 在直边墙的顶面（拱脚）n 处，b、n 间任一点 i 处的抗力为 ϕ_i 的函数，即

$$\sigma_i = \frac{\cos^2\phi_b - \cos^2\phi_i}{\cos^2\phi_b - \cos^2\phi_h}\sigma_h \tag{5-28}$$

当 $\phi_b = 45°$，$\phi_h = 90°$时，上式可简化为

$$\sigma_i = (1 - 2\cos^2\phi_i)\sigma_h \tag{5-29}$$

弹性抗力引起的摩擦力，可由弹性抗力乘摩擦系数 μ 求得，但通常可以忽略不计。弹性抗力 σ_i（或 σ_h）为未知数，但可根据温克尔假定建立变形条件，增加一个 $\sigma_i = k\delta_i$ 的方程式。

由上述可知，直墙式衬砌的拱圈计算原理与本章第二节拱圈计算原理相同，可以参照相应公式计算。

5.5.2　边墙的计算

由于拱脚不是直接支承在围岩上，而是支承在直边墙上，所以直墙式衬砌的拱圈计算中的拱脚位移，需要考虑边墙变位的影响。直边墙的变形和受力状况与弹性地基梁类似，可以作为弹性地基上的直梁计算。墙顶（拱脚）变位与弹性地基梁（边墙）的弹性特征值及换算长度 $\lambda = ah_c$ 有关，按 λ 可以分为三种情况：边墙为短梁（$1 < \lambda < 2.75$）、边墙为长梁（$\lambda \geqslant 2.75$）、边墙为刚性梁（$\lambda \leqslant 1$）。

1. 边墙为短梁（$1 < \lambda < 2.75$）

短梁的一端受力及变形会对另一端产生影响，所以计算墙顶变位时，要考虑墙脚的受力和变形影响。

设直边墙（弹性地基梁）墙顶中心 c 处作用有拱脚传来的力矩 M_c、水平力 H_c、垂直力 V_c 及作用于墙身的按梯形分布的主动侧压力。求墙顶产生的转角 β_{cp}^0 及水平位移 u_{cp}^0，然后即可按之前的方法求出拱圈的内力及位移。由于垂直力 V_c 对墙变位仅在有基底加宽时才产生影响，而目前直墙式衬砌的边墙基底一般均不加宽，所以不需考虑。根据弹性地基上直梁的计算公式可以求得边墙任一截面的位移 y、转角 θ、弯矩 M 和剪力 H，再结合墙底的弹性固定条件，得到墙底的位移和转角。这样就可以求得墙顶的单位变位和荷载（包括围岩压力及抗力）变位。由于短梁一端荷载对另一端的变形有影响，墙脚的弹性固定状况对墙顶变形必然有影响，所以计算公式的推导是复杂的。下面仅给出结果，如图 5-23 所示。

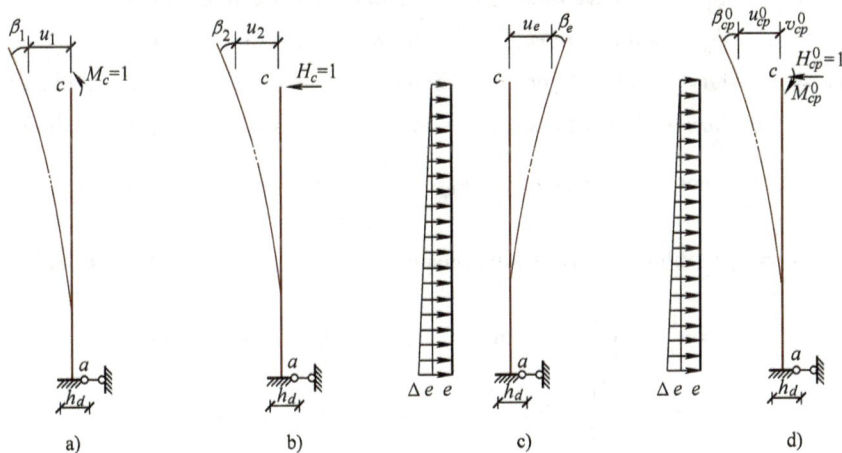

a)　　　　　b)　　　　　c)　　　　　d)

图 5-23　边墙为短梁的计算

墙顶在单位弯矩 $M_c = 1$ 单独作用下，墙顶的转角 β_1 和水平位移 u_1 为

$$\left.\begin{aligned}
\beta_1 &= \frac{4a^3}{\zeta}(\phi_{11} + \phi_{12}\xi) \\
u_1 &= \frac{2a^2}{\zeta}(\phi_{13} + \phi_{11}\xi)
\end{aligned}\right\} \tag{5-30}$$

其中

$$\xi = \frac{k}{2a^3}\beta_d = \frac{6}{\eta h_d^3 a^3}; \quad \eta = \frac{k_d}{k}; \quad \zeta = k(\phi_9 + \phi_{10}\xi)$$

墙顶在单位水平力 $H_c = 1$ 单独作用下，墙顶的转角 β_2 和水平位移 u_2 为

$$\left. \begin{aligned} \beta_2 &= u_1 = \frac{2a^2}{\zeta}(\phi_{13} + \phi_{11}\xi) \\ u_2 &= \frac{2a}{\zeta}(\phi_{10} + \phi_{13}\xi) \end{aligned} \right\} \tag{5-31}$$

在主动侧压力（梯形荷载）作用下，墙顶的转角 β_e 和水平位移 u_e 为

$$\left. \begin{aligned} \beta_e &= -\frac{ae}{\zeta}(\phi_4 + \phi_3\xi) - \frac{a \times \Delta e}{\zeta}\left[\left(\phi_4 - \frac{\phi_{14}}{\lambda}\right) + \xi\left(\phi_3 - \frac{\phi_{10}}{\lambda}\right)\right] \\ u_e &= -\frac{e}{\zeta}(\phi_{14} + \phi_{15}\xi) - \frac{\Delta e}{\zeta}\left(\frac{\phi_2}{2\lambda} - \phi_1 + \xi\frac{\phi_4}{2}\right) \end{aligned} \right\} \tag{5-32}$$

式中

λ——边墙换算高度，$\lambda = ah_c$，a 为衬砌边墙的弹性特征值，$a = \sqrt[4]{\dfrac{k}{4E_cI_c}}$，$h_c$ 为边墙计算高度，E_cI_c 为边墙抗弯刚度；

h_d——墙底截面宽度；

β_d——基底作用有单位力矩时产生的转角，$\beta_d = \dfrac{1}{k_dI_d}$；

k_d、k——基底、侧向弹性抗力系数；

ϕ_1、ϕ_2、$\cdots$、ϕ_{15}——计算参数，按以下公式计算

$$\phi_1 = \cosh ax\cos ax, \quad \phi_2 = \cosh ax\sin ax + \sinh ax\cos ax$$

$$\phi_3 = \sinh ax\sin ax, \quad \phi_4 = \cosh ax\sin ax - \sinh ax\cos ax$$

$$\phi_5 = (\cosh ax - \sinh ax)(\cos ax - \sin ax), \quad \phi_6 = \cos ax(\cosh ax - \sinh ax)$$

$$\phi_7 = (\cosh ax - \sinh ax)(\cos ax + \sin ax), \quad \phi_8 = \sin ax(\cosh ax - \sinh ax)$$

$$\phi_9 = \frac{1}{2}(\cosh^2 ax + \cos^2 ax), \quad \phi_{10} = \frac{1}{2}(\sinh ax\cosh ax - \sin ax\cos ax)$$

$$\phi_{11} = \frac{1}{2}(\sinh ax\cosh ax + \sin ax\cos ax), \quad \phi_{12} = \frac{1}{2}(\cosh^2 ax - \sin^2 ax)$$

$$\phi_{13} = \frac{1}{2}(\sinh^2 ax + \sin^2 ax), \quad \phi_{14} = \frac{1}{2}(\cosh ax - \cos ax)^2$$

$$\phi_{15} = \frac{1}{2}(\sinh ax + \sin ax)(\cosh ax - \cos ax)$$

墙顶单位变位求出后，包括主动荷载及被动荷载使墙顶产生的转角及水平位移，因此由基本结构传来的拱部外荷载即可求出。当基础无扩展时，墙顶位移为

$$\left. \begin{aligned} \beta_{cp}^0 &= M_{cp}^0\beta_1 + H_{cp}^0\beta_2 + e\beta_e = 0 \\ u_{cp}^0 &= M_{cp}^0u_1 + H_{cp}^0u_2 + eu_e = 0 \end{aligned} \right\} \tag{5-33}$$

墙顶截面的弯矩 M_c、水平力 H_c、转角 β_c、水平位移 u_c 为

$$\left. \begin{aligned} M_c &= M_{cp}^0 + X_1 + X_2f \\ H_c &= H_{cp}^0 + X_2 \\ \beta_c &= X_1\beta_1 + X_2(\beta_2 + f\beta_1) + \beta_{cp}^0 \\ u_c &= X_1u_1 + X_2(u_2 + fu_1) + u_{cp}^0 \end{aligned} \right\} \tag{5-34}$$

以 M_c、H_c、β_c、u_c 为初参数，即可由初参数方程求得距墙顶为 x 的任一截面的内力和位移。若边墙上无侧压力作用，即 $e = 0$，则有

$$
\left.
\begin{aligned}
M &= -\frac{k}{2a^2}u_c\phi_3 + \frac{k}{4a^3}\beta_c\phi_4 + M_c\phi_1 + \frac{1}{2a}H_c\phi_2 \\
H &= -\frac{k}{2a}u_c\phi_2 + \frac{k}{4a}\beta_c\phi_3 + M_ca\phi_4 + H_c\phi_1 \\
\beta_c &= u_ca\phi_4 + \beta_c\phi_1 + \frac{2a^3}{k}M_c\phi_2 - \frac{2a^2}{k}H_c\phi_3 \\
u_c &= u_c\phi_1 - \frac{1}{2a}\beta_c\phi_2 + \frac{2a^2}{k}M_c\phi_3 + \frac{a}{k}H_c\phi_4
\end{aligned}
\right\}
\tag{5-35}
$$

2. 边墙为长梁（$\lambda \geqslant 2.75$）

换算长度 $\lambda \geqslant 2.75$ 时，可将边墙视为弹性地基上的半无限长梁（简称长梁）或柔性梁，近似看为 $\lambda = \infty$。此时边墙具有柔性，可以认为墙顶的受力（除垂直之外）和变形对墙底没有影响。这种衬砌应用于较好围岩中，不考虑水平围岩压力作用。由于墙底的固定情况对墙顶的位移没有影响，故墙顶单位位移可以简化为

$$
\left.
\begin{aligned}
\frac{\beta_1}{2a^2} &= \frac{\beta_2}{a} = \frac{u_1}{a} = u_2 = \frac{2a}{k} \\
\beta_e &= -\frac{ae}{\zeta}(\phi_4 + \phi_3\xi) \\
u_e &= -\frac{e}{\zeta}(\phi_{14} + \phi_{15}\xi)
\end{aligned}
\right\}
\tag{5-36}
$$

3. 边墙为刚性梁（$\lambda \leqslant 1$）

换算长度为 $\lambda \leqslant 1$ 时，可近似视为弹性地基上的绝对刚性梁，近似认为 $\lambda = 0$。认为边墙本身不产生弹性变形，在外力作用下只产生刚体位移，即只产生整体下沉和转动。由于墙底摩擦力很大，所以不产生水平位移。当边墙向围岩方向位移时，围岩将对边墙产生弹性抗力，墙底处为零，墙顶处为最大值 σ_h，中间呈直线分布。墙底面的抗力按梯形分布，如图 5-24 所示。

由静力平衡条件，对墙底中点 a 取矩，可得

$$
M_a - \left[\frac{\sigma_h h_c^2}{3} + \frac{(\sigma_1 - \sigma_2)h_d^2}{12} + \frac{sh_d}{2}\right] = 0 \tag{5-37}
$$

式中 s——边墙外缘由围岩弹性抗力产生的摩擦力，$s = \mu\sigma_h h_c/2$，μ 为衬砌与围岩间的摩擦系数；

σ_1、σ_2——墙底两边沿的弹性抗力。

由于边墙为刚性，故底面和侧面均有同一转角 β，两者应相等，所以

$$
\left.
\begin{aligned}
\beta &= \frac{\sigma_1 - \sigma_2}{k_d h_d} = \frac{\sigma_h}{kh_c} \\
\sigma_1 - \sigma_2 &= \eta\sigma_h\frac{h_d}{h_c}
\end{aligned}
\right\}
\tag{5-38}
$$

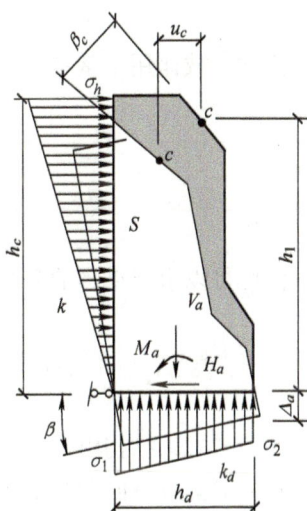

图 5-24 边墙受力

式中　η——计算系数，$\eta = k_d/k$，对同一围岩，因基底受压面积小，压缩得较密实，可取为1.25。

将式（5-38）代入式（5-37）中，可以得到

$$\sigma_h = \frac{12M_a h_c}{4h_c^3 + \eta h_d^3 + 3\mu h_d h_c^2} = \frac{M_a h_c}{I'_a} \tag{5-39}$$

式中　I'_a——刚性墙的综合转动惯量，$I'_a = \dfrac{4h_c^3 + \eta h_d^3 + 3\mu h_d h_c^2}{12}$。

因此墙侧面的转角为

$$\beta = \frac{\sigma_h}{k h_c} = \frac{M_a}{k I'_a} \tag{5-40}$$

由此可以求出墙顶处的单位位移及荷载位移。

$M_c = 1$ 作用于 c 点时，$M_a = 1$，故

$$\left. \begin{aligned} \beta_1 &= \frac{1}{k I'_a} \\ u_1 &= \beta_1 h_1 = \frac{h_1}{k I'_a} \end{aligned} \right\} \tag{5-41}$$

式中　h_1——墙底至拱脚 c 点的垂直距离。

$H_c = 1$ 作用于 c 点时，$M_a = h_1$，故

$$\left. \begin{aligned} \beta_2 &= \frac{h_1}{k I'_a} = \beta_1 h_1 \\ u_2 &= \beta_2 h_1 = \frac{h_1^2}{k I'_a} = \beta_2 h_1^2 \end{aligned} \right\} \tag{5-42}$$

主动荷载作用于基本结构时，$M_a = M_{ap}^0$，则

$$\left. \begin{aligned} \beta_{cp}^0 &= \frac{M_{ap}^0}{k I'_a} = \beta_1 M_{ap}^0 \\ u_{cp}^0 &= \beta_{cp}^0 h_1 = \frac{M_{ap}^0 h_1}{k I'_a} \end{aligned} \right\} \tag{5-43}$$

由此可以求出拱顶的多余未知力的拱脚处的内力及边墙任一截面的内力。

5.6　曲墙式衬砌结构计算

曲墙式衬砌结构由拱圈、曲边墙和底板组成，有向上的底部压力时设仰拱。当隧道衬砌承受较大的垂直方向和水平方向的围岩压力时，衬砌常常采用曲墙形式，曲墙式衬砌常用于 Ⅳ ～ Ⅵ 级围岩中，拱圈和曲边墙作为一个整体按无铰拱计算，施工时仰拱是在无铰拱业已受力之前修建的，因此一般不考虑仰拱对衬砌内力的影响。

5.6.1　计算图式

在主动荷载作用下，顶部衬砌向隧道内变形而形成脱离区，两侧衬砌向围岩方向变形，引起围岩对衬砌的被动弹性抗力，形成抗力区，如图 5-25 所示。抗力图形分布规律按结构变形特征作以下假定：

1）下零点 a 在墙脚。墙脚处摩擦力很大，无水平位移，故弹性抗力为零。

2）上零点 b（脱离区与抗力区的分界点）与衬砌垂直对称中线的夹角假定近似为 45°。

3）最大抗力点 h 个假定发生在最大跨度处附近，计算时一般取 $ah \approx \dfrac{2}{3}ab$，为简化计算可假定在曲墙衬砌分段的接缝上。

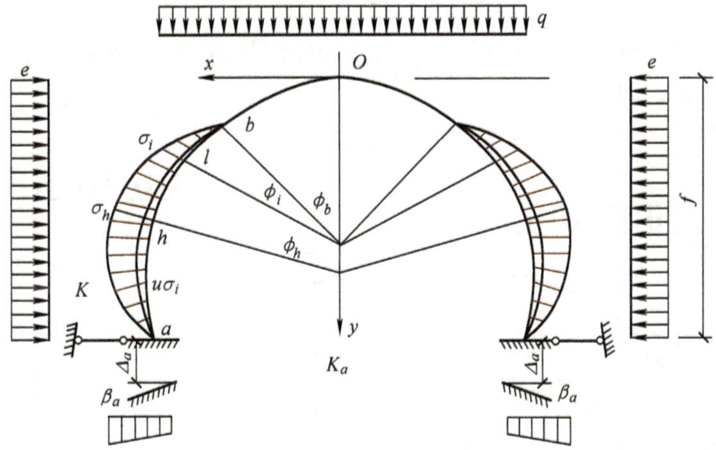

图 5-25 按结构变形特征的抗力图形分布规律

4）抗力图形的分布可按以下假定计算：拱部 bh 段抗力按二次抛物线分布，任一点的抗力 σ_i 与最大抗力 σ_h 的关系为

$$\sigma_i = \frac{\cos^2\phi_b - \cos^2\phi_i}{\cos^2\phi_b - \cos^2\phi_h}\sigma_h \tag{5-44}$$

边墙 ha 段的抗力为

$$\sigma_i = \left[1 - \left(\frac{y_i'}{y_h'}\right)^2\right]\sigma_h \tag{5-45}$$

式中　ϕ_i、ϕ_b、ϕ_h——i、b、h 点所在截面与垂直对称轴的夹角；

　　　　y_i'——i 点所在截面与衬砌外轮廓线的交点至最大抗力点 h 的距离；

　　　　y_h'——墙底外缘至最大抗力点 h 的垂直距离。

ha 段边墙外缘一般都做成直线形，且比较厚，因刚度较大，故抗力分布也可假定为与高度呈直线关系。若 ha 段的一部分外缘为直线形，则可将其分为两部分分别计算，即曲边墙段按式（5-45）计算，直边墙段按直线关系计算。

两侧衬砌向围岩方向的变形既引起弹性抗力，也引起摩擦力 s，其大小等于弹性抗力和衬砌与围岩间的摩擦系数的乘积

$$s_i = \mu\sigma_i \tag{5-46}$$

计算表明，摩擦力影响很小，可以忽略不计，而忽略摩擦力的影响是偏于安全的。墙脚弹性固定在地基上，可以发生转动和垂直位移。如前所述，在结构和荷载均对称时，垂直位移对衬砌内力不产生影响。因此，若不考虑仰拱的作用，则其计算简图可如图 5-26 所示。

5.6.2 主动荷载作用下的力法方程和衬砌内力

取基本结构如图 5-27 所示，未知力为 X_{1p}、X_{2p}，根据拱顶截面相对变位为零的条件，可以列出力法方程式

$$\left.\begin{array}{l} X_{1p}\delta_{11} + X_{2p}\delta_{12} + \Delta_{1p} + \beta_a = 0 \\ X_{1p}\delta_{21} + X_{2p}\delta_{22} + \Delta_{2p} + f\beta_a + u_a = 0 \end{array}\right\} \tag{5-47}$$

式中 β_a、u_a——墙底位移，分别计算 X_{1p}、X_{2p} 和外荷载的影响，然后按照叠加原理相加得到，即

$$\beta_a = X_{1p}\beta_1 + X_{2p}(\beta_2 + f\beta_1) + \beta_{ap}^0 \tag{5-48}$$

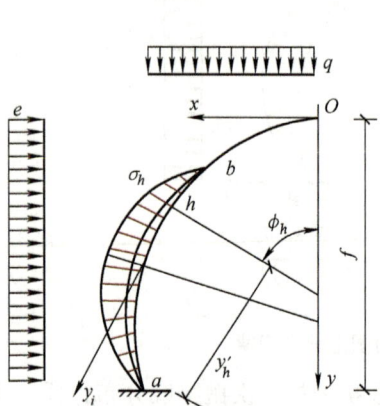

图 5-26 曲墙式衬砌计算简图   图 5-27 曲墙式衬砌基本结构

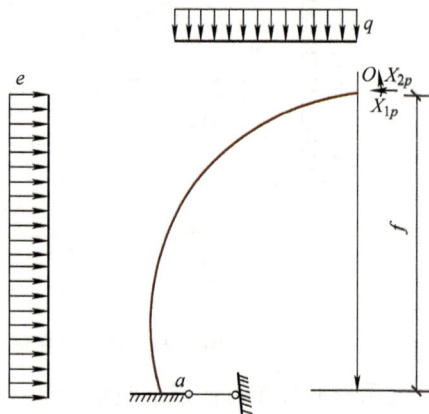

由于墙底无水平位移，故 $u_a = 0$，代入式（5-47）整理可得

$$\left.\begin{array}{l} X_{1p}(\delta_{11} + \beta_1) + X_{2p}(\delta_{12} + f\beta_1) + \Delta_{1p} + \beta_{ap}^0 = 0 \\ X_{1p}(\delta_{21} + f\beta_1) + X_{2p}(\delta_{22} + f^2\beta_1) + \Delta_{2p} + f\beta_{ap}^0 = 0 \end{array}\right\} \tag{5-49}$$

式中 δ_{ik}、Δ_{ip}——基本结构的单位位移和主动荷载位移，i，$k = 1$，2，可参照式（5-21）计算；

        β_1——墙底单位转角，可参照式（5-16）计算；

        β_{ap}^0——基本结构墙底的荷载转角，可参照式（5-19）计算；

        f——衬砌的矢高。

求得 X_{1p}、X_{2p} 后，在主动荷载作用下，衬砌内力即可参照式（5-27）计算

$$\left.\begin{array}{l} M_{ip} = X_{1p} + X_{2p}y_i + M_{ip}^0 \\ N_{ip} = X_{2p}\cos\phi_i + N_{ip}^0 \end{array}\right\} \tag{5-50}$$

在实际计算时，还需进一步确定被动抗力 σ_h 的大小，这需要利用最大抗力点 h 处的变形协调条件。在主动荷载作用下，通过式（5-50）可解出内力 M_{ip}、N_{ip}，并求出 h 点的位移 δ_{hp}，如图 5-28b 所示。在被动抗力作用下的内力和位移，可以通过 $\overline{\sigma_h} = 1$ 的单位弹性抗力图形作为外荷载时所求得的任一截面内力 $\overline{M_{i\sigma}}$、$\overline{N_{i\sigma}}$ 和最大抗力点 h 处的位移 $\delta_{h\sigma}$，如图 5-28c 所示，并利用叠加原理求出 h 点的最终位移

$$\delta_h = \delta_{hp} + \sigma_h\delta_{h\sigma} \tag{5-51}$$

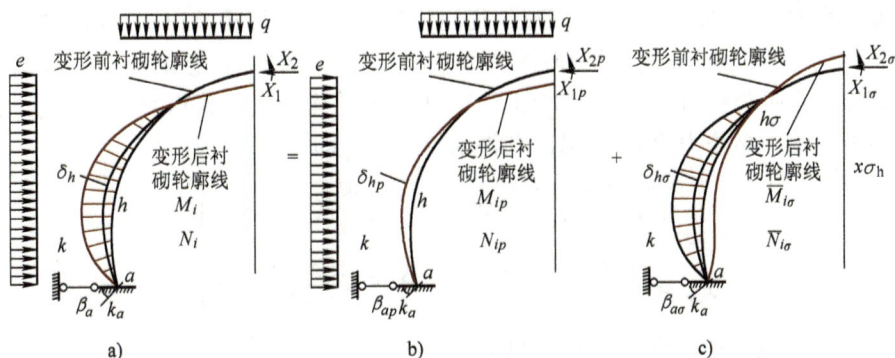

图 5-28 曲墙式衬砌结构内力分析

由温克尔假定可以得到 h 点的弹性抗力与位移的关系 $\sigma_h = k\delta_h$，代入式（5-51）可得

$$\sigma_h = \frac{k\delta_{hp}}{1 - k\delta_{h\sigma}} \tag{5-52}$$

5.6.3 最大抗力值的计算

由式（5-51）、式（5-52）可知，h 点的弹性抗力与位移 δ_h 有关，而位移 δ_h 包含两部分变位 δ_{hp} 和 $\delta_{h\sigma}$，即结构在荷载作用下的变位与因墙底转动所产生的变位之和。前者按结构力学方法，先画出 M_{ip}、$M_{i\sigma}$ 图，如图 5-29a、b 所示，再在 h 点处的所求变位方向上加一单位力 $P = 1$，绘出 M_{ih} 图，如图 5-29c 所示，墙底变位在 h 点处产生的位移可由几何关系求出，如图 5-29d 所示。位移可以表示为

$$\left.\begin{aligned} \delta_{hp} &= \int \frac{M_p M_h}{EI}\mathrm{d}s + y_{ah}\beta_{ap} \approx \frac{\Delta s}{E}\sum \frac{M_p M_h}{I} + y_{ah}\beta_{ap} \\ \delta_{h\sigma} &= \int \frac{M_\sigma M_h}{EI}\mathrm{d}s + y_{ah}\beta_{a\sigma} \approx \frac{\Delta s}{E}\sum \frac{M_\sigma M_h}{I} + y_{ah}\beta_{a\sigma} \end{aligned}\right\} \tag{5-53}$$

式中　β_{ap}——主动荷载作用产生的墙底转角；

　　　$\beta_{a\sigma}$——单位抗力作用产生的墙底转角；

　　　y_{ah}——墙底中心 a 至最大抗力截面的垂直距离。

β_{ap}、$\beta_{a\sigma}$ 可参照式（5-19）计算。

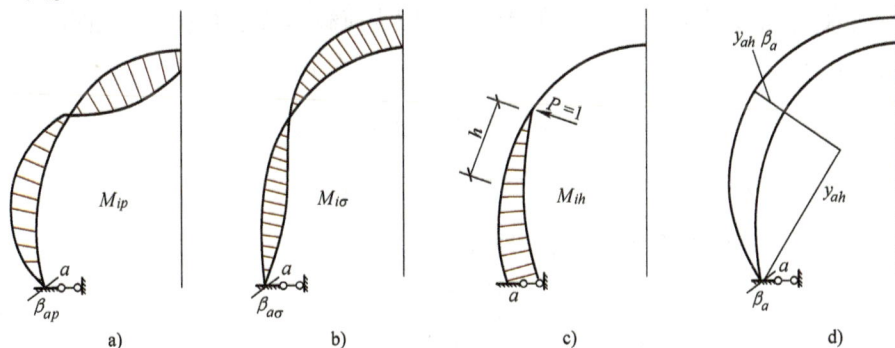

图 5-29 曲墙式衬砌最大抗力值计算

如果 h 点所对应的 $\phi_h = 90°$，则该点的径向位移和水平位移相差很小，故可视为水平位移。又由于结构与荷载对称时，拱顶截面的垂直位移对 h 点径向位移的影响可以忽略不计。因此，计算该点水平位移时，可以取如图 5-30 所示的结构，使计算得到简化。按照结构力学方法，在 h 点加一单位力 $P = 1$，可以求得 δ_{hp} 和 $\delta_{h\sigma}$，即

$$\left.\begin{aligned}\delta_{hp} &= \int \frac{M_p(y_h - y)}{EI}\mathrm{d}s \approx \frac{\Delta s}{E}\sum \frac{M_p}{I}(y_h - y)\\\delta_{h\sigma} &= \int \frac{M_\sigma(y_h - y)}{EI}\mathrm{d}s \approx \frac{\Delta s}{E}\sum \frac{M_\sigma}{I}(y_h - y)\end{aligned}\right\} \tag{5-54}$$

式中　y_h、y——h 点和任一点 i 的垂直坐标。

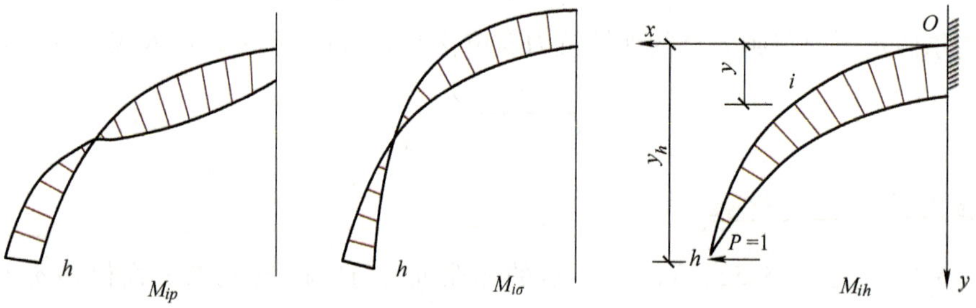

图 5-30　最大抗力值计算的结构

5.6.4　在单位抗力作用下的内力

将 $\overline{\sigma_h} = 1$ 抗力图视为外荷载单独作用时，未知力 $X_{1\sigma}$、$X_{2\sigma}$ 可以参照 X_{1p}、X_{2p} 的求法得出。参照式（5-49），可以列出力法方程

$$\left.\begin{aligned}X_{1\sigma}(\delta_{11} + \beta_1) + X_{2\sigma}(\delta_{12} + f\beta_1) + \Delta_{1\sigma} + \beta_{a\sigma}^0 &= 0\\X_{1\sigma}(\delta_{21} + f\beta_1) + X_{2\sigma}(\delta_{22} + f^2\beta_1) + \Delta_{2\sigma} + f\beta_{a\sigma}^0 &= 0\end{aligned}\right\} \tag{5-55}$$

式中　$\Delta_{1\sigma}$、$\Delta_{2\sigma}$——单位抗力图为荷载所引起的基本结构在 $X_{1\sigma}$ 及 $X_{2\sigma}$ 方向的位移；

　　　　$\beta_{a\sigma}^0$——单位抗力图为荷载所引起的基本结构墙底转角，$\beta_{a\sigma}^0 = M_{a\sigma}^0\beta_1$；

　　其余符号意义同前。

解出 $X_{1\sigma}$ 及 $X_{2\sigma}$ 后，即可求出衬砌在单位抗力图为荷载单独作用下任一截面内力

$$\left.\begin{aligned}M_{i\sigma} &= X_{1\sigma} + X_{2\sigma}y_i + M_{i\sigma}^0\\N_{i\sigma} &= X_{2\sigma}\cos\phi_i + N_{i\sigma}^0\end{aligned}\right\} \tag{5-56}$$

5.6.5　衬砌最终内力计算及校核计算结果的正确性

衬砌任一截面最终内力值可利用叠加原理求得

$$\left.\begin{aligned}M_i &= M_{ip} + \sigma_h M_{i\sigma}\\N_i &= N_{ip} + \sigma_h N_{i\sigma}\end{aligned}\right\} \tag{5-57}$$

校核计算结果正确性时，可以利用拱顶截面转角和水平位移为零条件和最大抗力点 a 的位移条件

$$\left. \begin{array}{l} \int \dfrac{M_i}{EI}\mathrm{d}s + \beta_a \approx \dfrac{\Delta s}{E}\sum \dfrac{M_i}{I} + \beta_a = 0 \\[3mm] \int \dfrac{M_i y_i}{EI}\mathrm{d}s + f\beta_a \approx \dfrac{\Delta s}{E}\sum \dfrac{M_i y_i}{I} + f\beta_a = 0 \\[3mm] \int \dfrac{M_i y_{ih}}{EI}\mathrm{d}s + y_{ah}\beta_a \approx \dfrac{\Delta s}{E}\sum \dfrac{M_i y_{ih}}{I} + y_{ah}\beta_a = \dfrac{\sigma_h}{k} \end{array} \right\} \tag{5-58}$$

式中　β_a——墙底截面最终转角，$\beta_a = \beta_{ap} + \sigma_h\beta_{a\sigma}$。

5.7　初期支护的剪切滑移法验算

5.7.1　剪切滑移法原理

20 世纪 60 年代，奥地利的拉布塞维奇教授首先提出了剪切滑移破坏理论，指出锚喷柔性支护破坏形态主要是剪切破坏而不是挠曲破坏，且在剪切破坏前没有出现挠曲开裂。如开挖的圆形坑道，在荷载（垂直荷载大于侧向荷载）作用下，于水平直径的两侧形成压应力集中而产生剪切滑移面，随着压应力的不断增加，剪切滑移面不断地向水平直径的上下方扩展。围岩由于受剪而松弛，产生应力释放，当围岩的应力较小，剪切滑移面不再继续扩展时，则在坑道水平直径两端形成两个剪切楔形滑移块体。在无支护情况下，两楔形滑移块体，由于剪切而与围岩体分离，向坑道内移动。之后，上下部分围岩体由于楔形块体滑移而失去支撑力，产生挠曲破坏而坍塌。为了维持坑道的稳定必须施作锚喷柔性支护（用锚杆、钢支撑、喷混凝土等组合支护），使其所提供的支护抗力与剪切楔形滑移块体的滑移力相平衡，如图 5-31 所示。

岩体产生剪切滑移的条件是：在通过最大主应力 σ_1 和最小主应力 σ_3 两点的莫尔应力圆与莫尔包络线相切时发生（图 5-31），这时作用于滑面上的正应力 σ_n 和剪应力 τ_n 分别等于切点 B 的坐标值。滑面与 σ_1 作用方向的夹角为 α。若莫尔包络线为一直线，则 α 为一定值，等于 $\pi/4 - \phi/2$（ϕ 为围岩内摩擦角）。如图 5-31 所示，在隧道中心沿垂直线作 α 角的直线与隧道表面交于点 A，由此出发绘出与隧道内壁的同心圆成 α 角的曲线，即隧道侧壁岩体的滑移面，如以极坐标表示，该曲线的方程为

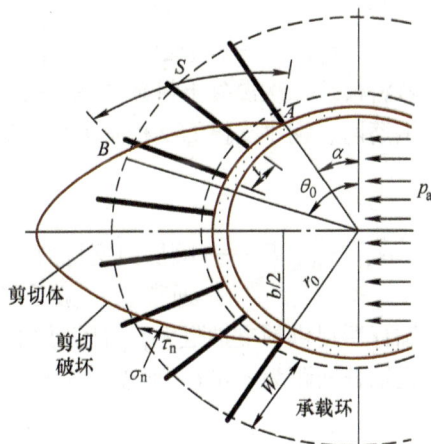

图 5-31　剪切滑移法计算图式

$$\left. \begin{array}{l} r = r_0\exp\left[(\theta - \alpha)\tan\alpha\right] \\ b = 2r_0\cos\alpha \end{array} \right\} \tag{5-59}$$

式中　r——剪切滑移面曲线半径；

　　　b——剪切楔体高度（图 5-31）；

　　　其余符号意义如图 5-31 所示。

由图5-32可见，产生剪切滑移的岩体的应力 σ_n 和 τ_n 是随 σ_1、σ_3 而变的。而 σ_1、σ_3 随图5-32的剪切滑面上的位置而变。根据力的平衡，认为 σ_3 等于各支护结构所提供的支护阻力。为此，要确定其相应的支护阻力。

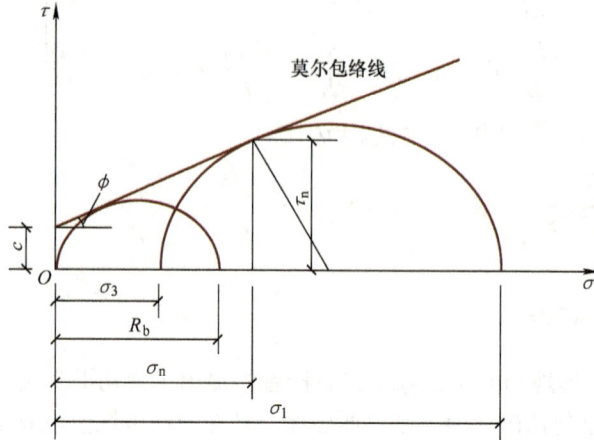

图5-32 莫尔包络线及应力圆

设沿喷层剪切面的抗剪阻力为 p_s，则

$$p_s = \frac{2\tau_s d_s}{b\sin\alpha_s} \tag{5-60}$$

式中　α_s、τ_s、d_s——喷层的剪切角、抗剪强度及厚度，通常令 $\tau_s = 0.43\sigma_c$，$\alpha_s = 30°$。

若将模筑二次混凝土衬砌考虑进去，则厚度 d_s 就应包括二次衬砌的厚度。

钢筋网、钢拱支撑的支护阻力可根据同样的方法求出，即

$$p_{st} = \frac{2F_{st}\tau_{st}}{b\sin\alpha_{st}} \tag{5-61}$$

式中　α_{st}、τ_{st}、F_{st}——喷层内钢材的破坏剪切角、抗剪强度及每米隧道的钢材当量面积，通常 α_{st} 一般采用45°，$\tau_{st} = (0.5 \sim 0.6)$ 倍钢筋抗压强度。

锚杆所提供的支护阻力 p_A 计算如下：

设锚杆间距为 e 和 t，则锚杆的平均径向支护阻力 q_A 为

$$q_A = F_A\sigma_A / (et) \tag{5-62a}$$

式中　F_A——锚杆断面积；

　　σ_A——锚杆抗拉强度；

　　e、t——锚杆纵向间距 e、环向间距 t。

如若为砂浆锚杆，则可能沿孔壁黏结破坏，故用下式计算

$$q_A = A / (et) \tag{5-62b}$$

式中　A——锚杆的抗拔力。

则锚杆提供的水平方向的支护力 p_A 为

$$p_A = \frac{F_A\sigma_A}{et} \frac{1}{\cos\alpha}(\cos\alpha - \cos\theta_0) \tag{5-63a}$$

或

$$p_A = \frac{A}{et} \frac{1}{\cos\alpha}(\cos\alpha - \cos\theta_0) \tag{5-63b}$$

式中　θ_0——承载环与剪切滑面相交处与中心连线和垂直轴的夹角，由下式确定

$$\theta_0 = \alpha + \frac{1}{\tan\alpha}\ln\frac{r_0 + W}{r_0} \tag{5-64}$$

$$W = (l + r_0)\left[\cos\left(\frac{t}{2r_0}\right) + \sin\left(\frac{t}{2r_0}\right)\tan\left(\frac{t}{2r_0} + \frac{\pi}{4}\right) - \frac{\sin\left(\dfrac{t}{2r_0}\right)}{\cos\left(\dfrac{t}{2r_0} + \dfrac{\pi}{4}\right)}\right] - r_0 \tag{5-65}$$

由此可知，支护结构联合支护时提供的支护阻力 p_a 为

$$p_a = p_s + p_{st} + p_A \tag{5-66}$$

进一步考察岩体的抗滑阻力，即岩体本身所提供的支护阻力 p_w。设剪切滑面长度为 s，沿滑面的剪应力为 τ_n，正应力为 σ_n，则有

$$p_w = \frac{2s\tau_n\cos\psi}{b} - \frac{2s\sigma_n\sin\psi}{b} \tag{5-67}$$

式中　ψ——剪切滑面的平均倾角，$\psi = (\theta_0 - \alpha)/2$，$s = \dfrac{r_0}{\sin\alpha}\left[e^{(\theta_0 - \alpha)\tan\alpha} - 1\right]$。

式（5-67）的 τ_n 和 σ_n 可按莫尔包络线为直线的假定求出，设黏聚力为 C，内摩擦角为 ϕ，则

$$\left.\begin{aligned}\tau_n &= \frac{\sigma_1 - \sigma_3}{2}\cos\phi \\ \sigma_n &= \frac{\sigma_1 + \sigma_3}{2} - \frac{\sigma_1 - \sigma_3}{2}\sin\phi\end{aligned}\right\} \tag{5-68}$$

式（5-68）中，σ_1 和 σ_3 的关系为

$$\sigma_1 = \sigma_3\frac{1 + \sin\phi}{1 - \sin\phi} + 2C\frac{\cos\phi}{1 - \sin\phi} \tag{5-69}$$

一般说，式中的 σ_3 是由各种支护结构共同提供的，即 $\sigma_3 = p_s + p_{st} + p_A$。

于是，由岩体和初次衬砌所提供的总支护阻力为

$$p_a = p_s + p_{st} + p_A + p_w \tag{5-70}$$

这个数值应满足下述不等式

$$p_a > p_{amin} \tag{5-71}$$

式中　p_{amin}——岩体中开挖隧道后防止产生剪切滑移破坏所需的最小支护阻力。

5.7.2　最小支护阻力的计算

最小支护阻力通常由量测信息或前面所述的特征曲线法确定的，在实际应用中，其值很难准确判断，这也限制了该方法的推广使用。

任何类别的围岩都有一个极限变形量 u_{1t}，超过这个极限值，岩体的 C、ϕ 值将急剧下降，造成岩体松弛和塌落。与极限变形量 u_{1t} 对应的是洞室围岩所需提供的最小支护阻力 p_{amin}（图5-33）。

因此，由支护需求曲线可知，需要提供的支护阻力 p_a 必须满足

$$p_{amax} \geqslant p_a \geqslant p_{amin}$$

而且只有知道 p_{amin}，才能确定最佳的支护结构或最佳支护时间。

目前，无论确定 p_{amin} 或 u_{1t} 都没有较好的计算方法。确定 p_{amin} 值的途径有以下几种：

1）由现场实测的塑性区半径，求最小支护压力。

2）根据隧道周边的极限位移值，求最小支护压力。

3）将现场实测的形变压力作为最小支护压力。

4）根据围岩的特征曲线求最小支护压力。

对于 $\lambda = 1$ 的情况，提出一种估算方法，如下：

当围岩塑性区内的塑性滑移发展到一定程度，位于松动区的围岩可能由于重力而形成松动压力，这时围岩压力将不取决于前述的 p_a-u_{t0} 曲线。围岩的松动塌

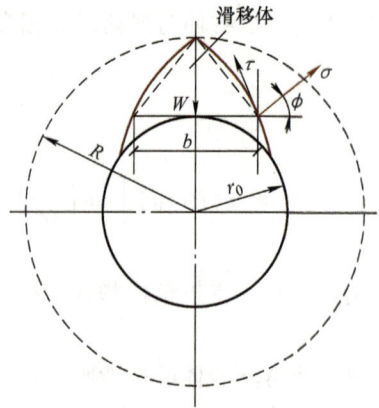

图5-33　开挖支护后隧道受力示意

落与支护提供的阻力有关，即与支护的时间有关，如果支护越早，提供的支护阻力就越大，围岩就能稳定。反之，支护越迟，提供的支护阻力越小，不足维持围岩的稳定，松动区中的岩体就会在重力作用下松动塌落。所以，要维持围岩稳定，既要维持围岩的极限平衡，还要维持松动区内滑移体的重力平衡（图5-33）。如果为维持滑移体重力平衡所需的支护阻力小于维持围岩极限平衡状态所需的支护阻力，那么只要松动区还保持在极限平衡状态之中，松动区内滑移体就不会松动塌落。反之，则会松动塌落。因此，我们可把维持松动区内滑移体平衡所需的支护阻力等于维持极限平衡状态的力，作为围岩出现松动塌落和确定 p_{amin} 的条件。

按岩体力学，在 $\lambda = 1$ 的情况下，围岩松动区内的滑裂面为一对称的对数螺旋线（图5-33）。假设松动区内强度已大大下降，可认为滑移岩体已无丝毫自支撑作用，以致松动区内滑移体的全部重力要由支护阻力 p_{amin} 来承受，由此有

$$p_{amin}b' = W \tag{5-72}$$

式中　W——滑移体的重力；

　　　b'——滑移体的底宽。

如果考虑到实际情况下，真正作用在支护结构上的压力应当是重力与变形压力的叠加，则

$$p_{amin}b' = 2W \tag{5-73}$$

滑移体的重力可近似取（图5-33）

$$W = \gamma b'(R_{max} - r_0)/2 \tag{5-74}$$

式中　R_{max}——与 p_{amin} 相应的允许的最大松动区半径；

　　　γ——岩体重度。

代入式（5-73），得

$$p_{amin} = \gamma r_0(R_{max}/r_0 - 1) \tag{5-75}$$

如果以塑性区作为松动区，则与此相应的最大塑性区半径为

$$R_{max} = r_0 \left[\frac{C\cot\phi + \gamma H_c}{C\cot\phi + p_{amin}}(1 - \sin\phi) \right]^{\frac{1 - \sin\phi}{2\sin\phi}} \tag{5-76}$$

计算 R_{max} 时，采用的 C 值应再降低一些。联合式（5-75）、式（5-76），则可求出最小支护力及其对应的最大松动区半径，上述两式是隐函数，需要试算求解。

p_{amin} 的大小主要取决于松动区半径 R_{max}。当原岩应力越大，C、ϕ 值越低，C、ϕ 值损失

越大时，R_{max} 和 p_{amin} 就越大。此外，p_{amin} 与岩体构造状况、施工爆破情况、外界条件等有关，因为这些都会影响围岩 C 值的降低。

合理的设计要求衬砌上的实际围岩压力应大于 p_{amin}，否则支护是不经济或不安全的。通常通过调节支护刚度和支护时间（调节 u_0），以期使支护结构经济合理。

5.8　衬砌截面强度验算

为了保证衬砌结构强度的安全性，需要在计算出结构内力后进行强度检算。《公路隧道设计规范　第一册　土建工程》规定，隧道衬砌和明洞按破坏阶段验算构件截面强度，即根据混凝土和石砌材料的极限强度，计算出偏心受压构件的极限承载能力。与构件实际内力相比较，计算截面的抗压（或抗拉）强度安全系数 K 检查是否满足规范所要求的数值，即

$$K = \frac{N_{jx}}{N} \geqslant K_{gf} \tag{5-77}$$

式中　N_{jx}——截面的极限承载能力；

N——截面的实际内力；

K_{gf}——规范规定的强度安全系数，见表5-2和表5-3。

表5-2　混凝土和砌体结构的强度安全系数

破坏原因	混凝土		砌体	
	永久荷载 + 基本可变荷载	永久荷载 + 基本可变荷载 + 其他可变荷载	永久荷载 + 基本可变荷载	永久荷载 + 基本可变荷载 + 其他可变荷载
混凝土或砌体达到抗压强度	2.4	2	2.7	2.3
混凝土达到抗拉强度	3.6	3		

表5-3　钢筋混凝土结构的强度安全系数

破坏原因	永久荷载 + 基本可变荷载	永久荷载 + 基本可变荷载 + 其他可变荷载
钢筋达到计算强度或混凝土达到抗压或抗剪强度	2.0	1.7
混凝土达到抗拉强度	2.4	2.0

衬砌的任一截面均应满足强度安全系数要求，否则必须修改衬砌的形状与尺寸，重新计算，直到满足要求为止。

对混凝土和石砌衬矩形截面构件，当偏心距 $e_0 \leqslant 0.20h$，按抗压强度控制承载能力，并用下式进行计算

$$KN \leqslant \phi a R_a b h \tag{5-78}$$

式中　R_a——混凝土或砌体的抗压强度，按规范进行选取；

　　　　K——安全系数，按表5-2采用；

　　　　N——轴向力（kN）；

　　　　b——截面宽度（m）；

　　　　h——截面厚度（m）；

　　　　ϕ——构件纵向弯曲系数，对于贴壁式隧道衬砌、明洞拱圈及墙背紧密回填的边墙，可取 $\phi = 1$，对于其他构件，应根据其长细比按规范选取；

　　　　a——轴向力的偏心影响系数，按规范选取。

按抗裂要求，当 $e_0 > 0.20h$ 时，混凝土矩形截面偏心受压构件由抗拉强度承载能力进行控制，并由下式进行计算

$$KN \leqslant \frac{1.75 R_l b h}{\dfrac{6 e_0}{h} - 1} \tag{5-79}$$

式中　R_l——混凝土的抗拉强度，按规范选取。

《公路隧道设计规范　第一册　土建工程》规定，对于整体式衬砌的混凝土偏心受压构件，其轴向力的偏心距不宜大于截面厚度的 0.45 倍；对于半路堑式明洞外墙、棚式明洞边墙和砌体偏心受压构件，不应大于截面厚度的 0.3 倍。对于基底偏心距的限制为：对于岩石地基，其偏心距应小于 $B/5 \sim B/4$（B 为墙底厚度）；对于土质地基，其偏心距不应大于 $B/6$。

隧道衬砌和明洞的基底应力不应大于地基允许承载力。隧道衬砌地基允许承载力应通过勘测加以确定，有条件的可进行现场实验。

整体式衬砌的拱脚截面，当混凝土为间歇式浇筑或拱圈为混凝土而边墙用砌体时，应按式（5-78）进行验算，其偏心距应满足砌体构件的要求。

5.9　隧道洞门验算

5.9.1　计算原理

隧道结构除了要对洞身衬砌进行强度验算外，隧道两端的洞门也应进行检算。作用在隧道洞门上的力主要是土压力，因此洞门可视作挡土墙、洞门墙可视为挡土墙来验算其强度，并应验算绕墙趾倾覆及沿基底滑动的稳定性，从而最后确定洞门墙结构各部分尺寸。

作用于洞门端墙及挡（翼）墙墙背的主动土压力按库仑理论进行计算。无论墙背仰斜或直立，土压力的作用方向均假定为水平，墙体前部的被动土压力一般情况下不予考虑。具体土压力的计算参见有关书籍。

5.9.2　洞门主要尺寸的拟定及设计

墙式洞门墙主要尺寸可参考表5-4采用，并根据洞门高度、洞口地质条件、地震力等影响因素进行验算后确定。

表5-4　墙式洞门墙主要尺寸

项目		墙面坡度	重力式洞门墙体厚度/cm	轻型钢筋混凝土式洞门墙体厚度/cm
分离式隧道及小净距隧道	明洞洞门	1:0.1 ~ 1:0.25	140 ~ 200	80 ~ 120
	洞口段围岩Ⅳ ~ Ⅴ级	1:0.1 ~ 1:0.25	140 ~ 200	80 ~ 120
	洞口段围岩Ⅰ ~ Ⅲ级	1:0.05 ~ 1:0.1	100 ~ 160	40 ~ 80
连拱隧道	明洞洞门	1:0.1 ~ 1:0.25	140 ~ 160	60 ~ 100
	洞口段围岩Ⅳ ~ Ⅴ级	1:0.1 ~ 1:0.25	140 ~ 160	60 ~ 100
	洞口段围岩Ⅰ ~ Ⅲ级	1:0.05 ~ 1:0.1	80 ~ 140	30 ~ 60

　　确定洞门端墙厚度的方法是：当洞门正面基本尺寸拟定后，在端墙的控制部位一般截取1m的验算条带视作挡土墙。对验算条带进行截面偏心或基底偏心计算，以求得验算条带的厚度作为端墙的厚度，进而计算强度和稳定性，符合规范后，再结合工程类比确定端墙厚度。

　　求验算条带厚度的具体做法有两种：一是按截面偏心等于允许偏心控制设计，反求条带的厚度；另一种是先假定验算条带的厚度，用试算法计算其强度和偏心，使之符合规范的要求，最后根据验算结果确定验算条带的厚度。

5.9.3　洞门计算内容及相关计算参数

　　洞口具体计算内容包括：墙身偏心及强度、绕墙趾的抗倾覆性、沿基底滑动的稳定性及基底应力验算，洞口端墙及挡（翼）墙计算结果应满足表5-5的要求。此外，对于高洞口墙（包括洞口路堑高挡土墙），为避免拉应力过大，设计时应适当控制截面拉应力。

　　洞口计算参数应按现场试验资料采用。当缺乏试验资料时，可参照表5-6选取。

表5-5　洞口端墙及挡（翼）墙主要验算规定

墙身截面压应力 σ	≤允许应力
墙身截面偏心距 e	≤0.3倍截面厚度
基底应力 σ	≤地基允许承载力
基底偏心距 e	岩石地基≤0.2B，土质地基≤0.16B（B为墙底厚度）
滑动稳定系数 K_c	≥1.3
倾覆稳定系数 K_0	≥1.6

表5-6　洞口计算参数

仰坡坡度	计算摩擦角 φ	重度	基底摩擦系数 f	基底控制压应力/MPa
1:0.5	70°	25	0.6	0.8
1:0.75	60°	24	0.5	0.6
1:1.0	50°	20	0.4	0.4 ~ 0.35
1:1.25	43° ~ 45°	18	0.4	0.3 ~ 0.25
1:1.5	38° ~ 40°	17	0.35 ~ 0.4	0.25

5.9.4　验算条带的选取及计算要点

　　洞门计算时应选取最不利位置（控制部位）进行，计算时通常将端墙及挡（翼）墙按1m或0.5m划分成条带。对于不同形式的洞门，其选取计算条带的位置也不相同。下面介绍目前两种常见洞门墙的验算方法。

1. 端墙式洞门

端墙式洞门可视为墙背承受土石主动压力的挡土墙结构，如图 5-34 所示。因此，只要分别验算图中所示的 A、B、C、D、E 各部分稳定性和强度，就可以确定结构的尺寸和厚度。通常，为了使得计算简化和施工方便，可只验算结构最大受力部分 A，以此来确定整个洞门墙的厚度。这样，虽然增加了一些材料，但从施工角度来看，尚属方便。

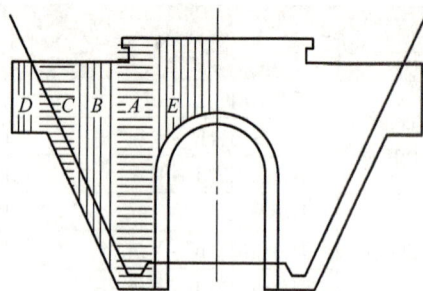

图 5-34 端墙式洞门计算图

2. 翼墙式洞门

翼墙式洞门（图 5-35）同样是承受土石主动压力的挡土墙，它与端墙式洞门不同之处在于洞门与翼墙共同承受土石主动压力，即应考虑结构的整体作用。

翼墙不仅与主墙共同承受纵向土石主动压力，还承受横向土石主动压力。因此，在计算翼墙洞门时，可先验算翼墙本身的稳定性和强度。对于翼墙，可以洞门前一延米处，取其平均高度，按承受主动压力的挡土墙来计算，从而确定整个翼墙尺寸和截面厚度。计算过程中，可忽略翼墙与主墙间连接的抗剪作用。随后，验算洞门主墙受力最大的 A 部分与翼墙一起的滑动稳定，即洞门主墙 A 部分的自重和翼墙的自重，共同抵抗作用在洞门主墙 A 部分墙背的主动压力，使之不能移动，从而确定主墙 A 部分的尺寸。

主墙 B 部分可视为基础落在衬砌顶上，而与 A 部分无联系的挡土墙来验算，由此确定的 B 部分结构厚度是偏安全的。通常，是取 0.5m 的最高一个窄条（图 5-35）来计算其强度和稳定性。有时，为使计算简化和便于施工，B 部分的截面厚度，可取与 A 部分相同。

5.9.5 计算公式及步骤

1. 洞门墙承受的荷载（图 5-36）

1）墙背土石主动压力 E_a。采用库仑公式计算，并假定挡土墙无论直立或仰立，墙背土石主动压力作用方向均按水平计算，即按断面形状、尺寸大小、墙背回填土石表面的形状及土石的内摩擦角等因素，由表 5-7 中的相应公式或者相关规范计算。

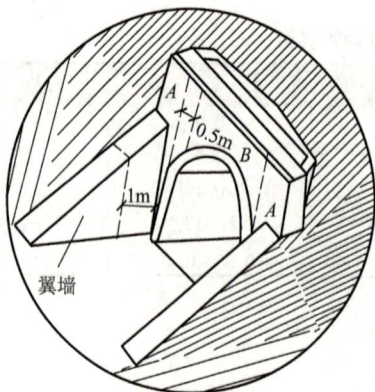

图 5-35 翼墙式洞门

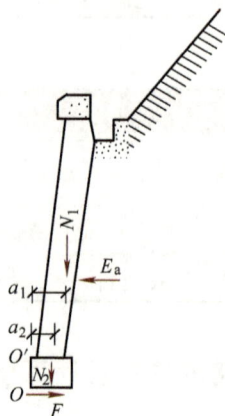

图 5-36 洞门墙所受荷载图

表 5-7　洞门墙背土石主动压力计算公式

编号	土石主动压力图形	确定最危险破裂面与垂直面夹角公式	主动压力系数	土石主动压力公式	绘制土石主动压力图形的数据
I		$$\tan\omega = \frac{\tan^2\phi + \tan\alpha\tan\varepsilon - \sqrt{(1+\tan^2\phi)(\tan\phi - \tan\varepsilon)(\tan\phi + \tan\alpha)(1-\tan\alpha\tan\varepsilon)}}{\tan\varepsilon(1+\tan^2\phi) - \tan\phi(1-\tan\alpha\tan\varepsilon)}$$	$$\lambda_a = \frac{(\tan\omega - \tan\alpha)(1-\tan\alpha\tan\varepsilon)}{\tan(\phi+\omega)(1-\tan\alpha\tan\varepsilon)}$$	$$E_a = \frac{1}{2}\gamma H^2\lambda_a$$	$$\sigma_H = \gamma H\lambda_a$$
II		$$\tan\omega = -\tan\phi + \sqrt{(1+\tan^2\phi)\left(1+\frac{\tan\alpha}{\tan\phi}\right)}$$	$$\lambda_a = \frac{\tan\omega - \tan\phi}{\tan(\phi+\omega)}$$	$$E_a = \frac{1}{2}\gamma H^2\lambda_a$$	$$\sigma_H = \gamma H\lambda_a$$
III		$$\tan\omega = \tan\left(45° - \frac{\phi}{2}\right)$$	$$\lambda_a = \tan^2\left(45° - \frac{\phi}{2}\right)$$	$$E_a = \frac{1}{2}\gamma H^2\lambda_a$$	$$\sigma_H = \gamma H\lambda_a$$
IV		$$\tan\omega = \frac{-\tan\phi + \sqrt{1+\tan^2\phi - \dfrac{2\tan\varepsilon}{\sin2\phi}}}{1 - \dfrac{2\tan\varepsilon}{\sin2\phi}}$$	$$\lambda_a = \frac{\tan\omega}{\tan(\phi+\omega)(1-\tan\omega\tan\varepsilon)}$$	$$E_a = \frac{1}{2}\gamma H^2\lambda_a$$	$$\sigma_H = \gamma H\lambda_a$$
V		$$\tan\omega = -\tan\phi + \sqrt{(1+\tan^2\phi)\left(1+\frac{A}{\tan\phi}\right)}$$ $$A = \tan\alpha + \frac{(a - b\tan\alpha)b}{(b+H)^2}$$	$$\lambda'_a = \frac{\tan\omega - A}{\tan(\omega+\alpha)}$$ $$\lambda'_a = \left(\frac{1-\tan\alpha\tan\varepsilon}{1-\tan\omega\tan\varepsilon}\right)\lambda^2$$ $$\lambda''_a = \frac{\tan\omega - \tan\alpha}{\tan(\omega+\alpha)}$$	$$E_a = \frac{1}{2}\gamma(b+H)^2\lambda'_a$$	$$h = \frac{1-\tan\omega\tan\varepsilon}{\tan\omega - \tan\alpha}\cdot a$$ $$\sigma_h = \gamma h\lambda'_a$$ $$\sigma_H = \gamma(H+b)\lambda''_a$$

2）墙身自重 N_1 与基础自重 N_2。

3）墙基础与地基间的摩擦力 F。

2. 洞门墙稳定性及强度验算

全部荷载作用下，整个洞门墙应不产生滑动和转动。同时，墙身每一截面应满足强度要求，而基础底面压力不得超过地基承载力。

（1）抗倾覆计算

$$K_0 = \sum M_y / \sum M_0 \tag{5-80}$$

式中 K_0——倾覆稳定系数；

$\sum M_y$——全部的垂直力对墙趾的稳定力矩；

$\sum M_0$——全部的水平力对墙趾的倾覆力矩。

（2）抗滑动计算

水平基底

$$K_c = \frac{\sum N \cdot f}{\sum E} \tag{5-81}$$

倾斜基底

$$K_c = \frac{(\sum N + \sum E\tan\alpha)f}{\sum E - \sum N\tan\alpha} \tag{5-82}$$

式中 K_c——滑动稳定系数；

$\sum N$——作用于基底上的垂直力之和；

$\sum E$——墙后主动土压力之和；

f——基底摩擦系数；

α——基底倾斜角。

（3）基底合力偏心距计算

水平基底 $\qquad\qquad e = B/2 - c \tag{5-83}$

倾斜基底 $\qquad\qquad e' = B'/2 - c' \tag{5-84}$

$$c = \frac{\sum M_y - \sum M_0}{\sum N}, c' = \frac{\sum M_y - \sum M_0}{\sum N'}, N' = \sum N\cos\alpha + \sum E\sin\alpha$$

式中 e——水平基底偏心距；

e'——倾斜基底偏心距；

B——水平基底宽度；

B'——倾斜基底宽度；

其他符号意义同前。

（4）基底压应力

1）水平基底

$$e \leqslant \frac{B}{6} \text{ 时，} \sigma_{\min}^{\max} = \frac{\sum N}{B}\left(1 \pm \frac{6e}{B}\right) \tag{5-85}$$

$$e > \frac{B}{6} \text{ 时，} \sigma_{\max} = \frac{2}{3}\frac{\sum N}{c} \tag{5-86}$$

2）倾斜基底

$$e' \leqslant \frac{B'}{6} \text{ 时}, \ \sigma_{\min}^{\max} = \frac{\sum N'}{B'}\Big(1 \pm \frac{6e'}{B'}\Big) \tag{5-87}$$

$$e' > \frac{B'}{6} \text{ 时}, \ \sigma_{\max} = \frac{2}{3}\frac{\sum N'}{c'} \tag{5-88}$$

式中　$\sigma_{\max}$——基底最大压应力；

　　　$\sigma_{\min}$——基底最小压应力。

其他符号意义同前。

（5）洞门墙身截面偏心及强度

1）偏心距

$$e_b = M/N \tag{5-89}$$

式中　M——计算截面以上各力对截面形心力矩的代数和；

　　　N——作用于截面上垂直力之和。

2）应力

$$\sigma = \frac{N}{F} \pm \frac{M}{W} = \frac{N}{b}\Big(1 \pm \frac{6e_b}{b}\Big) \tag{5-90}$$

式中　F——截面面积；

　　　W——截面抵抗矩；

　　　b——截面宽度。

当截面应力出现负值时，除其绝对值应满足表 5-5 的要求外，尚应验算不考虑砌体结构承受拉应力时，受压区应力重分布的最大压应力，其值不得大于允许值。

拓展阅读

典型隧道工程——狮子洋隧道

狮子洋隧道是国内里程最长、建设标准最高的第一座水下铁路隧道，也是国内首次在软硬不均和岩层中采用大直径泥水盾构长距离掘进的水下铁路隧道。隧道全长 10.8km，施工中攻克了 600m 江底裂隙发育段等 12 项重大危险源，探索出一套高速铁路特长水下高风险隧道盾构施工及对接技术，填补了我国泥水加压平衡盾构机施工多项技术空白。2006 年 5 月开工，2011 年贯通。

佛莞城际铁路狮子洋隧道是打通珠江东西两岸的快速过江通道，是继广深港高铁狮子洋隧道之后，第二条下穿狮子洋海域的水下盾构隧道。隧道全长 6.15km，盾构段长 4.9km，水域宽度约 1.8km，采用 1 台具备常压换刀功能的泥水平衡盾构独头掘进。该隧道具有开挖直径大（13.61m）、水压高（最大水土压力 0.78MPa）、地质条件复杂、独头掘进距离长等特点。

典型隧道工程——高黎贡山隧道

高黎贡山隧道位于云南省西部地区，是国家"一带一路"倡议重要通道大瑞铁路的咽喉控制性工程。隧道全长34.538km，全隧采用"贯通平导+1座斜井+2座竖井"的辅助坑道设置方案及钻爆+TBM两种施工方法。隧道建设规模宏大，施工技术要求高，深竖井、长斜井、长距离TBM掘进等对项目施工的进度管控、工程量核算、人员定位等提出了较高的要求。隧道所处地质具有"三高"和"四活跃"的特征，不同地质条件高达18种，其地质结构复杂、施工风险高，项目施工对安全、质量等要求严格。因此，以BIM技术为抓手，开展高黎贡山隧道施工进度、风险、质量等BIM应用，以期达到工期可控、质量最优、风险主动预防的目的。

隧道与岩土工程相关专家——潘家铮、泰勒

潘家铮：水工结构和水电建设专家，1980年当选中国科学院学部委员（院士），1994年当选中国工程院院士。主要致力于创造性地运用力学理论解决实际设计问题，对许多复杂的结构如地下结构、地基梁与框架、土石坝的心墙斜墙、调压井衬砌、岔管和法兰等，应用结构理论、弹性理论或板壳理论及特殊函数提出了新的计算理论和方法。在设计中注意采用新技术、新结构，推动技术的发展。研究和推导出不稳定扬压力和封闭式排水设计理论等。

泰勒（Donald Wood Taylor）：泰勒在黏性土的固结问题、抗剪强度和砂土剪胀及土坡稳定等领域均有不少建树。其论文"土坡的稳定"获得Boston土木工程师协会的最高奖励——Desmond Fitzgerald奖。他编写的《土力学基本原理》多年来得到广泛应用，是一部经典的土力学教科书。

思 考 题

1. 简述隧道支护体系的形成过程及其对应的力学状态。
2. 隧道工程的受力有哪些特点？隧道的计算模型有哪些？
3. 什么是支护和围岩特性曲线？它的主要作用是什么？
4. 隧道结构计算考虑的主要荷载有哪些？
5. 画出半衬砌结构的计算简图、基本结构并简述其内力计算主要步骤。
6. 在曲墙式衬砌内力计算中，对抗力分布规律有哪些假定？试分析在该计算中通常不考虑仰拱对衬砌内力影响的原因。
7. 直墙式衬砌内力计算中，对边墙进行分类的依据是什么？如何对边墙进行分类计算？
8. 最小支护阻力的确定方法有哪些？
9. 简述衬砌截面强度验算的内容。
10. 洞门的计算原理及验算内容有哪些？
11. 图5-37所示为某隧道在开挖过程中坍塌实况。发生坍塌的原因是隧道围岩局部微地质构造组合突变与裂隙面强烈溶蚀作用叠加产生的不良效应具有隐伏性和不可预见性，在开挖条件下，被切断岩层受贯通斜层理与节理组合控制且溶蚀裂隙面弱化分离作用强烈，造成临空岩层多方向同时失去束缚，突然脱离母岩产生重力式顺层下滑，造成该段隧道洞身周边围岩、初支遭受严重破坏。试分析该隧道在开挖过程中应采取哪些有效措施避免或者减少初支结构受损或破坏，确保工程施工安全。

图 5-37　某隧道在开挖过程中坍塌实况

隧道施工方法 | 第 6 章

隧道施工是指隧道的施工方法、施工技术和施工管理的总称。隧道施工分为开挖与支护两大部分，其施工过程通常包括：在地层内挖出土石，形成符合设计断面的隧道，进行必要的支护和衬砌，控制围岩变形，保证隧道施工安全和长期安全使用。

隧道施工技术主要研究解决上述各种隧道施工方法所需的技术方案和措施（如开挖、掘进、支护、衬砌的施工方案和措施等），隧道穿越特殊地质地段（如膨胀地层、软弱黄土层、岩溶、岩爆、流砂、高地温、瓦斯等）时的施工手段，隧道施工过程中的通风、防尘、防有害气体及照明、风水电作业的方式方法和对围岩变化的监控量测等。

隧道施工管理主要解决施工组织设计（如施工方案的选择、施工技术措施、场地布置、进度控制、材料供应、劳动力及机具安排等）和施工中的技术管理、计划管理、质量管理、经济管理和安全管理等问题。本章将着重论述新奥法施工中的有关问题，概略介绍其他施工方法，具体可以参见相关书籍。我国已经成为名副其实的隧道大国，在以往的工程实践中积累了丰富的隧道建设经验，创新了一些隧道施工方法，但仍与世界先进水平存在差距，需要隧道科技工作者为隧道施工方法及技术的进步和创新发展添砖加瓦。

6.1 隧道施工特点及施工方法

6.1.1 隧道施工特点

为了快速、优质、经济地完成隧道工程，特别是保证施工的安全，必须了解隧道工程的特点，这对于决策施工方法、实施工程投资等都有着重要的意义。隧道工程的施工特点可归纳如下：

（1）地质条件起决定性作用 整个隧道工程埋设于地下，施工面临的对象是地层（土质或岩质地层，有些还有水），因此工程地质和水文地质条件对隧道施工的成败起着重要的，甚至是决定性的作用。例如，当年修建穿越阿尔卑斯山的圣哥达铁路隧道时，由于遇到事先未料到的高温（41℃）和涌水（660L/min），给施工带来很大的困难，最后延期两年才完成。因此，必须在勘测阶段做好详细的地质调查和勘探，尽可能准确地掌握隧道工程范围内的岩层性质、岩体强度、完整程度、地应力场、自稳能力、地下水状态、有害气体和地温状况等资料，并根据这些原始材料，初步选定合适的施工方法，确定相应的施工措施和配套的施工机具。此外，由于地质条件的复杂性和勘探手段的局限性，在施工中出现意外的地质情况是不可避免的，因此，在长大隧道的施工中，还应采取试验导坑（如日本青函隧道）、水平超前钻孔、声波探测、超前导坑等技术措施，进一步查清掘进前方的地质条件，及时掌握工程地质及水文地质的变化情况，以便及时修改施工方法和采取必要的技术措施。

（2）作业空间有限 隧道是一个狭长的建筑物，正常情况下只有进口与出口两个工作面，因此相对于桥梁、线路等可以全面铺开的工程来说，隧道的施工速度比较慢，工期也比较长，往往使一些长大隧道成为新建线路上起控制性作用的关键工程。因此，长大隧道需要开挖竖井、斜井、横洞、平行导坑等辅助导坑来增加工作面，以加快施工速度。此外，隧道断面较小，工作场地狭长，一些工序只能顺序作业，所费时间较长，但仍有一些工序可以沿隧道纵向展开，进行平行作业，以节省时间，这种顺序作业与平行作业之间的关系，需通过隧道施工中加强管理、合理组织来予以协调，避免相互干扰。因此，如何在有限的施工空间中最大限度地发挥施工管理的作用，是影响施工进度的关键性问题。

（3）作业的循环性强 一般的隧道结构物都是纵长的，施工必须严格地按照一定的顺序作业。如对于钻爆法开挖就是按照"钻孔→装药→爆破→通风→出渣→支护"的循环，一步一步地循环开挖，直到最后隧道贯通。这种循环性是隧道工程最具特色的一点，也是施工组织的基本原则。

（4）施工是动态的 隧道施工过程中的地质条件是不断变化的，其力学状态也是不断变化的，因此，施工过程就不可能是一成不变的，必须动态施工。隧道的力学状态极为复杂，直到目前还有许多不清楚的地方，只能在隧道施工过程中逐渐认识和了解其力学状态变化，并通过各种手段进行控制和调整。从力学角度看，施工过程是控制和调整力学状态变化的过程，施工技术也就是控制和调整力学状态的手段和方法，理解这一点极为重要。

（5）作业环境恶劣 地下施工的环境较差，甚至在施工过程中还可能进一步恶化，如爆破产生有害气体、喷射混凝土产生粉尘等。必须采取有效措施加以改善，如加强通风、照明、防尘、排水等，使施工场地符合卫生条件，以保证施工人员的身体健康，提高劳动生产率。

（6）作业的综合性 隧道施工由多种作业构成，开挖、支护、出渣运输、通风和防尘、供电、供风和供水等作业缺一不可。每一项作业搞不好都会影响全局。因此，隧道施工的综合性很强。这就要求我们必须有良好的施工管理和施工组织经验，才能使工程有序快速地进行。

（7）隐蔽性大 隧道埋设于地下，是一种大型的隐蔽工程，一旦建成就难以更改，所以，除了必须审慎规划和设计，在施工过程中还要切实严把质量关，确保每一道工序都严格按有关规定进行。在进度与质量发生冲突时（这种矛盾是时时存在的），必须始终将质量摆在第一位。

（8）作业的风险性大 风险性与隧道的隐蔽性、地质的不确定性、工程环境及邻近结构物的复杂性是相关的，施工人员必须经常关注隧道施工的风险性，特别是在不良地质条件下，更要有风险意识和应变意识。

（9）交通不便 山岭隧道大多穿越崇山峻岭，因此施工工地一般都位于偏远的深山峡谷之中，往往远离既有交通线，运输不便，供应困难，这些也是隧道工程施工时应当考虑的问题（城市隧道施工不存在这个问题）。

（10）气候影响小 与桥梁和线路工程相比，隧道施工可以不受或少受昼夜更替、季节变换、气候变化等自然条件的影响，可以长年稳定地安排施工。

6.1.2 隧道施工方法种类

在隧道工程发展的历史上，矿山法一直占据着主导地位，但近一个多世纪以来，又出现了其他的隧道施工方法，并得到了相当程度的发展。隧道施工方法可以归纳为矿山法、明挖法、盾构法、掘进机法、沉管法、顶管法等。另外还有新意法、挪威法、浅埋暗挖法、柱洞法、盖挖法、铣挖法等。在山岭隧道中，也有人主张小 TBM 超前扩孔 + 钻爆法施工的。

矿山法因最早应用于矿山开采而得名，由于在这种方法中，大多数情况下都需要采用钻眼爆破进行开挖，故又称为钻爆法。习惯上将采用钻爆法施工的方法都称为矿山法。自 20世纪 60 年代，新奥法［新奥地利隧道施工方法（New Austria Tunneling Method）的简称］正式问世以后，矿山法有了长足的发展。由于新奥法从理论到施工上都与旧的矿山法有很大的不同，为了明确概念，将矿山法又分为传统矿山法和新奥法。从隧道工程的发展趋势来看，矿山法仍将是今后山岭隧道最常用的开挖方法，而这主要是指新奥法。

新奥法用于较破碎的软岩隧道、土质隧道及浅埋或超浅埋隧道，特别是大跨度多层的地下空间，多采用挖掘机或人工开挖方法，并且施工时需采用事先加固围岩的辅助工法。对于浅埋或超浅埋隧道的开挖，为区别钻爆法而称为浅埋暗挖法。

明挖法适合于浅埋隧道、地下铁道和市政隧道施工。明挖法是指隧道工程施工时，从地面向下分层、分段依次开挖，直至达到结构要求的尺寸和高程，然后在基坑中进行主体结构施工和防水作业，最后回填恢复至地面。常用的明挖施工方法有明挖顺筑法、明挖逆筑法等。

盖挖法，当地下工程明做时需要穿越公路、建筑等障碍物而采取的新型工程施工方法，是由地面向下开挖至一定深度后，将顶部封闭，其余的下部工程在封闭的顶盖下进行施工。主体结构可以顺作，也可以逆作。

掘进机法（Tunnel Boring Machine，TBM）指采用大型隧道掘进机开挖的方法，大多数情况下主要用于岩石地层。

盾构法指采用手掘式盾构或机械式盾构开挖的方法，主要应用于土质地层，尤其适用于软土、流砂、淤泥等特殊地层。一般也将掘进机法和机械式盾构法统称为掘进机法。

沉管法是用来修建水底隧道的。先在隧址以外建造临时干坞，在干坞内制作钢筋混凝土的隧道管段（道路隧道用的管段每节长 60～140m）。两端用临时封墙封闭。向临时干坞内灌水，使管段逐节浮出水面，并用拖轮运送到指定位置。在设计隧位处预先挖好一个水底沟槽。待管段定位就绪后，向管段里灌水压载，使之下沉。沉设完毕的管段在水下连接起来，进行基础处理，经覆土回填后，便筑成了隧道。

顶管法属于非开挖技术的一种，用于修建中小型地下市政管道、城市地下人行通道和城市市政隧道等。顶管结构一般采用机械分段顶进施工的预制管道结构。

柱洞法是将地上建筑体系中的框架结构和地下建筑的浅埋暗挖施工方法进行有机结合的一种大断面洞室施工方法，能够很好地控制地表沉降。柱洞法通过在先期暗挖的小导洞内施作围护桩、钢管柱、顶纵梁、底纵梁，并通过初期扣拱支护，钢管柱、排桩、顶纵梁、底纵梁及顶拱组成一个框架结构的有机整体，协同承受围岩压力。然后逐步向下开挖，施作其余内部结构，最终完成车站内部结构施工。

新意法，即岩土控制变形分析（ADECO - RS）施工工法，是意大利人 Pietro 和 Lunardi

在研究围岩的压力拱理论和新奥法施工理论的基础上提出的。该工法在过去约十年间,被意大利公路及铁路领域广泛采用并纳入规范,现在主要欧洲国家的大型隧道项目施工也广泛采用此工法。此法也称为"新意大利隧道施工法"。

挪威法(Norwegian Method of Tunneling,NMT),简单地说就是由正确的围岩评价、合理的支护参数和高性能的支护材料三部分组成的一种经济而安全的隧道施工方法,它适用于公路隧道、铁路隧道、水工隧洞及大型地下工程。

铣挖法是近年来兴起的一种施工方法,它是将铣挖机安装在液压挖掘机上,一般情况,铣挖机只用于隧道轮廓的开挖,但是在中低硬度的岩层中,它也可以直接用于隧道的掘进,尤其在裂隙节理发育的破碎岩层及土质隧道中,开挖过程中对围岩扰动小、安全性高,特别适合不宜爆破施工的地段。铣挖机操作简单,可控性高,开挖轮廓线清晰准确,可轻松解决隧道内欠挖修整、内表面凿槽及边沟开挖等问题。

6.1.3 隧道施工方法选择

选择施工方案时,要考虑的因素有如下几方面:

1)工程的重要性,一般由工程的规模、使用上的特殊要求,以及工期的缓急体现出来。

2)隧道所处的工程地质和水文地质条件。

3)施工技术条件和机械装备状况。

4)施工中动力和原材料供应情况。

5)工程投资与运营后的社会效益和经济效益。

6)施工安全状况。

7)有关污染、地面沉降等环境方面的要求和限制。

应该看到隧道施工方法的选择,是一项"模糊"的决策过程,它依赖于有关人员的学识、经验、毅力和创新精神。对于重要工程则需汇集专家们的意见,广泛论证。必要时应当开挖试验洞对理论方案进行实践验证。

同时,隧道施工和工程实践有密切联系,因此应将理论与生产实践紧密结合。必须指出,由于地质勘探的局限性和地质条件的复杂性及多变性,隧道施工过程中经常会遇到突然变化的地质条件、意外情况(如塌方、涌水等),原先制订的施工方案、施工技术措施和施工进度计划等也必须随之变更。因此,必须学会结合工程实践经验,掌握综合应用这些知识的能力,以便正确处理隧道施工中遇到的各种实际问题。

6.2 传统矿山法

在传统的矿山法中,历史上形成的变化方案很多,其中包括全断面法、台阶法、侧壁导坑法等。鉴于我国隧道施工中已很少采用传统矿山法,仅介绍其中具有代表性的上下导坑先拱后墙法和下导坑先拱后墙法。

6.2.1 上下导坑先拱后墙法

上下导坑先拱后墙法简称上下导坑法,是软弱地层中修筑隧道的一种基本的传统方法,也是我国以往修筑隧道采用最广泛的方法之一，它主要用于不稳定的或稳定性较差的Ⅲ～Ⅳ级围岩。

施工顺序（图6-1）：开挖下导坑1，并尽快架设木支撑；在下导坑开挖面后30～50m处开挖上导坑2和架设木支撑，然后上导坑落底3；上、下导坑间开挖漏斗（图中虚线所示），以便于上部开挖出渣。由上导坑向两侧开挖4（"扩大"），边开挖边架设扇形木支撑；在扇形支撑之间立拱架模板，浇筑拱圈混凝土5，边浇筑边顶替、拆除扇形支撑；开挖中层6（"落底"）；左右错开，纵向跳跃开挖马口7、9，每个马口的纵向长度不宜超过拱圈浇筑节长的一半；紧跟马口开挖后，立即架设边墙模板，由下而上浇筑边墙混凝土8、10；挖水沟、铺底（在隧道底部铺设不小于10cm厚的混凝土）。

应说明的是，上导坑由2和3两部分组成，这是因为在软弱地层中施工时，由于木支撑难以及时支护，拱顶围岩往往会有较大的下沉，所以必须留足沉落量（20～50cm），这就导致上导坑开挖高度较高，工人施工很不方便，故一般分为上、下两部开挖。

下导坑超前上导坑的距离，应能使下导坑工作面各种作业顺利展开，上下导坑的施工彼此互不干扰，一般为50m以上。

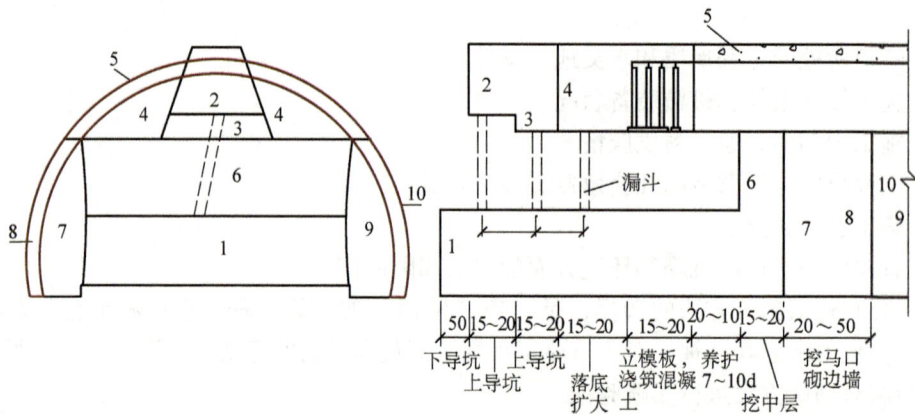

图6-1　上下导坑先拱后墙法

采用此法应注意，开挖马口时应避免拱圈两侧拱脚同时悬空而造成掉拱事故，在墙顶与拱脚的连接处应妥善处理，以尽量保证衬砌的整体性。

上下导坑法的优点是：在拱圈保护下进行拱下各工序作业，施工比较安全；工作面多，便于拉开工序和安排较多的劳力，加快施工进度；当地质发生变化时，改变施工方法容易。其缺点是：开挖两个导坑增加了工程造价；开挖马口时施工干扰大；衬砌整体性差；工序多，不便于施工管理。

6.2.2　下导坑先拱后墙法

下导坑先拱后墙法主要用于Ⅱ～Ⅲ级围岩。

施工顺序如图6-2所示，以下导坑领先，2、3、4部开挖完成时，断面如蘑菇形，以后步骤与上下导坑先拱后墙法相同。

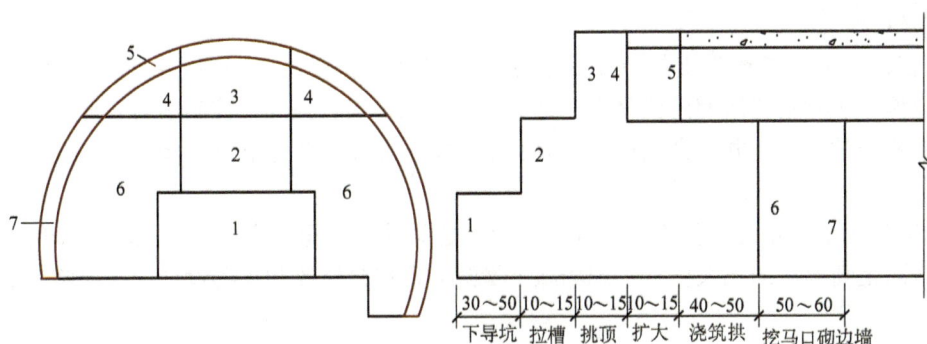

图 6-2　下导坑先拱后墙法

　　下导坑先拱后墙法有出渣方便、施工安全的优点。其缺点是：消耗的木材钢轨较多；棚架易因爆破受损；挖马口影响施工进度；衬砌的整体性差。

6.3　新奥法

6.3.1　新奥法名称由来与产生的历史背景

　　新奥法由奥地利学者 L. V. Rabcewiez、L. Muller 等创建于 20 世纪 50 年代，在 1963 年正式命名为新奥地利隧道工程方法。它的产生基于以下背景：

　　(1) 锚杆支护在 20 世纪初出现　锚杆支护的采用始于 20 世纪初，到 20 世纪 50 年代后在欧美各地得到广泛应用，并在水电站有压输水隧洞得到成功使用。

　　(2) 喷射混凝土机在 20 世纪 40 年代末研制成功　喷射混凝土机在 1947 年研制成功，1948—1953 年喷射混凝土衬砌在奥地利首次用于卡普伦水电站的默尔隧道。锚喷支护技术的开展为创建新奥法提供了有利的条件。在创建与开展新奥法时期，L. V. Rabcewiez 相继指出：隧道工程修建过程中掌握围岩动态随时间变化的重要性；施工量测工作的重要性；采用薄层支护，并及时修筑仰拱以形成闭合衬砌的必要性；根据实验证实，衬砌应按剪切破坏进行设计计算。

　　(3) 岩石力学的理论发展为新奥法提供了科学依据　在新奥法产生和发展的同时，岩石力学也发展成为一门十分年轻的学科。岩石力学的理论基础为新奥法提供了科学依据。因此可以说，新奥法是在实践基础上开展起来的一种修建隧道工程的新理论与新概念。

6.3.2　新奥法的基本概念

　　新奥法是以控制爆破（光面爆破、预裂爆破等）为开挖方法，以喷锚作为主要支护手段，通过监测控制围岩变形，动态修正设计参数和变动施工方法的一种隧道工程理念，其核心内容是充分发挥围岩的自承能力。

　　由于上述理念的认识与理解的差别，可能初次接触新奥法的人们会存在某些误解，专家们也可能在某些观点上有分歧，突出的问题有下列方面：

　　1）由于英文"method"一词，容易把新奥法理解为隧道开挖与支护的方法，或者仅是一种施工技术，而没有认识到新奥法是修建隧道一种基本理论，是包含设计与施工内容的隧道工程新概念。

2）误以为采用了锚喷支护就是新奥法。当然利用新奥法，必须包括使用锚喷支护结构。但应该认识到新奥法使用锚喷支护是为了达到保护围岩强度、控制围岩变形、实现发挥围岩自承能力的目的，并且必须认识到只有采用施工监控量测才能掌握围岩动态变形，做到控制变形。

3）对施工监控量测往往不够重视，认为它是额外的负担。实际上，锚杆、喷射混凝土和施工量测是新奥法的三大要素。现场施工量测的资料是修改和完善设计、指导施工的重要依据。

6.3.3 新奥法施工的要点

新奥法是具体应用岩体动态性质的完整工程概念，它是建立在科学实践并经过大量实践所证明的基础之上的。该法的创始人之一利奥波德·米勒（Leopld Muller）曾提出了"新奥法22点原则"，现归纳起来主要有以下几点：

1）在隧道的整个支护体系中，围岩是承载结构的一部分，施工中要合理利用围岩的自承能力，保持围岩的稳定。

2）隧道开挖时，应尽可能减轻对隧道围岩的扰动或尽可能不破坏围岩的强度，即尽可能使围岩维持原来的三维应力状态，这就有必要对开挖工作面及时施作防护层（如喷射混凝土等），封闭围岩的节理和裂隙，以防止围岩的松动和坍塌。

3）允许围岩有一定的变形，初期支护应尽量做成柔性的，以便与围岩紧密接触，共同变形和共同承载，充分发挥围岩的自身承载作用。初期支护大多采用喷射混凝土、锚杆和钢筋网的联合支护形式。这种衬砌在力学上被视为易变形的壳体结构，只能承受较小的弯曲应力，以承受剪应力为主。

4）洞室开挖后及时施作初期支护，封闭围岩表面，抑制围岩的早期变形，待围岩稳定后，再进行二次衬砌，但遇软弱围岩特别是洞口段衬砌要紧跟，通常二次衬砌可视为附加的安全储备。

5）隧道的几何形状必须满足在静力学上作为圆筒结构的计算条件，因此，要尽可能使结构做得圆顺（如做成圆形或椭圆形的），不产生突出的拐角，避免产生应力集中现象。同时，尽早使衬砌结构闭合（封底），以形成承载环。

6）对隧道周边进行位移收敛量测是施工过程中必不可少的一个重要环节，根据现场量测反馈信息及时修改设计和施工方案。

7）对外层衬砌周围岩体的渗水，要通过足够的"排堵措施"予以解决，如在两层衬砌之间设置中间防水层等。

以上原则是运用新奥法原理制定隧道开挖方法的基本指导思想，其核心是保护围岩，充分发挥围岩的自身承载作用。

6.3.4 新奥法施工方法

1. 全断面法

全断面法全称为"全断面一次开挖法"，即按隧道设计断面轮廓一次开挖成形的方法，如图6-3所示。

全断面法施工

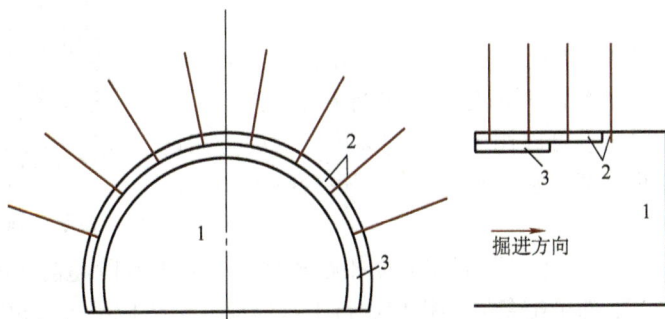

图 6-3　全断面施工方法

1—全断面开挖　2—锚喷支护　3—模筑混凝土

施工台车人工钻孔

全断面法常适用于Ⅰ～Ⅲ级硬岩的石质隧道，可采用大进尺爆破施工。其优点是有较大的作业空间，有利于采用大型配套机械化作业，提高施工速度，且工序少，干扰少，便于施工组织与管理，采用大进尺爆破时，可加快掘进速度，且爆破对围岩的振动次数较少，有利于围岩稳定。其缺点是由于开挖面较大，围岩相对稳定性降低，且每循环工作量相对较大，要求施工单位有较强的开挖、出渣与运输及支护能力，采用大进尺爆破时，产生的爆破振动较大，对钻爆设计和控制爆破作业要求较高。

全断面法施工工序如下：

1）用钻孔台车钻眼，然后装药、连接导火线。

2）退出钻孔台车，引爆炸药，开挖出整个隧道断面。

3）排除危石。

4）喷射拱圈混凝土，必要时安设拱部锚杆。

5）用装渣机将石渣装入运输车辆，运出洞外。

6）喷射边墙混凝土，必要时安设边墙锚杆。

7）根据需要可喷第二层混凝土和隧道底部混凝土。

8）开始下一轮循环。

9）通过量测判断围岩和初期支护的变形，待基本稳定后，施作二次模筑混凝土衬砌。

采用全断面法应注意下列问题：

1）加强对开挖面前方的工程地质和水文地质的调查。对不良地质情况，要及时预测、预报和分析研究，随时准备好应急措施，以确保施工安全和工程进度。

2）各工序机械设备要配套。如钻孔、装渣、运输、支护、衬砌等主要机械和相应的辅助机具，在尺寸、性能和生产能力上要相互配合，工作方面要环环紧扣，不致彼此互受牵制而影响掘进，以充分发挥机械设备的使用效率和工序之间的协调作用。

3）加强各种辅助施工方法的设计和施工检查。尤其是软弱破碎围岩，应对支护后围岩的动态量测与监控，辅助作业的管理要求保持技术上的良好状态。

4）重视和加强对施工操作人员的技术培训，使其能熟练掌握各种机械和推广新技术，不断提高工效，改进施工管理，加快施工速度。

5）在选择支护类型时，应优先考虑锚杆和喷射混凝土、挂网、拱架等支护形式。

2. 台阶法

台阶法是新奥法中适用性最广的施工方法，多适用于Ⅳ、Ⅴ级围岩。它将断面分成上半断面和下半断面两部分分别进行开挖，如图 6-4 所示，随着台阶长度的调整，它几乎可以用于所有的地层，因而是在现场使用的主导方法。根据台阶的长度，它有长台阶法、短台阶法和超短台阶法三种方式。

台阶法施工

（1）长台阶法 如图 6-5a 所示，上、下开挖断面相距较远，一般上台阶超前 50m 以上或大于 5 倍洞宽。施工时，上、下部可配备同类机械进行平行作业。当机械不足时也可用一套机械设备交替作业，即在上半断面开挖一个进尺，然后在下半断面开挖一个进尺。当隧道长度较短时，也可先将上半断面全部挖通后，再进行下半断面施工，习惯上又称为"半断面法"。

（2）短台阶法 如图 6-5b所示，这种方法也是分成上下两个断面开挖，两个断面相距较近，一般上台阶长度小于 5 倍洞宽，视具体情况，上台阶宽度应大于 1～1.5 倍洞宽或 5～50m，上下断面基本上可以采用平行作业，其作业顺序和长台阶法相同。短台阶法能缩短支护结构闭合的时间，改善初期支护的受力条件，当遇到软弱围岩时需慎重考虑，必要时应采用辅助施工措施稳定开挖工作面，以保证施工安全。

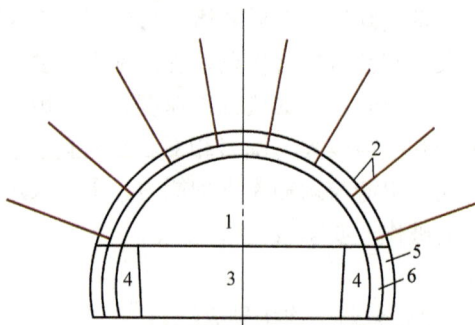

图6-4 台阶施工方法

1—上半部开挖 2—拱部喷锚支护
3—下半部中央部开挖 4—边墙部开挖
5—边墙部喷锚支护 6—二次衬砌

仰拱栈桥施工

（3）超短台阶法 如图 6-5c 所示，这是一种适于在软弱地层中开挖的施工方法，一般在膨胀性围岩及土质地层中采用。为了尽快形成初期闭合支护以稳定围岩，上下台阶之间的距离进一步缩短，上台阶仅超前 3～5m，由于上台阶的工作场地小，只能将石渣堆到下台阶再运出，对下台阶会形成严重的干扰，故不能平行作业，只能采用交替作业，因而施工进度会受到很大的影响。在软弱围岩中采用超短台阶法施工时应特别注意开挖工作面的稳定性，必要时可对围岩采用预加固或预支护措施，如向围岩中注浆或打入超前水平小导管等。

台阶法的优点是开挖具有足够的作业空间和较快的施工速度，有利于开挖面的稳定性，尤其是上部开挖支护后，下部作业较为安全。其缺点是上下部作业互相干扰，应注意下部作业对上部稳定性的影响，台阶开挖会增加对围岩的扰动次数等。台阶法宜采用轻型凿岩机打炮孔，不宜采用大型凿岩台车。

采用台阶法应注意下列问题：

1）台阶数不宜过多，台阶长度要适当，一般以一个台阶垂直开挖到底，保持平台长 2.5～3m 为好。应根据两个条件来确定台阶长度：一是初期支护形成闭合断面的时间要求，围岩稳定性越差，闭合时间要求越短；二是上半部断面开挖时，开挖、支护、出渣等机械设备所需的空间

大小的要求。

2）个别破碎地段可配合喷锚支护和挂网施工。如遇到局部地段石质变坏，围岩稳定性较差时，应及时架设临时支护或考虑变换施工方法，留好拱脚平台，采用先拱后墙法施工，以防止落石和崩塌。

3）上部开挖时，因临空面较大，易使爆破面渣块较大，不利于装渣，应适当密布中小炮孔。若围岩稳定性较好，则可采取分段顺序开挖；若围岩稳定性较差，则应缩短下部掘进循环进尺；若稳定性更差，则可左右错开或先拉中槽后挖两边。

4）采用台阶法开挖的关键问题是台阶的划分形式。台阶划分要求做到爆破后渣量较大，钻孔作业面与出渣运输干扰少。

3. 分部开挖法

分部开挖法可分为台阶分部开挖法、单侧壁导坑法和双侧壁导坑法三种方案。

（1）台阶分部开挖法 台阶分部开挖法又称环形开挖留核心土法，适用于一般土质或易坍塌的软弱围岩地段。上部留核心土可以支挡开挖工作面，增强开挖工作面的稳定，核心土及下部开挖在拱部初期支护下进行，施工安全性较好。一般环形开挖进尺为 $0.5 \sim 1.0\mathrm{m}$，不宜过长，上下台阶可用单臂掘进机开挖，开挖和支护顺序如图 6-6 所示。

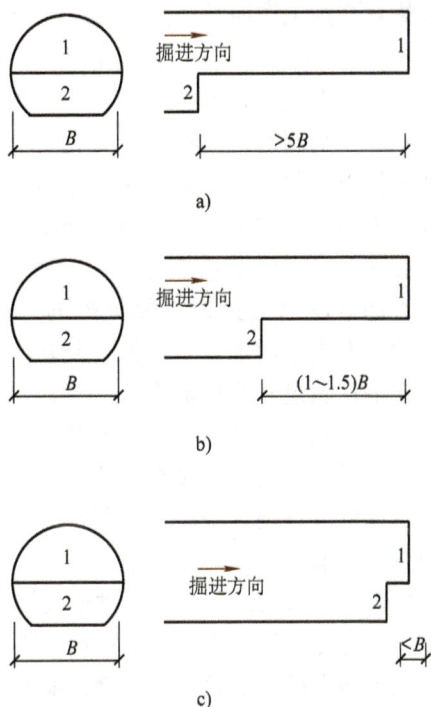

图 6-5 台阶法
a）长台阶法 b）短台阶法 c）超短台阶法

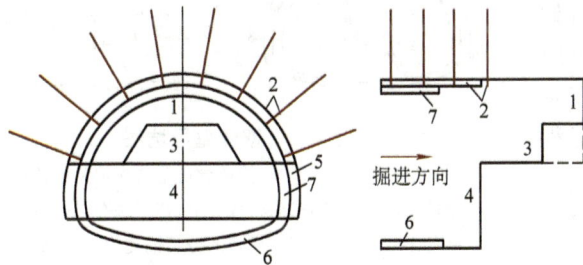

图 6-6 台阶分部开挖法
1—上弧形导坑开挖 2—拱部喷锚支护 3—核心土开挖
4—下部开挖 5—边墙部喷锚支护 6—浇筑仰拱 7—浇筑洞周衬砌

三台阶七步法

台阶分部开挖法的主要优点是：与超短台阶法相比，台阶的长度可以加长，相当于短台阶法的台阶长度，减少了上下台阶的施工干扰，施工速度可加快；而且较侧壁导坑法的机械化程度高。

台阶分部开挖法虽然核心土增强了开挖面的稳定，但开挖中围岩要经受多次扰动，而且断面分块多，支护结构形成全断面封闭的时间长，将可能使围岩变形增大，需要结合辅助施工措施对开挖工作面及其前方岩体进行预支护或预加固。

(2) 单侧壁导坑法 单侧壁导坑法适用于围岩稳定性较差（如软弱松散围岩）、隧道跨度较大、地表沉陷难于控制的地段。该法中确定侧壁导坑的尺寸很重要，侧壁导坑尺寸如过小，则其分割洞室跨度增加，开挖稳定性的作用不明显，且施工机具不方便开展工作；如过大，则导坑本身的稳定性降低，需要增强临时支护，而由于大部分临时支护都是要拆掉的，故导致工程成本增加。一般侧壁导坑的宽度不宜超过 0.5 倍洞宽，高度以到起拱线为宜，导坑可分二次开挖和支护，不需要架设工作平台，人工架立钢支撑也较方便，开挖和支护顺序如图 6-7 所示。

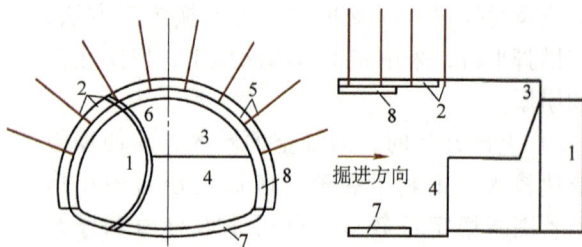

图 6-7 单侧壁导坑法
1—侧壁导坑开挖 2—侧壁导坑锚喷支护及设置中壁墙临时支撑 3—后行部分上台阶开挖 4—后行部分下台阶开挖 5—后行部分喷锚支护 6—拆除中壁墙 7—浇筑仰拱 8—浇筑洞周衬砌

单侧壁导坑法的优点是通过形成闭合支护的侧导坑将隧道断面的跨度一分为二，有效地避免了大跨度开挖造成的不利影响，明显地提高了围岩的稳定性。其缺点是因为要施作侧壁导坑的内侧支护，随后又要拆除，增加了工程造价。

(3) 双侧壁导坑法 双侧壁导坑法又称眼镜工法，适用于在软弱围岩中，隧道跨度更大（如三车道公路隧道等）或因环境要求，且要求严格控制地表沉陷地段。双侧壁导坑法的开挖和支护顺序如图 6-8 所示。

导坑尺寸拟定的原则同单侧壁导坑法，但宽度不宜超过断面最大跨度的 1/3。左、右侧导坑应错开开挖，以避免在同一断面上同时开挖而不利于围岩稳定，错开的距离应根据开挖一侧导坑所引起的围岩应力重分布的影响不致波及另一侧已成导坑的原则确定，也可工程类比之，一般取 7~10m。

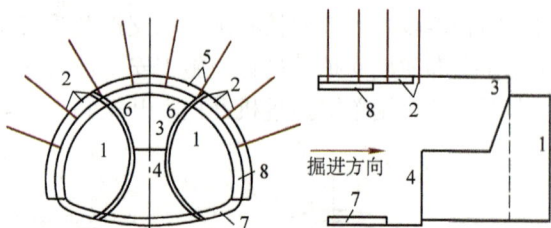

图 6-8 双侧壁导坑法
1—侧壁导坑开挖 2—侧壁导坑锚喷支护及设置中壁墙临时支撑 3—后行部分上台阶开挖 4—后行部分下台阶开挖 5—后行部分喷锚支护 6—拆除中壁墙 7—浇筑仰拱 8—浇筑洞周衬砌

双侧壁导坑法虽然开挖断面分块多一点，对围岩的扰动次数增加，且初期支护全断面闭合的时间延长，但每个分块都是在开挖后立即各自闭合的，所以在施工期间变形几乎不发生。该法施工安全，但进度慢，成本高。

(4) 其他施工方法 中隔墙法（简称"CD"法）和交叉中隔墙法（简称"CRD"法）是两种适用于软弱地层的施工方法，对控制地表沉陷有很好的效果，一般主要用于城市地下铁道施工中。因其造价高，在山岭隧道中很少采用，但在特殊情形中也可以采用，如膨胀土地层。

CRD 法施工

6.3.5　新奥法施工中可能发生的问题及其处理措施

新奥法施工的基本原则，是根据围岩性质允许产生适量的变形，但又不使围岩松动失稳。根据实践经验，新奥法施工中经常出现的一些异常现象及应采取的措施见表 6-1。

表 6-1　施工中的现象及其处理措施

施工中现象	措施 A	措施 B
净空位移量增大，位移速率变快，掌子面变得不稳定	1. 缩短掘进长度，保留核心土 2. 向掌子面或隧底喷射混凝土，形成封闭支护	1. 缩小开挖断面，改变施工方法 2. 预支护围岩（打超前导管等） 3. 必要时设置钢支撑
开挖面顶部出现掉块	立即施喷混凝土和打锚杆	1. 加钢支撑 2. 预支护围岩 3. 改变施工方法
开挖面出现涌水或涌水量增加	1. 加速混凝土硬化（增加速凝剂等） 2. 喷射混凝土前做好排水 3. 设置钢筋网，或将钢筋网格加密	1. 加强排水措施（井点降水等） 2. 注浆止水 3. 改变施工方法
地基承载力不足，下沉增大或产生底鼓	1. 加厚底脚处的喷射混凝土，增加支撑面积 2. 尽快施作仰拱，形成闭合支护	1. 缩短掘进长度 2. 预加固地层 3. 改变施工方法
喷混凝土层出现明显裂缝、脱离甚至塌落	开挖后尽快喷射混凝土，并适当加厚喷层或封闭支护	1. 挂钢筋网 2. 打局部锚杆 3. 设置系统锚杆
锚杆轴力增大，垫板松弛或锚杆断裂	1. 增补锚杆（根数、直径、密度） 2. 改变锚杆型号或类型（如将砂浆锚杆改为中空锚杆）	1. 缩短掘进长度，尽快闭合支护 2. 改变施工方法
瓦斯或岩爆	1. 瓦斯检测并进行稀释 2. 注水	1. 全断面开挖 2. 超前预裂爆破、切缝等释放能量

注：A 指进行比较简单的改变就可解决问题的措施；B 指包括需要改变支护方法等比较大的变动才能解决问题的措施。

6.3.6　新奥法与传统矿山法的区别

从钻爆开挖的过程来看，新奥法与传统矿山法的基本施工程序看上去大致相同，实际上对隧道结构产生的效果却截然不同。除了施工基本原则不同外，根本还在于对围岩的认识和处理上有本质的不同，对此应有足够的认识，否则可能导致施工中出现严重的问题。两者的主要区别见表 6-2。

表 6-2　新奥法与传统矿山法施工的区别

开挖方法		新 奥 法	传统矿山法
支护	临时支护	喷锚支护	木支撑为主、钢支撑
	永久支护	复合式衬砌	单层模筑混凝土衬砌
	闭合支护	强调	不强调
控制爆破		必须采用	可采用
量测		必须采用	无
施工方法		分块较少	分块较多

新奥法采用喷锚支护作为临时支护，比木支撑有显著的优点，除了能节省大量的木材，它还能及时施作临时支护，能有效地控制围岩的变形，充分发挥围岩的承载能力；强调闭合支护更符合岩体力学的原则，有利于稳定围岩；控制爆破比常规爆破要优越得多，它能按设计要求有效地形成开挖轮廓线，并能将爆破对围岩的扰动降低到最低程度，而木支撑只能被动地承受围岩的松动荷载。

6.4 新奥法的施工技术

6.4.1 新奥法施工程序

采用新奥法施工的隧道，施工时应视其规模、地质条件及安全合理施工的要求，充分利用现场量测信息指导施工，即通过对施工中量测的数据和对开挖面的地质观察等进行预测和反馈。根据已建立的量测管理基准，对隧道的施工方法（包括特殊的辅助施工方法）、断面开挖步骤及顺序、初期支护的参数等进行合理调整，以保证施工安全、隧道稳定和支护结构的经济性。其主要施工程序如图6-9所示。

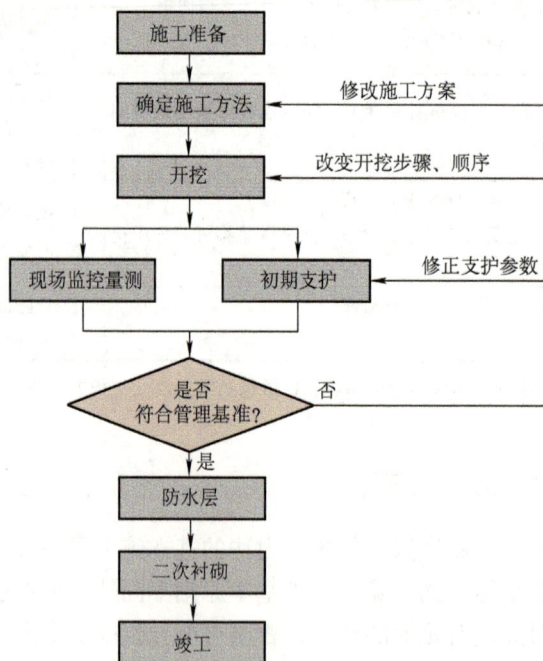

图6-9 新奥法施工程序

6.4.2 新奥法施工基本原则

根据我国的实践经验，新奥法施工的基本原则为"少扰动，早支护，勤量测，紧封闭"。少扰动，是指在进行隧道开挖时，要尽量减少对围岩的扰动次数、扰动强度、扰动范围和扰动持续时间；早支护，是指开挖后及时施作初期喷锚支护，使围岩的变形进入受控状态；勤量测，是指以直观、可靠的量测方法和量测数据来准确评价围岩的稳定状态，或判断其动态发展趋势，以便及时调整支护形式和开挖方法，确保施工得以安全和顺利地进行；

紧封闭，是指要尽快形成对围岩的封闭形支护，这样做可以有效控制围岩变形，使得支护和围岩共同进入良好的工作状态。

6.4.3　锚杆

1. 锚杆的支护效应

锚杆是利用金属或其他高抗拉性能的材料制作的一种杆状构件。使用机械装置、黏结介质，将其安设在地下工程的围岩或其他工程体中，形成能承受荷载，阻止围岩变形的锚杆支护。锚杆的支护效应一般有以下几种：

(1) 悬吊效应　把隧道洞壁附近具有裂隙、节理的不稳定岩体，用锚杆固定在深层的坚固稳定的岩体上，可将不稳定岩体的重力传递给深层坚固岩体承担，起到悬吊效应，如图 6-10 所示。

(2) 组合梁效应　锚杆可将若干层层状岩体串联在一起，增大层间的摩阻力，形成组合梁效应，如图 6-11 所示。

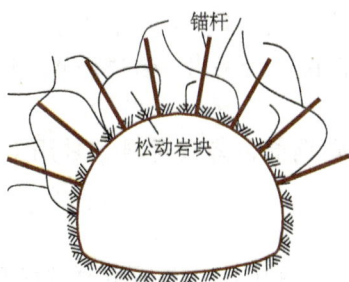

图 6-10　悬吊效应

图 6-11　组合梁效应

(3) 加固效应　按一定间距在隧道周边呈放射状布置的成组锚杆（或称系统锚杆），可使一定厚度范围内有节理、裂隙的破裂岩体或软弱岩体紧压在一起形成连续压缩带。这种加固效应在使用预应力锚杆时十分明显，如图 6-12 所示。在锚杆预应力 P 的作用下，每根锚杆周围都形成一个两头呈圆锥形的筒状压缩区，各锚杆形成的压缩区彼此搭接，形成一条厚度为 W 的均匀压缩带。在均匀压缩带中产生了径向压应力 σ_r，给压缩外的围岩提供了径向支护抗力，使围岩接近于三向受力状态，增加了围岩的稳定性。

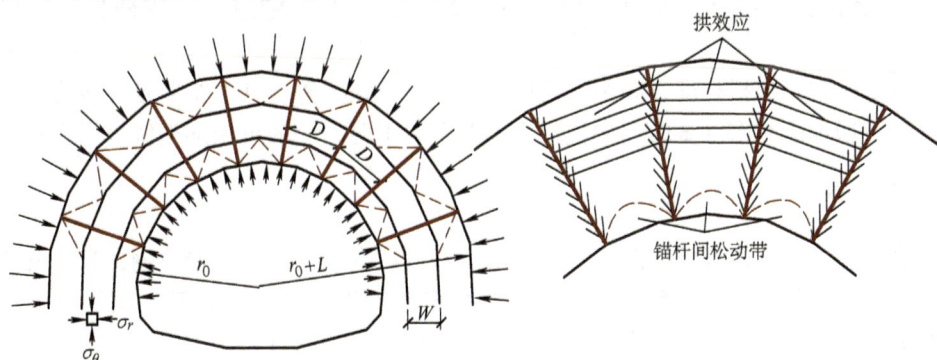

图 6-12　加固效应

对于全长黏结锚杆，虽没有施加预应力，但只要锚杆布置合理，在围岩产生位移时，锚杆单位长度上的承载力与围岩内切向应力的合力将阻止这种位移的发展，从而在两相邻锚杆之间产生"拱效应"，达到提高强度的目的。

2. 锚杆的种类

锚杆成为洞室开挖中良好的支护手段须具备两个基本条件：锚杆受力后产生变形，且其本身不受破坏；锚杆与围岩保持紧密接触。

锚杆种类如下：

1）全长黏结型锚杆，包括普通水泥砂浆锚杆、早强水泥砂浆锚杆、树脂锚杆、水泥卷锚杆、中空注浆锚杆和自钻式注浆锚杆等。

2）端头锚固型锚杆，包括机械锚固锚杆、树脂锚固锚杆、快硬水泥端头锚杆等。

3）摩擦型锚杆，包括缝管锚杆、楔管锚杆、水胀锚杆等。

4）预应力锚杆和自钻锚杆等。

永久支护的锚杆一般采用全长黏结型锚杆或预应力注浆锚杆。自稳时间短的围岩，宜采用全黏结树脂锚杆或早强水泥砂浆锚杆。局部不稳定的岩块可采用全长黏结型锚杆、端头锚固型锚杆、预应力锚杆，锚固端应置于稳定岩体内。软岩、收敛变形较大的围岩地段，可采用预应力锚杆，其预应力不小于100kPa，锚固端必须锚固在稳定岩层内。岩体破碎、成孔困难的围岩宜采用自进式锚杆。

锚杆的直径宜为20～32mm，杆体材料宜采用HRB400钢筋，垫板材料宜采用Q235钢板。

3. 锚杆的布置和质量检查

锚杆的布置分为局部布置和系统布置。局部布置主要用在坚硬而裂隙发育或有潜在龟裂及节理的围岩，重点加固不稳定块体，隧道拱顶受拉破坏区为重点加固区域。局部加固的锚杆，必须保证不稳定块体与稳定岩体的有效联结。锚杆局部布置时，拱腰以上部位锚杆方向应有利于锚杆的受拉，拱腰以下及边墙部位锚杆宜逆向不稳定岩块滑动方向。系统布置的锚杆应用在Ⅲ、Ⅳ、Ⅴ、Ⅵ级围岩条件下，并符合下列规定：

1）锚杆一般应沿隧道周边径向布置，当结构面或岩层层面明显时，锚杆应与岩体主结构面或岩层层面呈大角度布置。

2）锚杆应按矩形排列或梅花形排列。

3）锚杆间距不得大于1.5m。间距较小时，可采用长短锚杆交错布置。

4）两车道隧道系统锚杆长度一般不小于2.0m，三车道隧道系统锚杆长度一般不小于2.5m。

锚杆质量检查，包括长度、间距、角度、方向、抗拔力等。其中主要是抗拔力试验，对于重要工程可增加灌浆密度试验。如抗拔力不符合要求时，一般可用加密锚杆予以补强。

6.4.4 钢拱架

在围岩条件较差地段或地面沉降有严格限制时，应在初期支护内增设钢拱架。常用的钢拱架有钢筋格栅拱架、工字形型钢拱架、U形型钢拱架和H形型钢拱架。钢拱架支护宜优先选用格栅钢拱架。格栅钢拱架主筋采用HRB400钢筋，辅筋宜采用HPB300钢筋。在设置超前支护地段，可设置钢架作为超前锚杆、超前小导管、超前大管棚等的尾端支点。钢拱架支护时的一般规定：

1）钢拱架支护必须有足够的刚度和强度，能够承受隧道施工期间可能出现的荷载。

2）钢拱架支护间距宜为 0.5～1.5m。钢拱架应分节制作，节段与节段之间通过钢板用螺栓连接或焊接。

3）采用钢拱架支护的地段连续使用钢拱架的数量不小于 3 榀；钢拱架支护榀与榀之间必须用直径 18～22mm 的钢筋连接，连接筋的间距不大于 1m，并在钢拱架支护内缘、外缘交错布置。

4）钢拱架与围岩之间混凝土保护层厚度不应小于 40mm；临空一侧的混凝土保护层厚度不应小于 20mm。

6.4.5 喷射混凝土

1. 喷射混凝土的特点

喷射混凝土是用喷射机把渗有速凝剂的粗、细集料混凝土以适当的压力，高速喷射到隧道岩壁表面凝结而成的混凝土。由于混凝土颗粒在高速度喷射的猛烈冲击下，混凝土被连续地捣固和压实，具有密实的结构和较好的物理力学性能。喷射混凝土具有充填裂隙加固围岩、封闭围岩壁面防止风化和喷射混凝土与围岩组成共同承载体系等特点。

喷射混凝土与普通模筑混凝土比较有如下优越性：

1）喷射混凝土致密，早期强度高，可与围岩牢固黏结形成整体，改传统模筑混凝土的消极支护为积极支护，且薄层柔性喷射混凝土与围岩能够共同变形，从而减少作用在支护结构上的压力。

2）能及时支护，有效地控制围岩的有害变形，有利于安全施工。

3）不用模板、拱架，节省大量钢木材料，相应地降低了隧道工程的造价；而且施工工艺简单，操作方便，机械化程度高，减轻了劳动强度，提高了施工效率。

2. 喷射混凝土的喷射方式

（1）干喷 将砂、石、水泥按一定比例干拌均匀投入喷射机，同时加入速凝剂，用高压空气将混合料送到喷头，再在该处与高压水混合后以高速喷射到岩面上。其工艺流程如图 6-13 所示。

（2）潮喷 将砂、石料预加水，使其浸润成潮湿状，再加水泥拌和均匀，从而降低上料和喷射时的粉尘，其工艺流程同干喷。

（3）湿喷 用湿喷机压送拌和好的混凝土，在喷头处添加液态速凝剂，再喷到岩面上。其工艺流程如图 6-14 所示。

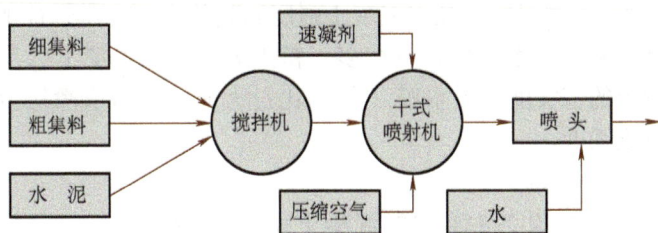

图 6-13 干喷、潮喷工艺流程

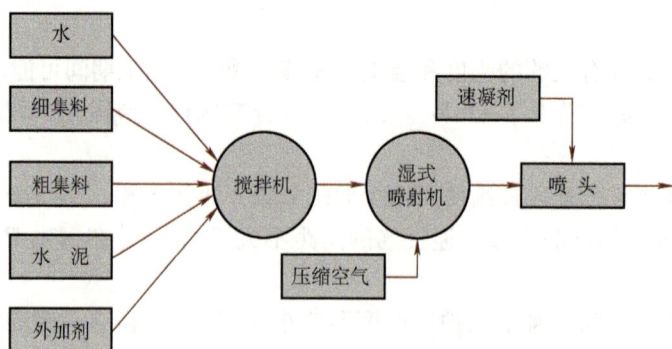

图6-14　湿喷工艺流程

3. 喷射混凝土的材料及其组成

（1）喷射混凝土的材料

1）水泥。喷射混凝土对所采用水泥的基本要求是：掺入速凝剂后凝结快、保水性好、早期强度增加快、收缩小。一般优先采用硅酸盐水泥或普通硅酸盐水泥，也可采用矿渣硅酸盐水泥。

2）砂子。喷射混凝土的用砂应符合普通混凝土所要求的用砂标准。

3）石子。喷射混凝土采用坚硬、耐久的卵石或碎石。石子的最大粒径与混凝土喷射机的输料管直径有关，一般不宜超过管内径的1/3。

4）速凝剂。在喷射混凝土中掺速凝剂的目的在于：加速喷射混凝土的凝结、硬化，提高早期强度；减少喷射混凝土的回弹量；防止因重力作用引起喷射混凝土的流淌或脱落；增大一次喷射厚度，缩短分层喷射的时间间隔。

5）水。喷射混凝土用水的要求与普通混凝土相同，水中不应含有影响水泥正常凝结与硬化的有害杂质。

（2）喷射混凝土的配合比和水胶（灰）比

1）配合比。它是指$1m^3$喷射混凝土中水泥、砂子和石子的质量比。配合比的选择既应满足混凝土强度和其他物理力学性能（抗剪、黏结、耐久性）的要求，还应满足施工工艺（减少回弹，不发生离析、分层，和易性好）的要求，且水泥用量为最小。

与普通现浇混凝土相比，喷射混凝土的石子含量要求少得多，且粒径也小，相应砂子的用量则要增加，一般含砂率在50%左右效果较好。但含砂量提高，水泥用量大，混凝土容易产生收缩开裂，其强度也相应降低。若石子用量过多，空隙未被砂填满，则混凝土不够密实，强度虽高但易产生离析且回弹量增大。

2）水胶（灰）比。它也是影响喷射混凝土强度和其他物理力学性能的重要因素。若水胶（灰）比过小，不仅料束分散，回弹量增多，粉尘大，而且喷层上会出现干斑、砂窝等现象，影响喷射混凝土的密实度。当水胶（灰）比过大时，会造成喷层流淌、滑移，甚至大片坍落，影响混凝土强度。

4. 喷射混凝土的机械（具）设备

喷射作业的机械（具）设备主要包括混凝土喷射机、搅拌机、压缩空气机、机械手、混凝土喷射三联机等。

（1）混凝土喷射机　目前使用的国产喷射机，根据其构造特点和使用物料的干湿程度不同，常用的有双罐式混凝土喷射机、转体式混凝土喷射机、螺旋式混凝土喷射机和转盘式混凝土喷射机四种。这几种混凝土喷射机均为干式喷射机，所需的水是由喷射人员凭经验在喷嘴处加入。

（2）搅拌机 采用干式喷射机，喷射时混合料是干料，拌和时易产生粉尘。因此，应采用涡轮浆强制式混凝土搅拌机，最常用的是 J4 - 375 型搅拌机，也用小型搅拌机，如 JW - 200 型、安Ⅳ型等。

（3）压缩空气机（俗称空压机） 为了防止压缩空气中的油水混入喷射混凝土中，在高压风进入混凝土喷射机前必须先通过油水分离器（有过滤式和拆板式两种），把油水过滤排掉，避免喷射混凝土产生结块、堵管等现象。

（4）机械手 为了减轻人工把持喷枪的劳动强度和改善喷射的工作条件，机械手一般都具有喷枪，臂的伸缩、回转或翻转机构，大臂的起落机构等，都具备使喷枪前后俯仰、左右摆动或画圈，臂杆伸缩、升降或旋转等功能，使其满足喷射工艺要求。

（5）混凝土喷射三联机 它由料仓（水泥、砂、石仓各一个，并具有搅拌、输料功能）、喷射机和机械手三部分组成，也就是从砂石料与水泥干搅拌和输送一直到喷射混凝土，组成一个联合体。三联机分有轨和无轨两种。其作业机动灵活，在需要紧跟开挖面进行支护时，有显著优越性。

5. 喷射混凝土的施工工艺（干式喷射）

为使喷射混凝土作业顺利进行，在施喷前应做好施喷材料、施喷机械（具）及施喷场地的准备。施喷作业是喷射混凝土整个施工过程中最关键而紧张的作业。要求喷射手有熟练的喷射技术，各施工环节如备料、拌和、运输、上料，风、水供应，照明、喷射等能紧密配合。这些是关系到喷射混凝土质量好坏及回弹量多少的关键。在喷射作业中要掌握好以下几个问题：

（1）风压、水压 参考风压与混合料水平运送长度（输料管长度）的简单关系初步选择风压，当向上垂直输送时，由于重力作用所需的风压比水平运输时大约每增高 10m 需加大 20 ~ 30kPa。一般要求风源风压应稳定在 0.4 ~ 0.65MPa 才能在喷嘴处使风压稳定在 0.1 ~ 0.25MPa。只有稳定的风压，才能保证喷射混凝土的质量。若风压过小，则喷射动能太小，粗集料冲不进砂浆层而脱落；若风压过大，则喷射动能大，粗集料会碰撞岩面而回弹。为保证高压水高速射出形成水雾，使干拌和料充分湿润水化，水压要比风压高 0.1 ~ 0.15MPa。一般规定喷射作业区的系统水压应大于 0.4MPa。

（2）喷嘴与受喷岩面之间的距离和角度 通常在喷头上接一个直径为 100mm、长为 0.8 ~ 1.0m 的塑料拢料管。它使水泥充分水化，且喷射混凝土束集中及回弹石子不致伤害喷射手。当风压适宜时，喷嘴与受喷岩面之间的距离以 0.8 ~ 1.2m 为宜。喷嘴与受喷岩面的角度，一般应垂直或稍微向刚喷射过的混凝土部位倾斜（不大于10°），以使回弹物受到喷射束的约束，抵消部分弹回的能量而减少回弹量。喷射拱部时应沿径向喷射。

（3）一次喷射的厚度及各喷层之间间隔时间 当喷层较厚时需分层喷射。一次喷射的厚度应根据喷射效率、回弹损失、混凝土颗粒之间的凝聚力和喷层与受喷面间的黏结力等因素确定。各喷层间的间隔时间与水泥品种、施工温度（施工最低温度不应低于5℃）和有无掺速凝剂等因素有关，如采用红星一型速凝剂时可在 5 ~ 10min 以后进行下一次喷射，采用碳酸钠速凝剂时要在 30min 以后才能进行下一次喷射。

（4）**喷射分区与喷射顺序** 为了减少喷射混凝土因重力作用而引起的滑动或脱落现象，喷射时应按照分段、分部、分块，由下而上，先边墙后拱墙和拱腰，最后喷拱顶的原则进行。喷射混凝土时，喷头要正对受喷岩面，均匀缓慢地按顺时针方向做螺旋形移动，一圈压半圈，绕圈直径为 20～30cm。对凹凸悬殊的岩面，喷射时应注意喷射次序要先下后上，先两头后中间，以减少回弹量，正常状态下喷射混凝土的回弹率拱部不超过 25%，边墙不超过 15%。

6. 喷射混凝土堵管问题的处理

喷射作业中常遇到堵管，其原因是多方面的，如粗集料过大（粒径大于 25cm 以上），含水泥硬块或其他杂物；混合料（主要是砂）湿度过大（大于 6%）致使摩擦力增大；输料软管弯头过小及风压偏低等均能引起堵管。另外，若操作不对，如先开电动机后给风，混合料未吹完就停风，误开放气阀而停风等也会引起堵管。

遇到堵管发生时，应立即关闭电动机，随后关闭风源，喷射手将软管拉直，然后用锤子敲击以寻找堵管处。敲击钢管时发音混浊处或敲击胶管时有发硬感觉处，即堵管部位。找到堵管部位后，可将风压升到 0.3～0.4MPa（不超过 0.5MPa），并用锤击堵管部位，使其畅通。排除堵管故障时，喷嘴前方严禁站人，以免被喷伤。

7. 钢纤维喷射混凝土工艺

由于喷射混凝土在抗拉、抗弯、抗裂、抗冲击性等方面都存在明显不足，喷层开裂、剥落时有发生，并导致落石、渗水等一系列病害，所以，自20世纪70年代以来，世界各国特别是瑞典、日本、美国等，为了改善喷射混凝土的性能，提高其质量，相继开展了钢纤维喷射混凝土的研究和应用，并在实际工程中收到了良好的技术经济效益。

钢纤维喷射混凝土是指在喷射混凝土中加入一定数量的钢纤维。由于钢纤维均匀分布在混凝土中，为混凝土提供了非连续性的微型配筋，从而提高了材料的抗拉、抗弯、抗冲击和耐磨性及早期强度、韧性和延展性，并改善了其他物理力学性能。

钢纤维喷射混凝土的物理力学性能，受到钢纤维的形状、长径比、掺入量及在混凝土中的分布状态、排列方向等因素的影响。

钢纤维用于喷射混凝土中，其等效直径一般为 0.3～0.5mm，长为 20～25mm，长径比为 40～60。截面形状为圆形或矩形。

钢纤维喷射混凝土的配合比应根据设计强度及喷射工艺要求通过试验确定。

喷射钢纤维混凝土时，可直接使用现有的喷射混凝土机械或将其稍加改进。为了减少堵塞，应尽量取消输料管 90°弯头，减少输料管直径的突然变化。选用的钢纤维长度应不大于输料管直径的一半。

由于钢纤维喷射混凝土有很多优越性，因此在工程上有着各种特殊的用途，如隧道衬砌施工和加固、高路基边坡稳定和桥墩台加固、工业及民用建筑工程支护加固等。

8. 喷射混凝土的质量检查

为了确保喷射混凝土的质量，应做如下检查：

1）每批原材料进库（场）均应进行质量检查与验收。

2）喷射混凝土强度检查。

3）喷层与围岩黏结情况的检查。

4）喷层厚度的检查。

6.4.6　复合式衬砌

复合式衬砌是由初期支护和二次衬砌及中间防水层组合而成的衬砌形式。复合式衬砌要满足以下规定：

1）初期支护宜采用锚喷支护，即由喷射泥土、锚杆、钢筋网和钢拱架等支护形式单独或组合使用，锚杆支护宜采用全长黏结锚杆。

2）二次衬砌宜采用模筑混凝土或模筑钢筋混凝土结构，衬砌截面宜采用连接圆顺等厚衬砌断面，仰拱厚度宜与拱墙厚度相同。

3）在确定开挖断面时，除了应满足隧道净空和结构尺寸，还应考虑初期支护并预留适当的变形量，预留变形量的大小可根据围岩级别、断面大小、埋置深度、施工方法和支护情况等，采用工程类比法及现场监控量测结果调整确定。

复合式衬砌可采用工程类比法进行设计，并通过理论分析进行验算，然后根据现场监控量测信息对设计支护参数进行必要的调整。对于软弱流变围岩、膨胀性围岩，支护参数的确定还应考虑围岩形变压力继续增长的作用。

6.5　洞口段及明洞施工方法

6.5.1　洞口段施工方法

1. 洞口段的概念

所谓"洞口段"，是指隧道开挖可能给洞口地表造成不良影响（下沉、塌穴等）的洞口范围。由于每座隧道的地形、地质及线路位置不同，所以洞口段的范围都不尽相同。一般情况下，可将洞口浅埋段划分为洞口段，如图 6-15 所示。

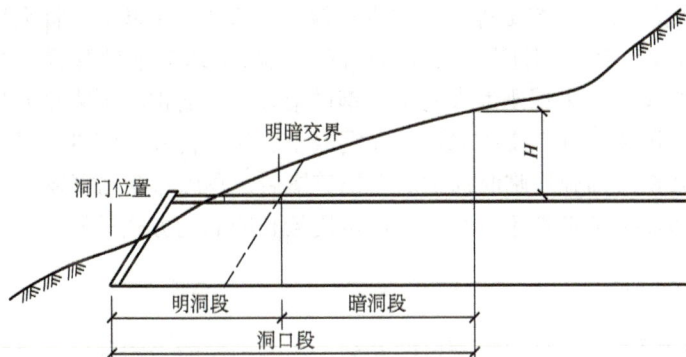

图 6-15　洞口段的一般范围

注：H 为深浅埋分界处覆盖层厚度，为 2～2.5 倍天然拱高度。

隧道洞口地段一般覆盖浅，地质条件差，且地表水汇集，施工难度较大。施工时要结合洞外场地和相邻工程的情况，全面考虑、妥善安排、及早施工，为隧道洞身施工创造条件。

隧道洞口工程主要包括边仰坡土石方、边仰坡防护、路堑挡护、洞门坞工、洞口排水系统、洞口检查设备安装和洞口段洞身衬砌等。洞门结构一般在暗洞施工一段以后施作。洞口边坡及仰坡防护应及时施作。

2. 进洞方法

洞口段施工中最关键的工序就是进洞开挖。隧道进洞前应对边仰坡妥善防护或加固，做好排水系统。洞口段施工方法的确定取决于诸多因素，如地质条件、地形条件、施工机具配备情况、洞外相邻建筑的影响、隧道自身构造特点等。其中最主要的是地质条件。按地质条件，可分为以下几种施工方法：

(1) 全断面法进洞　当洞口段围岩为Ⅰ~Ⅱ级，地层条件良好时，一般可采用全断面直接开挖进洞，初始10~20m区段的开挖，应将爆破进尺控制在2~3m。洞口3~5m区段可以挂网喷混凝土及设钢拱架予以加强，其余施工支护一般采用素喷混凝土支护即可，视情况也可在拱部设置局部锚杆。

(2) 台阶法进洞

1）当洞口段围岩为Ⅲ~Ⅳ级，地层条件较好时，可采用台阶法进洞。爆破进尺控制在1.5~2.5m。施工支护采用系统锚杆和钢筋网喷射混凝土，必要时设置钢拱架加强施工支护。

2）当洞口段围岩为Ⅳ~Ⅴ级，地层条件较差时，上部开挖进尺一般控制在1.5m以内，并严格控制爆破药量。施工支护采用超前锚杆（或超前小导管注浆）与系统锚杆相结合，挂网喷射混凝土。架设间距为0.5~1.0m的格栅钢拱架支护。全断面开挖出来并施作完施工支护后，适时施作整体式模筑混凝土衬砌。

3）当围岩为Ⅴ~Ⅵ级时，要格外慎重进洞，应采用管棚法进洞。上部开挖进尺一般控制在0.5~1.0m，尽量不爆破而用反铲等机械挖掘，施工支护采用管棚与系统锚杆相结合，挂网喷射混凝土。架设间距为0.5~1.0m的型钢拱架支护（一般为18~22号工字钢），锚杆可采用中空注浆锚杆。全部断面开挖完并施作施工支护后，应及早施作整体式钢筋混凝土衬砌。

(3) 其他进洞方法　当洞口段围岩为Ⅴ级及以上，地层条件很差时，还可考虑采用环形开挖留核心土法、侧壁导坑法或下导坑法等。开挖进尺应控制在1.0m以下，宜采用人工开挖，必要时才采用弱爆破。开挖前应对围岩进行预加固，如采用超前小导管或管棚支护等。因埋深浅，围岩承载力很差，应采用刚度大的工字钢拱架。施工支护必须紧贴开挖工作面，然后才能进行开挖，随挖随支。施工支护采用网喷混凝土、系统锚杆；钢拱架纵向间距为0.5~1.0m，必要时可在开挖底面施作临时仰拱。开挖完毕后及早施作钢筋混凝土衬砌。

若洞口有塌方、落石的威胁，或仰坡不甚稳定，还可用接长明洞的方式进洞。

6.5.2　明洞施工方法

在山岭隧道中，往往采用明洞结构来保护洞口的安全。明洞结构能否顺利施作直接影响到明（洞）暗（洞）交界的里程。在实际工程中，由于明洞施作与洞口边坡、仰坡刷坡配合得不好而导致明暗交界里程一再变动，致使明洞数次接长的实例不少。因此对于明洞施工应该予以高度重视。根据地形、地质情况有以下几种施工方法。

1. 先墙后拱法

先墙后拱法又称为"全部明挖先墙后拱法"，如图6-16所示。这种方法适用于埋深较浅，且按临时边坡开挖能暂时稳定的对称式明洞。根据地质条件及开挖深度，选择临时边坡坡率（图中的1:*m*、1:*n*），从上往下分台阶开挖，直至路基设计标高。如果地质条件较好，也可只用一种坡率。纵断面图中所示的开挖为分台阶直立坡，是为了坡体的稳定。如果地质条件较差，则应将直立坡改为斜坡（图6-16中虚线）。随即浇筑边墙及拱圈混凝土，并做外贴式防水层，最后进行两侧及洞顶回填。

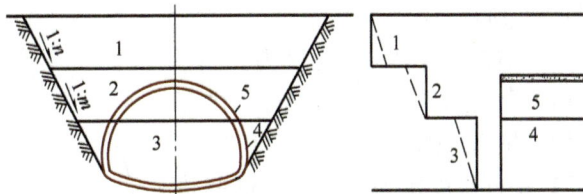

图6-16　明洞先墙后拱法
1—台阶1开挖　2—台阶2开挖　3—台阶3开挖
4—浇筑边墙　5—浇筑拱部

先墙后拱法的优点是衬砌整体性好，施工空间大，有利于施工。其缺点是土方开挖量大，刷坡较高。

2. 先拱后墙法

当路堑边坡较高、明洞埋置较深，或明洞位于松软地层中，不能明挖一挖到底时（全部明挖可能引起边坡坍塌），应采用先拱后墙法施工，如图6-17所示。施工步骤为：开挖拱部以上土石（挖至拱脚），浇筑拱圈，做外贴式防水层，进行初步回填，然后暗挖拱脚以下土石，浇筑边墙，故又称明拱暗墙法。因边墙是暗挖，在选择挖马口方式时要慎重，以防止掉拱。

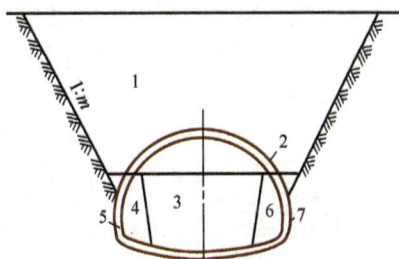

图6-17　明洞先拱后墙法
1—上台阶开挖　2—浇筑拱部　3—下台阶中央
开挖　4—左侧马口开挖　5—浇筑左侧边墙
6—右侧马口开挖　7—浇筑右侧边墙

先拱后墙法的优点是土石方开挖量较小，刷坡较低。其缺点是衬砌整体性较差，边墙的施工空间窄小，防水层施作不便。

6.6　辅助施工方法

隧道施工过程中，可能会遇到开挖工作面不能自稳，或地表沉陷过大等情况，为了确保隧道工程顺利进行和施工安全，必须采取一定的工程措施对地层进行预支护或预加固，称之为辅助施工措施。预支护措施有预留核心土、喷射混凝土封闭开挖工作面、超前锚杆（也可用小钢管）、管棚及临时仰拱封底。预加固措施有预注浆加固地层和地表喷锚预加固等。兼有预支护和预加固双重作用的有超前小导管注浆等。

辅助施工方法

辅助措施的选用，应视围岩条件、涌水状况、施工方法、环境要求等因素综合而定，可以单独使用一种措施，也可以几种联合使用。一般在设计阶段应对辅助施工措施有初步考虑，并在设计图中表示出来。在施工阶段往往还要根据开挖的具体情况予以修改，或是加强，或是减弱甚至取消。

6.6.1　超前锚杆

在隧道开挖之前，在开挖面的拱部一定范围内，沿隧道断面的周边，向地层内打入一排纵向锚杆（或小钢管），通过锚杆对围岩的加固作用，形成超前于工作面的围岩加固棚，在此棚的保护下进行开挖。开挖一个进尺后，再打入一排纵向锚杆，再掘进，如此往复推进，如图 6-18 所示。

超前锚杆设计遵循的原则为：

1）超前锚杆设置范围，对于拱部宜为隧道拱部外弧全长的 1/6 ~ 1/2。

2）锚杆长度定为 3 ~ 5m，拱部超前锚杆纵向两排之间应有 1m 以上的水平搭接段；锚杆间距，Ⅳ级围岩宜为 40 ~ 60cm，Ⅴ级围岩宜为 30 ~ 50cm。

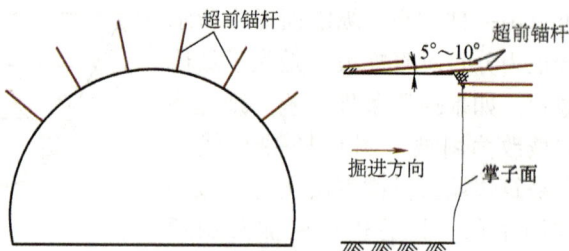

图 6-18　超前锚杆设置方式

3）充填砂浆宜采用早强砂浆，其强度等级不应低于 M20。

超前锚杆主要适用于土砂质地层、膨胀性地层、裂隙发育的岩体及断层破碎带等，其设计参数见表 6-3。

表 6-3　超前锚杆、超前小钢管设计参数

围岩级别	锚杆直径 /mm	小钢管直径/mm	锚杆、小钢管长度/m	环向间距 /cm	外插角/(°)	
					锚杆	小钢管
Ⅳ	18 ~ 22	32	3 ~ 5	40 ~ 60	5 ~ 10	5 ~ 10
Ⅴ	20 ~ 25	32	3 ~ 5	30 ~ 50	5 ~ 10	5 ~ 10

注：1. 外插角指超前锚杆或小钢管与隧道纵向开挖轮廓线的夹角。

　　2. 锚杆或小钢管的长度应与实际掘进循环长度一起考虑。

　　3. 中空锚杆目前的最小直径为 25mm。

过去超前锚杆多采用砂浆锚杆。小钢管头部做成尖锥状，尾部焊箍。施工时，都要先钻孔，然后用锤击或风钻将它们顶入，用早强砂浆使它们与孔眼岩壁黏结。目前已有效果更好的中空注浆锚杆，但造价较高。

6.6.2　管棚

当隧道位于松软地层中，或遇到塌方，需要从塌方体中穿过，或浅埋隧道，要求限制地表沉陷量，或在很差的地质条件下进洞时，均可采用管棚进行预支护。由于管径较粗，故管棚的承载能力比超前锚杆（或小钢管）要大，在所有的预支护措施中，它是支护能力最强大的，但其施工技术也较复杂，造价较高。设置方式如图 6-19 所示。

钢管构造如图 6-20 所示，管壁上须留注浆孔，孔径为 10 ~ 16mm，孔眼间距为 100 ~ 200mm，呈梅花形布置。钢管注浆有两种方式，一种是通过管壁上的注浆管向地层内注浆，既加固地层又增加了钢管刚度；另一种主要是为了增加钢管刚度，向钢管内注入混凝土，因管径较粗，为增加刚度，还可以在管内置入钢筋笼，再注入混凝土。

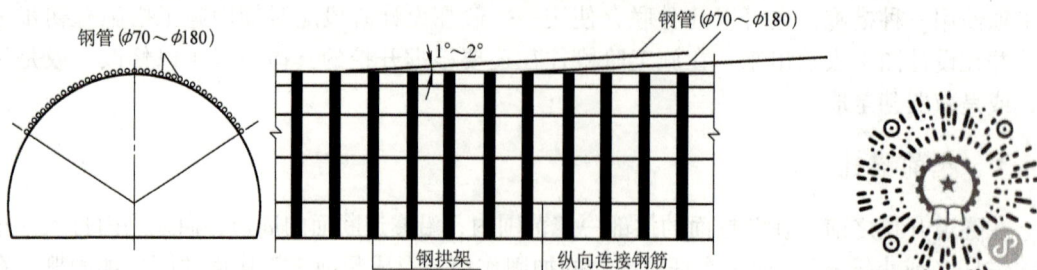

图 6-19　管棚设置方式

管棚施工

管棚设计遵循的原则为：

1）管棚的形状和导管的布置应根据隧道开挖面的形状选择。

2）导管环向间距应根据地层性质、地层压力、导管设置部位、钻孔机具和隧道开挖方式等条件确定，一般为 30 ~ 50cm，纵向两组管棚间应有不小于 3.0m 的水平搭接长度。

3）导管宜选用热轧无缝钢管，外径宜为 80 ~ 180mm，长度为 10 ~ 45m。分段安装时，分段长 4 ~ 6m，前后两段管子之间用丝扣连接或焊接，连接的长度为 10 ~ 45m。

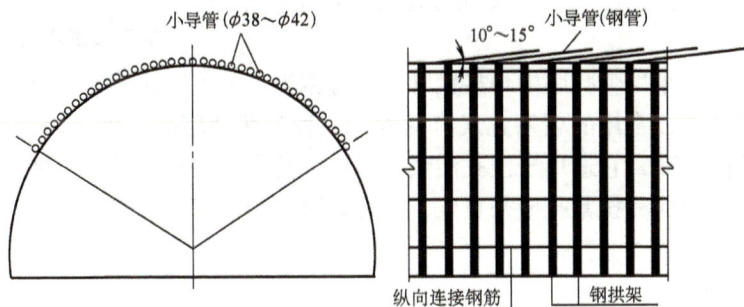

图 6-20 管棚钢管构造

4）导管上的注浆孔孔径宜为 10 ~ 16mm，间距宜为 15 ~ 20cm，呈梅花形布置。

5）当需增加管棚钢架支护的刚度时，可在钢管内注入水泥砂浆。

6）在护拱上沿隧道开挖轮廓线纵向钻设的管棚孔不得侵入隧道开挖轮廓线，孔深设计宜为 10 ~ 45m。护拱的基础应放在稳定的基础上。

管棚施工时，管棚应与钢拱架一起使用，首先沿隧道开挖工作面的拱部，呈扇形地用大型水平钻向地层中钻一排孔眼，其直径比钢管管径大 20 ~ 30mm，钻孔外插角为 1° ~ 2°，孔眼间距为 30 ~ 50cm。然后将钢管插入钻孔内形成管棚，前后两排管棚应有不小于 3.0m 的搭接长度。钢管的尾部需架设在钢拱架上，并焊死。相邻两榀钢拱架间，应采用直径 22mm 的钢筋作为拉筋，拉筋的环向间距约为 1m。沿钢架外缘环向，每隔 2m 应用楔子楔紧，使其能立即承受围岩压力。

6.6.3 超前小导管注浆

超前小导管注浆也是一种广泛使用的辅助施工措施，它往往与钢拱架一起设置。设置方式如图 6-21 所示。小导管注浆属渗入性注浆，虽然钢管本身的支护能力不如管棚，但其注浆加固地层的效果比管棚好。它适用于较干燥的砂土层、砂卵（砾）石层、断层破碎带、软弱围岩浅埋段。

图 6-21 超前小导管设置方式   超前小导管施作

超前小导管设计遵循的原则为：

1）小导管宜采用直径 42～50mm 的无缝钢管，长度宜为 3～5m。

2）小导管前部注浆孔孔径宜为 6～8mm，间距宜为 10～20cm，呈梅花形布置，尾部长度不小于 30cm。

3）小导管环向设置间距可为 20～50cm，外插角为 10°～30°，两小导管间纵向水平搭接长度不小于 100cm。

4）小导管应与钢拱架组成支护系统。

超前小导管支护刚度和预支护效果均大于超前锚杆，如图 6-22 所示。在开挖掘进之前，先用喷射混凝土将开挖面和 5m 范围内的隧道围岩壁面封闭，然后沿拱部周边一定范围打入小导管，导管的外插角宜控制在 10°～15°。小导管插入钻孔后应外露一定长度（约 20cm），以便连接注浆管。两组小导管前后纵向搭接长度不小于 1m。导管的尾部通常从格栅钢拱架的腹部穿过并与钢拱架焊接牢固，共同组成预支护系统。

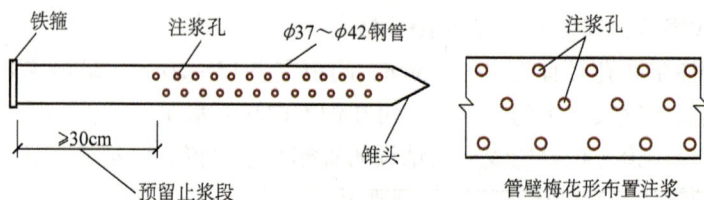

图 6-22 超前小导管钢管构造

小导管一般采用 $\phi38～\phi42$mm 的无缝钢管，管壁钻有梅花形布置的注浆孔，其孔径为 6～8mm，间距为 15～20cm。使用注浆设备将浆液压入小导管内，并通过管壁的注浆孔注入地层孔隙，凝固围岩，从而在隧道周围形成加固圈，保护隧道开挖的顺利进行。

小导管注浆以加固围岩为主，因此通常压注水泥砂浆，水胶（灰）比为 0.5～1.0。当岩体破碎，围岩止浆效果不好时，也可采用水泥—水玻璃双液注浆。

注浆以后应进行效果检查，可以用地质钻取注浆后的岩芯检查，也可以用声波探测仪测量岩体声波速度，判断注浆效果。检查结果如未达到要求，应进行补孔注浆，如已达到设计要求，可进行开挖。

6.6.4 预注浆加固地层

在开挖之前，先往地层中注浆以加固围岩，使得开挖能够安全稳妥地进行，称之为预注浆加固地层。预注浆加固又分为超前钻孔注浆加固和地表注浆加固两种。

洞内注浆加固

注浆加固地层的灌注管一般采用带孔眼的焊接钢管或无缝钢管。为了防止浆液反流，要堵塞钻孔壁与灌注管之间的孔隙，常用的堵塞方式有两种，一种是普通堵塞，就是用钢丝、木楔等材料在注浆孔口将缝隙堵死，它适用于浅孔注浆；另一种是专用的止浆塞，用橡胶制作，套在注浆管上，靠注浆压力使其挤紧孔壁来止浆，这种方法多用于深孔注浆。

6.6.5 地表锚喷预加固

在浅埋洞口地段，由于覆盖层较薄，可能会形成边挖边塌的局面，使得进洞困难。在偏压洞口段，往往一侧边坡开挖过高，形成不稳定边坡，危及施工和运营。在这样的情况下，采用地表锚喷加固是比较合适的。通过对地表的预加固，可以使得进洞顺利进行，也可以为改变坡率创造条件，使得较高的边坡降低开挖高度。地表锚喷预加固类型与加固方法有：

（1）洞口边仰坡表层预加固 先按设计坡度刷坡，然后沿坡面喷射混凝土，必要时加设钢筋网。该法适用于松软砂土质地层坡面的加固，可防止表层的剥落和滑塌。其加固范围一般为刷坡范围。

（2）洞门上方陡坎加固和仰坡加固 如图6-23所示，洞门上方陡坎是指洞门端墙施工前，衬砌拱顶外缘至仰坡坡脚的陡立壁面。如果岩体较软弱，可往陡坎中水平打入锚杆（或小导管），锚杆布置宽度以隧道洞宽为准，并喷射混凝土将陡坎面封闭，必要时加设钢筋网。

（3）洞口浅埋段预加固 当洞口自然坡面较平

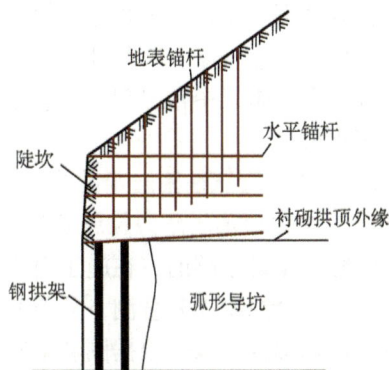

图6-23 洞口上方陡坎加固

缓，围岩软弱，隧道覆盖层浅，洞口开挖后地层不能自稳时，以锚杆加固为主，最好能将锚杆伸至衬砌拱圈外缘的设计位置，以增强锚杆锁固围岩的能力。

地表锚喷预加固喷射混凝土厚度一般为5~10cm，锚杆常用HRB400螺纹钢筋，直径为16~22cm，长度一般为3~6m，或依具体情况而定，钢筋网用HPB300钢筋，直径为6~8mm，编扎成40cm×40cm的网格，焊接于锚杆地表出露端。

6.7 特殊地质地段的施工方法

特殊地质地段是指膨胀地层、软弱黄土层、塌方、岩溶、岩爆、流砂、高地温、瓦斯等地层。因为塌方在隧道施工中经常遇到，所以在此将其列为特殊地质。实际上塌方不属于地质，只是一种隧道事故，塌方在任何地质地层中均可发生，如膨胀地质、软弱黄土地层等。

特殊地质地段隧道，由于岩层的地质条件成因复杂，地质条件具有突变性，事故具有突发性，对隧道施工的危害极大，如果仅靠常规的隧道施工技术和施工方法是很难克服的。因此在特殊地质地段进行隧道施工时，除了应遵守一般技术要求外，还应采取针对性较强的辅助施工方法。在开挖、支护时，由于各种因素影响可能发生坍塌，支护结构被破坏和各种施工难题，严重影响施工进度、安全和工程质量。

6.7.1 膨胀性围岩

我国是世界上膨胀性岩层分布面积最广的国家之一，现已发现有膨胀性围岩发育的地方有西南、西北、东北、长江与黄河下游及东南沿海地区，分布十分广泛。

1. 膨胀性围岩的特性

在膨胀性围岩地层中，隧道开挖后不久，常常可以见到围岩因开挖而产生变形，或者因浸水而膨胀，或因风化而开裂等现象。隧道的顶部及两侧向内挤入，底部鼓起，随着时间的推移，会出现支撑破坏、衬砌变形。这些现象说明膨胀性围岩性质是极其复杂的。它与一般土质的围岩性质有根本的区别。膨胀性围岩常常具有明显的塑性流变特性，开挖后将产生较大的塑性变形。隧道施工开挖过程中，常有初期围岩变形大、发展速度快等现象。膨胀性围岩因吸水而膨胀，失水而收缩，都将破坏围岩的稳定性。

2. 膨胀性围岩对隧道施工的危害

膨胀性围岩的特殊工程地质性质及其围岩压力特性，使隧道存在普遍开裂、内挤，甚至局部坍塌等变形现象。膨胀性隧道围岩变形常具有速度快、破坏性大、延续时间长和整治较困难等特点。施工中常出现围岩裂缝、隧道下沉、围岩膨胀突出和坍塌、底鼓、衬砌变形和破坏等现象。

3. 隧道在膨胀性围岩中的施工要点

（1）加强对围岩压力及流变的调查和量测　在膨胀性地层中开挖隧道，仅仅是认真按设计图样施工是不够的，在施工过程中，除了要对位移进行量测，还应对围岩压力及其流变情况进行充分的调查和量测，分析其变化规律。对地下水应探明分布范围及规律，了解水对施工的影响程度，以便根据围岩动态采取相应的施工措施。

（2）合理选择施工方法　膨胀性围岩压力的施工效应，是导致隧道变形病害的主要原因。采用合理的施工方法，对隧道的稳定性有着至关重要的作用。在膨胀性围岩隧道中常用的施工方法有短台阶或超短台阶法、单侧壁导坑法、眼镜工法等。后两种方法适用于跨度较大的隧道，但它们的断面闭合时间较迟，必须注意防止边墙混凝土受压向隧道内挤。另外，也可采用环形开挖留核心土法、中隔墙法等，可依据施工条件确定。

（3）加强支护　膨胀性围岩地段隧道，除开挖后需立即喷射混凝土外，应及早进行支护。当膨胀压力较大时，应根据实际情况及围岩变形状态，采用不同类型的型钢支撑，或钢管环箍支撑、钢格栅支撑等。拱圈浇筑后，拱脚部位应立即设置足够强度的横撑，以抵挡两侧围岩向内挤压变形。

6.7.2　黄土

黄土在我国分布较广，黄河中游的陕西和甘肃大部分，山西南部、河南西部地区为我国黄土和湿陷性黄土的主要分布区。这些地区的黄土分布厚度大，地层全面连续，发育较为典型。其他地区（如河北、山东、内蒙古、东北、青海、新疆等）也有分布。

1. 黄土对隧道施工的影响

黄土地层对隧道施工的影响主要有：

（1）黄土节理　在红棕色或深褐色的古土壤黄土层，常具有各方向的构造节理，有的原生节理呈X形，成对出现，并有一定延续性。在隧道开挖时，土体容易顺着节理张松或剪断。如果这种地层位于隧道顶部，则极易产生"塌顶"。如果位于侧壁，则普遍出现侧壁掉土，若施工时处理不当，常会引起较大的坍塌。

（2）黄土冲沟地段、黄土溶洞与陷穴　隧道在黄土冲沟或塘边地段施工时，当隧道在较长的范围内沿着冲沟或塘边平行走向，而且覆盖较薄或偏压很大的情况下，容易发生较大的坍塌或滑坡现象。黄土溶洞与陷穴是黄土地区经常见到的不良地质现象，隧道若修建在其上方，则有基础下沉的危害。隧道若修建在其下方，常有发生冒顶的危险。隧道若修建在其邻侧，则有可能承受偏压。

（3）水对黄土隧道施工的影响　在含有地下水的黄土层中修建隧道，由于黄土在干燥时很坚固，承载力也较高，施工可顺利进行。当其受水浸湿后则呈不同程度的湿陷性，会突然发生下沉现象，使开挖后的围岩迅速丧失自稳能力，如果支护措施满足不了变化后的情况，极容易造成隧道坍塌。

在黄土隧道中施工，若洞内排水不良，洞内道路将泥泞难行，不论是无轨还是有轨运输都会给道路的维护、机械的使用与保养、隧道的铺底或仰拱施工等作业造成很大的困难。

2. 黄土隧道的施工要点

黄土隧道施工，应做好黄土中构造节理的产状与分布状况的调查。对因构造节理切割而形成的不稳定部位，在施工时应加强支护措施，防止坍塌，确保安全施工。

施工中应遵循"短开挖、少扰动、强支护、实回填、严治水、勤量测"的施工原则，要求施工工序紧凑，精心组织施工。

开挖方法宜采用短台阶法或环形开挖留核心法，初期支护应紧跟开挖面施作。黄土围岩开挖后不能暴露时间过长，否则围岩壁面会风化至内部，使得土体松弛加快，以至发生塌方。

做好洞顶、洞门及洞口的防排水系统工程，并妥善处理好陷穴、裂缝，以免地面积水侵蚀洞体周围，造成土体坍塌。在含有地下水的黄土层中施工时，洞内应施作良好的排水设施。水量较大时，应采用井点降水等方法将地下水位降至隧道衬砌底部以下，以改善施工条件。在干燥无水的黄土层中施工，应管理好施工用水，不使废水漫流。

3. 黄土隧道的洞门设计应遵循的原则

非湿陷性黄土地基上的洞门设计应考虑地表水冲刷防护；湿陷性黄土地基上的洞门，应根据黄土的物理性质，对端、翼墙地基采取适当的换填夯实措施；黄土隧道洞门墙背上的压力可按库仑理论计算，同时应考虑土壤黏聚力的作用，根据地质条件选择合理的洞门形式，并对洞门的稳定性进行相关验算。

6.7.3　溶洞

岩溶是指可溶性岩层（如石灰岩、白云岩、白云质灰岩、石膏、岩盐等）受水的化学和机械作用产生沟槽、裂缝和空洞，以及由于空洞的顶部塌落使地表产生陷穴、洼地等类现象和作用。溶洞是岩溶现象的一种，溶洞是以岩溶水的溶蚀作用为主，间有潜蚀和机械塌陷作用而造成的基本呈水平方向延伸的通道。

我国石灰岩分布极广（如广西、贵州、云南、四川、湖南等），在这些地区修建隧道常会遇到各种溶洞，务必引起高度注意。

1. 溶洞的类型

溶洞一般有死、活、干、湿、大、小几种类型。死、干、小的溶洞比较容易处理，而活、湿、大的溶洞，处理方法则较为复杂。

当隧道穿过可溶性岩层时，有的溶洞位于隧道顶部，洞穴大且岩质破碎，容易发生坍塌。有的溶洞位于隧道底部，充填物松软且深，使隧道基底难于处理。有时溶洞或溶槽位于隧道掌子面前方且有大量淤泥质充填物，当隧道掘进至其边缘时，含水充填物不断涌入隧道，难以遏止，甚至使地表开裂下沉，山体压力剧增。有时遇到大的水囊或地下暗河，岩溶水或泥砂夹水大量涌入隧道。有的溶洞、暗河迂回交错、分支错综复杂、范围宽广，处理十分困难。

2. 隧道溶洞处理措施

隧道通过岩溶区，应查明溶洞分布范围和类型，岩层的完整稳定程度、填充物和地下水情况，据以确定施工方法。对尚在发育或穿越暗河水囊等地质条件复杂的岩溶区，应查明情况，慎重选定施工方案。对有可能发生突然大量涌水、流石流泥、崩塌落石等，必须事先制定措施，确保施工安全。在岩溶地段，隧道常用处理溶洞的方法，有"引、堵、越、绕"四种。

（1）引 遇到地下暗河或溶洞有水流时，宜排不宜堵。应在查明水源流向及其与隧道位置的关系后，用暗管、涵洞或小桥等设施渲泄水流，或开凿泄水洞将水排出洞外（图 6-24）。当岩溶水流的位置在隧道顶部或高于隧道顶部时，应在适当距离处，开凿引水斜洞（或引水槽）将水位降低到隧底标高以下，再行引排。当隧道设有平行导坑时，可将水引入平行导坑排出。

（2）堵 对已停止发育、跨径较小，无水的溶洞，可根据其与隧道相交的位置及其充填情况，采用混凝土、浆砌片石或干砌片石予以回填封闭；或加深边墙基础，加固隧道底部（图 6-25）。当隧道拱顶有溶洞时，可视溶洞的岩石破碎程度在溶洞顶部采用锚杆或网锚喷加固，必要时可考虑注浆，并加设隧道护拱及拱顶回填进行处理（图 6-26）。

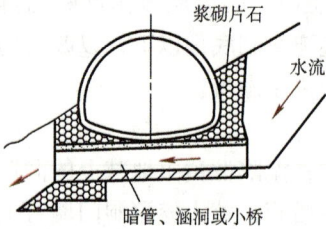

图 6-24 桥涵渲泄水流

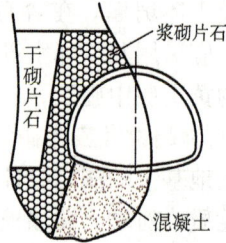

图 6-25 溶洞堵填

（3）越 当隧道一侧遇到狭长而较深的溶洞，可加深该侧的边墙基础通过（图 6-27）。隧道底部遇有较大溶洞并有流水时，可在隧道底部以下砌筑圬工承重墙，支承隧道结构，跨越而过，在承重墙内应套设涵管引排溶洞水（图 6-28）。隧道过墙部位遇到较大、较深的溶洞，不宜加深边墙基础时，可在边墙部位或隧底以下筑拱跨过（图 6-29）。隧道穿过大型溶洞，情况复杂时，可根据情况，采用边墙梁、行车梁等，由设计单位负责进行特殊设计后再施工。

（4）绕 在岩溶区施工，个别溶洞处理耗时且困难时，可采用迂回导坑绕过溶洞，继续进行隧道前方的施工，以节省时间，加快施工进度，同时处理溶洞。绕行开挖迂回导坑时，应与溶洞保持一定的间距，以防止洞壁失稳。

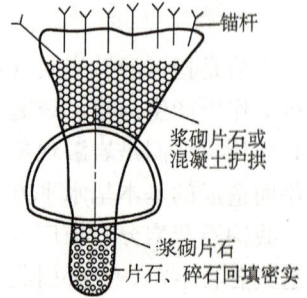

图 6-26 锚杆加固与护拱

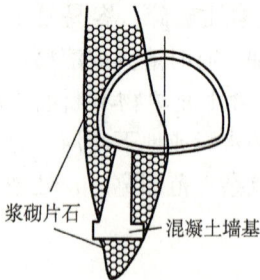

图 6-27 加深边墙基础

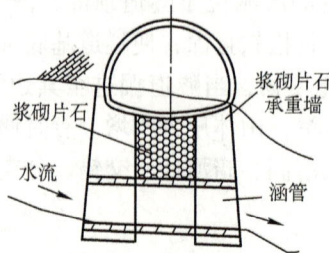

图 6-28 在承重墙内设涵管

图 6-29 筑拱跨越溶洞

3. 溶洞地段施工的注意事项

1）当施工到达溶洞边缘时，各工序应紧密衔接，支护和衬砌赶前。同时，应利用探孔或物探作超前预报，设法探明溶洞的形状、范围、大小、充填物及地下水等情况，据以制订施工处理方案及安全措施。

2）施工中注意检查溶洞顶部，及时处理危石。当溶洞较大、较高且顶部破碎时，应先喷射混凝土加固，再在靠近溶洞顶部附近打入锚杆，并应设置施工防护架或钢筋防护网。

3）在溶蚀地段的爆破作业应尽量做到多打眼、打浅眼，并控制爆破药量，以减少对围岩的扰动，防止在一次爆破后溶洞内的填充物突然大量涌入隧道，或溶洞水突然涌入隧道，造成严重损失。

4）在溶洞充填体中掘进，如充填物松软，可用超前支护施工。如充填物为极松散的砾石、块石堆积或流塑状黏土及砂黏土等，可于开挖前采用地表注浆、洞内注浆或地表和洞内注浆相结合加固。如遇颗粒细、含水量大的流塑状土壤，可采用劈裂注浆技术，注入水泥浆或水泥—水玻璃双液浆进行加固。

5）溶洞未做出处理方案前，不要将弃渣随意倾填于溶洞中。因弃渣覆盖了溶洞，不但不能了解其真实情况，反而会造成更多困难。

6.7.4　塌方

隧道开挖过程中产生塌方的原因主要有两类，一是地质因素，即围岩本身的稳定状态；二是人为因素，即不适当的设计，或不适当的施工作业方法等。塌方会给施工带来很大的困难，造成严重的经济损失，因此需要尽量注意排除可能导致塌方的各种因素，尽可能避免塌方的发生。如果能发现征兆，采取有力措施予以排除，做到防患于未然，对隧道施工具有非常大的意义。

1. 发生塌方的主要原因

（1）不良地质及水文地质条件

1）隧道穿过断层及其破碎带，或在薄层岩体的小褶曲、错动发育地段，一经开挖，潜在应力迅速释放，围岩失稳，轻则引起围岩掉块、塌落，重则引起塌方。

2）当通过各种堆积体时，由于围岩结构松散，颗粒间无胶结或胶结差，开挖后引起坍塌。

3）在软弱结构面发育或泥质充填物过多的地层中，均易产生较大的坍塌。

4）隧道穿越地层覆盖过薄地段，如在沿河傍山、偏压地段，沟谷凹地浅埋和丘陵浅埋地段极易发生塌方。

5）岩层软硬相间或有软弱夹层的岩体，在地下水的作用下，软弱面的强度大为降低，因而发生滑塌。

6）地下水的软化、浸泡、冲蚀、溶解等作用加剧了岩体的失稳和塌落。

（2）隧道设计考虑不周

1）隧道选定位置时，地质勘查不细，未能做详细的分析，或未能查明可能塌方的因素。没有绕开可以避开的不良地质地段，使得隧道选址不合理。

2）设计本身可能存在不合理的地方。

（3）施工方法和措施不当

1）施工方法与地质条件不相适应；地质条件发生变化时，没有及时改变施工方法；工序间距安排不当，致使支护应该尽快闭合而没有闭合。

2）喷锚支护不及时，围岩暴露时间过久。喷射混凝土的质量、厚度不符合要求。

3）按新奥法施工的隧道，没有按规定进行量测，或信息处理失误，或反馈不及时，导致决策失误，丧失了对围岩的有效控制。

4）没有科学地进行控制爆破，围岩爆破用药量过多，因而扰动过度，引起坍塌。

5）对危石检查不重视、不及时，或处理危石措施不当，引起岩层坍塌。

2. 塌方前的预兆

1）量测信息所反应的变形速度或数值超过允许值。

2）喷射混凝土产生纵横向裂纹或龟裂。

3）在坑顶或坑壁发现不断掉下土块、小石块或构件支撑间隙不断漏出砂、石屑。

4）岩层层理、节理缝或裂隙变大、张开。

5）隧道内渗水、滴水突然加剧或变浑。

3. 预防塌方的施工措施

（1）选择安全合理的施工方法 隧道施工预防塌方，选择安全合理的施工方法和措施至关重要。在掘进到不良地质围岩地段时，必须制订切实可行的施工方案及安全措施。

1）先排水。在施工前或施工中均应采取相应的防排水措施。

2）短开挖。各部分开挖工序间距要尽量缩短，以减少围岩暴露时间。

3）弱爆破。爆破时，采用浅眼、密眼，并严格控制用药量或用微差毫秒爆破。

4）强支护。针对地压情况，确保支护结构有足够的强度。

5）快衬砌。衬砌要紧跟开挖工作面进行，力求衬砌尽快成环。

6）勤检查、勤量测。当发现围岩有变形或有异状，要立即采取相应措施及时处理隐患。

（2）加强塌方的预测 在施工阶段进行塌方预测，可以及时发现塌方的可能性及征兆，一旦发现征兆，就可以根据不同情况采用不同的施工方法及采取控制塌方的有力措施。预测塌方常用的几种方法：

1）观察法。观察支护结构是否发生了较大的变形，检查岩层的层理、节理裂隙是否变大，坑顶或坑壁有无松动、掉块，喷射混凝土是否发生脱落，以及地表是否下沉等。还可以在掘进工作面采用探孔对地质情况或水文地质情况进行探察，同时对掘进工作面应进行地质素描，对掘进前方有无发生塌方的可能性进行超前预测。

2）一般量测法。按时量测观测点的位移、应力，分析研究测得的数据，及时发现不正常的受力与位移状态，捕捉有可能引起塌方的细微情况。

3）微地震学测量法和声学测量法。微地震学测量法是使用按地震测量原理制成的专用仪器来收集塌方信息，声学测量法是通过测量岩石的声波分析确定岩石受力状态来预测塌方。

（3）加强初期支护 当开挖出工作面后，应及时有效地完成喷锚支护或网锚喷联合支护，并应考虑采用早强喷射混凝土、早强锚杆和钢支撑支护措施等，这对防止局部坍塌，提高隧道整体稳定性具有重要的作用。换句话说，初期支护的合理与否是关系到是否发生塌方的重要因素。

4. 隧道塌方的处理措施

隧道发生塌方后，应及时迅速处理，切忌拖延，因为随着时间推移，塌穴岩壁会进一步恶化，导致塌方范围继续扩大。处理时必须详细观测塌方的范围、形状及塌穴的地质构造，查明塌方发生的原因和地下水活动情况，制定切实可行的处理方案。处理塌方应先加固未坍塌地段，防止继续发展。塌方地段的衬砌，应视塌穴大小和地质情况予以加强。衬砌背后与塌穴洞壁之间必须紧密回填或支撑。可按下列方法进行处理：

(1) 小塌方　塌穴不高，且纵向延伸不长，首先加固塌体两端洞身，并抓紧喷射混凝土或采用锚喷联合支护封闭塌穴顶部和侧部，再进行清渣。在确保安全的前提下，也可在塌渣上架设临时支架，稳定顶部，然后清渣。临时支架的拆除须待浇筑衬砌混凝土达到要求强度后方可进行。最后要用浆砌片石或干砌片石将塌穴填满。

(2) 大塌方　塌穴高、塌渣数量大，且塌渣体完全堵住洞身时，宜采取先护后挖的方法。在查清塌穴规模大小和穴顶位置后，可采用管棚法和注浆固结法稳固围岩和渣体，待其基本稳定后，按先上部后下部的顺序清除渣体，并尽快完成模筑混凝土衬砌（加强型）。对衬砌背后的空穴，可先用浆砌片石回填一定厚度，再以弃渣填实。当塌穴很大，全部填满有困难时，也可考虑采用喷锚支护等方法稳定塌穴洞壁，或请设计单位共同做出处理。

(3) 塌方冒顶　指一直塌到了地表。在清渣前应先支护塌穴口，地层极差时，可在塌穴口附近地面布置地表锚杆对地层予以加固，洞内塌体可采用管棚等方法穿越。同时，地表塌穴要用雨布遮盖，周围开挖临时排水沟，以防雨水流入洞内。

(4) 洞口塌方　指进洞方法不当导致洞口地表塌方，需采取明洞的方法（现场也称为"暗洞明作"）进洞。一般来说，接了明洞以后都可以解决问题，但增加了工程造价。

(5) 防排水的处理措施　隧道塌方往往与地下水的活动密切相关，故"治塌应先治水"是隧道施工的基本常识。一旦发生塌方，首先应积极采取措施，截断地表水渗入塌体范围，在洞内防止地下水渗入塌方地段，以免塌方继续扩大。具体措施有：

1）地表沉陷和裂缝，用黏土紧密夯实，周围开挖截水沟，防止地表水渗入。

2）塌方冒顶时，在陷穴口地表四周挖沟排水，并设雨棚遮盖穴顶。陷穴口的回填应高出地面，并用黏土或圬工封口。

3）塌体内有地下水活动时，应用管槽引至排水沟排出，以防止水对塌体的继续破坏。

6.7.5　岩爆

岩爆是岩体中聚集的高弹性应变能，因隧道开挖而发生的一种应力释放现象。它的形成需要两个条件：

1）地层的岩性条件。岩爆只发生于结构完整或基本完整的脆性硬岩地层中，多见于石英岩、花岗岩、正长岩、闪长岩、花岗闪长岩、大理岩、花斑状大理岩、片麻岩等岩体。

2）地应力条件。岩爆多发生于埋深大的隧道中，因只有埋深大才足以形成高地应力，在高地应力作用下，地层中才能积聚很高的弹性应变能。一般来说，埋深超过700m的隧道发生岩爆的情况居多，但埋深在200m左右也有发生的实例。

岩爆的工程现象是：当隧道开挖时，岩体受到急剧破坏，岩片由围岩壁面上突发性地飞出，发出爆裂声，而且大都发生在隧道掌子面附近及侧壁上，有时频繁出现，有时甚至会延续一段时间后才逐渐消失。

当隧道穿过这些高地应力区时，一旦具备岩性条件，发生岩爆的可能性就大为增加。岩爆不仅直接威胁作业人员与施工设备的安全，而且严重影响施工进度，增加工程造价。

1. 隧道内岩爆的特点

1) 岩爆在未发生前并无明显的预兆，虽然经过仔细找顶，但并无空响声，一般认为不会掉落石块的地方，也会突然发生岩石爆裂声响，石块有时应声而下，有时暂不坠落。在没有支撑的情况下，对施工安全威胁甚大。这与一般掉块、塌顶及侧壁坍塌现象有明显的区别。

2) 岩爆时，岩块自洞壁围岩母体迸射而出，一般呈中间厚边缘薄的不规则片状，块度大小多呈数厘米长宽的薄片，个别达数十厘米长宽。严重时，上吨重的岩石从拱部弹落，造成岩爆塌方。

3) 岩爆发生的地点，多在新开挖工作面及其附近，个别的也发生在距新开挖工作面较远处，岩爆多发生在爆破后 2~3h。

4) 在溶孔较多的岩层里，则不会发生岩爆。

2. 岩爆的防治措施

既然岩爆产生的前提条件取决于围岩的应力状态与围岩的岩性条件。在施工中控制和改变这两个因素就可能防止或减弱岩爆的发生。因此，岩爆的防治措施主要有两条：一是强化围岩，二是弱化围岩。

强化围岩的措施很多，如喷射混凝土或喷钢纤维混凝土、锚杆加固、喷锚支护、网锚喷联合、钢支撑网喷联合等。这些措施的出发点是给围岩一定的径向约束，使围岩的应力状态较快地从平面转向三维应力状态，以达到延缓或抑制岩爆发生的目的。

弱化围岩的措施之一是往岩层中注水，调查结果表明，当隧道有涌水时是不会发生岩爆的，注水能改变岩石的物理力学性质，降低岩石的脆性和储存能量的能力。措施之二是解除围岩中的高地应力，方法有超前预裂爆破、排孔法、切缝法等，目的是消减围岩中的能量，以便能量平和地转化或释放。

3. 岩爆地段隧道施工的注意事项

1) 如设有平行导坑，则平导应超前于正洞一定距离，以了解地质，判断是否会发生岩爆，为正洞施工达到相应地段时加强防治提供依据。如有条件，可采用声波探测预报岩爆工作。

2) 爆破应选用预先释放部分能量的方法，如超前预裂爆破法、切缝法和排孔法等，先期将岩层的原始应力释放掉一些，以减少岩爆的发生。爆破应严格控制用药量，以尽可能减少爆破对围岩的扰动。

3) 根据岩爆发生的频率和规模情况，必要时应考虑缩短爆破循环进尺。初期支护和衬砌要紧跟开挖面，以尽可能减少岩层的暴露面和暴露时间，防止岩爆的发生。

4) 岩爆引起塌方时，应迅速将人员和机械撤到安全地段；采用摩擦型锚杆进行支护，增大初始锚固力；喷射钢纤维混凝土，抑制开挖面围岩的剥落；采用钢支撑加固。

5) 充分做好岩爆现象观察记录，以备分析。

6.7.6 高地温

隧道通过高温、高热地段时会给施工带来困难。一般在火山地区修建隧道会遇到高温高热的情况，如日本某地的发电厂工程的隧道，其围岩温度高达 175℃。在高温隧道中发生过施工人员被地层中喷出的热水烫伤或因硫化氢等有害气体中毒的事例。

1. 高地温的热源

地热的形成按热源分类，可分为三大类：①地球的地幔对流；②火山岩浆集中处的地热；③放射性元素的裂变热成为热源。其中，对隧道工程造成施工影响的，主要是火山的热源和放射性元素的裂变热源。

(1) 火山的热源　由火山供给的热使地下岩浆附近的地下水成为热水，这种热水（泉水）成为热源又将热供给周围的岩层。当隧道穿过这种岩层时，就会发生高温、高热的现象。

(2) 放射性元素裂变热的热源　根据日本有关文献介绍，由于地壳内岩石中含有放射性物质，其裂变热产生地温，地下温度随深度的增加而增加，其平均增温率为 $3℃/100m$。东京大学院内测定的实例表明，假定地表温度为 $15℃$，地下增温率以 $3℃/100m$ 计，则覆盖层厚 $1000m$ 深处的地温成为 $45℃$。日本某地质调查所对 30 处深层热水地区进行了调查，结果表明，在不受火山热源影响的平原地区，其地下 $2000m$ 深处的地温高达 $67 \sim 136℃$。这说明如果覆盖层很厚，即使没有火山热源供给，也可能形成高温、高热。

2. 隧道在高地温地区的施工措施

1）为保证隧道施工人员进行正常的安全生产，我国有关部门对隧道施工作业环境的卫生标准专门有规定。如原铁道部规定，隧道内气温不得超过 $28℃$；原交通部规定，隧道内气温不宜高于 $30℃$。日本规定隧道内温度低于 $37℃$。

2）为达到规定的标准，在施工中一般采取通风和洒水降温。地温较高时，可采用大型通风设备降温。地温很高时，利用平导往正洞前方超前钻探一段距离，如有热水涌出，可在平导内增加降水、排水设施和排水钻孔，以降低正洞的水位。如正洞施工中仍有热水涌出，可采取注浆措施来堵住热水。

3）应密切注意高温地段的衬砌混凝土施作。在高温（如 $70℃$）的岩体及喷射混凝土上浇筑二次混凝土衬砌时，即使厚度再薄，水化热也不易逸出，由于混凝土内部和表面的温差，在早龄期有可能存在裂缝。因此，对二次混凝土衬砌应采取防止裂缝的措施：

① 为了防止高温时的强度降低，应选定合适的水胶（灰）比，并考虑到对温泉水的耐久性，宜采用高炉矿渣水泥（分离粉碎型水泥）。混凝土配合比和掺合剂应通过试验优选。

② 在防水板和混凝土衬砌之间设置隔热材料，可在一定程度上隔断由围岩传播过来的热量，使混凝土内的温度应力降低。

③ 适当缩短衬砌混凝土的浇筑长度。

④ 用防水板和无纺布组合成缓冲材料，将二次混凝土衬砌与喷混凝土隔离，这可以使混凝土衬砌的收缩不受约束。

4）根据隧道内的高温程度、劳动强度和劳动效率，合理确定劳动工时，既保证了施工人员的健康，也保证了进度的顺利开展。

6.7.7　瓦斯地层

瓦斯是地下隧道内有害气体的总称，其成分以沼气（CH_4）为主，一般习惯称沼气为瓦斯。当隧道穿过煤层、油页岩或含沥青等岩层，或从其附近围岩破碎、节理发育的地层中穿过时，可能会遇到瓦斯。如果隧道内空气中瓦斯含量达到爆炸限度，一旦与火源接触，就会引起爆炸，给隧道施工安全带来很大的危害，造成严重的经济损失。因此，在瓦斯地层中修建隧道，必须采取相应措施，才能安全顺利施工。

1. 瓦斯的性质

1）瓦斯（沼气）为无色、无臭、无味的气体，与碳化氢或硫化氢混合在一起，发生类似苹果的香味，由于空气中瓦斯含量增加，氧气相应减少，很容易使人窒息或发生死亡事故。

2）瓦斯的密度为 $0.544g/cm^3$，仅为空气密度的 $1/2$，所以瓦斯容易积聚在隧道顶部。其扩散速度比空气大 1.6 倍，很容易透过裂隙发育、结构松散的岩层。

3）瓦斯不能自燃，但极易燃烧，其燃烧的火焰颜色，随瓦斯含量的增大而变淡，空气中含有少量瓦斯时火焰呈蓝色，瓦斯体积分数为5%左右时，火焰呈淡青色。

2. 瓦斯的燃烧和爆炸性

当隧道中的瓦斯的体积分数小于5%，此时遇到火源，瓦斯只在火源附近燃烧而不会爆炸。瓦斯的体积分数在5%~16%时，遇到火源具有爆炸性。瓦斯的体积分数大于16%时，一般不爆炸，但遇火能平静地燃烧。

瓦斯燃烧时，一旦遇到障碍而受压缩，就会形成爆炸。爆炸时能发生高温，封闭状态中的爆炸（容积为常数），温度可达 $2150 \sim 2650℃$，能向四周自由扩张时的爆炸（压力为常数），温度可达 $1850℃$。发生瓦斯爆炸后的隧道内完全无氧，而是充满氮气、二氧化碳及一氧化碳。这些有害气体很快传到邻近的隧道和工作面，凡是来不及躲避的人员，都会中毒窒息，甚至死亡。

瓦斯爆炸时，爆轰波运动造成暴风在前，火焰在后，暴风遇到积存瓦斯，使它先受到压力，然后火焰点燃发生爆炸。第二次瓦斯受到的压力比原来的压力大，因此爆炸后的破坏力也更剧烈。

3. 瓦斯释放的方式

（1）施工阶段

1）瓦斯的渗出：它是缓慢地、均匀地、不停地从煤层或岩层的暴露面的空隙中渗出，延续时间很久，有时带有一种嘶音。

2）瓦斯的喷出：比上述渗出强烈，从煤层或岩层裂缝或孔洞中放出，喷出的时间有长有短，通常有较大的响声和压力。

3）瓦斯的突出：在短时间内，从煤层或岩层中，突然猛烈地喷出大量瓦斯，喷出的时间能从几分钟到几小时，喷出时常有巨大轰响，并夹有煤块或岩石。

以上三种瓦斯释放形式，往往以第一种放出的瓦斯量为最大，因而最不易被人发觉。

（2）运营阶段 地层中的瓦斯主要通过衬砌本体的细微裂隙和施工缝等通道渗入隧道内。瓦斯渗入量不仅与煤层（或地层）中瓦斯含量、压差（瓦斯压力和隧道内空气压力之差）有关，而且与衬砌材料、接缝材料的渗透性质有关，还与隧道内空气的流动速度等因素有关。

4. 防止瓦斯事故的措施

1）隧道穿过瓦斯溢出地段，应预先确定瓦斯探测方法，并制订瓦斯稀释措施、防爆措施和紧急救援等措施。

2）在选择瓦斯地区的施工方法时，要求各工序间距尽量短，尽快对瓦斯地段进行衬砌封闭，并保证混凝土的密实性，以防瓦斯溢出。当开挖分部多时，岩层暴露的总面积多，成洞时间长，洞内各工序交错分散，易使瓦斯各处积滞量不匀，这对施工是很不利的。因此，应尽量选择分部少的施工方法，只要条件许可，就应尽可能采用全断面开挖，因其工序简单、面积大、通风好、随挖随护，能够很快缩短煤层中瓦斯放出的时间和缩小围岩暴露面，有利于防止瓦斯事故的发生。

3）加强通风是防止瓦斯爆炸最有效的办法。把空气中的瓦斯吹淡到爆炸限度以下的 $1/5 \sim 1/10$，将其排出洞外。有瓦斯的隧道，必须采用机械通风。通风设备必须防止漏风，并配置备用的通风机，一旦原有通风机发生故障时，备用风机能立即供风，始终保证工作面空气内的瓦斯含量在允许限度以内。当通风机发生故障或停止运转时，洞内工作人员应马上撤离到新鲜空气地区，直至通风恢复正常，才能进入工作面继续工作。

4）洞内空气中允许的瓦斯含量应控制在下述规定以内：①在洞内总回风风流中瓦斯的体积分数小于0.75%；②从其他工作面进来的风流中瓦斯的体积分数小于0.5%；③在掘进工作面瓦斯的体积分数为2%以下；④工作面装药爆破时瓦斯的体积分数在1%以下；⑤当开挖工作面风流中和电动机附近20m以内风流中瓦斯的体积分数达到1.5%时，必须停工、停机，撤出人员，切断电源，进行处理。开挖工作面内，局部积聚的瓦斯的体积分数达到2%时，在附近20m内，也必须停止工作，切断电源，进行处理。因瓦斯含量超过规定而切断电源的电气设备，都必须在瓦斯的体积分数降到1%以下时，方可重新开动。

5）如开挖进入煤层，瓦斯排放量较大，使用一般的通风手段难以稀释到安全标准时，可使用超前周边全封闭预注浆。在开挖前沿掌子面的整个周边，呈辐射状布孔注浆，形成一个全封闭截堵瓦斯的帷幕。特别是对煤层垂直方向和断层地带进行阻截注浆，其效果会更佳。开挖后要及时进行喷锚支护，并保证其厚度，以免漏气和防止围岩的失稳。

6）采用防爆设施

① 在瓦斯散发区段，使用防爆安全型的电器设备。洞内运转机械须具有防爆性能，避免运转时发生高温火花。机械施工时，要防止金属与坚石撞击、摩擦而发生火花。

② 采用非电毫秒爆破，并使用安全炸药，采用毫秒雷管时，最后一段的延迟时间不得超过130ms。

③ 洞内使用防爆灯或蓄电池灯照明。只准用电缆，不准使用皮线。

7）严格执行有关制度

① 严格执行瓦斯防爆的技术安全规则与有关制度。指定专人定时或随时测量洞内风流和瓦斯含量。瓦斯检查可采用瓦斯遥测装置、定点报警仪和手持式光波干涉仪。

② 洞内严禁使用明火，严禁将火柴、打火机、手电筒及其他易燃品带入洞内。

③ 进洞人员必须经过瓦斯知识和防止瓦斯爆炸的安全教育。抢救人员未经专门培训不准在瓦斯爆炸后进洞抢救。

6.7.8 松散地层、流砂

松散地层指漂卵石地层、极度风化破碎已失岩性的松散体、砂夹砾石和含有少量黏土的土层、无胶结松散的干砂等。其特点是结构性弱、稳定性差，在隧道施工中极易发生坍塌，若有地下水则坍塌更易发生。

松散地层常用的施工方法有先支护后开挖法、密闭支撑法、边挖边封闭法。施工时主要是为了减少对围岩的扰动，必要时采用超前注浆预加固地层的方法，及早控制地下水。

流砂是砂土或粉质黏土在水的作用下丧失其黏聚力后形成的，多呈糊状。开挖时容易引起围岩失稳坍塌，支护结构变形，甚至倒塌破坏，因此对隧道施工的危害极大。治理流砂必先治水，以减少地层的含水量为主。

流砂的治理措施有：①加强调查，制定方案；②因地制宜，综合治水；③先护后挖，加强支护；④尽早衬砌，封闭成环。

6.8 钻爆开挖和装渣运输

6.8.1 钻爆开挖

钻爆开挖作业是隧道钻爆法施工中首要的一项，它是在岩体上钻凿出一定孔径和深度的炮眼，并装上炸药进行爆破，从而达到开挖的目的。开挖作业占整个隧道施工工程量的比重较大，其造价占总造价的 20% ~40%，是隧道施工中较关键的基本作业。

开挖作业应满足以下要求：①按设计要求开挖出断面（包括形状、尺寸、表面平整、超欠挖等要求）；②石渣块度（石渣大小）适中，抛掷范围相对集中，便于装渣运输；③钻眼工作量少，掘进速度快，少占作业循环时间，并尽量节省爆破器材；④爆破在充分发挥其能力的前提下，减小对围岩的振动破坏，以保证围岩的稳定；⑤减少对施工用机具设备及支护结构的破坏，减少对周围环境的破坏（特别是隧道洞口地段爆破时）。

1. 爆破破岩作用及有关概念

（1）无限介质中的爆破作用 假定将药包埋置在无限介质中进行爆破，则在远离药包中心不同的位置上，其爆破作用是不相同的。大致可以划分为四个区域，如图 6-30 所示。

1）压缩粉碎区。它是指半径为 R_1 范围的区域。该区域内介质距离药包最近，受到的压力最大，故破坏最大。当介质为土壤或软岩时，压缩形成一个环形体孔腔；介质为硬岩时，则产生粉碎性破坏，故称为压缩粉碎区。

2）抛掷区。R_1 与 R_2 之间的范围叫抛掷区。在这个区域内介质受到的爆破力虽然比压缩粉碎区小，但介质的结构仍然被破坏成碎块。炸药爆炸能除对介质产生破坏作用外，尚有多余能量使被破坏的碎块获得运动速度，在介质处于有临空面的空间时，则在临空面方向上被抛掷出去，产生抛掷运动。

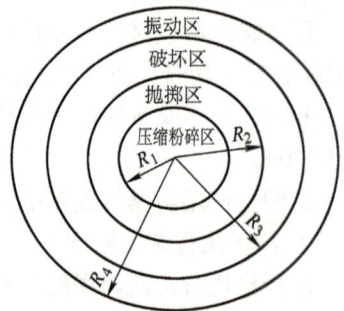

图 6-30 爆破周围区域划分

3）破坏区。该区又叫松动区，是指 R_2 与 R_3 之间的区域。爆炸能量在此区域内只能使介质破裂松动，已没有能力使碎块产生抛掷运动。

4）振动区。R_3 与 R_4 之间的范围叫爆破振动区。在此范围内，爆破能量只能使介质发生弹性变形，不能产生破坏作用。

（2）爆破的基本概念

1）临空面。临空面又叫自由面，是指暴露在大气中的开挖面。在假定的无限介质中爆破，抛掷和松动是无法实现的，而在有临空面存在的情况下，足够的炸药爆破能量就会在靠近临空面一侧实现爆破抛掷。

2）爆破漏斗。在有临空面的情况下，炸药爆破形成的一个圆锥形的爆破凹坑就叫爆破漏斗。爆破抛起的岩块，一部分落在漏斗坑之外形成一个爆破堆积体或飞石，另一部分回落到漏斗坑之内，掩盖了真正的爆破漏斗，形成看得见的爆破坑，叫可见爆破漏斗，如图6-31所示。爆破漏斗由以下几何要素组成：药包中心到自由面的最短距离，称为最小抵抗线（W）；最小抵抗线与自由面交点到爆破漏斗边沿的距离，叫爆破漏斗半径（r）；药包中心到爆破漏斗边沿的距离叫破裂半径（R）；漏斗深度（p）和压缩圈半径（R_1）等。

3）爆破作用指数。爆破漏斗半径 r 与最小抵抗线 W 的比值 n（$n = r/W$）称为爆破作用指数，这是一个描述爆破漏斗大小、爆破性质、抛掷堆积情况等因素的重要相关系数。通常爆破作用指数不同，相应的爆破效果也不同。$n = 1$，称为标准抛掷爆破，其漏斗称为标准抛掷爆破漏斗；$n > 1$，称为加强抛掷爆破或扬弃爆破；

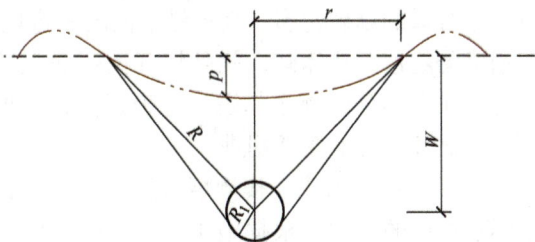

图6-31　爆破漏斗

$0.75 < n < 1$，称为加强松动或减弱抛掷爆破；$n \leqslant 0.75$，称为松动爆破。

临空面数目的多少对爆破效果有很大影响，增加临空面是改善爆破状况，提高爆破效果的重要途径。

2. 钻孔机具

目前在隧道开挖爆破中，广泛采用的钻孔机具为凿岩机和钻孔台车。其工作原理都是利用镶嵌在钻头体前端的凿刃反复冲击并转动破碎岩石而成孔，有的可通过调节冲击功的大小和转动速度以适应不同硬度的石质，达到最佳成孔效果。

凿岩机的种类很多，按使用动力可分为风动凿岩机、内燃凿岩机、电动凿岩机和液压凿岩机四种。按钻进工作原理不同，则可分为冲击转动式、旋转式及旋转冲击式。

目前在隧道开挖中，广泛使用的是风动凿岩机和液压凿岩机。

1）风动凿岩机（俗称风钻）。它以压缩空气为动力，具有结构简单，制造维修容易，操作方便，作业安全，不怕超负荷和反复起动，在多水、多尘等不良环境中仍能正常工作等优点，目前广泛使用于中小型隧道工程中。其缺点在于压缩空气供应设备复杂，能量利用率低，成本高，噪声大等。

2）液压凿岩机。它是利用液压马达驱动凿岩元件做冲击、回转运动，通过压力补偿泵，根据岩石坚硬程度调节油量、压力和冲击频率进行凿岩，具有广泛的适应性。

3）凿岩台车。将多台凿岩机安装在一个专门的移动设备上，实现多机同时作业，集中控制，称为凿岩台车。它可以同时进行多孔凿岩，以缩短钻孔时间，加快掘进速度，适合在大断面或全断面隧道开挖中使用。按结构形式的不同，凿岩台车可分为门架式、实腹式和液压钻臂式。按行走方式不同，凿岩台车可分为轮胎式、履带式和轨道式。

3. 隧道内常用的爆破方法

隧道内常用的爆破方法是传统的炮眼爆破。其主要内容包括掏槽爆破技术、炮眼参数确定及炮眼布置、装药起爆等。

（1）炮眼种类和作用　隧道开挖爆破的炮眼数目多为数十个至百余个。炮眼类型则根据这些炮眼所在的位置、爆破作用、布置方式和有关参数的不同大体上分为如下三种。

1）掏槽眼。针对隧道开挖爆破只有一个临空面的特点，为提高爆破效果，宜先在开挖断面的适当位置（一般在中央偏下部）布置几个掏槽炮眼，如图 6-32 中的 1 号炮眼。爆破时让其最先起爆，为临近炮眼的爆破创造临空面。

2）辅助眼。位于掏槽炮眼与周边炮眼之间的炮眼称为辅助眼，如图 6-32 中的 2 号炮眼。其作用是扩大掏槽炮眼炸出的槽口，为周边炮眼的爆破创造临空面。

3）周边眼。沿隧道周边布置的炮眼称为周边眼，如图 6-32 中的 3 号炮眼，其作用在于炸出一个合适的爆破轮廓。其中最下面的一排炮眼，也称为底板眼。

通常的隧道开挖爆破，就是将开挖断面上的不同种类炮眼分区布置和分区顺序起爆，逐步开挖扩大槽口，共同完成一个循环进尺的爆破掘进。

（2）掏槽眼的形式 掏槽爆破质量的好坏，直接影响整个隧道爆破的成败。根据施工方法、开挖断面大小、围岩状况和凿岩机具的不同，可将掏槽方式分为斜眼掏槽和直眼掏槽。

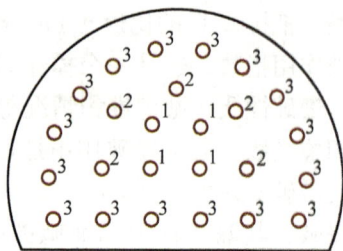

图 6-32 炮眼种类

1）斜眼掏槽。它的种类很多，如锥形掏槽、扇形掏槽、楔形掏槽、单斜掏槽等。隧道爆破中比较常用的是垂直楔形掏槽和锥形掏槽。

垂直楔形掏槽炮眼呈水平对称布置，如图 6-33 所示，爆破后将炸出楔形槽口。锥形掏槽炮眼呈角锥形布置，根据掏槽炮眼数目的不同分为三角锥、四角锥及五角锥等。图 6-34 所示为四角锥掏槽，它常用于受岩层层理、节理、裂隙等影响较大的围岩及竖井的开挖爆破。

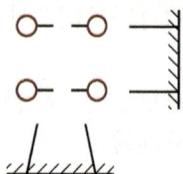

图 6-33 垂直楔形掏槽

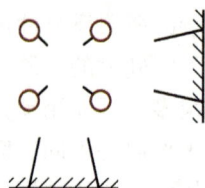

图 6-34 锥形掏槽

斜眼掏槽具有操作简单，精度要求较直眼掏槽低，能根据岩层实际情况改变掏槽角度和掏槽方式，掏槽眼数量少，炸出槽口大等优点。但是因斜度影响，炮眼最大深度受到开挖面宽度和高度限制，不便钻成深眼，也不便于多台钻机同时钻眼，钻眼方向不易准确。

2）直眼掏槽。所有掏槽炮眼均垂直于开挖面的掏槽形式，称为直眼掏槽。直眼掏槽不受围岩软硬和开挖断面大小的限制，可以钻深眼，长短钻杆配合可实行多台凿岩机同时作业，爆破渣石集中，便于快速出渣，从而为加快掘进速度提供了有利条件，且不易打坏支撑排架及其他设备。但其炮眼个数较多，炸药单耗量也要加大，另外必须严格控制钻眼方向和相互距离，否则会影响掏槽效果。常用的直眼掏槽形式有柱状掏槽和螺旋形掏槽。

柱状掏槽是充分利用大直径空眼作为临空孔和岩石破碎后的膨胀空间，使爆破后能形成柱状槽口的掏槽爆破。作为临空孔的空眼数目，视炮眼深度而定，一般当孔眼深度小于 3.0m 时取一个；孔眼深度为 3.0 ~ 3.5m 时，采用双临空孔；孔眼深度为 3.5 ~ 5.15m 时采用三个孔，如图 6-35 所示。

螺旋形掏槽的中心眼为空眼，邻近空眼的装药眼与空眼之间距离逐渐加大，其连线呈螺旋形状，如图 6-36 所示。装药眼与空眼之间距离分别为 $a = (1.0 ~ 1.5)D$，$b = (1.2 ~$

2.5)D，$c = (3.0 \sim 4.0)D$，$d = (4.0 \sim 5.0)D$，D 为空眼直径，一般不宜小于 100mm，也可用 $\phi60 \sim \phi70$ 的钻头钻成 8 字形双孔。爆破按 1、2、3、4 顺序起爆。

（3）**炮眼布置** 隧道开挖面的炮眼，有以下几种布置方法：

1）直线形布孔。将炮眼按垂直方向或水平方向，围绕掏槽开口成直线形逐层排列，如图 6-37 所示。这种布孔形式简单并且容易掌握，同排炮眼的最小抵抗线一致，间距一致，前排眼为后排眼创造临空面，爆破效果较好。

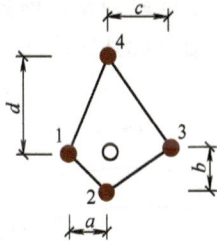

○ — 临空孔
● — 装药孔

单临空孔型　双临空孔型　三临空孔型

图 6-35　柱状掏槽

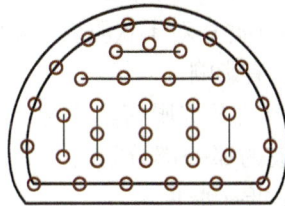

图 6-36　螺旋形掏槽

图 6-37　直线形布孔

2）多边形布孔。如图 6-38 所示，这种布孔形式是围绕着掏槽开口，由里向外将炮孔逐层布置成正方形、长方形或多边形等基本规则的图形。

3）弧形布孔。如图 6-39 所示，顺着拱部弧形轮廓线，把炮孔布置成逐层的弧形。此外，可将开挖面上部炮孔布置成弧形，下部炮孔布置成直线形，构成混合形布孔图。

4）圆形布孔。当开挖断面为圆形时，可将炮孔围绕断面中心逐层布置成圆形。这种布孔形式多用于圆形隧道、泄水洞及圆柱形竖井的开挖。

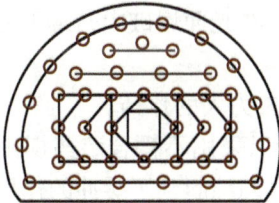

图 6-38　多边形布孔

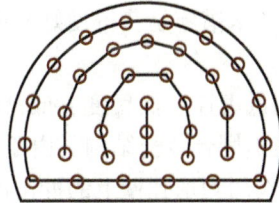

图 6-39　弧形布孔

（4）**周边眼的控制爆破** 周边眼的爆破结果反映了整个洞室爆破的成洞效果。实践表明，采用一般方法进行爆破，不仅对围岩扰动大，而且很难爆破出理想的开挖轮廓，目前多采用控制爆破技术进行爆破。隧道控制爆破主要指光面爆破和预裂爆破两种方式。

1）光面爆破。光面爆破是通过正确确定周边眼的各爆破参数，使爆破后的围岩断面轮廓整齐，最大限度地减轻爆破对围岩的振动和破坏，尽可能维持围岩原有完整性和稳定性的爆破技术。其主要标准为：开挖轮廓成形，无明显的爆破裂缝；围岩壁上均匀留下 50% 以上的半面炮眼痕迹；岩面平整，超挖和欠挖符合规定要求，无危石等。

光面爆破对围岩扰动小，又尽可能保存了围岩自身原有的承载能力，从而改善了衬砌结构的受力状况；又由于围岩壁面平整，减小了应力集中和局部落石现象，增加了施工安全度；减小了超挖和回填量，若与锚喷支护相结合，能节省大量混凝土数量，降低工程造价，加快施工进度；因光面爆破可减轻振动和保护岩体，所以它是在松软及不均质的地质岩体中较为有效的开挖爆破方法。光面爆破的分区起爆顺序为：掏槽眼→辅助眼→周边眼→底板眼。

光面爆破的成功与否主要取决于爆破参数的确定。其主要参数包括周边炮眼的间距、光面爆破层的厚度、周边炮眼密集系数和装药集中度等。影响光面爆破参数选择的因素很多，通常是采取简单的计算并结合工程类比加以确定，在初步确定后一般都要在现场爆破实践中加以修正改善。

① 周边炮眼间距 E。在不耦合装药的前提下，光面爆破应满足炮孔内静压力合力 F 必须小于爆破岩体的抗压强度，而大于岩体的抗拉强度的条件，如图 6-40 所示。周边炮眼间距与岩体的抗拉、抗压强度及炮眼直径有关。对于隧道跨度小、围岩坚硬及节理裂隙发育岩石，E 值宜取偏小些；对于软质或完整性好的岩石宜取较大的 E 值。此外，应注意不同品种的炸药对 E 值也有影响。

② 光面层厚度及炮眼密集系数。光面层就是周边炮眼爆破的那一部分岩层。其厚度就是周边炮眼的最小抵抗线 W。

周边炮眼间距 E 与最小抵抗线 W 的比值 k 称为周边炮眼的密集系数，又称炮眼邻近系数。其大小对光面爆破效果有较大的影响。实践表明，光面爆破以 $k = 0.8$ 左右为宜，光面层厚度一般应取 50~90cm。

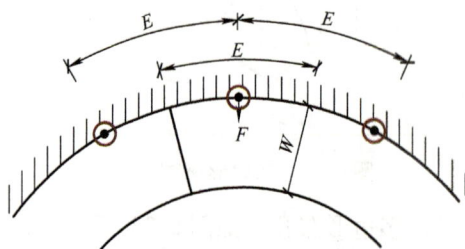

图 6-40　周边炮眼布置

③ 装药量。周边炮眼的装药量通常用线装药密度，即每米长炮眼的装药数量来表示。该量既能提供足够的破岩能量，又不会造成围岩过度的破坏。通常应根据围岩条件、炸药品种、孔距和光面层厚度等因素综合考虑确定，一般控制在 0.04~0.4kg/m。

正确的技术措施是获得良好光面爆破效果的重要保证。在光面爆破中，常采用的技术措施有：

① 使用低爆速、低猛度、低密度、传爆性能好、爆炸威力大的炸药。

② 采用不耦合装药结构。由于空气是可以压缩的，所以采用不耦合装药爆破时，通过空气间隙再作用到炮孔壁上的冲击波强度将大为减弱，空气间隙起到了缓冲的作用，故不耦合装药爆破又叫缓冲爆破。

③ 严格掌握与周边炮眼相邻的内圈炮眼的爆破效果，周边炮眼应同步起爆。要求周边眼必须采用同段雷管同时起爆，并尽可能减少同段雷管的延期时间差。

④ 严格控制装药集中度，必要时采用间隔装药结构。但为了克服炮眼底部岩石的夹制作用，通常在炮眼底部需要加强装药。

2）预裂爆破。预裂爆破实质上是光面爆破的一种，其爆破原理与光面爆破相同，只是分区起爆顺序不同。它是由于首先起爆周边眼，在其他炮眼未爆破之前沿着开挖轮廓线预爆破出一条用以反射地震应力波的裂缝而得名。预裂爆破的分区起爆顺序为：周边眼→掏槽眼→辅助眼→底板眼。

预裂爆破的周边眼间距 E、预留内圈岩层厚度、装药量及装药集中度均较光面爆破要小，但相应增加了周边眼数量和钻眼工作量。

预裂爆破只要求先在周边眼之间炸出贯通裂缝，即预留光面层，因而单孔装药量可较少，炸药分布比较均匀，对围岩的破坏扰动更小。由于贯通裂缝的存在，使得主体爆破产生的应力波在向围岩传播时大量衰减，从而更有效地减少了对围岩的扰动，所以预裂爆破更适用于稳定性较差的软弱破碎岩层中。

装渣与运输

6.8.2 装渣与运输

将开挖的石渣迅速装车运出洞外，是提高隧道掘进速度的重要环节。该项作业往往占全部开挖循环作业时间的 35%～50%，控制着隧道的施工速度。因此，正确选择并准备足够的装渣机械和运输车辆，确定合理的装渣运输方案，维修好线路，减少相互干扰，提高装渣效率是加快隧道施工速度，尤其是加快长大隧道施工速度的关键。

在选择出渣方式时，应对隧道或开挖断面的大小、围岩的地质条件、一次开挖量、机械配套能力、经济性及工期要求等相关因素综合考虑。

装渣运输作业由以下三个环节组成：装渣、运输和卸渣。

1. 装渣

装渣就是将开挖爆破而得的石渣装入运输车辆。

（1）渣量计算 出渣量应为开挖后的浮渣体积，单循环爆破后石渣量 Z 可按下式计算

$$Z = R\Delta LS \tag{6-1}$$

式中　R——岩体松胀系数，见表6-4；

　　　Δ——超挖系数，视爆破质量而定，一般可取 1.15～1.25；

　　　L——设计循环进尺（m）；

　　　S——开挖断面面积（m^2）。

表6-4　岩体松胀系数 R 值

岩体级别	I	II	III	IV	V		VI	
土石名称	石质	石质	石质	石质	砂夹卵石	硬黏土	黏性土	砂砾
松胀系数 R	1.85	1.8	1.7	1.6	1.35	1.30	1.25	1.15

（2）装渣方式 装渣的方式可采用人力装渣或机械装渣。人力装渣，劳动强度大，速度慢，仅在短隧道缺乏机械或断面小而无法使用机械装渣时才考虑采用。机械装渣速度快，可缩短作业时间，目前隧道施工中一般都采用机械装渣，但仍需配备少数人工辅助。

（3）装渣机械 装渣机械的类型很多，按其扒渣机构形式可分为铲斗式、蟹爪式、立抓式、挖斗式。铲斗式装渣机为间歇性非连续装渣机，有翻斗后卸、前卸和侧卸三种卸渣方式。蟹爪式、立抓式、挖斗式装渣机是连续装渣机，均配备刮板（或链板）转载后卸机构。

装渣机的走行方式有轨道走行和轮胎或履带走行两种。轨道走行式装渣机需铺设走行轨道，因此工作范围受到限制。轮胎或履带走行式装渣机移动灵活，工作范围不受限制，但在有水土质围岩的隧道中，装渣机有可能出现打滑和下陷。

装渣机的选择应充分考虑围岩及隧道条件、工作宽度及运输车辆的匹配和组织，要求外形尺寸小，坚固耐用，操作方便，生产效率高，以充分发挥各自的工作效能，缩短装渣时间。

隧道施工中常用的几种装渣机有:

1) 翻斗式装渣机。翻斗式装渣机又称铲斗后卸式装渣机,有风动和电动之分。它是利用机体前方的铲斗铲起石渣,经机体上方将石渣投入机后的运输车内。该机具有构造简单、操作方便、对洞内无废气污染的特点,但装载宽度一般只有 1.7~2.2m,主要适用于小断面或规模较小的隧道中。

2) 蟹爪式装渣机。它是一种连续装渣机械,在前端装有倾斜受料盘,其上装有一对蟹爪(也称双臂)。装渣时全机向前推进,将受料盘插入渣堆,两个蟹爪连续交错扒取石渣,经皮带(或链条)输送机将石渣装入车辆。该类机具多为电动履带式,也有轮胎式和轨道式,装渣效率较高。因受蟹爪扒渣限制,岩渣块度较大时,其工作效率显著降低,故主要用于块度较小的岩渣和土的装渣作业。

3) 挖斗式装渣机。这种装渣机是近几年发展起来的较为先进的隧道装渣机。其扒渣机构为自由臂式挖掘反铲,其他同蟹爪式装渣机。

4) 铲斗式装渣机。这种装渣机多采用轮胎走行,如图 6-41a 所示;也有采用履带走行的,如图 6-41b 所示。该类装渣机转弯半径小,移动灵活,铲取力强,铲斗容量大,达 $0.76~3.8m^3$,工作能力强,卸渣准确方便,具有装渣效率高,适用性强的特点,通常与大型自卸汽车配套使用。它采用燃油发动机驱动,燃油废气污染洞内空气,需配备净化器或加强通风。

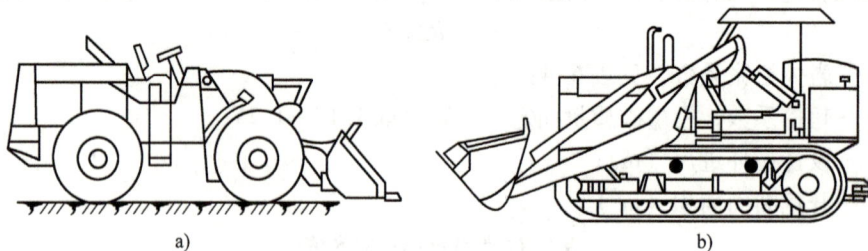

图 6-41 铲斗式装渣机
a) 轮胎式 b) 履带式

铲斗式装载机适用于大断面隧道施工开挖的装渣作业。因其自配动力,有较大的机动性,在集渣条件不太好的情况下也可以发挥较大的作用,而且能用来进行清底作业。

2. 运输

隧道施工的洞内运输(出渣和进料)分为有轨运输和无轨运输两种方式。长大隧道的施工常用有轨运输,需铺设轻型窄轨线路,用专门的出渣车辆装渣,小型机车牵引。隧道施工常用无轨运输,利用自卸汽车等进行运输。

(1) 有轨运输 有轨运输基本上不排出有害气体,对空气污染较轻;设备构造简单,容易制作;占用空间小而且固定。不足之处在于轨道铺设较复杂,维修工作量大;调车作业复杂;开挖面延伸轨道影响正常装渣作业等。

有轨运输较普遍采用的出渣车辆有斗车、梭式矿车和槽式列车等。其中斗车是应用最为广泛的出渣工具。

有轨运输常用的牵引机车分电动和内燃两类。隧道施工中常用的电动牵引车为蓄电池电机车,俗称电瓶车。它具有体积小、无废气污染、不需架设供电线路、使用较安全等特点,但也存在需要有专门的充电设备、牵引力有限等不足。内燃机车具有较大的牵引动力，配合大型斗车可以加快出渣速度。但在机车运行中排出有毒废气，必要时需安装废气净化装置或配备强大的通风设施。

运输轨道布置对于行车调度、车辆周转、出渣进料影响较大，应根据隧道长度、工期要求及开挖方法等选择合理的方案进行布置。常用的轨道布置形式有单车道和双车道。单车道运输能力较低，一般用在地质条件较差或小断面开挖的隧道中。双车道可使进出隧道的列车各行一道，具有互不影响、车辆周转快的特点，是提高隧道运输效率的主要方法之一。调车方法是指结合洞内轨道布置，在开挖面附近为配合出渣所进行的调车作业。

较常用的调车设备有简易道岔、平移调车器、水平移车器和浮放道岔等。轨道延伸是指隧道开挖面附近不足一节钢轨长度部分和掘进进尺部分实施的临时性轨道延伸，常用的方法有扣轨、爬道、短轨节等。待开挖面向前推进后，将连续的几根短轨换成长轨。

为了提高有轨运输能力，加快隧道施工速度，应备齐足够数量的牵引机车和出渣斗车，并编制列车运行图，其机车、斗车数目根据计算进行确定。列车运行图是根据隧道施工方法、轨道布置及机车车辆配备情况、各施工工序在隧道中所处的位置和进度安排，以及装渣、调车、编组、运行、错车、卸渣、列车解体等所需的时间，综合考虑确定列车数量后编制而成的。

（2）无轨运输　无轨运输主要是指汽车运输。随着大型装载机械及重载自卸汽车的研制和生产，近年来无轨运输在隧道掘进中得到了越来越广泛的应用。无轨运输不需要铺设复杂的运输轨道，具有运输速度快、管理工作简单、配套设备少等特点。但由于内燃机排放大量废气，对洞内空气污染较为严重，尤其在长大隧道中使用时，需要有强大的通风设备。

无轨运输采用大型自卸汽车，如图6-42所示。在隧道工程中，无轨运输车辆应选用车身低矮、车斗容量大、转弯半径小、车体坚固、轮胎耐磨、配有废气净化装置，并能双向驾驶的自卸汽车，以增加运行中的灵活性，避免洞内回车和减轻对洞内空气的污染。

由于无轨运输采用的装渣、运渣设备都是自配动力，属自行式，其调车作业主要是解决会车、错车和装渣场地问题。根据不同的隧道开挖断面和洞内运输距离，常用的调车方式有：

1）有条件构成循环通路时，最好制订单向行使的循环方案，以减少会车、错车需用场地及待避时间。

2）当开挖断面较小，只能设置单车通道而装渣点距洞口又较近时，可考虑汽车倒行进洞至

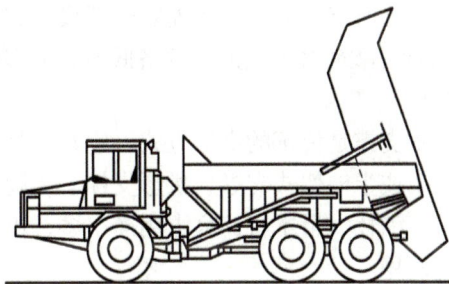

图6-42　大型自卸汽车

装渣点装渣，正向开行出洞，不设置错车、回车场地。如果洞内运行距离较长时，可在适当位置将导洞向侧壁加宽构成错车、回车场地，以加快调车作业。

3）当隧道开挖断面较大，足够并行两辆汽车时，应布置成双车通道，在装渣点附近回车，空车、重车各行其道，可以提高出渣速度。

3. 卸渣

卸渣工作主要是考虑石渣如何处理及卸渣场地的布置。由洞内运出的石渣，一般可考虑进行三方面的处理：

1）选用合乎强度标准的岩块加工成衬砌混凝土材料的粗集料。

2）用作路基填方或洞外工作场地填方。

3）弃置于山谷或河滩。

在弃渣场地的选择上，应考虑卸渣方便，不占良田，不堵塞航道，不污染环境。

6.9 隧道支护施工

在地层中开挖隧道后，出现了岩壁临空面，改变了围岩原有的应力状态，产生了趋向隧道内的变形位移。围岩的变形是个动态过程。对于坚硬稳固的围岩，开挖成洞后其强度足以承受重分布后的应力，因而不致失稳。但对于破碎、软弱围岩，开挖后随着暴露时间的增加，变形随着发展，就会造成失稳。

因此，为了有效地约束和控制围岩的变形，增强围岩的稳定性，防止塌方，保证施工和运营作业的安全，隧道开挖后必须及时、可靠地支护。在传统隧道施工方法中，隧道支护通常分为临时支护和永久支护。在现代隧道工程中，隧道衬砌结构分为初期支护和二期支护（二次衬砌）。在隧道围岩完全不能自稳，表现为随挖随塌甚至不挖即塌时，则须先支护后开挖，称为超前支护。

6.9.1 临时支护

临时支护又称支撑，主要用于解决隧道施工安全问题。在进行永久支护前，临时支护通常予以拆除。临时支护按材料及支护原理的不同有木支撑、钢支撑、钢木混合支撑、锚杆支撑、钢筋混凝土支撑、喷射混凝土支撑等形式。各种临时支护的合理选用与围岩的稳固程度有关，围岩较好时，不需临时支护或只采用锚杆临时支护；围岩较差时，则需采用木、钢支撑及各种混合支撑。

对临时支护的要求是能及时架设，牢靠，构造简单，便于拆、装、运输，能防止突然失效，便于修筑永久支护，价格低廉，能多次复用等。

1. 木支撑

木支撑是传统的支撑方式，它具有易加工、重量轻、拆装运输方便等优点。其形式主要有框架或半框架式支撑、拱形支撑、无腿支撑等。但由于木支撑易损坏，复用次数少，利用率低，消耗大量木材，且占用净空多，不利于机械化施工，故应尽量不用，只宜在抢险应急场合使用。

2. 钢支撑

钢支撑具有承载力大、经久耐用、复用次数多、占用空间小、节约木材等优点；但一次投资费用高，比木支撑重，装拆不便。钢支撑一般在围岩压力较大的隧道施工中使用。

钢支撑一般采用10～20号工字钢、槽钢、8～28kg/m的钢轨等制成，其形式有钢框架、钢拱架、全断面钢拱架、无腿钢拱支撑等。钢框架一般为直梁式，当围岩压力较大时可采用曲梁式，多用于导坑支护。

钢支撑的间距应根据围岩压力的大小和支撑杆件的断面尺寸进行计算分析，并参照工程类比予以确定，一般为0.6～1.2m。各排钢拱架之间应用槽钢、角钢等做好纵向连接，保证支撑的纵向稳定。对于围岩压力很大而施工困难的地段，可将钢拱架焊接为整体，与锚喷支护联合使用，或完全埋入混凝土衬砌中，成为永久支护的一部分。在此情况下，为了增强钢拱架与混凝土的黏结力，多采用螺纹钢筋焊接制成的花拱。为了适应隧道爆破后岩面轮廓凹凸起伏较大的情况，有的施工单位也采用不规则多边形钢拱架与喷射混凝土联合支护。

3. 钢筋混凝土支撑

采用钢筋混凝土支撑可节约大量木材和钢材，在煤矿开挖中使用很普遍。其耐久性很好，但构件笨重，受撞击时易折断，运输安装不方便，所以在隧道施工中，一般只在平行导坑、斜井、横洞等辅助隧道中用作临时支撑。

4. 锚杆支撑及喷射混凝土支撑

锚杆支撑能锚固地层，提高围岩的稳定性，因此与钢木支撑等不同，不是"被动"的支撑。喷射混凝土支撑能及时支护隧道并控制岩体在开挖隧道后的初期变形。锚杆支撑及喷射混凝土支撑或者它们的联合支撑，是隧道临时支护的重要手段之一。

6.9.2　初期支护

初期支护是在隧道开挖后围岩自稳能力不足的条件下，为保证隧道在施工期间的稳定和安全所采取的工程措施。初期支护主要采用锚杆和喷射混凝土来支护围岩，初期支护施作后即成为永久性承载结构的一部分，它与围岩共同构成了永久的隧道结构承载体系。

隧道初期支护的主要形式为锚喷支护，采用锚喷支护可以充分发挥围岩的自承能力。锚喷支护包括锚杆支护、喷射混凝土支护、喷射混凝土锚杆联合支护、喷射混凝土钢筋网联合支护、喷射混凝土与锚杆及钢筋网联合支护、喷钢纤维混凝土支护、喷钢纤维混凝土与锚杆及钢筋网联合支护，以及上述几种类型加设钢拱架而成的联合支护等。

6.9.3　二次衬砌

隧道二次衬砌是为了保证隧道在服务年限中的稳定、耐久，以及作为安全储备的工程措施。二次衬砌通常采用素混凝土或钢筋混凝土材料。衬砌质量的好坏直接影响整个隧道的工程质量和使用功能，因此，在施工中必须注意保证质量，符合设计要求。

目前隧道支护通常采用复合式衬砌，其由初期支护和二次衬砌组成，初期支护帮助围岩达成施工期间的初步稳定，二次衬砌则是提供安全储备或承受后期围岩压力。初期支护按主要承载结构设计，二次衬砌在Ⅲ级及以下围岩时按安全储备设计，在Ⅲ级以上围岩时按承载（后期围岩压力）结构设计，并均应满足构造要求。因此，对提供安全储备的二次衬砌，应在围岩或围岩加初期支护稳定后施作；对于要求承载的二次衬砌，则应根据量测数据及时施作。

1. 混凝土材料及模板的选择

（1）模筑混凝土的材料与级配　模筑混凝土的材料与级配，应符合隧道衬砌的强度和耐久性要求，同时必须重视其抗冻性、抗渗性和耐蚀性等。

1）水泥。拌制混凝土的水泥，可用硅酸盐水泥、普通硅酸盐水泥、火山灰质硅酸盐水泥、粉煤灰硅酸盐水泥和快硬硅酸盐水泥等，必要时也可采用其他特种水泥。水泥品种应根据混凝土结构所处的环境条件和工程需要来选择；水泥强度等级应根据所配制的混凝土强度等级选定，一般隧道衬砌应选用强度等级不低于 32.5 的普通硅酸盐水泥。

2）砂子。拌制混凝土的细集料应选用坚硬耐久、粒径在 5mm 以下的天然砂或机制砂。砂中不应有黏土团块、石灰、杂草等有害物质混入。

3）石子。拌制混凝土用的粗集料，应为坚硬耐久的碎石、卵石或两者的混合物。颗粒级配为连续级配。当通过试验，具有充分技术、经济依据时，也可采用其他的颗粒级配。

石料的强度，以岩石试件在充水饱和状态下的抗压强度与混凝土设计强度之比来表示。对于 C30 以上混凝土不应小于 200%；对于 C30 以下混凝土不应小于 150%，且不应小于 30MPa。石子中不得混有风化石块、黏土团块或有机杂质，颗粒表面不得黏附有黏土包裹层，并严禁混入受过煅烧的白云石块或石灰石块。

4）外加剂和混合材料。为了改善和提高混凝土的各种技术性能，以满足施工工艺和工程质量要求，可在拌制混凝土时适当掺入各种类型的化学外加剂。按作用的不同，外加剂可分为早强剂、减水剂、加气剂、防冻剂、密实剂（防水剂）和缓凝剂等。使用外加剂前必须试验，以确定其性质、有效物质含量、溶液配制方法和最佳掺量。

根据施工实际情况，也可在拌制混凝土时掺入具有胶凝性和填充性的混合材料，以改善混凝土的技术性能，满足施工工艺要求和节省水泥。混合材料包括硅藻土、硅藻石、火山灰、凝灰岩、粉煤灰、粒化高炉矿渣等，混合材料在使用前应进行材质鉴定和掺入量试验，测定不同掺加量对混凝土性能的影响，确定最佳掺入量。

5）水。普通混凝土用水的要求与喷射混凝土相同。凡能供饮用的水，均可拌制混凝土。

（2）模板类型与选择　混凝土浇筑时必须采用模板。隧道内常用模板类型有整体移动式模板台车、分体移动式模板台车、拼装式拱架模板。

1）整体移动式模板台车。这种台车主要适用于全断面一次开挖成形或大断面开挖成形的隧道衬砌施工中。它采用大块曲模板、机械或液压脱模、背负式振捣设备集装成整体，并在轨道上走行，有的还设有自行设备，从而缩短立模时间，墙拱连续浇筑，加快衬砌施工速度。

整体移动式模板台车生产能力大，可配合混凝土输送泵联合作业，是一种先进的模板设备。但其尺寸较固定，可调范围小，影响其适用性，且一次性设备投资较大。

2）分体移动式模板台车。这种台车将走行机构与整体模板分离，一套走行机构可以解决几套模板的移动问题，既提高了走行机构的利用率，又可以多段衬砌同时施作。

3）拼装式拱架模板。拼装式拱架模板的拱架可采用型钢制作或现场用钢筋加工成桁架式拱架。为便于安装和运输，常将整榀拱架分解为 2～4 节，进行现场组装；为减少安装和拆卸工作量，可以做成简易移动式拱架，即将数榀拱架连成整体，并安设简易滑移轨道。

拼装式拱架模板的一次模筑长度，应与围岩地质条件、施工进度要求、分离生产能力及开挖后围岩的动态等情况相适应。一般分段长度为 2～9m，松软地段最长不超过 6m。

拼装式拱架模板灵活性大，适应性强，尤其适用于曲线地段。因其安装架设较费时费力，故生产能力较模板台车低。在中小型隧道及分部开挖时，使用较多。

2. 模筑衬砌施工准备工作

在浇筑衬砌混凝土之前，要进行隧道中线和水平测量，检查开挖断面，放线定位，浇筑地点清理，立模等。

（1）断面检查　根据隧道中线和水平测量，检查开挖断面是否符合设计要求，欠挖部分按规范要求进行凿除，并做好断面检查记录。

（2）放线定位　根据隧道中线、标高及断面设计尺寸，测量确定衬砌立模位置，并放线定位。放线定位时，为了保证衬砌不侵入建筑限界，须预留误差量和沉落量，并注意曲线地段的加宽。预留误差量是考虑到放线测量和拱架模板就位等可能存在误差，为保证隧道衬砌净空尺寸，一般将初衬内轮廓尺寸扩大5cm。预留沉落量是考虑到未凝混凝土的荷载作用会使拱架模板变形和下沉，后期围岩压力作用和衬砌自重也会使衬砌变形和下沉，预留沉落量的大小可根据实测数据确定或参照经验确定。预留误差量和沉落量应在拱架模板定位放线时一并考虑确定，并按此架设拱架模板和确定模板的加工尺寸。

（3）清除浮渣，整平墙脚基面　墙脚地基应挖至设计标高，并在浇筑前清除浮渣，排除积水，找平支承面。

（4）拱架模板整备　使用拼装式拱架模板时，立模前应在洞外样台上将拱架和模板进行试拼，检查其尺寸、形状，不符合要求的应予修整。配齐配件，模板表面要涂抹防锈剂。洞内重复使用时也应注意检查修整，并注意曲线加宽后的衬砌及模板尺寸。

使用整体移动式模板台车时，在洞外组装并调试好各机构的工作状态，检查好各部尺寸，保证进洞后投入正常使用。每次脱模后应予检修。

（5）立模　根据放线位置，架设安装拱架模板或模板台车就位，安装和就位后，应做好各项检查，包括位置、尺寸、方向、标高、坡度、稳定性等。

3. 混凝土的制备与运送

混凝土应采用机械搅拌，严格按照选定的配合比供料和加水，特别要严格控制加水量，保证水胶（灰）比的正确性，使混凝土硬化后能获得设计所要求的强度和耐久性。当隧道不太长时，搅拌站可设在洞外，以减少洞内干扰。隧道较长时，一般应设在洞内，或采用搅拌车运送混凝土，以防运输时间过长而离析或初凝。

混凝土运输应使用专制的运送斗车。途中运输的时间应尽量缩短，一般不应超过45min。运至浇筑地点的混凝土如有离析现象，应进行再搅拌后方可浇筑入模。由搅拌站运出的混凝土，在任何情况下均不得在中途加水。

4. 混凝土浇筑施工

在做好上述准备工作后，即可进行混凝土浇筑。隧道衬砌混凝土的浇筑应注意以下几点：

1）保证捣固密实，使衬砌具有良好的抗渗防水性能，尤其应处理好施工缝。

2）整体模筑时，应注意对称浇筑，两侧同时或交替进行，以防止未凝混凝土对拱架模板产生偏压而使衬砌尺寸不合要求。

3）衬砌混凝土浇筑应分段进行，混凝土浇筑时的自由倾落高度不宜超过2m。

4）混凝土应分层浇筑，每层厚度根据拌和能力、运输条件、浇筑速度、捣固能力等确定，一般为15～30cm。

5）拱脚及墙脚以上1m范围内的超挖，应用同级混凝土回填浇筑。其他部位的超挖可用浆砌片石回填密实。

6）混凝土浇筑必须保证其连续性。浇筑层之间的间隔，应能使混凝土在前一层初凝前浇筑完毕。若因故不能连续浇筑，则应按照施工接缝进行处理，并使衬砌具有较好的整体性。

7）衬砌的分段施工缝应与设计沉降缝、伸缩缝及设备洞位置统一考虑，合理确定位置。

8）浇筑拱圈混凝土时，应从两侧拱脚开始，同时向拱顶分层对称地进行，层面应保持辐射状。当浇筑到拱顶时，需要改为沿隧道纵向进行浇筑，边浇筑边铺封口模板，并进行人工捣固，最后堵头，这种封口称为"活封口"，如图6-43所示。当两段衬砌相接时，纵向活封口受到限制，此时只能在拱顶中央留出一个50cm×50cm的缺口，以便后期进行"死封口"封顶。

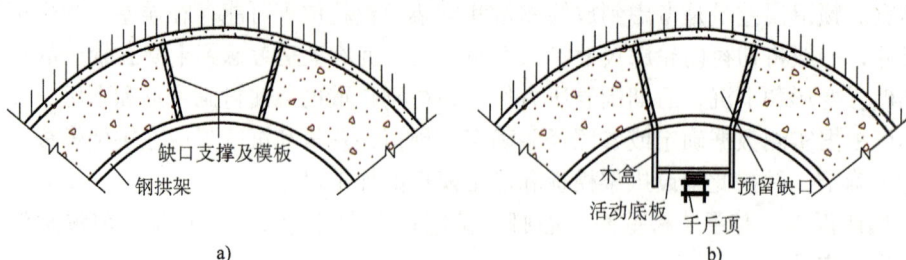

图 6-43　拱部衬砌封口

5. 模筑混凝土浇筑作业机械化

在全断面开挖时，浇筑混凝土衬砌有着良好的条件来实现综合机械化。模筑混凝土浇筑作业机械化是把配料、混凝土搅拌、运输、立模、浇筑、捣固等主要施工过程的机械化配套进行，也即采用机械化搅拌站、全断面金属模板台车、混凝土泵和输送管道所进行的综合模筑施工作业。当采用机械化作业时，可以加快施工进度，提高工作效率，简化封口等。

6. 混凝土的养护与拆模

一般情况下，衬砌混凝土浇筑后10~20h即应开始浇水养护。养护延续时间和每天洒水次数，应根据衬砌浇筑地段的气温、相对湿度和所用水泥的品种确定。使用普通硅酸盐水泥时一般应连续养护7~14d。在严寒地区冬季浇筑混凝土时，应采取防寒措施，防止冻坏衬砌。

为防止混凝土开裂和损伤，拆模工作应满足下列要求：

1）直边墙混凝土应达到设计强度的25%。

2）曲边墙和围岩压力不很大的拱圈混凝土需达到设计强度的70%。

3）围岩压力很大的拱圈要求达到设计强度的100%。

4）所有养护与拆模工作，都必须遵照有关的规程进行。拆模工作应谨慎从事，防止碰伤边、角、棱。混凝土衬砌应做到内实、外光、顺直美观。

混凝土养护

7. 压浆、仰拱和底板

（1）压浆　模筑混凝土施工，由于超挖回填不密实和混凝土坍落度的影响，往往在衬砌背后与围岩之间留有空隙，使衬砌与围岩不密贴，不能很好地控制围岩的进一步变形和水的渗透。这种情况在拱顶背后一定范围内较为明显，因此在多数情况下需要进行压浆工作，以达到限制围岩后期变形，改善衬砌结构受力工作状态的目的。压浆工作宜在与衬砌作业区保持70~100m距离范围内，同时向前推进，如果隧道衬砌完成后再压浆，则效果不好。一般只在拱顶部位压浆，压浆浆液材料多采用单液水泥浆。

（2）仰拱和底板　若设计无仰拱，则铺底通常是在开挖完毕且拱墙修筑好后进行，以避免与开挖和拱墙衬砌作业相互干扰。若设计有仰拱，说明侧压和底压较大，则应及时修筑仰拱使衬砌环向封闭，避免边墙挤入造成开裂甚至失稳。但仰拱和底板施工占用洞内运输道路，对前方开挖和衬砌作业的出渣、进料造成干扰。因此，应对仰拱和底板的施作时间、分块施工顺序和与运输的干扰问题进行合理安排。

仰拱和底板可以纵向分条、横向分段浇筑。纵向通常可分为左右两部分，交替进行；横向分段长度应视边墙施工缝、伸缩缝、沉降缝及运输要求来确定。当侧压力较大时，底部开挖分段长度不能太长，以免墙角挤入。

待仰拱和底板纵向贯通，且混凝土达到一定强度，方能允许车辆通行。其端头可以采用石渣填成顺坡通过。

浇筑仰拱和底板时，必须把隧道底部的浮渣、杂物及淤泥清除干净，排除积水。超挖部分应用同级混凝土或片石混凝土浇筑密实。

6.10 隧道掘进机施工

隧道掘进机施工方法是一种采用专门机械切削破岩来开挖隧道的施工方法，这种专门机械就是隧道掘进机，它问世于 20 世纪 30 年代，是一种针对性很强的施工机械。不同的地质条件需要不同的掘进机，也就产生了不同类型的隧道掘进机。有的隧道掘进机适用于软弱不稳定地层，称为（机械化）盾构，目前盾构在我国的交通隧道施工中，多用于城市地铁施工，在山岭隧道中较少见，有的隧道掘进机适用于坚硬岩石地层，习惯上所说的隧道掘进机就是指这类岩石掘进机（Tunnel Boring Machine，简称 TBM）。

6.10.1 掘进机的类型

按破岩掘进方式的不同，隧道掘进机分为全断面掘进机和臂式掘进机两大类。

1. 全断面掘进机

全断面掘进机分为开敞式和护盾式两类。一般而言，开敞式掘进机适合于硬岩隧道，护盾式掘进机适合于软岩隧道。这两种掘进机的主要区别：开敞式掘进机是依靠隧道围岩的坚硬壁面来提供所需的顶推反力与刀盘的扭矩力，护盾式掘进机是利用尾部已经安装好的衬砌管片来作为推进的支撑，同时利用岩壁或管片衬砌来获得反力。

（1）开敞式掘进机 图 6-44 所示就是一种开敞式掘进机，目前世界上生产的开敞式掘进机基本有两种形式：单撑靴式和双撑靴式（撑靴即千斤顶）。

图 6-44 全断面掘进机

单水平撑靴式掘进机如图 6-45 所示，在机身的水平方向每侧只设置了一个水平撑靴，故称为单撑靴式。双水平撑靴式掘进机如图 6-46 所示。在机身的前后每侧有两个水平撑靴，它可以沿着镶着铜滑板的主机架前后移动。

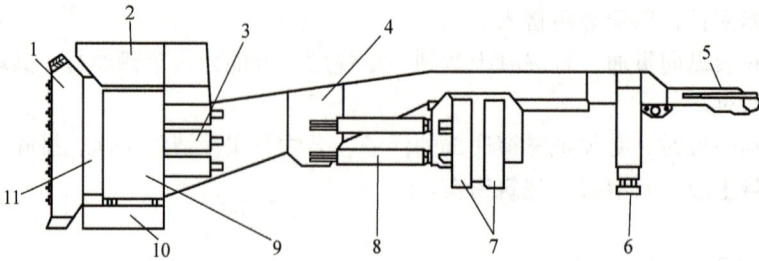

图 6-45 单水平撑靴式掘进机

1—掘进刀盘 2—拱顶护盾 3—驱动组件 4—主梁 5—出渣输送机 6—后下支撑
7—撑靴 8—推进千斤顶 9—侧护盾 10—下支撑 11—刀盘支撑

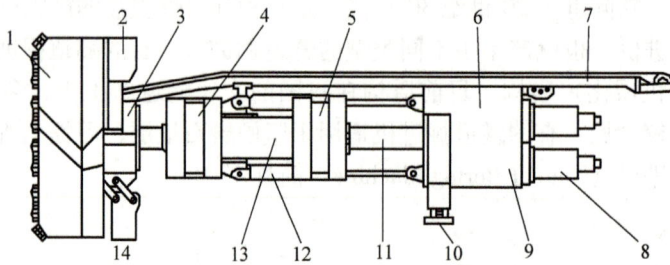

图 6-46 双水平撑靴式掘进机

1—掘进刀盘 2—拱顶护盾 3—轴承外壳 4—前水平撑靴 5—后水平撑靴
6—齿轮箱 7—出渣输送机 8—驱动电动机 9—星形变速箱 10—后下
支撑 11—扭矩筒 12—推进千斤顶 13—主机架 14—前下支撑（仰拱刮板）

开敞式掘进机结合工程实践中取得的丰富经验，仍在不断改进和发展。例如，有的将双水平撑靴改为 X 形撑靴或 T 形撑靴，如图 6-47 所示；也有的将切削刀盘三轴承组合成前后两组轴承的简支型。开敞式掘进机的切削刀盘如图 6-48 所示。

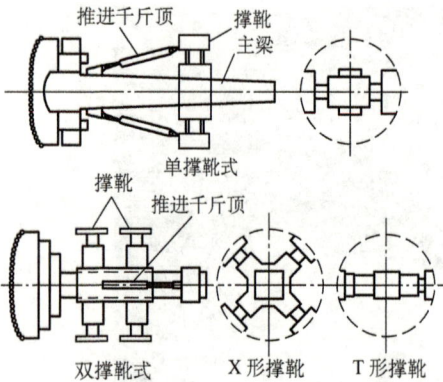

图 6-47 掘进机撑靴形式

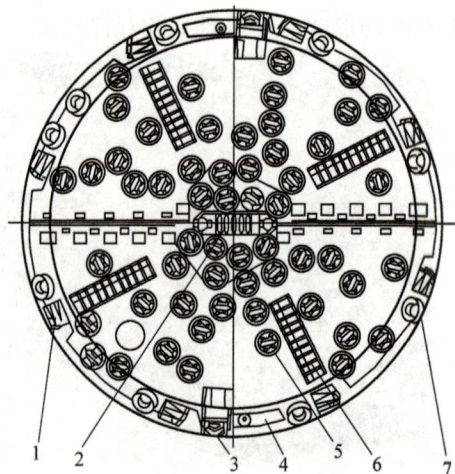

图 6-48 掘进机切削刀盘

1—铲斗 2—中心刀 3—扩孔边 4—扩孔
刮渣器 5—面刀 6—铲齿 7—边刀

（2）护盾式掘进机　在掘进机的发展过程中，针对开敞式掘进机只能用于硬岩的缺陷，陆续开发出了各种形式的护盾式掘进机，分为单护盾掘进机和双护盾掘进机两大类。单护盾掘进机（图 6-49）是专门针对软岩而开发，只能用于软岩，或开挖面自稳时间相对较短的地质条件较差的地层。而双护盾掘进机（图 6-50）既能用于软岩，又能用于硬岩，对地质条件的适应能力较强。

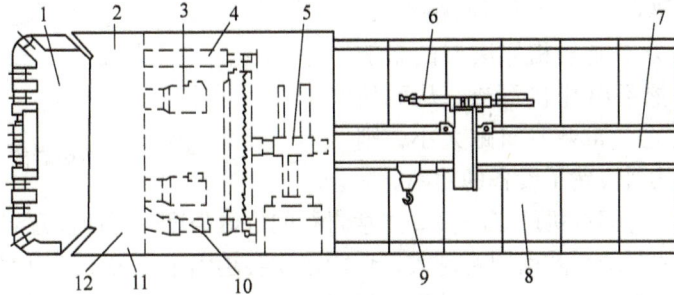

图 6-49　单护盾掘进机

1—掘进刀盘　2—护盾　3—驱动组件　4—推进千斤顶　5—管片安装机
6—超前钻机　7—出渣输送机　8—拼装好的管片　9—提升机　10—铰
接千斤顶　11—主轴承、大齿圈　12—刀盘支撑

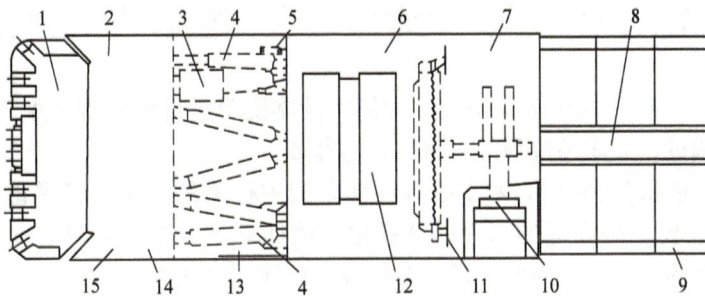

图 6-50　双护盾掘进机

1—掘进刀盘　2—前护盾　3—驱动组件　4—推进油缸　5—铰接油缸　6—撑靴护盾
7—尾护盾　8—出渣输送机　9—拼装好的管片　10—管片安装机　11—辅助推进靴
12—水平撑靴　13—伸缩护盾　14—主轴承大齿圈　15—刀盘支撑

2. 臂式掘进机

臂式掘进机又称为部分断面掘进机，是一种集切削岩石、自动行走、装载石渣等多种功能为一体的高效联合作业机械。

臂式掘进机具有效率高、机动性强、对围岩扰动小、超挖量小、安全性高、适应性强，以及费用相对较省等优点。

6.10.2　隧道掘进机的施工

1. 破岩机理

掘进机的破岩机理是，在掘进时切削刀盘上的滚刀沿岩石开挖面滚动，切削刀盘均匀地对每个滚刀施加压力，形成对岩面的滚动挤压，切削刀盘每转动一圈，就会贯入岩面一定深度，在滚刀刀刃与岩石接触处，岩石被挤压成粉末，从这个区域开始，裂缝向相邻的切割槽扩展，进而形成片状石渣，从而实现破岩，如图 6-51 所示。

不同的岩石需要不同的滚刀压入岩石的最低压强值，才能达到较理想的贯入深度。在坚硬的和裂隙很少的岩石中，贯入深度一般为 2.5 ~ 3.5mm/转，在中等坚硬和裂隙较多的岩石中，一般为 5 ~ 9mm/转。

滚刀的刀间距要合适，如果刀间距太大，一把滚刀产生的压力不能与相邻滚刀的影响范围相接，必定开挖不出片状石渣，从而使开挖效率降低。反之，如果刀间距太小，则会使石渣块太小，从而浪费了设备的功率。

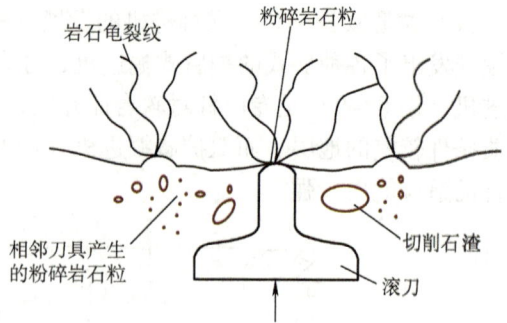

图 6-51　掘进机破岩的三种机理

应该强调的是，对掘进机施工不仅要注意岩石的抗压强度，还应注意岩石的磨蚀性和岩体的裂隙程度，岩体节理裂隙面间距越大，切割也就会越困难。关于裂隙度与滚刀的磨损规律，我国还缺乏研究成果，有待于随着掘进机工点的增多来加以总结。表6-5 是通用于世界的裂隙分级标准。

表 6-5　裂隙分级标准

裂隙分级	0 ~ I	I	II	III	IV
裂隙面间距/cm	160	80 ~ 40	20	10	5

2. 掘进作业

(1) 掘进循环过程　以开敞式掘进机为例，具体说明掘进机的掘进循环过程。图 6-52 是开敞式掘进机掘进作业循环过程的示意图，解释如下：

图 6-52a：掘进循环开始时，水平撑靴已移动到主机架的前端，将撑靴撑紧在洞壁上；前下支撑（仰拱刮板）与底部的岩面轻微接触，收回后下支撑，此时切削刀盘可以转动，推进千斤顶将转动的切削刀盘向前推进一个行程，此即掘进状态。

图 6-52b：在向前推进到达推进千斤顶行程终点处，结束开挖，切削刀盘停止转动，前下支撑支承切削刀盘。

图 6-52c：伸出后下支撑，此时整个机器的重量全部由前、后支撑支承。收回两对水平支撑靴，移动水平撑靴到主机架的前端。由于掘进头部重，在掘进过程中，往往出现"栽头"的现象，此时可以通过前、后下支撑来调整掘进机掘进的上、下方向。

又回到图 6-52a，当水平撑靴移到前端限位后，又重新撑紧在洞壁上。收回后下支撑，此时前下支撑与底部岩面又转换成浮动接触状态，然后开始下一个掘进循环。

(2) 出渣与除尘　沿着刀盘周围布置的刮板和铲斗，把切削下来的石渣从开挖断面的底部铲起，并在刀盘转动中随刀盘送到顶部，然后沿着刀盘内渣槽落到输送机上方的渣斗内，再通过带式输送机送到后配套上的矿车中，掘进机只要一开动，带式输送机就开始不停地运转。

刀盘在切削岩石时会产生大量的粉尘，切削刀盘的内腔室与集尘器风管相连通，将开挖面含有粉尘的空气收集于集尘器中，以达到除尘效果。除尘器是掘进机通风系统的一部分，它安装在后配套上。此外，用来冷却滚刀的喷水装置也可以起到一定的除尘作用。

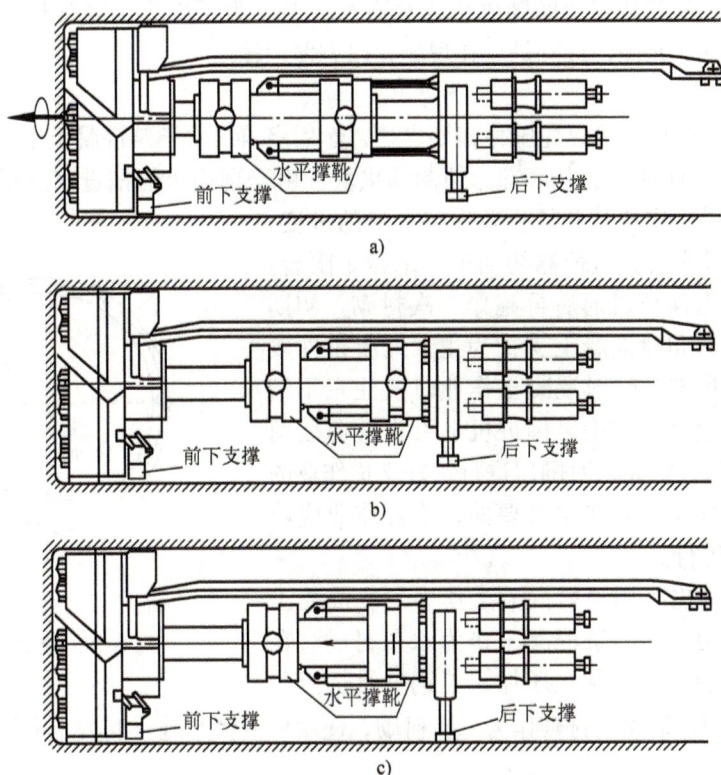

图 6-52　开敞式掘进机掘进作业循环过程

6.10.3　隧道掘进机施工配套的支护形式

　　用掘进机施工的隧道，其衬砌结构一般是由初期支护和二次衬砌组成。初期支护是开挖过程中保证围岩稳定不可缺少的。采用掘进机施工，由于开挖工作面整个被掘进机切削刀盘所遮蔽，对围岩很难进行直接观察和判断，而且由于掘进机机身有一定的长度，使得初期支护的位置相对于开挖面要滞后一段距离。因此，不同形式的掘进机应采用不同的支护形式。不管是哪种类型的衬砌，为了安放轨道运渣，都必须设置预制仰拱块，它也是最终衬砌的一部分。

1. 管片式衬砌

　　如图 6-53 所示，使用护盾掘进机时，一般采用圆形管片衬砌，一般分为 5 ～ 7 块，在洞内拼装而成。其优点是适合软弱围岩，特别是当围岩允许承载力很低，撑靴不能支撑岩面时，可利用尾部推力千斤顶，顶推已安装的管片获得推进反力；当撑靴可以支撑岩面时，双护盾掘进机可以使掘进和换步同时进行，提高了循环速度；利用管片安装机安装管片速度快、支护效果好，安全性强，但是它的造价高。为了防水的需要，块与块之间必须安装止

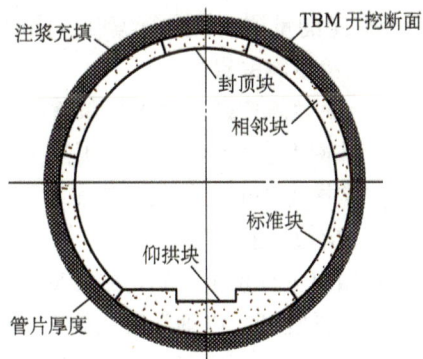

图 6-53　全周预制钢筋混凝土管片衬砌

水带，并需在管片外壁和岩壁间隙中压入豆石和注浆。为了生产预制管片，需要有管片工厂，如工地施工场地允许，最好是设在现场，以方便运输。

2. 复合式衬砌

使用开敞式掘进机，可以先施作初期支护，然后浇筑二次模筑混凝土永久性衬砌，即复合式衬砌，如图6-54所示，其底部为预制仰拱块。由于掘进机的掘进速度很快，不可能使二次模筑混凝土衬砌作业与开挖作业保持一样的进度，当衬砌作业落后较多时，就依靠初期支护来稳定围岩，地质条件好的隧道甚至贯通后再施作二次衬砌。初期支护以锚杆、挂网和喷混凝土支护为主，地质条件较差时还可设置钢拱架。喷射混凝土作业时要注意不给掘进机设备造成混凝土污染。掘进机上可设置前后两排共4台锚杆钻机，以满足对围岩进行锚杆支护作业的需要。拱部的锚杆作业是非常必要的，锚杆作业应能与掘进开挖同时进行。

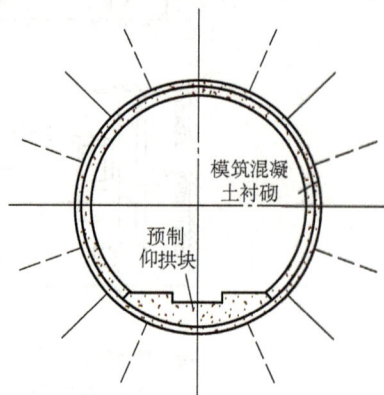

图6-54 复合式衬砌

根据地质条件也有用喷射混凝土作为二次混凝土衬砌的，就是采用二次喷射混凝土作为永久衬砌。在喷射混凝土中安装了钢筋网，还加入了钢纤维。但普遍的做法是采用模筑混凝土衬砌作为二次衬砌，使用模板台车进行混凝土浇筑。

6.11 隧道施工现场监控量测

6.11.1 监控量测的目的和任务

在隧道的施工过程中，使用各种仪器设备和量测元件，对地表沉降、围岩与支护结构的变形、应力、应变进行量测，据此来判断隧道开挖对地表环境的影响范围和程度、围岩的稳定性和支护的工作状态，这种工作称为新奥法的现场监控量测。

采用新奥法设计和施工的隧道，应将监控量测项目列入文件，并在施工中实施。为了使监控量测能充分发挥技术经济效益，要求隧道设计、施工单位编制切实可行的监控量测计划，并在施工中认真组织实施。量测计划应根据隧道的围岩条件、支护类型和参数、施工方法以及确定的量测项目进行编制。同时，应考虑量测的经济性，并注意与施工进度相适应。

1. 监控量测的目的
(1) 提供监控设计的依据和信息
1）掌握围岩力学形态的变化规律。
2）掌握支护的工作状态信息并及时反馈，指导施工作业。
(2) 预报及监视险情
1）做出工程预报，确定施工对策与措施。
2）监视险情，以确保安全施工。
(3) 校核隧道工程理论计算结果，完善工程类比法
1）为理论解析、数值分析提供计算数据与对比指标。

2）为工程类比提供参考依据。

3）为隧道工程设计和施工积累经验资料。

2. 监控量测的任务

1）通过对围岩与支护的观察和动态量测，以达到合理安排隧道施工程序及日常施工管理，确保施工安全，修改设计参数和积累资料。

2）通过对围岩和支护的变位、应力量测，掌握围岩支护的动态信息并及时反馈，修改支护系统设计，指导施工作业和管理等。

3）经监测数据的分析处理与必要的计算和判断后，进行预测和反馈，以保证施工安全和隧道围岩及支护衬砌结构的稳定。

4）对已有的隧道工程的监测结果，可以分析和应用到其他类似工程中，作为指导设计和施工的重要依据。

6.11.2　监控量测的内容和方法

现场监控量测的试验计划应根据隧道的地质地形条件、支护类型和参数、施工方法及有关条件制定。该计划内容应包括量测项目及方法、量测仪器的选定、测点布置、数据处理及量测人员组织等。

1. 监控量测项目选择

根据围岩条件、隧道工程规模、支护类型和施工方法等进行监控量测项目的选择。

监控量测项目可分为必测项目和选测项目。不同级别的围岩必测项目和选测项目也不同，JTG/T 3660—2020《公路隧道施工技术规范》规定，复合式衬砌和锚喷隧道施工必须进行必测项目的量测，必测项目见表6-6。该规范还规定，应根据设计要求、隧道横断面形状和断面大小、埋深、围岩条件、周边环境条件、支护类型和参数、施工方法等综合选择选测项目，选测项目见表6-7。

表6-6　隧道现场监控量测必测项目

序号	项目名称	方法及工具	布置	测试精度	量测频率 1~15d	16d~1个月	1~3个月	大于3个月
1	洞内、外观察	现场观测、地质罗盘等	开挖及初期支护后进行	—				
2	周边位移	各种类型收敛计	每5~50m一个断面，每断面2~3对测点	0.1mm	1~2次/d	1次/2d	1~2次/周	1~3次/月
3	拱顶下沉	水准测量的方法，水准仪、钢尺等	每5~50m一个断面	0.1mm	1~2次/d	1次/2d	1~2次/周	1~3次/月
4	地表下沉	水准测量的方法，水准仪、钢钢尺等	洞口段、浅埋段（$h_0 \leqslant 2b$）	0.5mm	开挖面距量测断面前后<2b时，1~2次/d；开挖面距量测断面前后<5b时，1次/2~3d；开挖面距量测断面前后>5b时，1次/3~7d			
5	拱脚下沉	水准仪、钢钢尺、全站仪	富水软弱破碎围岩、流沙、软岩大变形、含水黄土、膨胀岩土等不良地质和特殊岩土段	0.5mm	仰拱施工前，1~2次/d			

注：b为隧道开挖宽度；h_0为隧道埋深。

表 6-7　隧道现场监控量测选测项目

序号	项目名称	方法及工具	布置	测试精度	量测间隔时间			
					1~15d	16d~1个月	1~3个月	大于3个月
1	钢架内力及外力	支柱压力计或其他测力计	每代表性地段1~2个断面，每断面钢支撑内力3~7个测点，或外力1对测力计	0.1 MPa	1~2次/d	1次/2d	1~2次/周	1~3次/月
2	围岩体内位移（洞内设点）	洞内钻孔中安设单点、多点杆式或钢丝式位移计	每代表性地段1~2个断面，每断面3~7个钻孔	0.1mm	1~2次/d	1次/2d	1~2次/周	1~3次/月
3	围岩体内位移（地表设点）	地面钻孔中安设各类位移计	每代表性地段1~2个断面，每断面3~5个钻孔	0.1mm	同地表下沉要求			
4	围岩压力	各种类型岩土压力盒	每代表性地段1~2个断面，每断面3~7个测点	0.01 MPa	1~2次/d	1次/2d	1~2次/周	1~3次/月
5	两层支护间压力	压力盒	每代表性地段1~2个断面，每断面3~7个测点	0.01 MPa	1~2次/d	1次/2d	1~2次/周	1~3次/月
6	锚杆轴力	钢筋计、锚杆测力计	每代表性地段1~2个断面，每断面3~7锚杆（索），每根锚杆2~4测点	0.01 MPa	1~2次/d	1次/2d	1~2次/周	1~3次/月
7	支护、衬砌内应力	各类混凝土内应变计及表面应力解除法	每代表性地段1~2个断面，每断面3~7个测点	0.01 MPa	1~2次/d	1次/2d	1~2次/周	1~3次/月
8	围岩弹性波速度	各种声波仪及配套探头	在有代表性地段设置	—	—			
9	爆破振动	测振及配套传感器	临近建（构）筑物	—	随爆破进行			
10	渗水压力、水流量	渗压计、流量计	—	0.1 MPa	—			
11	地表下沉	水准测量的方法，水准仪、钢钢尺等	洞口段、浅埋段（$h_0 > 2b$）	0.5mm	开挖面距量测断面前后 <2b 时，1~2次/d；开挖面距量测断面前后 <5b 时，1次/2~3d；开挖面距量测断面前后 >5b 时，1次/3~7d			

注：b 为隧道开挖宽度；h_0 为隧道埋深。

（1）**必测项目** 必测项目是隧道施工时必须进行监控量测的项目，是用以判断围岩的变化情况，测定支护结构工作状态经常进行的量测项目，也是为设计、施工中确保围岩稳定，并通过判断围岩的稳定性来指导设计、施工的经常性量测。必测项目对监视围岩稳定性、指导设计与施工有直接意义。

（2）**选测项目** 选测项目是应进行或必要时进行监控量测的项目，是用以判断围岩松动状态、喷锚支护效果和积累技术资料为目的的量测，对一些有特殊意义和具有代表性的区段进行补充测试，以求更深入地掌握稳定状态与锚喷支护的效果，对未开挖区的设计与施工具有指导意义。选测项目量测项目较多，一般只根据需要选择其中部分项目进行测试。

2. 量测方法

（1）**洞内观察与地质素描** 在开挖后及初期支护后进行观察并描述隧道围岩地质、地下水情况、初期支护情况。它是与隧道施工同步进行的，是隧道设计和施工过程中不可缺少的一项重要的地质详勘工作，是围岩工程地质特性和支护措施合理性的最直观、最简单、最经济的描述和评价。主要仪器是地质罗盘、照相机等。

（2）**周边位移（收敛）** 在开挖后的洞壁上及时安设测点，用收敛计（图6-55）量测两测点间的距离，两次测定的距离之差为该时段的收敛值。根据收敛值或位移速度，可判断围岩与支护是否稳定。每5～50m一个断面，每断面2～3对测点，相应量测的基线就有1条、2条、3条、6条等，如图6-56所示。

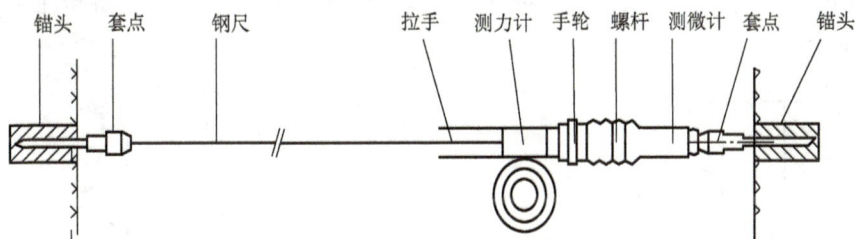

图6-55 收敛计

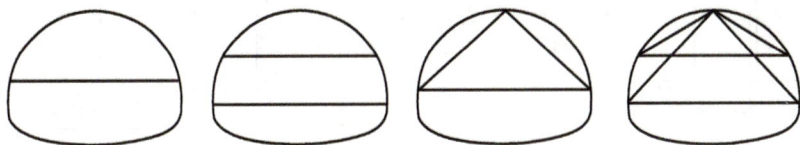

图6-56 周边位移测线布置

（3）**拱顶下沉** 隧道拱顶内壁点垂直方向的绝对位移值称为拱顶下沉量。在开挖后的拱顶壁面上及时安设测点，通过已知的高程水准点，用悬吊钢尺和水准仪测出测点高程，如图6-57所示，两次测定的高程之差即拱顶下沉量。根据拱顶下沉量和下沉速度，可准确判断围岩的稳定状态和支护效果。每5～50m一个断面，每断面1个或3个测点。一般与周边位移布设在同一断面上，以便使两项测试结果能够相互验证，协同分析与应用。

（4）**地表下沉** 在隧道浅埋段，每5～50m一个断面，每断面7～11个测点，如图6-58所示。用水准仪和塔尺进行量测。

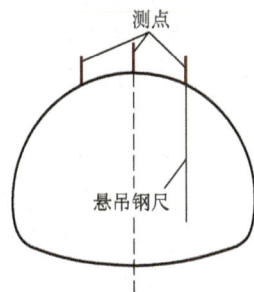

图6-57 拱顶下沉量测

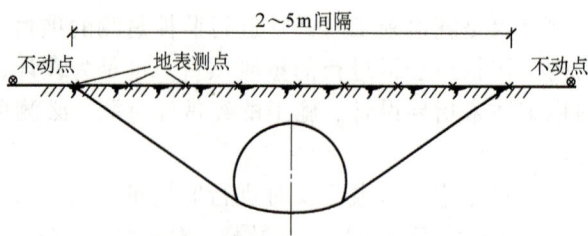

图 6-58　地表下沉量测

（5）**围岩内部位移**　在测试断面处打孔，安放机械式位移计（图6-59）进行量测，每代表性地段 1~2 个断面，每断面 3~7 个钻孔。

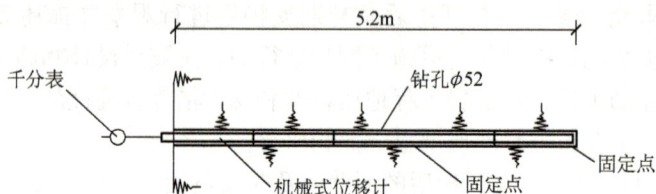

图 6-59　机械式位移计

（6）**围岩压力及层间支护压力**　在围岩与初期支护之间（图6-60）、初期支护与二次衬砌之间（图6-61）安放压力盒，进行量测。每代表性地段 1~2 个断面，每断面布设多个测点，宜 3~7 个。

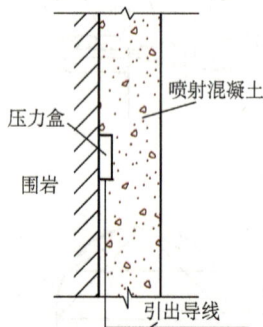

图 6-60　围岩与初期支护间压力量测

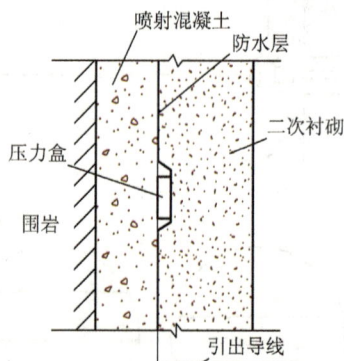

图 6-61　初期支护与二次衬砌间压力量测

（7）**锚杆轴力**　在测试断面打孔，安放焊接好的钢筋和钢筋应力计（图6-62），进行量测。了解锚杆轴力及其应力分布状态；再配合以岩体内位移的量测结果就可以设计锚杆长度及锚杆根数，掌握岩体内应力重分布的过程。每代表性地段 1~2 个断面，每一断面 3~7 根锚杆（索），每根锚杆 2~4 个测点。

（8）**钢支撑内力及外力**　在钢支撑侧面焊接钢筋应力计或表面应变计，或在横断面上安放压力盒，进行量测。每代表性地段 1~2 个断面，每断面钢支撑内力 3~7 个测点，或外力 1 对测点。一般与围岩压力相应布设。

（9）**支护、衬砌内力**　在初期支护内（图6-63）及二次衬砌内部（图6-64）安放应变计，二次衬砌内钢筋用钢筋应力计焊接，进行量测。每代表性地段 1~2 个断面，每断面布设 3~7 个测点。

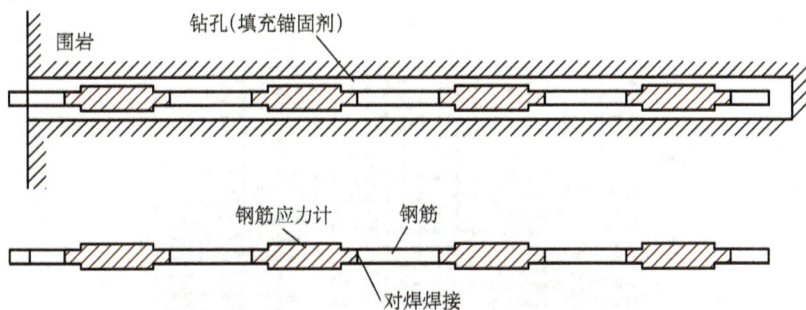

图6-62 锚杆轴力量测及钢筋应力计

（10）围岩声波测试 每一个断面布设多对或多个测孔，如图6-65所示，钻孔深度大于锚杆长度，钻孔内每隔0.2~0.5m测试一个点。用超声波仪测试围岩松动圈及破碎等情况。

（11）爆破振动测试 爆破振动测试是为了以下目的：

1）洞口附近地表的振动监测。

2）浅埋隧道地表建筑物的振动监测。

3）双洞小间距隧道爆破监测。

4）连拱隧道中隔墙的振动监测。

5）为改善爆破效果、降低振动效应所需的振动监测。

爆破振动测试传感器布置如图6-66所示。

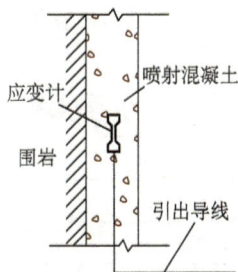

图6-63 初期支护内部应力量测

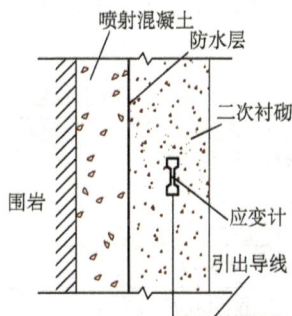

图6-64 二次衬砌内部应力量测

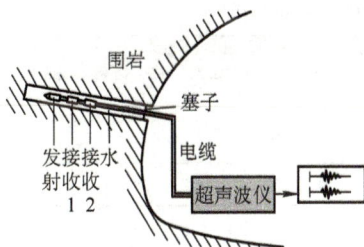

图6-65 围岩声波测试

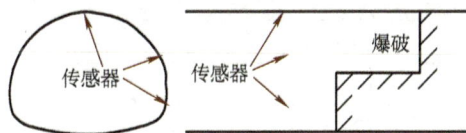

图6-66 爆破振动测试

（12）地质超前预报 地质雷达是利用电磁波在不同介质中传播速度不同、传播时间也不同的原理进行检测的。当开挖面前方有断层或破碎带等时，地质雷达将接收到相应的异常信号，如图6-67两线间信号。地质超前预报也可用较先进的TSP系统。

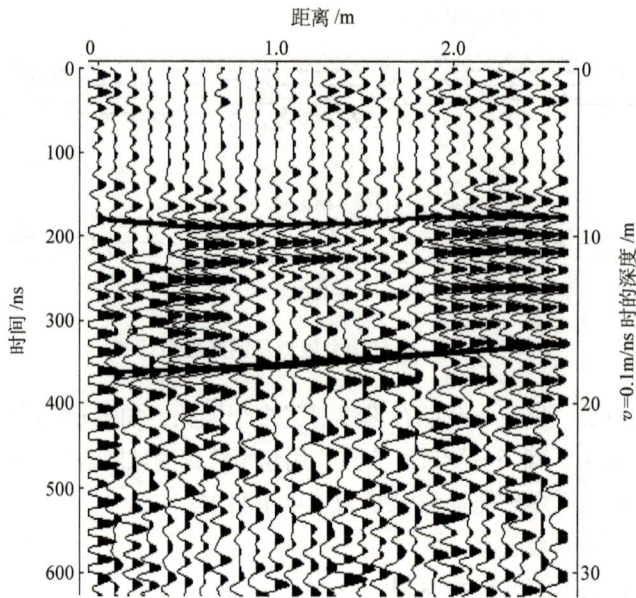

图 6-67　地质雷达检测信号

3. 量测频率

应按表 6-8 和表 6-9 检查净空位移和拱顶下沉的量测频率，并与按表 6-6 确定的量测频率比较取大值。施工状况发生变化时（开挖下台阶、仰拱或撤除临时支护等），应增加监测频率。

表 6-8　净空位移和拱顶下沉的量测频率（按位移速度）

位移速度/（mm/d）	量测频率
≥5	2～3 次/d
1～5	1 次/d
0.5～1	1 次/2～3d
0.2～0.5	1 次/3d
<0.2	1 次/3～7d

表 6-9　净空位移和拱顶下沉的量测频率（按至开挖面的距离）

量测断面距开挖面距离/m	量测频率
(0～1) b	2 次/d
(1～2) b	1 次/d
(2～5) b	1 次/2～3d
>5b	1 次/3～7d

注：b 为隧道开挖宽度。

6.11.3　监控量测数据处理与应用

1. 量测数据的整理

在整理量测数据时，要绘制观测值 F 与观测时间 t、观测值 F 与距离 L、观测值变化率

dF/dt 与观测时间 t 的散点图或曲线图，如图 6-68 和图 6-69（CB、CD 为两侧线，BD 为水平线）所示。

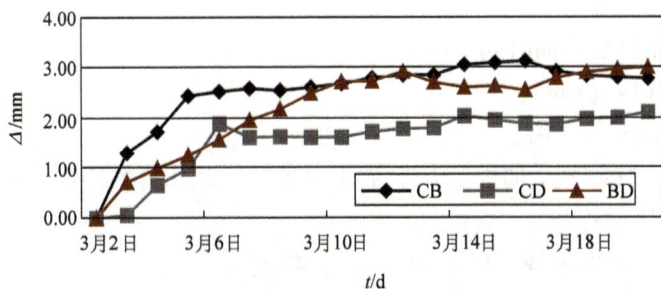

图 6-68　收敛-时间关系曲线

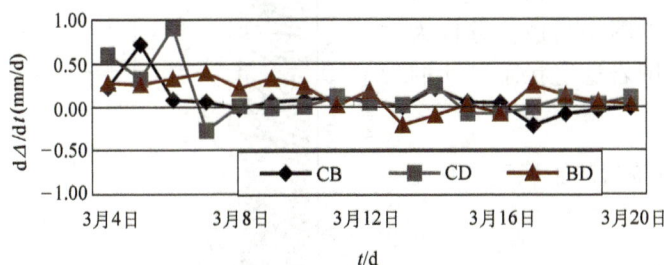

图 6-69　收敛变化率-时间关系曲线

当观测数据趋于平缓时，进行回归分析，推算出最终值和变化规律。回归曲线方程函数有对数型、指数型和双曲型等，如图 6-70 所示。

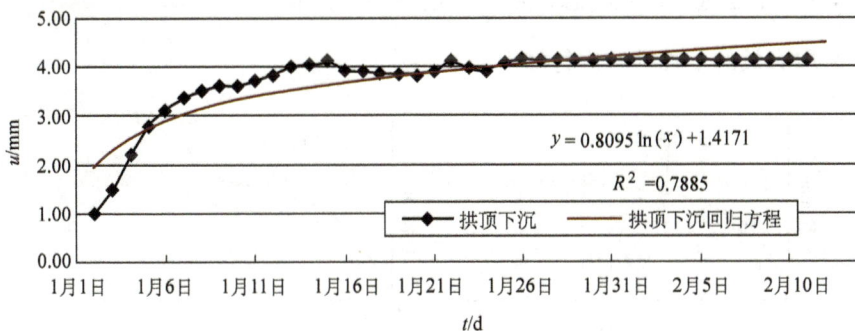

图 6-70　拱顶下沉量-时间关系曲线

1）对数函数，如

$$u = a\lg(1 + t) \tag{6-2}$$

$$u = a + \frac{b}{\lg(1 + t)} \tag{6-3}$$

2）指数函数，如

$$u = ac^{-h/t} \tag{6-4}$$

$$u = a(1 - e^{-ht}) \tag{6-5}$$

3）双曲函数，如

$$u = \frac{t}{a + bt} \tag{6-6}$$

$$u = a\left[1 - \left(\frac{1}{1 + bt}\right)^2\right] \tag{6-7}$$

式中　a、b——回归常数；

　　　t——初始读数后的时间（d）；

　　　u——位移值（mm）。

2. 量测数据的分析与应用

（1）地质预报　探测掌子面前方几米至几十米，甚至几百米的围岩的工程地质和水文地质情况，如图6-71所示。

（2）周边位移　作出位移-时间关系曲线及位移-至掌子面距离的关系曲线，其正常曲线和反常曲线如图6-72所示。现场量测主要以围岩周边位移作为围岩稳定性评价及围岩稳定状态判断的标准：

1）$\dfrac{\mathrm{d}^2 u}{\mathrm{d}t^2} < 0$ 表示围岩趋于稳定，其支护结构是安全的。

2）$\dfrac{\mathrm{d}^2 u}{\mathrm{d}t^2} = 0$ 变形速率较长时间保持不变，应发出警告，及时加强支护系统。

3）$\dfrac{\mathrm{d}^2 u}{\mathrm{d}t^2} > 0$ 表示已进入危险状态，须立即停工，采取有效的工程措施进行加固。

掌子面前方约10m处

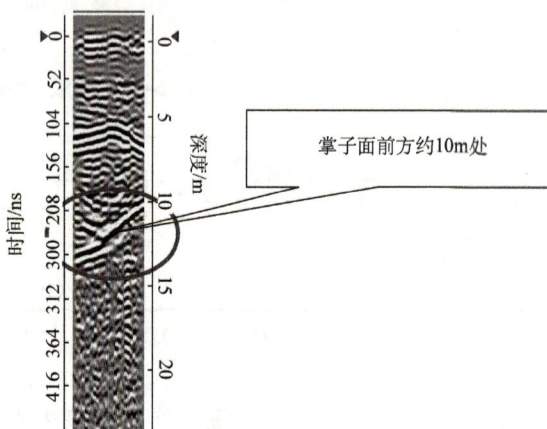

图6-71　隧道超前地质预报

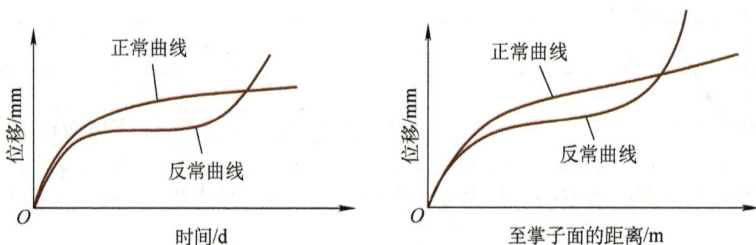

正常曲线

反常曲线

位移/mm

时间/d

正常曲线

反常曲线

位移/mm

至掌子面的距离/m

图6-72　位移正常曲线和反常曲线

（3）围岩内位移　围岩内位移观测是为了准确判断围岩的变形发展趋势，当总位移量和位移变化率过大时，必须加强支护或调整施工措施，如加密锚杆数量或加大锚杆长度等，以控制围岩的松动范围。

（4）锚杆内力　锚杆内力是检验锚杆效果与锚杆强度的依据，当锚杆轴力超过锚杆的屈服强度时，应改用高强钢材加工锚杆或增加锚杆数量或加大直径。

（5）围岩压力　围岩压力大时，根据变形量的大小有两种处理方法：①变形量很大时，应加强支护，以限制围岩变形和控制围岩压力的增长；②变形量不是很大时，表明支护时间和支护封底时间可能过早，或支护尺寸及刚度太大，应适当修正支护设计参数。围岩压力很小但变形量很大时，表明围岩将失去稳定，应立即停止开挖，加强围岩支护和采取辅助施工措施进行加固处理。若围岩压力不大，变形量也不大，表明围岩和支护自稳性好。

（6）喷层应力　喷层应力太大，或出现明显裂损或剥落、起鼓等现象时，应做处理，一般是适当增加喷层厚度。喷层已较厚，仍然出现明显裂损、起鼓现象时，则不一定再增加喷层厚度，而应采取下列措施：

1）增强锚杆的长度和直径等。

2）改变封底时间。

3）调整施工措施。

4）选择二次衬砌的最佳时机，并且要继续加强监控量测。

（7）地表下沉　正常情况是地表下沉量不大，且出现稳定，在没有出现稳定时，应继续进行观测，直至稳定。而地表下沉量较大，或出现增加的趋势时，应采取加强支护和调整施工措施：

1）适当增加喷混凝土厚度。

2）增加锚杆数量。

3）加挂钢筋网。

4）增加钢支撑数量。

5）超前支护。

6）缩短开挖循环进尺。

7）提前封闭仰拱。

8）预注浆加固围岩。

（8）围岩声波测试　围岩声波波速量测得 v_p-L 关系曲线，既反映围岩动态变化和物理力学特征，又用于确定围岩松动圈范围。围岩声波数据分析时与围岩内位移相互结合，综合分析和判断围岩的松弛情况。

如图 6-73 所示，锚杆长度大于围岩松动圈范围时，锚杆才起到加固作用；如果围岩松动区范围大于锚杆长度时，必须加长锚杆，使锚杆长度超过围岩松动圈。

围岩声波测试实例，测试孔中 v_p-L 关系曲线如图 6-74 所示，可以看出此点的围岩松动圈范围约为 2.8m。

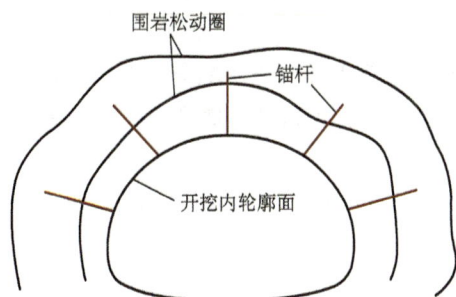

图 6-73　围岩松动圈与锚杆的关系

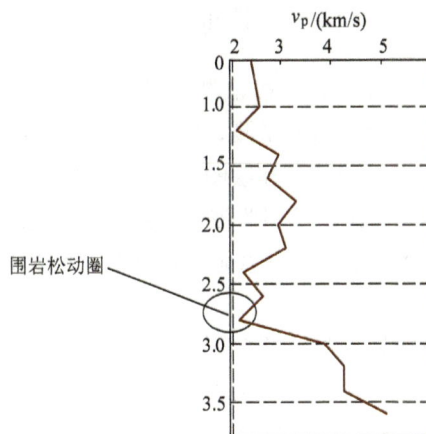

图 6-74　v_p-L 关系曲线

（9）爆破振动测试 根据测到的振动波形，确定当次爆破振动峰值速度及其对应的主频率，结合地质和支护状况的观测，定出围岩质点振动速度的安全控制值，控制爆破的最大一段药量。

当隧道向前掘进一段距离，测出振动随距离的衰减趋势时，利用回归分析方法及时寻求振动峰值速度随比例药量（$Q^{1/3}/R$）的衰减规律，绘制振动峰值速度-比例药量曲线，如图6-75所示，优化爆破参数。

水平向振动速度　$v_x = 23.6770\left(\dfrac{Q^{\frac{1}{3}}}{R}\right)^{1.2570}, r = 0.8735$

竖直向振动速度　$v_y = 84.1016\left(\dfrac{Q^{\frac{1}{3}}}{R}\right)^{1.5983}, r = 0.9185$

式中　v_x、v_y——水平向及竖直向振动速度（cm/s）；

　　　Q——最大一段药量（kg）；

　　　R——爆源至测点的距离（m）；

　　　r——回归相关系数。

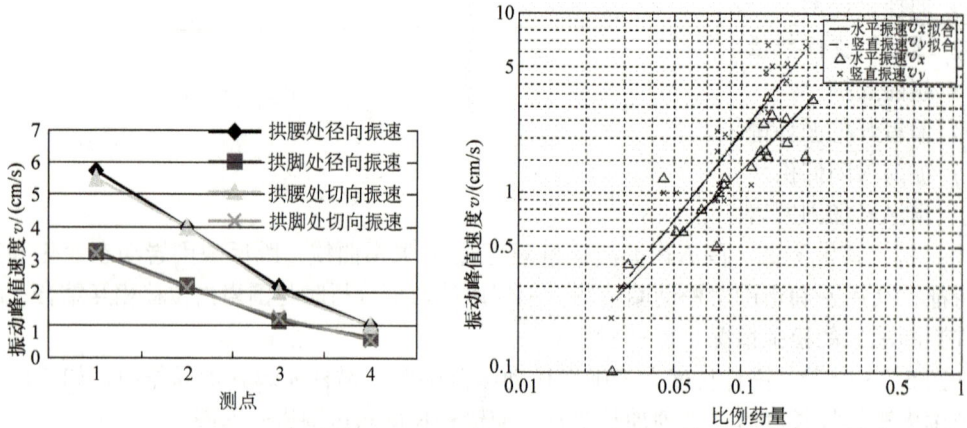

图6-75　振动峰值速度-比例药量曲线

6.11.4　监控量测管理

1. 隧道施工监控量测组织

隧道施工监控量测，应由施工单位组织或委托监测单位成立专门监测小组，进行现场监测、观测值的计算和绘图、信息反馈（提交报告）等。

监控量测应按照监控量测方案认真组织实施，并与其他施工环节紧密配合，不得随意中断工作。各项监测预埋点应牢固可靠，易于识别，并应妥善保护，不得任意撤换和人为破坏。

2. 竣工文件中应列入监控量测资料

隧道监控量测资料列入竣工文件是为了新奥法施工的资料积累，并为隧道运营管理服务。竣工文件中应包括下列量测资料：

1）现场监控量测计划。

2）实际测点布置图。

3）围岩和支护的位移-时间曲线图、空间关系曲线图及量测记录汇总表。

4）经量测变更设计和改变施工方法地段的信息记录。

5）现场监测说明。

3. 运营阶段的监控量测

已竣工并交付运营的隧道工程，经报批后应进行长期运营量测。运营量测是为了考验某些新技术、新方法、新材料、新工艺的长期可靠性和稳定性，应予以高度重视。

运营量测测点，应由施工单位埋设，并办理移交运营管理单位的手续，然后由运营管理单位设专人进行隧道运营阶段监控量测工作任务。

运营量测的费用应列入隧道工程概算中，并必须执行专款专用的相关规定。

拓展阅读

典型隧道工程——雪山隧道

雪山隧道全长12.9km，台湾省最长的公路隧道，为一双孔各双车道的公路隧道。其间有一长度相同的导坑，高程略低，但与主坑平行，用以预先处理不良地质情况，并作为主坑的辅助坑道。各隧道纵坡均由北往南倾斜，坡度约1.25%。导坑工程早在1991年7月15日即先行开挖施工，当北上线TBM于1996年1月底开始施工时，导坑TBM仅仅开挖约1.6km长，且已历经九次受困，因此导坑的主要功能，如探查沿线地质数据指引主坑的开挖作业、预先由导坑施作必要的主隧道开挖面地质处理、排水等，均未发挥，足见雪山隧道工程的艰难，对于主隧道施工而言，相对地增加了许多的困境与风险。北上线主隧道TBM于1996年5月1日开始全断面开挖，期间经历了七次受困地质处理，总计仅开挖456m，于1997年12月15日，TBM在里程8K+902处发生坍塌，涌水量为750～800L/s，水压1.8MPa，掩埋TBM及B/U支持系统100多米。1999年9月，全线改采D&B钻爆法施工。在工程团队历经14年的努力后，于2004年9月全线贯通，并于2006年6月通车营运。

典型隧道工程——桑珠岭隧道

桑珠岭隧道全长16.449km，2014年12月开工建设，是川藏铁路拉林段全线重难点隧道之一。桑珠岭隧道存在岩爆、高地温、温泉水等不良地质，为I级高风险隧道。其中，对施工作业环境影响最大的当属超高地温，岩温最高达89.9℃，接近西藏开水的沸点，洞内环境温度最高达56℃，是目前全国铁路隧道施工过程中遇到的最高岩温。因为温度高，一些工人带着鸡蛋进入隧道，最快十几分钟就能烤熟。受高温影响，施工人员在作业区持续工作的时间不超过2小时甚至更短，有的一进入作业面就出现胸闷、呕吐甚至昏厥现象。施工人员通过设置接力风机加强通风、安装自动喷淋系统洒水、洞内放置冰块等措施降低洞内温度。

隧道施工的另一大风险是岩爆。岩爆发生时伴随岩块弹射、抛射现象，岩块弹射最大距离达25m，严重危及施工安全。施工人员严格执行强烈岩爆专项措施，确保施工安全。

隧道与岩土工程相关专家——黄文熙、拉尔夫布拉泽·派克

黄文熙：岩土工程与水工建筑专家，1955年当选为中国科学院学部委员（院士）。善于

抓住生产实践中的关键性学术问题进行创造性的基本研究，十分注意引进和推广国内外先进技术。例如，用格栅法分析拱坝应力，阐明影响砂土液化的许多因素，并用振动三轴仪研究液化问题等。建议用砂井和预压法加固软土地基，用反滤层和排水井防止闸坝地基渗透破坏，用补偿基础原理建造水闸，用就地浇注混凝土防渗墙阻塞砂粒地基的渗漏等。参加了治淮和治黄工程中一些水闸和佛子岭、梅山、板桥、岳城、新丰江、毛家村等水坝的科研与加固工作，以及武汉长江大桥、上海宝山钢厂及其他一些工程的有关河道冲刷防护与地基加固处理的咨询工作，并对这些工程提出了积极建议。

拉尔夫布拉泽·派克（Ralph Brazelton Peck）：早期曾与太沙基有过几次合作并受其影响，于1948年共同出版了 *Soil Mechanics in Engineering Practice*。派克一生共计发表了200篇（本）论著，为土力学及基础工程的发展做出了重要的贡献。他将土力学应用在土工结构的设计、施工建造和评估中，并努力将研究成果表述为工程师容易接受的形式，他是世界上最受人尊敬的咨询顾问之一。

思 考 题

1. 简述全断面法、台阶法、分部开挖法的优缺点及适用条件。

2. 引起隧道塌方一般有哪些原因？可以采取哪些相关措施防止隧道塌方？对于已经塌方的隧道，可以采取什么措施处理？

3. 简述流砂的治理方法、岩爆和瓦斯的防止措施。

4. 隧道的超前支护有哪几种？简述其原理。

5. 隧道的预加固一般采用哪几种形式？简述其作用原理。

6. 溶洞有哪几种？隧道如何穿越溶洞地层？

7. 简述光面爆破和预裂爆破的异同点。

8. 锚杆有哪些作用？新奥法施工的原则是什么？

9. 隧道中装渣机械有哪些？简述各自的优缺点及其使用范围。

10. 隧道施工过程中的监控量测的目的是什么？通常要监测哪些内容？

11. 春风隧道工程是目前国内直径最大（刀盘直径为15.80m）的泥水盾构隧道，也是深圳市首条采用盾构技术施工的机动车隧道及首条单洞双层构造的机动车隧道。请查阅相关资料，了解国产盾构机的发展历程，并简要谈谈盾构机的施工要点，以及盾构技术施工与矿山法施工相比所具有的优势。

12. 2021年3月，《中华人民共和国国民经济和社会发展第十四个五年规划和2035年远景目标纲要》提出，要加快交通、能源、市政等传统基础设施数字化改造，优先发展城市公共交通，推动能源清洁低碳、安全高效利用，深入推进工业、建筑、交通等领域低碳转型。城市轨道交通是重塑城市空间形态，增强城市承载能力，实现城市可持续发展的重要支撑。请查阅相关资料，分析在基础设施数字化改造、低碳转型背景下，城市隧道施工中应注意的问题。

13. 八达岭隧道是我国自行修建的第一座单线越岭铁路隧道，于1907年由詹天佑主持修建。请查阅相关资料，简述在当时科学技术极不发达的情况下，我国人民建成八达岭隧道的过程。

隧道工程设计中的有限元方法 第7章

随着计算机技术的推广应用和岩土介质本构关系研究的进展，隧道工程的数值计算方法得到了很大的发展，并已开发了多种功能齐全的程序软件，如 FLAC、ANSYS、ABAQUS、PFC 等。数值计算方法中的有限元方法（有限单元法）应用得比较广泛。

7.1 概述

7.1.1 数值分析法简介

以往隧道工程被认为是以经验为主的学科，是一种"工艺"而不是一种"科学"。这是因为岩土介质作为隧道工程的对象包含着多种随机因素，如非均匀性和各向异性、地质构造和结构面、应力-应变的非线性本构关系、初始地应力、地下水等。正确掌握这些因素及其变化规律非常困难，因而试图按经典的弹性力学方法获得解析解是十分困难的，甚至是不可能的。因此，寻求近似解法就成了必由之路。经过多年的探索，近似算法有许多种，常用的数值分析方法是有限元法（Finite Element Method, FEM）、有限差分法（Finite Difference Method, FDM）、边界元法（Bounder Element Method, BEM）、变分法（Variation Method, VM）和加权余量法（Weighted Residual Method, WRM）。

有限元法最初被用来研究复杂的飞机结构中的应力，它是将弹性理论、计算数学和计算机软件有机地结合在一起的一种数值分析技术。其基本思想是把求解区域看作由许多小的在结点处相连接的单元构成（离散化），给出模型基本方程的近似解。由于单元可以被分割成各种形状和大小不同的尺寸，所以它能很好地适应复杂的几何形状、复杂的材料特性和复杂的边界条件，再加上有成熟的大型软件系统支持，它已成为一种非常受欢迎的、应用极广的数值计算方法。

有限差分法化常微分方程或偏微分方程为差分方程，然后结合初始条件及边界条件，求解线性代数方程组。其计算可给出模型基本方程的逐点近似值（差分网格上的点），但对于不规则的几何形状和不规则的特殊边界条件问题，有限差分法就难以应用了。

边界元法化微分方程为边界方程，使用类似于有限元法的离散技术来离散边界。离散化引起的误差仅来源于边界，因而提高了计算精度。依靠边界结点上算得的量，即可计算区域内的有关物理量，从而减少了准备工作量及计算量。边界元法的缺点是对变系数或非线性问题的适应性不如有限元法。

变分法是讨论泛函的极值问题，对上述有限差分法和有限元法都可起推导基本公式的作用。而这方法本身，也是数值方法中最古老的方法。

加权余量法可以引入试函数和权函数，从微分方程中直接求出近似的数值解。它的优点是可以避免建立能量方程，使一些无法求得能量方程的课题得到较精确的解答。

7.1.2 有限元法的发展概况

有限元法的概念可以追溯到 20 世纪 40 年代。1943 年，Courant 第一次在他的论文中，取定义在三角形分片上的连续函数，利用最小势能原理研究了 St. Venant 的扭转问题。此方法发展很慢，过了近十年后才再次有人用这些离散化的概念。1956 年，Turner，Clough，Martin 和 Topp 等人在他们的经典论文中第一次给出了用三角形单元求得的平面应力问题的真正解答。他们利用弹性理论的方程求出了三角形单元的特性，并第一次介绍了今天人们熟知的确定单元特性的直接刚度法。他们的研究工作随同当时出现的数字计算机一起打开了求解复杂平面问题的新局面。

"有限元法"这个名称，第一次出现在 1960 年，当时 Clough 在一篇平面弹性问题的论文中应用过它。工程师们开始认识了有限元法的功效，此后有限元法在工程界获得了广泛的应用。20 世纪 70 年代以后，随着计算机和软件技术的发展，有限元法也迅速地发展起来，相关论文的发表犹如雨后春笋，期刊、专著也不断出现，学术交流频繁，可以说进入了有限元法的鼎盛时期。

到目前为止，有限元法已被应用于固体力学、流体力学、热传导、电磁学、声学、生物力学等各个领域；能进行杆、梁、板、壳、块体等各类单元的弹性（线性和非线性）、弹塑性、塑性或黏性问题的求解，包括静力和动力问题；能解决土力学、岩石力学、断裂力学等问题；能求解流体场、温度场、电磁场等场分布问题的稳态和瞬态问题；还能求解水流管路、电路、润滑、噪声及固体、流体、温度相互作用问题。

7.1.3 有限元法软件简介

有限元法分析离不开计算软件。有限元计算软件一般分为大型通用软件、专用软件和自编特殊软件三类。

(1) 大型通用软件　其特点就是"通用性"。单元库内一般常用单元齐全，如杆单元、梁单元、膜单元、板单元、壳单元、轴对称单元、实体单元、边界元等。功能库内分析模块众多，有静力分析、固有特性分析、动态响应分析等。应用范围广泛，可涉及连续体分析、流体分析、热传导分析、电磁场分析、线性与非线性分析、弹塑性分析、复合材料分析等。

(2) 专用软件　它是为解决某一类学科问题，如接触问题、优化问题、弹塑性问题等，或是解决某一类产品基础件的计算分析问题等而发展起来的。其规模一般比较小，解决问题比较专一，适合在小型及微型计算机上运行。

(3) 自编特殊软件　此类软件主要应用在科研和教学上。如在有限元教学中，为了说明有限元原理，或者为了说明某一结构件的分析方法，常常自编一些小程序，这类程序不用特别技巧，只要说明问题即可，规模不大。

有限元软件发展很快，我国已引进的主要软件有 ANSYS、SAP、ADINA、ASKA、MARC、NONSAP 等，许多软件具备了前、后处理功能，这不仅提高了解题速度，还极大地方便了使用者，对有限元法的普及与应用起了很大的促进作用。

7.2　有限元法基础

7.2.1　概述

有限元法的分析过程，概括起来可分为以下几个步骤：

1）将一个受力的连续体"离散化"，即将它看作是由一定数量的有限小的单元（最简单的是三角形单元）的集合体，而认为这些单元之间只在结点上互相联系，即只有结点才能传递力。

2）按静力等效原则将作用于每个单元的外力（包括面力、体力、温度及各相邻单元的作用力）简化到结点上去，形成等效结点力。

3）根据弹性力学的基本方程（几何方程、物理方程等）推导出单元结点力和结点位移之间的关系，建立作用在每个结点上力的平衡方程式，于是得到一个以结点位移与未知数的线性方程组。

4）加入位移边界条件求解方程组，得到全部未知位移，进而求得各单元的应变和应力。

7.2.2　平面问题的有限元分析

下面以弹性力学平面问题的有限元分析为例，介绍有限元法的基本思想、原理和分析步骤。掌握了这些，可以将它推广应用到空间问题、非线性问题等更复杂的工程。有关三维问题及有限元法的进一步论述，可以参考有关专著或文献。

1. 结构离散

结构离散也称为网格划分，即将连续的二维平面，假想地分割成有限多个单元和结点。这些单元之间只在结点上互相连接，单元之间的力仅靠结点传递。常用的单元有 3 结点三角形单元、6 结点三角形单元、4 结点矩形单元和 8 结点矩形单元等。

2. 单元分析

单元分析是用单元结点位移表示单元内任一点处的力学特性。下面以 3 结点三角形单元为例说明单元分析的过程。其他类型的单元可同理得出。

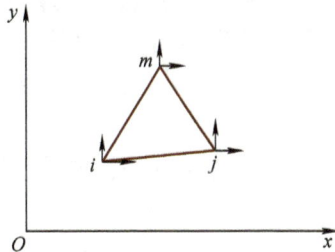

图 7-1　3 结点三角形单元

（1）结点位移与结点力　为分析方便，如图 7-1 所示，建立笛卡儿坐标系。结点 i，j，m 按逆时针编号。对于平面应力问题，每个结点有两个自由度，分别为沿 x 轴的线位移 u 和沿 y 轴的线位移 v。单元 e 结点位移用矩阵的形式表示为

$$\boldsymbol{\delta}^e = \begin{pmatrix} \delta_i \\ \delta_j \\ \delta_m \end{pmatrix} = \begin{pmatrix} u_i & v_i & u_j & v_j & u_m & v_m \end{pmatrix}^{\mathrm{T}} \tag{7-1}$$

与位移对应的单元结点力用矩阵的形式表示为

$$\boldsymbol{F}^e = \begin{pmatrix} F_i \\ F_j \\ F_m \end{pmatrix} = \begin{pmatrix} U_i & V_i & U_j & V_j & U_m & V_m \end{pmatrix}^{\mathrm{T}} \tag{7-2}$$

（2）位移函数（位移模式） 单元内各点的位移变化可表示为一个连续函数，由泰勒展开式可知，满足一定条件的连续函数可以展开成多项式的形式。有限元分析时所称位移函数即以结点位移为已知量来描述单元内任一点处位移的插值多项式函数。现假设单元内任一点处的位移 u 和 v 为坐标的线性函数

$$\left. \begin{array}{l} u(x,y) = a_1 + a_2 x + a_3 y \\ v(x,y) = a_4 + a_5 x + a_6 y \end{array} \right\} \tag{7-3}$$

式（7-3）中的 6 个待定系数 $a_1 \sim a_6$ 可以用单元的 6 个结点位移确定，即

在 i 结点 $\qquad u(x_i,y_i) = u_i \qquad\qquad v(x_i,y_i) = v_i$

在 j 结点 $\qquad u(x_j,y_j) = u_j \qquad\qquad v(x_j,y_j) = v_j$

在 m 结点 $\qquad u(x_m,y_m) = u_m \qquad\quad v(x_m,y_m) = v_m$

将上面 6 个式子代入式（7-3）可解出待定系数 $a_1 \sim a_6$。再将解出的待定系数 $a_1 \sim a_6$ 代入式（7-3）整理成矩阵形式为

$$\begin{pmatrix} u(x,y) \\ v(x,y) \end{pmatrix} = \begin{pmatrix} N_i & 0 & N_j & 0 & N_m & 0 \\ 0 & N_i & 0 & N_j & 0 & N_m \end{pmatrix} \begin{pmatrix} u_i \\ v_i \\ u_j \\ v_j \\ u_m \\ v_m \end{pmatrix} \tag{7-4}$$

即 $\qquad\qquad\qquad\qquad\qquad \boldsymbol{f}^e = \boldsymbol{N}\boldsymbol{\delta}^e \tag{7-5}$

式中 $\boldsymbol{N}$——单元形函数矩阵；

$\qquad \boldsymbol{f}^e$——位移函数的矩阵表示。

形函数 N_i 可由下式计算

$$N_i = \left[(x_j y_m - x_m y_i) + (y_j - y_m)x + (x_m - x_j)y \right]/(2A) \qquad (i,j,m) \tag{7-6}$$

式中 A——单元面积，即 $A = \dfrac{1}{2} \begin{vmatrix} 1 & x_i & y_i \\ 1 & x_j & y_j \\ 1 & x_m & y_m \end{vmatrix}$。

式（7-6）后面附有记号 (i, j, m) 表示一个公式实际代表 3 个公式，其余两个公式可轮换下标 i、j、m 得到。以后将经常采用这种表示法。

（3）结点位移与应变的关系 由弹性力学平面应力问题的几何方程可知

$$\left. \begin{array}{l} \varepsilon_x = \dfrac{\partial u}{\partial x} \\[2mm] \varepsilon_y = \dfrac{\partial v}{\partial y} \\[2mm] \gamma_{xy} = \dfrac{\partial u}{\partial y} + \dfrac{\partial v}{\partial x} \end{array} \right\} \tag{7-7}$$

写成矩阵形式为

$$\boldsymbol{\varepsilon} = \begin{pmatrix} \varepsilon_x \\ \varepsilon_y \\ \gamma_{xy} \end{pmatrix} = \begin{pmatrix} \dfrac{\partial}{\partial x} & 0 \\ 0 & \dfrac{\partial}{\partial y} \\ \dfrac{\partial}{\partial y} & \dfrac{\partial}{\partial x} \end{pmatrix} \begin{pmatrix} u \\ v \end{pmatrix} \tag{7-8}$$

把式（7-4）代入式（7-8）得

$$\boldsymbol{\varepsilon} = \partial \boldsymbol{f}^e = \partial \boldsymbol{N} \boldsymbol{\delta}^e = \boldsymbol{B} \boldsymbol{\delta}^e \tag{7-9}$$

式中　$\boldsymbol{B}$——几何矩阵。

（4）结点位移与应力的关系　由弹性力学平面应力问题的物理方程（胡克定律）可知

$$\boldsymbol{\sigma} = \begin{pmatrix} \sigma_x \\ \sigma_y \\ \tau_{xy} \end{pmatrix} = \frac{E}{1-\mu^2} \begin{pmatrix} 1 & \mu & 0 \\ \mu & 1 & 0 \\ 0 & 0 & \dfrac{1-\mu}{2} \end{pmatrix} \begin{pmatrix} \varepsilon_x \\ \varepsilon_y \\ \gamma_{xy} \end{pmatrix} = \boldsymbol{D} \boldsymbol{\varepsilon} \tag{7-10}$$

式中　E——材料的弹性模量；

　　　μ——材料的泊松比；

　　　$\boldsymbol{D}$——弹性矩阵。

将式（7-9）代入式（7-10）得

$$\boldsymbol{\sigma} = \boldsymbol{D} \boldsymbol{B} \boldsymbol{\delta}^e = \boldsymbol{S} \boldsymbol{\delta}^e \tag{7-11}$$

式中　$\boldsymbol{S}$——应力矩阵。

（5）结点位移与结点力的关系　设弹性体发生虚位移，单元结点的虚位移为 $\boldsymbol{\delta}^{*e}$，相应的虚应变为 $\boldsymbol{\varepsilon}^*$。由弹性体的虚位移原理知：外力作用下处于平衡状态的弹性体，外力在任意虚位移上所做的虚功等于弹性体整个体积内的应力在虚应变上所做的功，即

$$(\boldsymbol{\delta}^{*e})^{\mathrm{T}} \boldsymbol{F}^e = \iint (\boldsymbol{\varepsilon}^*)^{\mathrm{T}} \boldsymbol{\sigma} t \mathrm{d}x \mathrm{d}y \tag{7-12}$$

式中　t——弹性体的厚度。

将式（7-9）和式（7-11）代入式（7-12）得

$$(\boldsymbol{\delta}^{*e})^{\mathrm{T}} \boldsymbol{F}^e = \iint (\boldsymbol{\delta}^{*e})^{\mathrm{T}} \boldsymbol{B}^{\mathrm{T}} \boldsymbol{D} \boldsymbol{B} \boldsymbol{\delta}^e t \mathrm{d}x \mathrm{d}y \tag{7-13}$$

由于虚位移为任意值，而实位移是结点位移，与坐标无关，故由式（7-13）可得

$$\boldsymbol{F}^e = \left(\iint \boldsymbol{B}^{\mathrm{T}} \boldsymbol{D} \boldsymbol{B} t \mathrm{d}x \mathrm{d}y \right) \boldsymbol{\delta}^e = \boldsymbol{K}^e \boldsymbol{\delta}^e \tag{7-14}$$

其中

$$\boldsymbol{K}^e = \iint \boldsymbol{B}^{\mathrm{T}} \boldsymbol{D} \boldsymbol{B} t \mathrm{d}x \mathrm{d}y \tag{7-15}$$

式中　$\boldsymbol{K}^e$——单元刚度矩阵，它是一个方阵，其行数和列数均等于单元结点的位移分量。

3. 整体分析

　　整体分析就是利用整个结构在各结点处的静力平衡条件和变形协调条件对整个结构进行分析，以建立结构的刚度方程组。整体分析时，为了使建立的整体刚度方程规格化，可暂不

考虑支承条件。

（1）单元贡献矩阵 如图7-2所示，单元①的单元刚度矩阵方程组的分块表示形式为

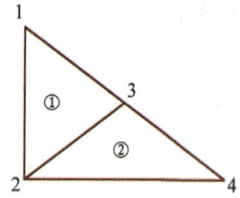

图7-2 平面问题模型

$$\begin{pmatrix} F_1 \\ F_2 \\ F_3 \end{pmatrix}^{①} = \begin{pmatrix} K_{11} & K_{12} & K_{13} \\ K_{21} & K_{22} & K_{23} \\ K_{31} & K_{32} & K_{33} \end{pmatrix} \begin{pmatrix} \delta_1 \\ \delta_2 \\ \delta_3 \end{pmatrix}^{①} \qquad (7\text{-}16)$$

将其扩阶到整个结构的所有结点下的关系为

$$\begin{pmatrix} F_1 \\ F_2 \\ F_3 \\ F_4 \end{pmatrix}^{①} = \begin{pmatrix} K_{11} & K_{12} & K_{13} & 0 \\ K_{21} & K_{22} & K_{23} & 0 \\ K_{31} & K_{32} & K_{33} & 0 \\ 0 & 0 & 0 & 0 \end{pmatrix} \begin{pmatrix} \delta_1 \\ \delta_2 \\ \delta_3 \\ \delta_4 \end{pmatrix}^{①} \qquad (7\text{-}17)$$

同理，单元②的单元刚度方程组扩阶到整个结构的所有结点下的关系为

$$\begin{pmatrix} F_1 \\ F_2 \\ F_3 \\ F_4 \end{pmatrix}^{②} = \begin{pmatrix} 0 & 0 & 0 & 0 \\ 0 & K_{22} & K_{23} & K_{24} \\ 0 & K_{32} & K_{33} & K_{34} \\ 0 & K_{42} & K_{43} & K_{44} \end{pmatrix} \begin{pmatrix} \delta_1 \\ \delta_2 \\ \delta_3 \\ \delta_4 \end{pmatrix}^{②} \qquad (7\text{-}18)$$

式（7-17）和式（7-18）可简写为

$$\widehat{\boldsymbol{F}}^e = \widehat{\boldsymbol{K}}^e \widetilde{\boldsymbol{\delta}}^e \quad (e = ①, ②) \qquad (7\text{-}19)$$

式中 $\widehat{\boldsymbol{F}}^e$、$\widehat{\boldsymbol{K}}^e$、$\widetilde{\boldsymbol{\delta}}^e$——单元 e 的结点力、单元刚度和结点位移贡献矩阵。

由结点处的变形协调条件可知，结点在任一单元内的变形相等，均等于该结点在结构内的实际变形，即 $\delta_i^e = \delta_i$，也即 $\widetilde{\boldsymbol{\delta}}^e = \boldsymbol{\delta}^e$。

另外，由结点处的静力平衡条件可知，结点处的合内力等于作用在结点处的外荷载，即

$$\sum_e \widehat{\boldsymbol{F}}^e = \boldsymbol{P} \qquad (7\text{-}20)$$

式中 $\sum_e$——对所有单元求和；

$\boldsymbol{P}$——外荷载矢量。

把式（7-19）代入式（7-20）得

$$\sum_e \widehat{\boldsymbol{K}}^e \boldsymbol{\delta} = \boldsymbol{P}$$

$$\boldsymbol{K}\boldsymbol{\delta} = \boldsymbol{P} \qquad (7\text{-}21)$$

式中 $\boldsymbol{K}$——整体刚度矩阵，它等于各单元刚度贡献矩阵之和。

（2）整体刚度矩阵的集成原则 对图7-2所示的平面问题，其整体刚度矩阵为

$$K = \hat{K}^{①} + \hat{K}^{②} = \begin{pmatrix} K_{11}^{①} & K_{12}^{①} & K_{13}^{①} & 0 \\ K_{21}^{①} & K_{22}^{①+②} & K_{23}^{①+②} & K_{24}^{②} \\ K_{31}^{①} & K_{32}^{①+②} & K_{33}^{①+②} & K_{34}^{②} \\ 0 & K_{42}^{②} & K_{43}^{②} & K_{44}^{②} \end{pmatrix} \qquad (7\text{-}22)$$

由此可见，整体刚度矩阵可按以下原则集成：

$$K_{ij} = \sum_e K_{ij}^{e_{ij}} \qquad (结点 i、j 相关，即共同组成单元)$$

$$K_{ij} = 0 \qquad (结点 i、j 不相关)$$

式中　$K_{ij}^{e_{ij}}$——结点 i、j 共同组成的单元 e_{ij} 的对应子块。

4. 荷载移置

整体分析时的刚度方程组是根据外荷载作用在结点得出的。如果有不在结点上的外荷载，则必须用虚功等效原则（等效前后荷载在任何虚位移方向上的虚功相等）将荷载移到结点上。这一工作称为荷载移置。

对于集中力，由于单元的划分是随意的，一般可将集中力的作用点取为结点，集中力就成为结点荷载。

关于荷载移置的一般公式，可以参阅有关专著。下面仅给出常见的几种荷载移置结果。在采用线性位移模式时，对 3 结点三角形单元，荷载移置可按平行力的合成与分解进行。

图 7-3a 所示的 jm 边上作用着均布荷载，荷载集度为 q，单元厚度为 t，移到 j 和 m 点的荷载各为 $qLt/2$。图 7-3b 所示的三角形分布荷载作用时，j，m 点的等效结点荷载各为 $qLt/3$ 和 $qLt/6$。图 7-3c 所示的受均布体力的三角形单元，如果体力的合力为 W，则每个结点的等效荷载各为 $W/3$。

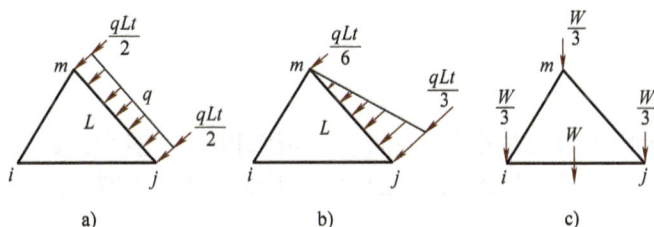

图 7-3　荷载移置

5. 引入支撑条件

由于在整体分析时，没有考虑体系的支撑情况，因此体系刚度方程组中的整体刚度矩阵 K 在数学上具有奇异性，即其逆矩阵不存在，也就是说由此方程不能求得位移的唯一解。在力学上这是由于在引入支撑条件之前，体系还是一个没有支撑的悬空结构。所以必须引入支撑条件对体系方程组进行处理，在数学意义上消除整体刚度矩阵 K 的奇异性，在力学意义上消除体系的悬空性，使体系刚度方程组有唯一解。常用的处理方法有消行消列法、置大数法和置一法。

6. 解方程组求结点位移

体系引入支撑条件后整体刚度方程组有唯一解，一般可用高斯消去法求解线性方程组，得结点位移。

7. 求单元应力

结点位移求出后，可利用式（7-11）求出单元应力。

7.2.3　较精密的平面单元

为了减小由于离散化带来的误差，提高计算的精度，使所求得的位移和应力能更好地接近实际状态，可采用有较高次位移模式的单元，即所谓较精密的平面单元，如图7-4所示的4结点矩形单元、6结点三角形单元、8结点矩形单元等。其中最常用的是4结点矩形单元和6结点三角形单元。

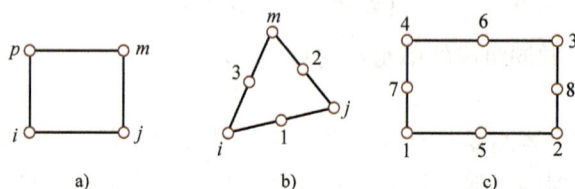

图7-4　较精密的平面单元

a) 4结点矩形单元　b) 6结点三角形单元　c) 8结点矩形单元

在结构中采用相同数目的结点时，矩形单元的精度高于简单三角形单元。但是矩形单元的一个明显的缺点是既不能适应斜交边界和曲线边界，也不适于在不同部位采用不同大小的单元。为弥补这个缺点，可以将矩形单元和简单三角形单元混合使用。

对于较精密的平面单元，其单元分析的过程比较复杂，这里不做进一步的论述，可以参考有关专著或文献。

7.3　隧道围岩弹塑性有限元分析

7.3.1　概述

严格地说，隧道围岩的受力属于空间问题，但因计算工作量大，数据处理费事，将其简化为二维问题进行分析也能得到令人满意的结果，因此，本节主要讨论二维隧道围岩弹塑性有限元分析。

隧道围岩的弹塑性问题主要由岩土和结构材料的弹塑性性质引出。当材料的应力和应变超过了某种限值后，它们的变化不再遵从胡克定律所规定的线性关系。此时，在上一节中建立的体系静力平衡方程式（7-21）中，整体刚度矩阵 K 是位移矢量 δ 的函数不能直接求解，为此本节首先简要介绍求解非线性方程组的数值方法。

尽管固体塑性力学已有长久的历史，但岩土材料塑性理论仍然处在发展和完善的阶段。本节将简要介绍固体塑性力学的主要组成部分：弹塑性应力-应变关系、屈服准则和破坏准则、流动法则和硬化定律，建立岩土材料的弹塑性本构关系。

最后，本节将根据隧道结构的特点，介绍隧道围岩弹塑性有限元静力分析的方法和步骤。

7.3.2　非线性问题的求解方法

采用数值方法分析结构时，将结构离散化后可以得到式（7-21），将其改写为

$$\boldsymbol{K\delta} - \boldsymbol{P} = 0 \tag{7-23}$$

当整体刚度矩阵 $\boldsymbol{K}$ 中的元素 K_{ij} 为常量时，式（7-23）为线性方程组，它所代表的问题为线性问题。当 K_{ij} 为变量时，如 $K_{ij} = f(\delta_{ij})$，则式（7-23）为非线性方程组，它所描述的问题为非线性问题。

材料非线性指的是当应力超过某一限值后，应力与应变的变化不再呈线性关系，但应变与位移的变化仍呈线性关系。属于这种类型的问题称为材料非线性问题。

几何非线性指的是当应变或应变速率超过某一限值后，应变与位移的变化不再呈线性关系，但应力与应变的变化仍呈线性关系。属于这种类型的问题称为几何非线性问题（大变形问题或有限变形问题）。

在有些情况下，非线性问题既包含着材料非线性又包含着几何非线性的特征。

非线性问题不能用直接法求解，最常用的求解方法是直接迭代法、切线刚度法、初始刚度法、混合法及增量法等。有关求解非线性问题的方法，读者可参考相关专著或文献。

7.3.3　岩土材料的弹塑性本构关系

岩土材料的弹塑性应力-应变关系即本构关系包括以下 4 个组成部分：

1）屈服条件和破坏条件，确定材料是否塑性屈服和破坏。

2）硬化定律，指明屈服条件由于塑性应变而发生的变化。

3）流动法则，确定塑性应变的方向。

4）加载和卸载准则，表明材料的工作状态。

1. 几种常用的屈服准则

目前常用于岩土材料的屈服准则有：莫尔-库仑（Mohr-Coulomb）屈服准则，德鲁克-普拉格（Drucker-Prager）屈服准则，辛克维奇-潘迪（Zienkiewicz-Pande）屈服准则等。

（1）莫尔-库仑（Mohr-Coulomb）屈服准则

库仑式
$$f = \tau - \sigma\tan\phi - C = 0 \tag{7-24a}$$

莫尔式
$$f = (\sigma_1 - \sigma_3) + (\sigma_1 + \sigma_3)\sin\phi - 2C\cos\phi = 0 \tag{7-24b}$$

式中　σ、τ——剪切面上的正应力和剪应力；

C、ϕ——屈服或破坏参数，即材料的黏聚力和内摩擦角。

莫尔-库仑屈服准则的物理意义在于：当剪切面上的剪应力与正应力之比达到最小时材料发生屈服与破坏。其最大优点是不仅能反映岩土材料的拉伸与压缩的屈服与破坏强度不同（S-D 效应）与对静水压力的敏感性，而且简单实用（材料参数 C 和 ϕ 可以通过各种不同的常规试验仪器和方法测定），因此在岩土力学和塑性理论中得到广泛应用。但该准则不能反映中间主应力 σ_2 对屈服和破坏的影响及单纯的静水压力可以引起岩土屈服的特性，而且屈服曲面有棱角，不便于塑性应变增量的计算，这就给数值计算带来了困难。

（2）德鲁克-普拉格（Drucker-Prager）屈服准则　考虑到静水压力可以引起岩土材料的屈服，德鲁克-普拉格屈服准则为

$$f(I_1, \sqrt{J_2}) = \sqrt{J_2} - \alpha I_1 - k = 0 \tag{7-25}$$

式中　I_1——应力状态的第一不变量，$I_1 = \sigma_1 + \sigma_2 + \sigma_3$；

J_2——应力偏张量的第二不变量，$J_2 = \dfrac{1}{6}\left[(\sigma_1 - \sigma_2)^2 + (\sigma_2 - \sigma_3)^2 + (\sigma_3 - \sigma_1)^2\right]$。

对于平面应变状态时，与 C 和 ϕ 之间的关系为

$$\alpha = \frac{\sin\phi}{\sqrt{3}\sqrt{3+\sin^2\phi}}, \qquad k = \frac{\sqrt{3}C\cos\phi}{\sqrt{3+\sin^2\phi}} \tag{7-26}$$

式中　α、k——德鲁克-普拉格材料常数。

德鲁克-普拉格屈服准则可以避免莫尔-库仑屈服准则屈服曲面在棱角处引起的数值计算上的困难，但该准则对实际破坏条件逼近较差。

（3）辛克维奇-潘迪（Zienkiewicz-Pande）屈服准则　为了克服莫尔-库仑屈服准则的棱边和夹角，考虑到屈服与静水压力的非线性关系和中间主应力 σ_2 对强度的影响，辛克维奇-潘迪提出了辛克维奇-潘迪屈服准则，其一般形式为

$$f = \beta p^2 + \alpha_1 p - k + \left[\frac{q}{g(\theta_\sigma)}\right]^n = 0 \tag{7-27}$$

式中　p——相对广义剪应力，按下式计算

$$p = \frac{1}{\sqrt{2}}[(\sigma_1 - \sigma_2)^2 + (\sigma_2 - \sigma_3)^2 + (\sigma_3 - \sigma_1)^2]^{1/2} = \sqrt{3J_2}$$

q——静水压力，$q = \dfrac{1}{3}(\sigma_1 + \sigma_2 + \sigma_3) = \dfrac{1}{3}I_1$；

$g(\theta_\sigma)$——π 平面上的屈服曲线形状函数；

α_1、β——系数；

n——指数，一般为 0，1 或 2；

k——屈服参数。

α_1、β、n 和 k 决定着子午面上屈服曲线的形状。

2. 硬化法则

硬化法则规定材料进入塑性变形后的后继屈服函数（又称加载函数或加载曲面），一般来说加载函数采用以下形式

$$F(\sigma, \varepsilon_p, \kappa) = 0 \tag{7-28}$$

现时的塑性应变 ε_p 不一定显式地出现在加载函数中，可能通过硬化参数 κ 隐式地包含在 F 中。

对于理想弹塑性材料，因无硬化效应，显然后继屈服函数和初始屈服函数一致，即

$$F(\sigma, \varepsilon_p, \kappa) = F(\sigma) = 0 \tag{7-29}$$

对于硬化材料，通常有两种硬化法则：等向硬化法则和随动硬化法则。

3. 流动法则

流动法则规定塑性应变增量的分量和应力分量以及应力增量分量之间的关系。米赛斯（Von. Mises）流动法则假设塑性应变增量可从塑性势导出，即

$$d\varepsilon_p = \lambda \frac{\partial Q}{\partial \sigma} \tag{7-30}$$

式中　$d\varepsilon_p$——塑性应变增量；

λ——正的待定有限量，它的具体数值和材料硬化法则有关；

Q——塑性势函数，一般来说它是应力状态和塑性应变的函数。

对于稳定的应变硬化材料，Q 通常取与后继屈服函数 F 相同的形式。当 $Q \equiv F$ 时，这种

特殊情况为关联塑性；否则，称为非关联塑性。对于关联塑性情况，流动法则表示为

$$d\varepsilon_p = \lambda \frac{\partial F}{\partial \sigma} \tag{7-31}$$

从微分学知道，$\frac{\partial F}{\partial \sigma}$ 定义的矢量正是沿应力空间内后继屈服面 $F = 0$ 的法线方向，所以米赛斯流动法则又称法向流动法则。

4. 加载、卸载准则

该准则用以判别继续塑性加载还是弹性卸载，这是计算过程中判定是否继续塑性变形以及决定是采用弹塑性本构关系还是弹性本构关系所必需的。这个准则可表示如下：

若 $F = 0$，$\frac{\partial F}{\partial \sigma} d\sigma > 0$，继续塑性加载。

若 $F = 0$，$\frac{\partial F}{\partial \sigma} d\sigma < 0$，由塑性按弹性卸载。

若 $F = 0$，$\frac{\partial F}{\partial \sigma} d\sigma = 0$，则应区分：①对于理想弹塑性材料，此情况是塑性加载，因为在此条件下可以继续塑性流动；②对于硬化材料，此情况是中性变载，即仍保持在塑性状态，但不发生新的塑性流动。

5. 弹塑性应力应变关系

若令增量弹塑性关系表达式为

$$d\sigma = D_{ep} d\varepsilon \tag{7-32}$$

式中　D_{ep}——弹塑性矩阵。

可以推导出

$$D_{ep} = D - \frac{D\left(\frac{\partial Q}{\partial \sigma}\right)\left(\frac{\partial F}{\partial \sigma}\right)^T D}{A + \left(\frac{\partial F}{\partial \sigma}\right)^T D\left(\frac{\partial Q}{\partial \sigma}\right)} \tag{7-33}$$

其中，参数 A 的意义：

1）对于理想弹塑性材料，无应变硬化，$A = 0$。

2）对于加工硬化材料采用塑性功加工硬化定律时，$A = -\frac{\partial F}{\partial \kappa} \sigma^T \frac{\partial F}{\partial \sigma}$。

7.3.4　隧道围岩弹塑性有限元静力分析的方法和步骤

1. 分析步骤

隧道围岩弹塑性有限元静力分析的步骤一般如下：

1）确定各种计算参数。

2）确定各个施工阶段中围岩和结构的有限元网格。

3）分阶段计算释放结点荷载和结构自重等因素的等效结点荷载。

4）分阶段计算围岩和结构的应力及位移。

5）叠加各施工阶段的计算值，以得到围岩和衬砌结构的最终应力和位移。

6）根据各施工阶段的应力和位移以及最终的应力和位移值，评估围岩和结构的强度及稳定性。

2. 施工阶段

正确的隧道围岩分析方法应该考虑到分阶段施工的特点，不仅要关注建成后的隧道和围岩的稳定性，而且要关注各个施工阶段中围岩和尚未完成的结构的受力和变形情况。有限元法能够方便地模拟施工过程，这也是有限元法的优点之一。

一般隧道施工可划分为几个阶段，如图 7-5 所示。

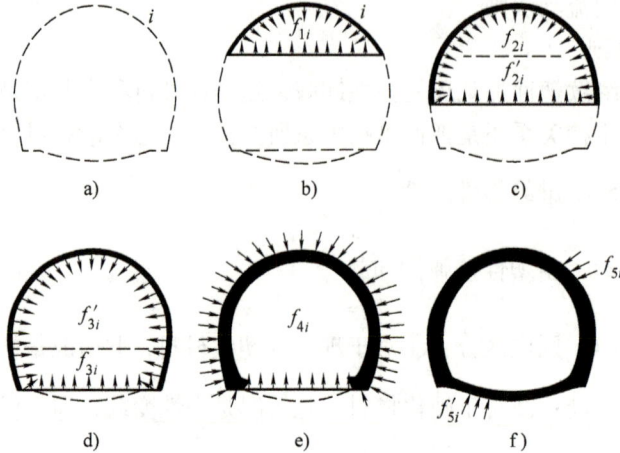

图 7-5 隧道施工的各阶段

图 7-5a 所示为开挖前的围岩初始应力状态，其中初始应力 $\boldsymbol{\sigma}_0$ 可根据实测应力或用有限元法计算而加以确定。根据各个单元的初始应力 $\boldsymbol{\sigma}_0^e$，可以计算其换算结点力

$$\boldsymbol{F}_0^e = \int_\Omega \boldsymbol{B}^{\mathrm{T}} \boldsymbol{\sigma}_0 \mathrm{d}\Omega \tag{7-34}$$

隧道开挖后，在开挖边界的结点 i 上将作用的释放结点荷载为

$$\boldsymbol{f}_{0i} = [f_{ix}, f_{iy}]^{\mathrm{T}} = -\sum_e \boldsymbol{F}_0^e \tag{7-35}$$

此结点荷载由连接结点 i 的有关单元在结点 i 上的换算结点力贡献而成。

图 7-5b 所示为上台阶开挖并已施作初衬，作用在开挖边界的释放结点荷载为

$$\boldsymbol{f}_{1i} = \alpha_1 \boldsymbol{f}_{0i} \tag{7-36}$$

式中 α_1——百分数，可根据测试资料加以确定，通常近似地将它定为本阶段隧道控制测点的变形值与施工完毕变形稳定以后该控制测点的总变形值的比值，在缺乏实测变形资料的情况下也可按工程类比法加以选定，并根据试算结果予以修正。

图 7-5c 所示为中台阶开挖并已施作初衬，作用在开挖边界上的释放结点荷载为

$$\boldsymbol{f}_{2i} = \alpha_2 \boldsymbol{f}_{0i} \tag{7-37}$$

式中 α_2 的确定方法与前述 α_1 相同。

而作用在新的开挖边界上的释放结点荷载为

$$\boldsymbol{f}_{2i}' = \boldsymbol{f}_{2i} - \sum \int_\Omega \boldsymbol{B}^{\mathrm{T}} \boldsymbol{\sigma}_1 \mathrm{d}\Omega \tag{7-38}$$

式中第二项是由第一阶段中位于开挖边界上的各个单元的应力 $\boldsymbol{\sigma}_1$ 所产生的释放结点荷载。

图 7-5d 所示为下台阶开挖并已施作初衬，与图 7-5c 中台阶开挖类似，即

$$f_{3i} = \alpha_3 f_{0i} \tag{7-39}$$

$$f'_{3i} = f_{3i} - \sum \int_{\Omega} \boldsymbol{B}^{\mathrm{T}} \boldsymbol{\sigma}_2 \mathrm{d}\Omega \tag{7-40}$$

图 7-5e 所示为下台阶开挖为已施作好第二次衬砌

$$f_{4i} = \alpha_4 f_{0i} \tag{7-41}$$

$$f'_{4i} = f_{4i} - \sum \int_{\Omega} \boldsymbol{B}^{\mathrm{T}} \boldsymbol{\sigma}_3 \mathrm{d}\Omega \tag{7-42}$$

图 7-5f 所示为已施作好仰拱

$$f_{5i} = \alpha_5 f_{0i} \tag{7-43}$$

$$f'_{5i} = f_{5i} - \sum \int_{\Omega} \boldsymbol{B}^{\mathrm{T}} \boldsymbol{\sigma}_4 \mathrm{d}\Omega \tag{7-44}$$

围岩和衬砌最后的应力和位移值为各个施工阶段相应值叠加的结果

$$\left.\begin{array}{l} \boldsymbol{\sigma} = \boldsymbol{\sigma}_0 + \boldsymbol{\sigma}_1 + \boldsymbol{\sigma}_2 + \boldsymbol{\sigma}_3 + \boldsymbol{\sigma}_4 + \boldsymbol{\sigma}_5 = \sum_{j=0}^{n} \boldsymbol{\sigma}_j \\ \boldsymbol{\delta} = \boldsymbol{\delta}_1 + \boldsymbol{\delta}_2 + \boldsymbol{\delta}_3 + \boldsymbol{\delta}_4 + \boldsymbol{\delta}_5 = \sum_{j=1}^{n} \boldsymbol{\delta}_j \end{array}\right\} \tag{7-45}$$

且有

$$\alpha_1 + \alpha_2 + \alpha_3 + \alpha_4 + \alpha_5 = \sum_{j=1}^{n} \alpha_j = 1.0 \tag{7-46}$$

式中 n——施工阶段数，图 7-5 的施工阶段数 $n = 5$。

3. 增量加荷

在求解非线性问题的任一阶段中，由式（7-23）可写出体系的残余（不平衡）结点力矢量为

$$\boldsymbol{\varPsi} = \boldsymbol{K}\boldsymbol{\delta} - \boldsymbol{P} \neq 0 \tag{7-47}$$

其中，$\boldsymbol{K} = \sum_e \boldsymbol{K}^e$，而 $\boldsymbol{K}^e = \int_{\Omega} \boldsymbol{B}^{\mathrm{T}} \boldsymbol{\sigma} \mathrm{d}\Omega$。

为了保证非线性问题求解的收敛以及计算任一阶段体系的总切线刚度矩阵 $\boldsymbol{K}_{\mathrm{T}}$，必须采用增量加荷的方法。在每一级增量荷载作用下，式（7-47）采取增量的形式

$$\Delta\boldsymbol{\varPsi} = \boldsymbol{K}_{\mathrm{T}} \Delta\boldsymbol{\delta} - \Delta\boldsymbol{P} \neq 0 \tag{7-48}$$

式中

$$\Delta\boldsymbol{P} = \Delta\boldsymbol{R} + \sum_e \int_{\Omega} \boldsymbol{N}^{\mathrm{T}} \Delta\boldsymbol{b} \mathrm{d}\Omega + \sum_e \int_{\Gamma} \boldsymbol{N}^{\mathrm{T}} \Delta\boldsymbol{t} \mathrm{d}\Gamma \tag{7-49}$$

$$\boldsymbol{K}_{\mathrm{T}} = \sum_e \boldsymbol{K}_{\mathrm{T}}{}^e \tag{7-50}$$

$$\boldsymbol{K}_{\mathrm{T}}{}^e = \int_{\Omega} \boldsymbol{B}^{\mathrm{T}} \boldsymbol{D}_{\mathrm{ep}} \boldsymbol{B} \mathrm{d}\Omega \tag{7-51}$$

式（7-49）中，第一项为外荷载增量，第二项为体力增量，第三项为面力增量，且材料的弹塑性应力应变关系为

$$\mathrm{d}\boldsymbol{\sigma} = \boldsymbol{D}_{\mathrm{ep}} \mathrm{d}\boldsymbol{\varepsilon}$$

于是，可应用非线性问题的求解方法求解式（7-48）。

7.4 工程实例分析

本节将应用上几节所述的原理和方法，分别介绍两个工程实例，一个为分阶段开挖和衬

砌的隧道弹塑性有限元静力分析，另一个为锚杆与围岩相互作用的弹塑性有限元分析。

1. 分阶段开挖和衬砌的隧道弹塑性有限元静力分析

某铁路隧道埋深约40m，采用全断面新奥法施工，共分为3个施工阶段：

第一阶段开挖全断面至边墙底面水平，并喷射10cm厚的混凝土初期支护，假定本阶段内释放荷载占总释放荷载的40%。

第二阶段施作30cm厚的内层混凝土衬砌（二衬），由边墙到拱圈一次性完成，假定本阶段内释放荷载占总释放荷载的40%。

第三阶段开挖底部并浇筑40cm厚的仰拱混凝土，假定本阶段内释放荷载占总释放荷载的20%。

图7-6所示为采用的有限元离散化体系，其中上覆层用换算均布荷载400kN/m² 代替，仅用于计算围岩初始应力场，如图7-6a所示。采用8节点等参数单元。体系顶面无约束，左右两侧水平约束，底面竖向约束。图7-6b～d表示开挖轮廓线以内的有限元网格，分别对应于第一、第二和第三施工阶段。在这3个施工阶段中不再施加换算均布荷载。

采用莫尔-库仑屈服准则和关联流动法则，利用有限元法电算程序进行计算。材料计算参数见表7-1。

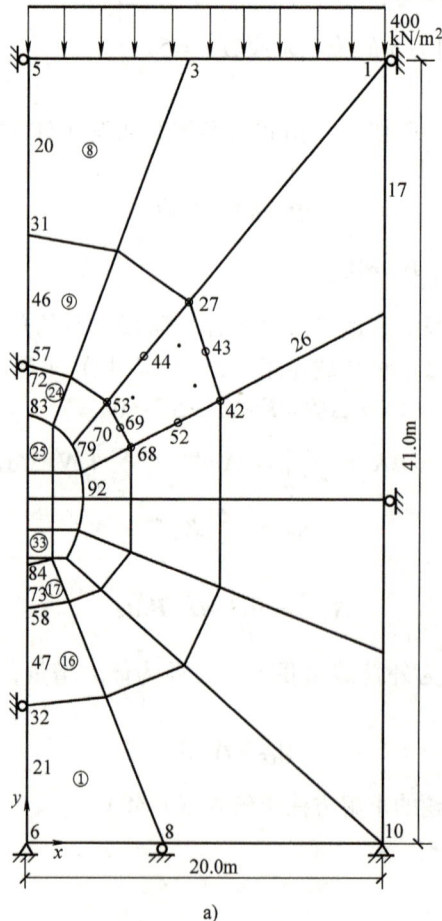

a)

图7-6 隧道有限元离散化体系

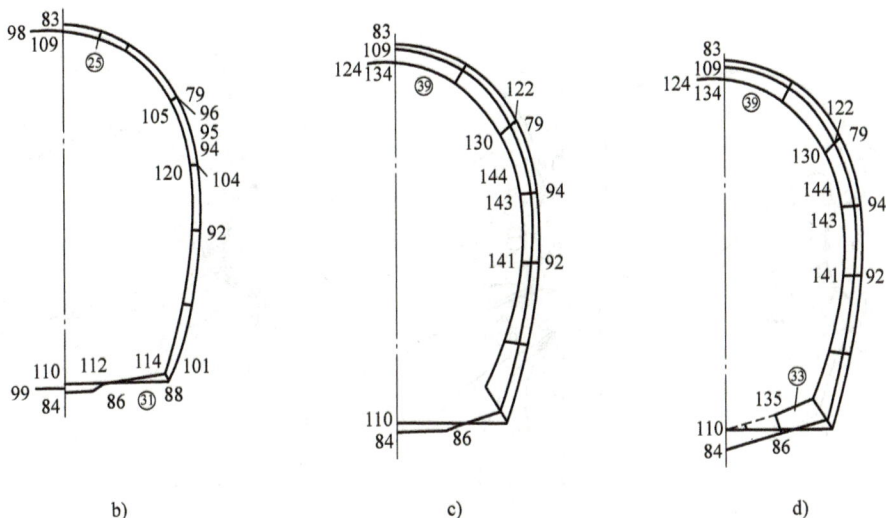

图 7-6　隧道有限元离散化体系（续）

表 7-1　材料参数

名称	围 岩	混凝土	喷混凝土
弹性模量 E/MPa	200.0	20000.0	18000.0
泊松比 μ	0.333	0.2	0.2
重度 γ/（kN/m³）	20.0	23.0	22.0
黏聚力 C/MPa	0.085	3.0	3.0
内摩擦角 ϕ/（°）	30	60	60

图 7-7 所示为第一、二、三阶段围岩强度发挥程度（S. M. F）的等值线图，材料的强度发挥程度系数 S. M. F 的计算公式为 S. M. F $= \dfrac{\sigma_1 - \sigma_3}{2C\cos\phi + |\sigma_1 + \sigma_3|\sin\phi}$，当 S. M. F ≥1 时进入塑性状态。图 7-7 中阴影部分表示围岩的塑性区域。

图 7-8 所示为各阶段开挖轮廓线的位移曲线。由图可见，在各阶段中拱顶沉陷分别为 -3.35mm、-5.27mm 和 -13.2mm；边墙中点水平位移分别为 -1.19mm、-2.34mm 和 -2.97mm（朝向隧道内）；隧道底面位移分别为 $+6.38$mm、$+23.0$mm 和 $+12.3$mm（底鼓）。

各阶段衬砌各部位的最大、最小主应力值列入表 7-2 中。由该表可以看出各阶段衬砌各部位的受力情况和最薄弱的环节。

根据各个施工阶段衬砌的变形和应力值，以及围岩强度发挥程度等值线图，可推断该隧道衬砌及围岩整体上是基本稳定的。分析中指出了各施工阶段围岩和衬砌受力较大的部位，可供设计和施工参考。仰拱是衬砌受力的薄弱环节，宜采用各种措施予以加固。

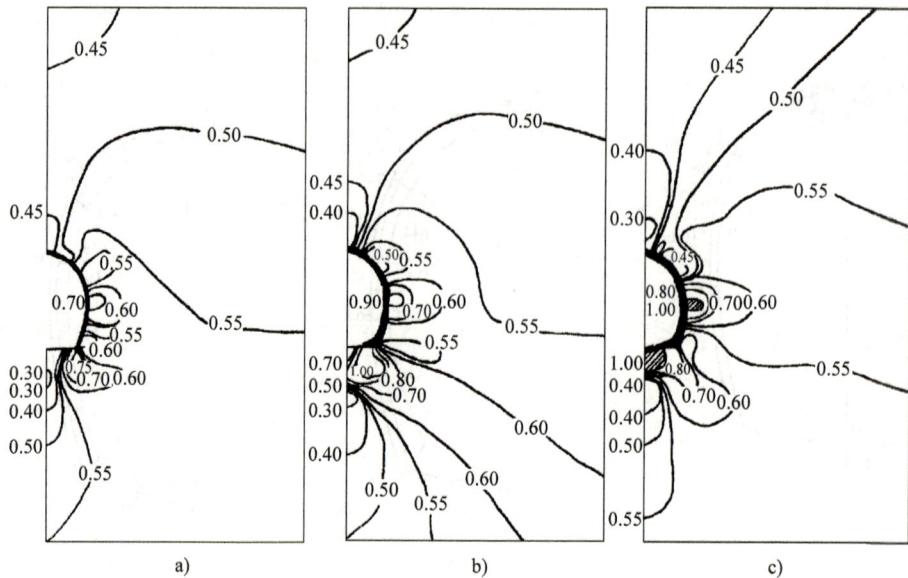

图 7-7　各阶段围岩强度发挥程度等值线

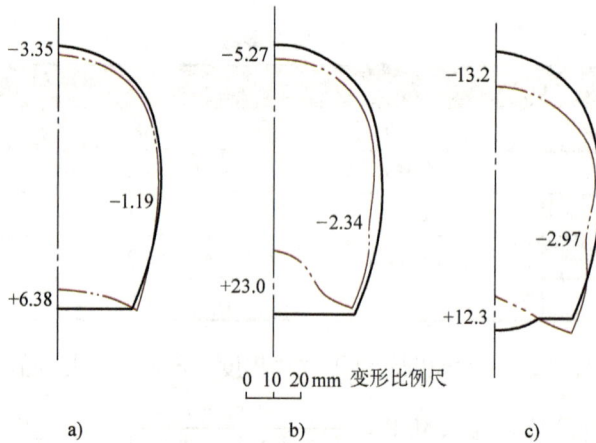

0　10　20mm 变形比例尺

图 7-8　各施工阶段边界位移

表 7-2　各施工阶段衬砌最大、最小主应力　　　　（单位：MPa）

衬砌类型		第一阶段		第二阶段		第三阶段	
		σ_{max}	σ_{min}	σ_{max}	σ_{min}	σ_{max}	σ_{min}
初　衬	拱部	+0.59	-8.17	+0.77	-13.82	+0.83	-13.68
	边墙	+1.12	-8.71	+0.27	-18.15	+0.47	-19.78
二　衬	拱部	—	—	+0.34	-10.15	+0.42	-11.40
	边墙	—	—	+0.13	-10.63	+1.02	-12.29
	仰拱	—	—	—	—	+1.66	-1.09

　　本例计算结果能较好地反映衬砌和围岩的实际受力变形情况，以及新奥法施工的特点和优越性：由于采用喷混凝土初期支护，使得二次衬砌的受力条件大为改善。

2. 锚杆与围岩相互作用的弹塑性有限元分析

图7-9为某工程隧道ZK46 +701.5断面锚杆支护布置，采用弹塑性有限元法分析锚杆与围岩相互作用。计算模型宽88m，以隧道轴线左右对称；上取隧道整个埋深，即20m，隧道底板以下取34m。采用莫尔-库仑屈服准则。

材料计算参数见表7-3、表7-4、表7-5。

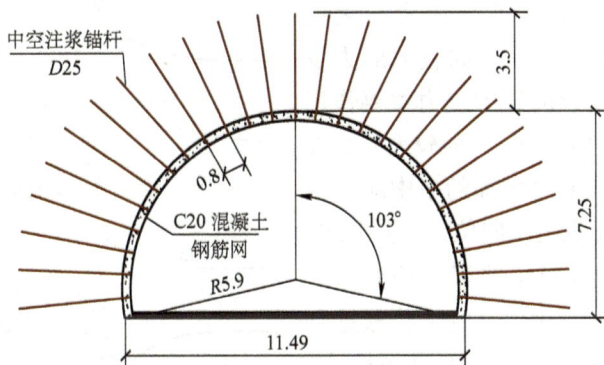

图7-9　隧道 ZK46 +701.5 断面锚杆支护布置

表7-3　隧道 ZK46 +701.5 断面围岩参数

参数名称	重度 $\gamma/(kN/m^3)$	弹性抗力系数 $K/(MPa/m)$	弹性模量 E/GPa	黏聚力 C/MPa	泊松比 μ	内摩擦角 $\phi/(°)$
参数值	17.5	200	1.2	0.2	0.35	27

表7-4　隧道 ZK46 +701.5 断面 D25 中空注浆锚杆参数

参数名称	公称直径 /mm	壁厚 /mm	杆体标准长度 /m	抗拉强度 /MPa	屈服强度 /MPa	伸长率 δ
参数值	25	4	3.5	835	540	≥10

表7-5　隧道 ZK46 +701.5 断面初次衬砌参数

参数名称	喷射混凝土 弹性模量/GPa	单位长度 混凝土面积/m²	钢筋焊接网	水泥浆黏结强度 /MPa	水泥浆黏结刚度 /GPa
参数值	25.5	5.34	$\phi 5.0 \times 10 \times 10$	1.570	0.785

图7-10和图7-11分别为围岩的 x 向位移等值线和 y 向位移等值线。由此可以看出，隧道因开挖而发生位移的空间效应：x 向位移由轴线向两边逐渐减小，且较大位移发生在距隧道拱腰较近的一定高度的范围内；$-y$ 向最大位移发生在拱顶处，且由拱顶向两边逐渐减小，隧道底部发生 y 向的较大位移，这是因为隧道内部岩土体挖除后，因作用在隧道底部的应力释放所产生的反拱现象，说明计算结果比较符合实际。

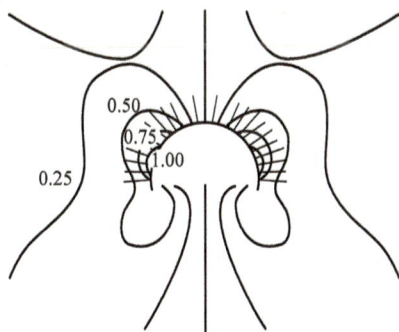

图7-10　x 向位移等值线

图 7-12 和图 7-13 所示分别为围岩的 x 向应力等值线和 y 向应力等值线。由两图可以看出，x 向较大应力发生在拱脚的一定范围内，即 x 向应力主要集中在拱脚到拱腰的一定范围内，其主要作用就是迫使拱墙向内空发生位移，直至应力释放到足以使支护应力与之抗衡，隧道内空收敛才结束；$-y$ 向较大应力发生在拱顶部，发生在拱顶的集中应力主要作用就是迫使拱顶发生 $-y$ 向位移，y 向较大应力发生在隧道底部，发生在隧道底部的集中应力主要作用就是使隧道底部发生 y 向位移（反拱）。这两个位移的矢量和就是隧道的相对沉降量。

本算例计算得到：拱顶测点的绝对位移量为 $-6.834\mathrm{mm}$，路面绝对位移量为 $-1.225\mathrm{mm}$，则拱顶的相对下沉量为 $5.609\mathrm{mm}$。由实测数据回归分析得到的拱顶测点的最终沉降量为 $5.723\mathrm{mm}$，结果与实测值相比的相对误差为 1.99%，说明结果与实际基本相符。

本算例计算得到：周边收敛的左测点的绝对位移量为 $1.105\mathrm{mm}$，右测点的绝对位移量为 $-1.102\mathrm{mm}$，则周边收敛测点的相对收敛值为 $2.207\mathrm{mm}$。由实测数据回归分析得到的周边收敛测点的最终收敛值为 $2.163\mathrm{mm}$。结果与实测值相比的相对误差为 2.05%，说明结果与实际基本相符。

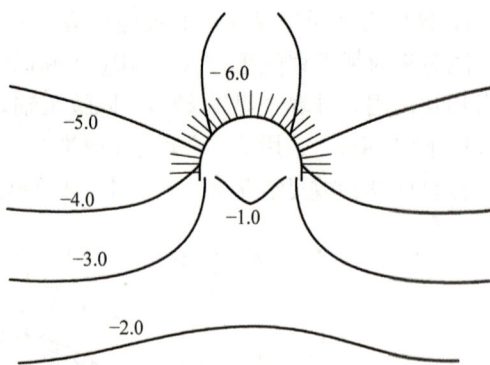

图 7-11　y 向位移等值线

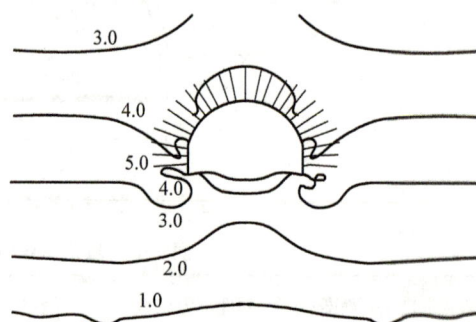

图 7-12　x 向应力等值线（单位：50kPa）

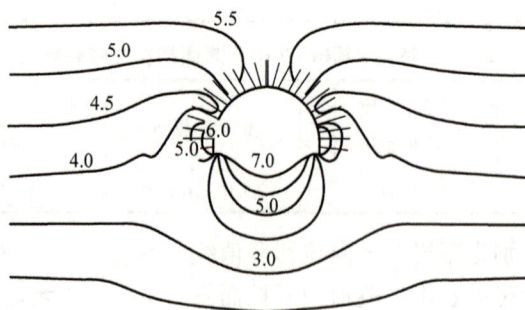

图 7-13　y 向应力等值线（单位：50kPa）

本算例表明，锚杆作为受力构件，提高了围岩的抗剪强度，即临近开挖周边的围岩其强度因爆破开挖引起的降低由于安设了锚杆而得到补偿。

拓展阅读

典型隧道工程——青岛胶州湾海底隧道

青岛胶州湾隧道是连接主城与辅城的重要公路通道，南接薛家岛，北连团岛，下穿胶州湾湾口海域，隧道全长7800m，其中海域段长4095m，是当时我国最长的海底公路隧道。隧道为城市快速道路，双向六车道，设计车速80km/h，设计使用年限100年。湾口海域宽度约4.1km，平均水深7m左右，最大水深42m。海底无覆盖层，地形坡度大，基岩为中风化和微风化花岗岩、辉绿岩等火山岩，而且中风化层很薄，岩石完整性好，是修建隧道最理想的位置。隧道采用钻爆法施工。

隧址区工程水文地质极其复杂，岩石多达22种，为火成岩多期次侵入接触，岩体构成复杂多变。海域段穿越4组14条断裂，透水性较好；胶州湾隧道是目前世界上埋深最浅的钻爆法海底隧道，施工中极易发生坍方突涌水等灾害性事故，如青函海底隧道就发生4次较大的塌方涌水事故，防坍塌涌水施工难度大风险高。

青岛胶州湾隧道于2008年9月开工，2011年开通。建设中克服了海域段覆盖层薄、覆水深度深、隧道跨度大等难题，获得了多项科技成果、省部级工法和发明专利。荣获中国建设工程鲁班奖、中国土木工程詹天佑大奖。

典型隧道工程——天坪隧道

天坪隧道工程为渝黔铁路（重庆至贵阳铁路）的重点控制性工程，全长13978.252m，单洞双线，设计速度为200km/h，最大埋深980m。穿越地层为灰岩泥岩和页岩，灰岩占50%，泥页岩占50%，灰岩分布在进口段和出口段，泥页岩分布在隧道中部。以酒店垭背斜核部为界，以北岩层平缓，部分接近水平，以南岩层陡倾，部分接近直立。主要地质构造有尧龙山向斜酒店垭背斜和8个断层破碎带。

地质条件极为复杂，集高瓦斯、高地应力、高地温、岩溶突水突泥、有毒有害气体、断层破碎带、膨胀性岩土等不良地质于一体，是典型的"五害俱全"隧道工程。被中国铁路总公司确定为一级高风险隧道。辅助坑道设置为"平导+斜井+横洞（主副井）"。隧道为人字坡，最高点在DK124+400，洞顶标高为740m，勘察设计阶段地表地质钻孔9个，其中DZ-3、DZ-5号钻孔钻进时曾逸出有害气体，在孔口可点燃。DZ-5号钻孔位于斜井出口方向，岩层倾角很小，接近水平，其穿过的各地层厚度即可视为真实厚度。施工图设计推断天坪隧道在DK116+565～+920、DK121+000～DK125+880共5235m施工期间可能揭示有害气体。

天坪隧道横洞工区穿越龙潭组煤系地层，并连续穿越层厚分别为1.33m、2.45m、2.6m的煤层，每吨煤矿石中涌出的瓦斯含量相当于一个家庭一个月的天然气使用量，如此高的瓦斯浓度，极易发生隧道瓦斯爆炸。

隧道与岩土工程相关专家——沈珠江、莫尔

沈珠江：岩土工程专家，1995年当选为中国科学院院士。早年把苏联学者的静力分析理论和美国学者的运动分析理论结合起来，建立了土体极限分析理论，并提出了软土地基稳

定分析的有效固结应力法。20世纪70年代后从事土体的本构模型及数值计算方法研究，提出过多重屈服面、等价应力硬化理论和三剪切角破坏准则等新概念，建议了两种新的弹塑性模型，发展了有效应力分析方法，开发了六个有限元分析程序，广泛用于大型土石坝工程的计算。提出了新的胶结杆元件和一种基于损伤概念的双弹簧模型，并就建立现代土力学的基本框架提出了构想。

莫尔（Christian Otto Mohr）：致力于力学和材料强度方面的理论研究工作。出版过一本教科书并发表了大量的结构及强度材料理论方面的研究论文，其中相当一部分是关于用图解法求解一些特定问题的。他提出了用应力圆表示一点应力的方法（所以应力圆也被称为莫尔圆），并将其扩展到三维问题。应用应力圆，他提出了第一强度理论。莫尔对结构理论也有重要的贡献，如计算梁挠度的图乘法、应用虚位移原理计算超静定结构的位移等。

思 考 题

1. 简述隧道有限元法的分析步骤。

2. 岩土材料的弹塑性本构关系包含哪些部分？分析时常用哪些屈服准则？每种准则各自的优缺点是什么？

3. 有限元分析是基于结构力学分析迅速发展起来的一种现代计算方法。它是20世纪50年代首先在连续体力学领域——飞机结构静、动态特性分析中应用的一种有效的数值分析方法，随后很快广泛应用于求解热传导、电磁场、流体力学等连续性问题。当前我国的有限元软件多数都是由西方国家研发的，在复杂的国际大背景下，国内有必要实现适用于工程的有限元软件的自主研发，突破技术瓶颈。请查阅相关资料，结合你平时所接触到的软件，谈谈由我国自主研发的有限元软件的特点及应用范围。

4. 西安安康铁路秦岭特长隧道地区，地形、地质复杂，工程艰巨，该隧道的建成具有里程碑式的意义，是中铁隧道局集团在国内首次采用TBM全断面掘进机技术施工。西康线北起西安枢纽新丰镇编组站，南至安康东站，全长292km，是我国路网中一条南北方向长大干线的重要组成部分，秦岭特长隧道（见图7-14）位于青岔至营盘车站之间，由两座平行的单线隧道组成。Ⅰ、Ⅱ线隧道长均为18.46km，最大埋深1600m。秦岭特长隧道是20世纪末我国已建成的长度最长、埋深最大的铁路隧道。请思考一下，采用有限元软件模拟隧道开挖过程时，如何实现TBM全断面掘进机技术施工开挖工序的模拟？如何在有限元软件中考虑地应力的影响？

图7-14 秦岭特长隧道施工现场

隧道施工组织设计 第 8 章

隧道施工组织设计的主要任务是在隧道建设过程中，运用先进的科学技术和施工设备，努力为企业创造良好的施工条件，改善恶劣的施工环境，积累施工经验，不断提高和改善施工技术水平，实现合同对工程质量、文明施工、安全生产及工期要求。该施工组织设计贯穿于隧道从施工准备阶段到竣工验收全过程。编制施工组织设计时，要综合考虑隧道长度、断面大小、地质条件、环境保护、工期要求和自然条件等，确定合理的施工方法和施工进度计划。隧道施工组织设计包括施工方法、场地布置、工区划分、工程数量、进度计划、人员配备、主要材料、机械设备、电力、通信、运输、质量安全、技术、环保和气象等。

8.1 隧道施工组织设计的准备工作

编制施工组织之前，需要深入现场进行调查，内容包括：交通运输条件和施工运输便道方案比选；隧道施工对既有地下结构物和地表的影响；场地布置与洞口相邻工程、弃渣利用、农田水利和征地等的关系；周围建筑物、"三杆"等拆迁情况和数量；附近建筑材料的数量和质量、水质水源情况，以及当地气象、水文资料、风俗习惯和环境保护要求等。

施工组织设计的施工准备工作的内容一般包括：确定施工组织机构及人员配备；对设计文件进一步了解和研究；对施工现场的补充调查和复核；进行接班、复测及洞口投点等；结合施工单位的经验和技术条件，对设计中需要变更与改进的地方向建设单位和设计单位提出建议，并通过协商进行修改；根据进一步掌握的情况和资料，对投标时所拟订的施工方案、施工计划、技术措施等重新评价和深入研究，修订或重新编写指导性施工组织设计；做好现场基本施工条件及物质准备工作。

8.1.1 施工技术准备工作的内容

1）认真调查研究地质、水文勘察资料，自然、社会和技术经济条件，熟悉、审查设计图样及有关设计资料，了解设计意图，掌握总平面布置、各个单位工程和分项工程的工程结构形式和特点，努力找出影响施工的各种主客观因素，研究对策，防患于未然。

2）由专人负责交接控制测量的基桩资料，做好复测和核对工作，确定隧道洞口的中线和基桩标高。

3）根据现场新获得的补充调查资料，及时修改隧道的施工方法。

4）编制施工组织设计和施工方案，并进行有关施工补充设计；按照清单报价编制隧道施工预算。

8.1.2　隧道施工具备的条件

在隧道施工现场范围内，要求做好"三通一平"工作，即道路通、水通、电通及通信畅通，平整好施工现场，建好临时房屋等设施。

在隧道进行开挖之前还应做好施工的物质准备，如准备一定的原材料、建筑安装工程施工机具和设备、构件加工和机械修理设备、建筑材料堆放场地、木材加工车间及适当数量的库房等。

为了及时达到隧道施工条件，工程中标接受任务获得设计资料后，立即组织人员根据设计图中列出的工程量，套用定额或过去类似工程的统计资料，概算出材料的需要数量，并且进行"三通一平"的详细调查和实施工作。

8.2　隧道施工组织设计

隧道施工组织设计是组织施工的基本文件。它是根据建设单位的要求、隧道工程的特点和围岩条件、施工的技术装备和施工力量等技术经济因素编制的。确定合理的施工方案，对施工工艺、机械设备、施工工序、组织安排、工程投资、场地布置、材料供应和技术措施等做出全面的科学规划和布置，确保隧道施工按照设计要求安全、经济地进行。

8.2.1　各阶段施工组织设计及内容

在隧道工程的设计阶段、施工准备阶段及施工阶段，都必须编制相应的施工组织设计文件。设计阶段编制的施工组织设计，称为初步施工组织设计；施工准备阶段编制的施工组织设计，称为指导性施工组织设计；施工阶段编制的施工组织设计，称为实施性施工组织设计。

1. 初步施工组织设计

初步施工组织设计由勘测设计单位在隧道工程设计阶段编制，并编入相应的设计文件。它是整个工程项目的总决策和规划，初步拟定施工方法、施工程序及施工时间，全局性地部署施工各个环节和彼此之间的协调关系，为编制工程概算提供依据。

（1）主要内容

1）施工组织。根据工程的特点和具体要求，提出对设计、施工、管理、监理和科研单位的要求。

2）施工工期安排。包括隧道主体工程、有关附属房建工程、机电设备安装工程的安排。

3）主要施工方法。根据隧道设计对不同地质地段提出具体的施工方法，根据围岩级别和开挖情况采用必要的辅助施工技术措施。

4）施工场地及弃渣场地。施工场地包括临时生产、生活用房，施工便道，变电站，料库，材料场地等临时用地。弃渣场地需根据开挖量（应考虑松方系数）及考虑经筛选回收利用后的弃渣量和地形实际情况合理选取。施工场地及弃渣场地的选择要结合隧道区域地形、地貌特征。

5）主要机械设备及劳动工日。

（2）主要设计图表

1）隧道施工方案图。

2）隧道进（出）口施工场地布置图。

3）沿线筑路材料供应示意图。

4）隧道施工组织计划及施工进度图。

5）隧道监控量测实施断面布置图。

2. 指导性施工组织设计

施工单位在参加招投标工作中标以后，在施工开始之前，施工单位还必须进一步重新审查、修订投标时编制的施工组织设计，这个阶段的施工组织设计称为指导性施工组织设计。

指导性施工组织设计是施工单位承包工程后，通过对设计文件的进一步领会和研究，调查和复核施工现场，与建设、设计和监理等单位共同协商，解决设计变更之后编制的隧道工程施工的总计划。

（1）主要内容

1）隧道工程概况。

2）隧道现场的地形、地貌、地质和水文地质勘探调查的资料。

3）指导性施工组织设计的编制依据及原则。

4）施工准备及临时设施。

5）任务划分、工期及劳动力组织。

6）机械配备情况。

7）主要施工方案与安排及特殊地段施工的措施。

8）施工通风、防排水。

9）采用的新技术、新工艺。

10）建设方针目标及技术保证措施和质量保证体系等。

（2）主要设计图表

1）工班劳动力组织。

2）隧道分进度完成数量表。

3）隧道劳动力及工日分年度需要量表。

4）隧道分年度材料需要量表。

5）隧道进、出口场地平面布置图。

6）隧道施工组织设计进度图。

7）隧道钻爆设计图。

8）隧道施工通风、防排水设计图。

9）隧道施工进、出口给水管线设计图。

10）隧道进、出口电力、通信线路设计图。

3. 实施性施工组织设计

实施性施工组织设计是施工过程中编制的施工组织设计，是施工单位在施工过程中，根据各项分部工程，各工序及施工队或班组的人力、机具等配备情况，分期、分部、分项实施的指导性施工组织设计。对于隧道工程来讲，由于众多的不可预见的因素，常常还需要根据实际情况制定特殊地段施工的组织设计，如突然遇到大塌方等情况，就要制定特殊处理措施。

实施性施工组织设计的内容与指导性施工组织设计相似，但它更具体、更详细。它一般按指导性施工组织设计所规定的施工方法、施工工期及材料供应条件等进行编制。如果客观情况与原计划有出入时，不应机械地执行原计划，而应修订和调整原计划，实施施工组织动态管理，其目的是经济、安全、保质、保量、按期或提前完成施工任务。

从初步施工组织设计到指导性施工组织设计再到实施性施工组织设计，每一阶段比前一阶段的要求更高，内容也更多更具体，但是各个阶段既是独立的又是相互联系的。

8.2.2　编制的依据、原则与程序

1. 编制依据

1）勘察设计文件及变更设计文件。

2）施工承包合同书。

3）建设单位有关指标、条约等。

4）有关施工会议精神或建设单位指示性施工组织设计方案及要求。

5）国家有关法律法规和行业规范规程等。

2. 编制原则

根据隧道工程技术经济特点以及隧道建设经验，在施工组织设计中应贯彻以下几项主要原则：

1）严格履行签订的工程承包合同，保证按期或提前完成施工任务，交付通车运营使用。

2）遵守施工规范和操作规程，确保工程质量及施工安全。

3）采用新技术、新工艺、新方法、新材料，不断提高施工机械化和预制装配化施工程度，合理配置资源，降低成本，提高劳动生产率，减轻劳动强度。

4）正确贯彻就地取材的原则，尽量利用当地资源，降低工程成本，提高投资经济效益。

5）合理组织冬、雨期施工和建筑材料运输、贮备工作，增加全年施工工作日，并力求降低冬、雨期施工的附加费用。

6）统筹布置施工现场，节约施工用地，少占或不占农田，确保施工安全，方便职工的生产和生活，同时注意水土保持和环境保护。

3. 编制程序

编制施工组织设计要按照一定的程序和遵守隧道施工的客观规律，协调和处理好各个因素和环节的关系，用科学的方法进行编制，一般的编制程序如下：

1）隧道施工的现场调查和技术交底。

2）全面分析研究勘察设计资料，拟定施工方案和施工方法。

3）编制隧道工程施工平面图、施工进度图（横道图、直方图、网络图）。

4）按照施工定额计算人工工日、材料、机具的需要量，制定供应计划。

5）制定临时工程、供水、供电、供热供风和工地运输组织计划。

6）编制技术措施计划、计算技术经济指标。

7）施工组织设计说明书。

8.3 隧道施工进度计划

隧道施工进度计划是控制工程施工进度和工程竣工期限等各项施工活动的依据。施工组织工作中的其他有关部门都要服从进度计划的要求。如计划部门提出的月、旬作业计划，平衡劳动力计划，材料部门调配材料、构件，设备部门安排施工机具的调度，财务部门的用款计划等均需以施工进度计划为基础。施工进度计划反映了工程从施工准备工作开始直到工程竣工为止的全部施工过程，反映了工程各方面之间的配合关系，反映了工程各分部及工序之间的衔接关系。所以施工进度计划有助于管理部门抓住关键，统筹全局，合理布置人力、物力，正确指导施工生产活动的顺利进行。

施工进度计划主要包括两个方面：一方面是研究科学组织施工，合理加快施工速度的基本途径；另一方面是施工进度与计划的表现形式。公路隧道施工进度计划通常按照流水作业原理编制。

8.3.1 流水作业原理

隧道工程的施工过程可分为施工准备过程、基本施工过程、辅助施工过程和服务施工过程，各个过程之间存在相互联系。编制施工组织设计的目的就是合理地组织、妥善地安排隧道施工，快速高效地完成施工任务。

施工过程的组织，就是要解决"空间组织"和"时间组织"两方面的问题。空间组织主要解决施工单位的组织机构和人员的配备问题，以及具体工程项目的各种生产、生活、运输、行政等临时设施的空间分布问题。时间组织则主要解决工程项目的施工作业方式及施工作业工序的排序和衔接问题。隧道施工作业方式一般有三种不同类型：顺序作业、平行作业和流水作业。

（1）顺序作业 按工艺流程和施工程序（步骤），按先后顺序进行施工操作。如洞室开挖这项分项工程的程序是：放样、打眼、装药引爆、通风除尘、寻帮找顶、出渣、喷锚支护等。该程序缺点为：整个工期长；专业队施工不连续，形成窝工；大部分施工段（工作面）空闲，工作面未充分利用。

（2）平行作业 线型工程的作业面很长，根据工程或技术的需要，可分为几段（或几个点）分别同时按程序施工。也就是同时开工，齐头并进，同时完成。这种施工方式与顺序施工相比可缩短工期，也可充分利用工作面，但消耗的机具和劳动力过大。隧道工程虽是线形工程，但施工仅有两个工作面，特别对于特长、长大隧道，施工条件恶化，进度缓慢。为了快速掘进，在具备一定条件的情况下，设置一些辅助坑道，如横洞、斜井、竖井、平导坑等，其目的就是增加施工工作面采用平行作业方式，加快施工速度，改善施工条件。

（3）流水作业 将拟建的工程对象划分为若干施工段，某一工种的工人队（组）先在第一施工段完成第一道工序，再转移到第二段完成同一道工序；同样，另一工种的工作队（组）紧跟其后，依次在各施工段完成下一道工序；如此类推，像流水一样前进，直到完成全部工作为止。它是以施工专业化为基础的，优点在于前一工序可迅速为后一工序让出工作面，从而加快了工程进度；组织各队在各施工段上连续均衡施工，可以合理地使用劳力、材料和机具，避免出现短期的高峰现象；模板及支撑等辅助材料，能在各施工段周转使用；此外，工人连续进行同一种工作，有利于保证质量和提高劳动生产效率。

流水作业法是平行作业法和顺序作业法相结合的一种搭接施工方法，它保留了平行施工和顺序施工的优点，消除了它们的缺点。

采取流水作业施工，一是要将施工对象的施工过程分解成若干道工序，确定出各工序的作业时间（简称流水节拍），最后使各工序尽量做到连续作业，使各工序的工作面不空闲、工人不窝工，达到均衡施工的目的；二是要组织专业施工队。其最终的目的在于保证施工中的两种连续：一是工人队（组）从一个施工段转移至另一个施工段，连续进行同一种工作，不发生窝工现象；二是在同一施工段上，各工种工人队（组）连续作业，不发生工作面空歇现象。如果两种连续同时满足，工人工效得到充分发挥，工作面得到充分利用，工期就得以缩短，达到了加快施工速度的目的。

8.3.2 施工进度计划的表示形式

隧道施工进度表达通常采用"进度图"（施工进度图）的形式表示，施工进度图一般采用横道图法和网络计划图法等表示形式。

1. 横道图

横道图的表述格式如图8-1所示。它是由两大部分组成：左面部分是以分部分项工程为主要内容的表格，包括了工程项目、单位、工程量、定额和劳动量等计算依据；右面部分是指示图表，它由左面表格中的有关数据经计算得到。指示图表用横向线条形象地表现出分项工程的施工进度：线的长短表示施工期限；线的位置表示施工过程；线上的数字表示劳动力数量；线的不同符号表示作业队或施工段别。指示图表能表现出各施工阶段的工期和总工期，并综合反映了各分部分项工程相互间的关系。

采用此图可以进行资源综合平衡调整，适用于绘制集中性工程进度图、材料供应计划图，或作为辅助性的图示，附在说明书中向隧道施工单位下达任务。这种表示方法比较简单、直观、易懂、容易编制，但也存在诸如分项工程（或工序）的相互关系不明确，施工日期和施工地点无法表示，只能用文字说明，工程数量实际分布情况不具体和仅能反映出平均流水速度等缺点。

2. 网络计划图

网络计划图可以正确反映工程各部分的逻辑关系，能体现整个工程的关键线路和关键工作，动态地调整施工进度，随时利用总时差、局部时差进行资源优化，达到以最少资源投入取得最大产出的目的。图8-2所示为隧道施工一个作业循环的网络计划图表示形式，可用此图进行工序分析。从图中可以主次清晰、一目了然地找出交接准备到放炮通风的关键线路，这样既便于保证主要关键线路的人力物力供应，又便于掌握次要线路上的工作，不致因次要线路上的工作未完成而影响关键线路上的作业进行。整个循环过程有条不紊，完成各作业项目的时间准确，保证了循环作业顺利进行。从关键线路得出的完成单循环作业时间，再考虑一些时间富余量，就可以推算施工进度和工期。

网络计划图和横道图比较，不但能反映施工进度，而且能清楚地反映出各个工序、各施工项目之间错综复杂的既相互关联又相互制约的生产和协作关系。不论是集中性工程还是线形工程，都可以用网络计划图表示工程进度，还可以通过计算机对施工计划进行优化。因此，这是一种比较先进的工程进度图的表示形式，应大力推广使用。

序号	工程项目	单位	数量	定额	劳动量（工/日）	工期 开始	工期 结束	每班平均人数	工作日/天
1	准备工作				178			23	8
2	采砂石料	m³	3963	2.56	10133			105	96
3	运输材料	t³	595	0.12	2490			24	104
4	洞外石方	m³	1638	0.49	803			50	16
5	下部导坑	m³	2640	1.61	4259			40	108
6	上部导坑	m³	1553	1.59	2474			24	106
7	扩大	m³	3330	1.62	5729			54	106
8	扩底	m³	3804	1.61	6138			58	106
9	浇边墙	m³	847	3.17	2681			25	106
10	浇拱圈	m³	1168	3.17	3704			35	106
11	拱背填片石	m³	338	1.31	112			5	96
12	压浆	m³	439	2.77	1214			13	96
13	浇水沟混凝土盖板	m³	19.4	6.94	204			9	24
14	整修路拱	m³	1486	0.26	393			25	16
15	浇路面	m³	1486	0.28	414			25	16
16	砌隧道侧水沟	m³	185	2.10	388			15	26
	总计				41644				

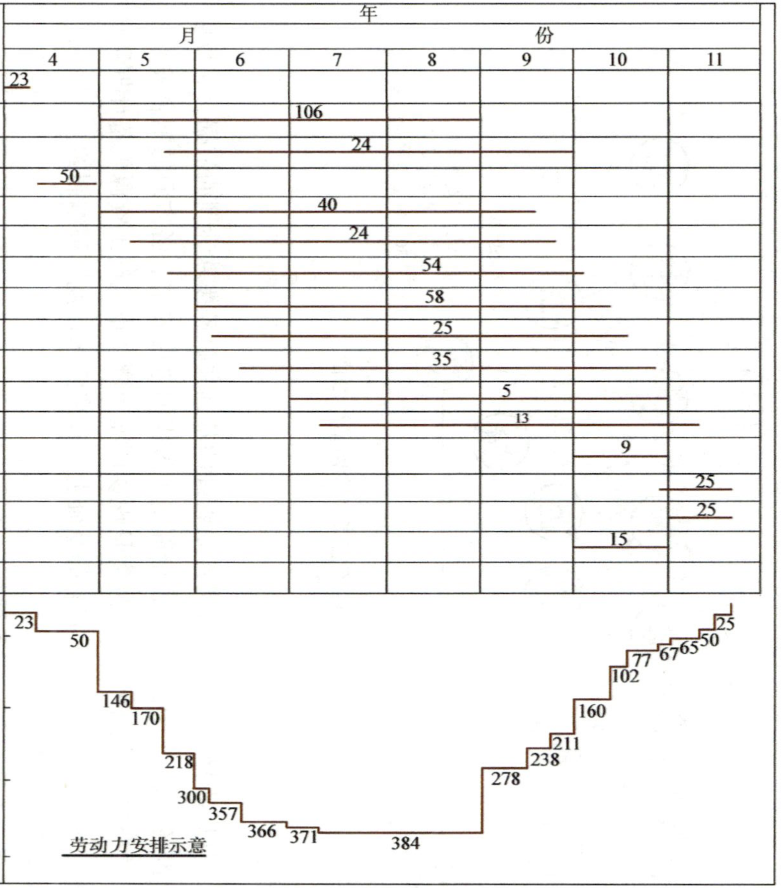

劳动力安排示意

图 8-1 隧道工程施工进度横道图

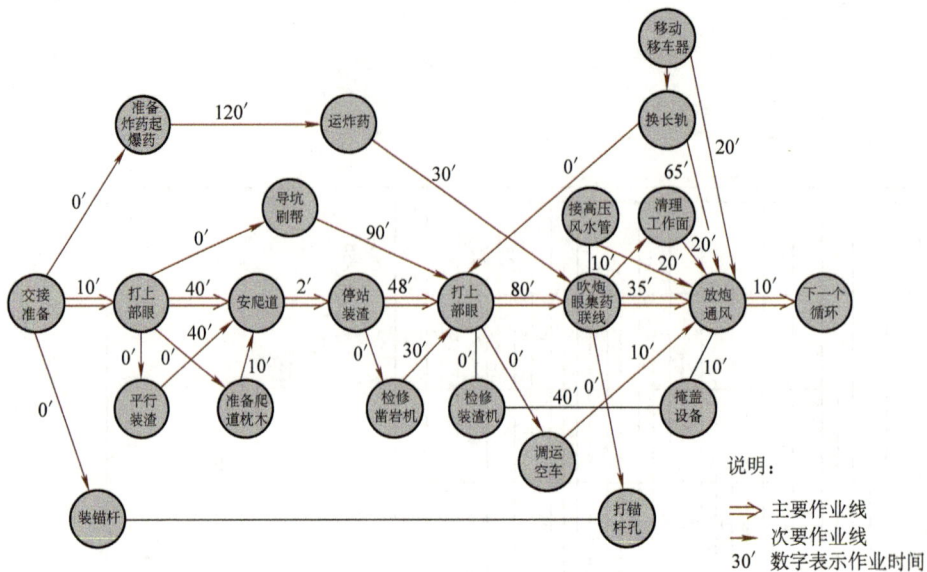

图 8-2　隧道施工进度网络计划图

8.3.3　施工进度计划的编制

施工进度计划以合同为依据，是隧道计划管理的基础和财务拨款计划的依据，它反映了隧道工程从施工准备开始到工程竣工为止全部施工过程的进度要求、各方面的配合关系、各分部工程及工序的衔接关系，所以施工进度是现场调度协调及投入施工资源配备计划和调整的依据。施工进度计划是在既定施工方案的基础上，按照流水作业原理编制的。

1. 施工进度计划的一般编制步骤

1）将隧道工程各分部项目的施工划分工序。

2）计算各工序的工程量、劳动量或机械的台班量。

3）计算各工序的生产周期。

4）安排各工序的施工进度。

5）检查和调整隧道工程施工进度计划。

6）施工资源需求量计划及其他图表。

7）绘制特殊地段施工进度图。

2. 施工工序的划分

以某山岭隧道洞口工程为例，说明划分工程工序的方法。根据山岭隧道洞口工程结构的特点，一般可分解成如下的工序：

1）隧道洞口支挡工程，包括洞门两侧边坡和洞口仰坡支护、支挡工程等。

2）土石方工程，一般包括洞门附近一定范围内的路堑、洞口排水系统沟槽开挖的土石方，消除洞口上方有可能滑塌的表土、灌木及山坡危石等。

3）洞门工程，包括开挖进洞、基础开挖和端墙施工等。

4）其他工程，包括洞门装饰、绿化等。

在工序项目中一般只包括现场施工工作，不包括加工场的预制工作和运输工作等。这些工作通常并不单独占用工期，即可不列入进度计划。隧道施工一些辅助性的工序，如测量放线、质量检查、混凝土养护等，一般不单独列项，但在安排施工进度时仍要加以考虑，为它们留出一定的时间。

3. 工程数量计算

施工进度计划工序编制之后，就可根据施工图及有关工程数量清单，按照施工顺序的排列，分别计算各个施工过程的工程数量并填入相关表中。

4. 各工序的劳动量计算

所谓劳动量，就是施工过程的工程量与相应的时间定额的乘积，或者是劳动力数量与生产周期的乘积，机械台数与生产周期的乘积。

人工操作时叫劳动量，机械操作时叫作业量。劳动量可按下式计算

$$D = \frac{Q}{C} \quad 或 \quad D = QS \tag{8-1}$$

式中　D——劳动量（工日或台班）；

　　　Q——工程量；

　　　C——产量定额；

　　　S——时间定额。

劳动量的计量单位，对于人工为"工日"，对于机械则为"台班"。计算劳动量时，应根据现行的相应定额（施工定额或预算定额）计算。

5. 施工生产周期计算

由于工期要求不同和施工条件的差异，其具体计算方法有以下两种：

1）以施工单位现有的人力、机械的实际生产能力及工作面大小，来确定完成该劳动量所需的持续时间（周期）。一般按下式计算

$$t = \frac{D}{Rn} \tag{8-2}$$

式中　t——生产周期，即持续天数（日）；

　　　D——劳动量（工日或台班）；

　　　R——每工作班人数或机械台数；

　　　n——生产工作班制数。

2）根据规定的工期来确定施工队（班组）人数或机械台数。在某些情况下，可以根据已规定的后续工序需要的工期，来计算在一班制、二班制或三班制的条件下，完成劳动量所需作业队的人数或机械台数。一般按下式计算

$$R = \frac{D}{tn} \tag{8-3}$$

6. 施工进度图的编制

以上各项工作完成后，即可着手编制不同阶段的施工进度计划。

1）横道图法的编制步骤。

① 按照图8-1的格式绘制空白图表，并根据设计图样、施工方法、定额、概预算（指施工图设计和施工阶段）进行列项并按施工顺序填入图8-1工程项目栏内。

② 逐项计算工程量，逐项选定定额，填入图8-1中。

③ 逐项计算劳动量。

④ 按施工力量（作业队、班、组人数、机械台数）以及工作班制计算所需施工周期（工作日数），或按限定的周期及工作班制和劳动量确定作业队、班组的人数或机械台数。

⑤ 按计算的各施工过程的周期，并根据施工过程之间逻辑关系，安排施工进度日期。其具体做法是：按整个工程的开竣工日历，将日历填入图8-1的日程栏内，然后按计算周期用直线或绘有符号的直线绘制进度图。

⑥ 绘制劳动力安排曲线。

⑦ 进行反复调整与平衡，最后择优定案。

2）网络图法的编制步骤。网络计划技术也称网络图法，可以正确反映工程各部分的逻辑关系，网络图上能反映整个工程的关键工作和关键路线，动态地调整施工进度，随时利用总时差、局部时差进行资源优化，达到以最少资源投入取得最大的产出。网络计划法在工程上一般选用关键线路法，而关键线路法又分为双代号网络图、单代号网络图和搭接网络图等方法，图8-2是某隧道施工进度的双代号网络图。网络图法的具体内容可参阅其他相关课程。

7. 施工进度计划的检查与调整

施工组织设计是一个科学的有机整体，编制得正确与否直接影响工程的经济效益。施工管理的目的是使施工任务能如期完成，并在企业现有资源条件下均衡地使用人力、物力、财力，力求以最少的消耗取得最大的经济效果。因此，当施工进度计划初步完成后，应按照施工过程的连续性、协调性、均衡性及经济性等基本原则进行检查和调整。

8. 资源需要量计划

（1）劳动力需要量计划　根据已确定的施工进度计划，可计算出各个施工项目每天所需的人工数，将同一时间内所有施工项目中人工项目的人工数进行累加，即可绘出每日人工数随时间变化的劳动力需要量图。并可编制劳动力需要量计划，附于施工进度图之后，为劳动部门提供劳动力进退时间，保证及时调配，搞好平衡，以满足施工的需要。如现有劳动力不足或过多，应提出相应的解决措施，或者增开工作面，以按时或提前完成任务。

（2）主要材料计划　主要材料包括施工需要的三大材（钢材、水泥、木材）、爆破器材、相关的临时设施和拟采取的各种施工技术措施用材，预制构件及其他半成品也列入主要材料计划中。材料的需要量可按照工程量和定额规定计算，然后根据施工项目的施工进度编制年、季、月主要材料计划表。主要材料（包括预制构件、半成品）计划应包括材料的规格、名称、数量、材料的来源及运输方式等。材料计划是物资部门采购供应、组织运输和筹建仓库及堆料场的依据。

（3）主要施工机具、设备计划　在确定施工方法时，已经考虑了各个施工项目应选择的施工机具或设备。为了做好机具、设备的供应工作，应根据已确定的施工进度计划，将每个项目采用的施工机械种类、规格和需用数量，以及使用的具体日期等综合起来编制施工机具、设备计划。

主要施工机具、设备需要量包括基本施工过程、辅助施工过程所需的主要机具、设备，并应考虑设备进、出厂（场）所需台班及使用期间检修、轮换的备用数量。

（4）临时工程计划　临时工程包括生活房屋、生产房屋、便道、电力和电信设施、小型临时设施等。要本着实用经济的原则制订临时工程计划，做到既能满足工程需要又能节约开支。

9. 特殊地段施工进度图

由于隧道内工程施工中存在很多不可预见的因素，施工中往往会出现一些特殊情况，如大涌水、大断层、瓦斯溢出等不良情况，所以应针对实际情况单独编制施工进度图。其编制方法同前，只是施工项目有所变化。

8.4　隧道施工组织设计文件组成

1. 说明书

该部分内容主要有隧道工程概况、设计要求、建筑限界、行车速度和主要工程数量；隧道所穿越区域的地形、地貌、工程地质、水文地质条件、气象；本区域的建筑材料及其他可利用资源、电力、交通和通信调查情况；施工场地布置、施工方法、施工顺序、施工进度及工序衔接情况；主要材料、机具设备需要量及确保工程质量、安全和工期的施工技术组织措施；对采用新材料、新结构、新工艺、新技术和新方法的施工意见及隧道施工监控量测等科研项目的安排；编制隧道施工组织设计的依据，包括国家有关行业规范、规程、施工设计图、合同、协议、会议纪要的有关规定和要求等。

2. 附图

1）隧道施工场地平面布置图。
2）隧道线路平、纵断面图。
3）隧道施工进度计划图。
4）隧道施工劳动力动态图。
5）隧道施工通风、管道和电线布置示意图。
6）隧道断面开挖施工顺序示意图及开挖作业顺序图。
7）洞内运输轨道布置图。
8）隧道爆破设计图。
9）隧道施工排水布置示意图。

3. 附表

1）隧道工程量清单。
2）隧道施工进度计划表。
3）主要劳动力工日、材料、机械台班数量表。
4）主要劳动力工日、材料、机具设备年、季、月计划供应表。
5）供电、供水系统表。
6）临时工程数量表。

拓展阅读

典型隧道工程——西康铁路秦岭隧道

西康线北起西安枢纽新丰镇编组站，南至安康东站，全长292km，是我国路网中一条南北方向长大干线的重要组成部分。秦岭特长隧道位于青岔至营盘车站之间，是20世纪末我国已建成的长度最长、埋深最大的铁路隧道，由两座平行的单线隧道组成。Ⅰ、Ⅱ线隧道长均为 18.46km，最大埋深 1600m。Ⅱ线隧道作为Ⅰ线隧道的平行导坑，采用快速钻爆法开挖，同时开展了施工地质超前预报及测试；Ⅰ线隧道采用全断面掘进机（TBM）施工，属铁路内首次。Ⅰ线隧道 1995 年 1 月开工，2000 年 8 月通车；Ⅱ线隧道 2009 年 12 月开工，2013 年 10 月通车。荣获中国建设工程鲁班奖、中国土木工程詹天佑大奖、国家科技进步一等奖、国家优质工程金奖，入选改革开放 35 年百项经典暨精品工程。

典型隧道工程——平安隧道

平安隧道位于阿坝州茂县至松潘段的岷江河谷地段，为双洞单线，全长 28.4km。该隧道于 2013 年 10 月开建，2017 年 2 月 16 日贯通，是成兰铁路全线最长的隧道，也是当时我国西南地区最长的铁路隧道。

平安隧道施工中多次遭遇地震、断层、岩爆、涌水、煤层瓦斯等不良地质地带，囊括了隧道施工中可能遇到的所有难题，堪称"地质博物馆"。隧址区属于剥蚀深切割高中山峡谷地貌，沟谷纵横，局部为陡壁，横穿龙塘沟、石大关等多条间溪流，并伴行岷江活动断裂，距岷江活动断裂 3~4km，受其影响隧址范围内构造发育，围岩以砂岩、灰岩为主，天然抗压强度最高达 127.7MPa，实测最大水平主应力为 31.5MPa。隧址区内地表水主要为山间溪沟水及岷江水，均属岷江水系，地下水以孔隙水和裂隙水为主，裂隙水分为基岩裂隙水和构造裂隙水，可溶岩段落为岩溶水。隧道正常涌水量达 6 万 m^3/d，最大达 7.2 万 m^3/d。隧道开挖时产生很强的水平和垂直地应力，遇到软岩会变形下陷，遇到硬岩则产生岩爆。岩爆时，小车车头大小的岩石像子弹一样弹射出去，且毫无规律可言。经现场统计，平安隧道发生岩爆段的岩性以砂岩、灰岩为主，多呈深灰色、灰色、青灰色，细粒结构，薄至中厚层状、局部夹厚层状，岩层倾角水平-陡倾状，岩质坚硬，围岩致密，岩体完整，干燥无水，受区域构造影响，存在高应力。从岩爆的等级来看，大多为中等-强烈岩爆。岩爆发生时多有剥离、弹射现象，现场爆坑呈不规则形状，大多为 1~3m，不同围岩级别均有岩爆发生，平安隧道累计有 4875m 发生不同程度岩爆。在穿越坚硬完整的围岩段落，受强烈复杂的构造运动、高地应力、不利结构面等因素的影响，岩爆问题十分突出，对隧道施工安全构成了严重的威胁。

隧道与岩土工程相关专家——葛修润、布辛奈斯克

葛修润：岩石力学与工程专家，1995 年当选为中国工程院院士，为我国岩石力学与工程学科的开拓与发展做出了杰出贡献。他是我国最早将有限元法引入岩石力学与工程的学者之一，在国际上率先提出了边坡稳定性的矢量和分析方法；研制出了我国第一台岩石力学多功能试验机 RMT、实时 CT 扫描加载设备、数字式全景钻孔摄像系统等具有开拓性的岩石力学装备；创新性地提出了三峡"一号国宝"白鹤梁"无压容器"原址保护方案；在三峡水利枢纽、葛洲坝水利枢纽、青藏铁路、敦煌莫高窟、大同云冈石窟等国家重大工程和文物保护的关键技术攻关中都做出了突出贡献。

布辛奈斯克（Valentin Joseph Boussinesq）：法国著名的物理学家和数学家，一生对数学物理中的所有分支（除电磁学外）都有重要的贡献。在流体力学方面，他主要研究涡流、波动、固体物对液体流动的阻力、粉状介质的力学机理、流动液体的冷却作用等方面。他在紊流方面的成就深得著名科学家圣维南（Saint Venant）的赞赏，而在弹性理论方面的研究

成就受到了勒夫（Love）的称赞。对数学，尽管他的初衷是用其解决实际问题，但仍旧做出了突出贡献。

思 考 题

1. 隧道施工技术准备工作的内容有哪些？
2. 隧道工程施工特点是什么？
3. 各阶段施工组织设计及内容什么？
4. 简述隧道施工组织的编制依据、原则与程序。
5. 2022 年 6 月 21 日上午，随着印尼雅万高铁 2 号隧道顺利贯通，标志着雅万高铁建设取得重要进展，实现了全线 13 座隧道的全部贯通。雅万高铁共新建隧道 13 座，总长 16643m。隧道所处区域地质具有黏土、软泥、砂岩多和覆土薄等特点，极易造成隧道结构不稳定，发生变形、塌方等问题，施工难度大，安全风险高。此次贯通的 2 号隧道位于印尼西爪哇省普哇加达县，全长 1052m，最大埋深 53.6m，为单洞双线设计，施工过程中隧道变形、滑塌及涌泥等异常情况频发，是全线修建难度最大的控制性工程之一。雅万高铁连接印尼首都雅加达和第四大城市万隆，全长 142km，最高设计时速 350km，是"一带一路"建设和中印尼两国务实合作的标志性项目，是我国高铁首次全系统、全要素、全产业链在海外建设的项目。项目建成后，雅加达到万隆的旅行时间将由现在的 3 个多小时缩短至 40 分钟，对助力印尼经济社会发展、深化中印尼两国合作、促进共建"一带一路"高质量发展，具有十分重要的意义。试查阅 FIDIC 条款等资料，结合雅万高铁隧道简述海外隧道项目的施工组织设计要求与国内规范的差异。
6. 2020 年 5 月 5 日，滇藏铁路的重要组成部分云南丽江至香格里拉铁路玉龙雪山隧道贯通。玉龙雪山隧道全长 14.7km，是丽江至香格里拉铁路全线最长隧道。该隧道地处横断山脉纵谷地带，印度洋板块与欧亚板块接触带前沿，是我国地壳构造运动最强烈的地区之一，共穿越 6 条断层，深埋于玉龙雪山腹地，出口是金沙江虎跳峡。受断层破碎带、高温富水、高地应力等高风险不良地质影响，自 2014 年开工建设以来，先后发生突泥、涌水、溜坍 238 次，单个作业面最大涌水量 3.7 万 m^3，围岩大变形段落长 7719m，最大单侧变形 2.3m，工程建设异常艰辛。丽江至香格里拉铁路全线长 139km，设计时速 120km，南起丽江市，向北跨越金沙江，经小中甸至香格里拉，全线设 13 个车站，新建桥梁 34 座，隧道 20 座，桥隧占比达 73.4%，连接丽江古城、拉市海、玉龙雪山、虎跳峡、哈巴雪山、香格里拉等著名景区，穿越我国藏族、彝族、白族等多个少数民族聚集地，被誉为"最美进藏天路"。建成通车后，丽江至香格里拉仅需 1.5 小时，昆明到香格里拉仅需 5 小时左右，对补齐滇西北地区铁路网络、助推沿线经济社会高质量发展、促进民族团结和乡村振兴具有重要意义。请查阅相关资料，并思考为解决涌水、变形落差问题，玉龙雪山隧道项目在施工组织设计上提出了什么样的特殊措施进行处理？

隧道运营管理与养护 第9章

隧道运营管理包括交通管理、管理设施与安全设施两方面。隧道运营中不安全因素主要是火灾和交通事故，以及由此产生的次生灾害。因此，管理设施与安全设施在现代隧道建设中越来越重要。隧道运营养护是指隧道结构（主要指衬砌和洞门）的养护和附属设施的养护。

9.1 隧道运营管理与养护的意义

公路隧道的安全管理设施，随着隧道的重要程度不同，设置标准可以有很大差异。广义地讲，运营通风、运营照明均属安全管理设施范畴。这些设施的设置标准，在一定程度上反映了公路隧道的服务水平。概略地说，公路隧道在运营过程中，不安全因素主要指两个方面，即火灾和交通事故，以及由此产生的再生性灾害。例如，先行车辆发生火灾，后续车辆因来不及绕行、避让及急停而产生冲撞；先行车发生冲撞，可能形成更多后续车接连冲撞甚至引起火灾等。隧道是一个狭小的交通孔道，进出口都只有一个，加上现在公路交通流量越来越大，所以任何车辆只要进入稳定交通流内，就失去自主能力，不得不"随波逐流"。隧道内一旦发生火灾，后续车想脱离现场几乎都是不可能的，如果有爆炸事故发生那就更危险了。在公路隧道运营交通史上，有两起严重的大火灾。一次是1949年5月13日，发生在纽约哈德逊河底的厚兰德（Holland）隧道中。当时一辆以违法状态装载着80桶高挥发性可燃液体二硫化碳的车辆，行驶中因桶掉落而发生爆炸，时间是早晨8时45分，正值交通高峰时间。爆炸后，相邻的5辆卡车被波及当即烧毁，火势很猛，在后方100m附近，正在向后退避的卡车也受到波及，使5辆车遭到焚毁。该隧道是单向通行的两车道隧道，采用全横向式通风。从入口到火点约880m，其间停滞着100辆以上的车辆，把这些车引导退出洞外花费1小时以上时间。这次爆炸引发的大火共烧毁卡车10辆，瓦斯使65人中毒，大部分是消防队员。可以说，在隧道这样狭小空间里，爆炸引发的大火灾，是无法挽救的事。从此以后，不论哪个国家，在水底隧道中全都禁止装载危险货物的车辆通过，山岭隧道也规定了只准通过符合法令要求的安全车辆。另一次火灾是1967年3月6日，发生在日本三重县的铃鹿隧道，烧毁了13辆卡车。

除了危险物爆炸之外，还有由于极少的冲撞、倾覆事故引起的火灾。其中大部分是发动机引起的火灾，这种火灾大多数早期发现和进行初期灭火，就能扑灭。如果不能及时进行初期灭火，火势蔓延后可导致油箱爆炸，发生大火灾。这期间仅有数分钟时间。

综上所述，恶性火灾一旦发生，依靠隧道自身设置的防火设施灭火相当困难，甚至几乎是不可能的。所以除了特种用途的隧道之外，在设计中完全没有必要为那些数量极少但又危及隧道安全的车辆，如油罐车、高挥发物易燃易爆车、炸药车、强腐蚀物车等，专门设置特殊防火设施。说到底，隧道内防火设施，只能限定在车辆自身油箱火灾水平以下的范围内，以及车载普通货物火灾。那些能导致发生恶性爆炸和火灾的车辆，则应杜绝进入隧道。这当然是交通警察进行交通管理的职权范围。完全杜绝也存在困难，除管理者必须有极高的责任心之外，还有管理手段问题。现今闭路电视逐渐应用于交通管理中，可以监视到车流中的各种车辆，但仍以目视为基础。目视过程中，除对特种车型，如油罐车、液化气专用车等可以立即识别外，对车载炸药、棚布车内的油桶等则不可能逐一检查。所以，比较现实的办法是给这些车辆以特别通行（长期或临时）许可证，准许其在指定的时间通过，如夜间和非交通高峰时间。此外，有迂回公路时，应在当地交通管理条例（法规）中专门规定通行办法，如危险载货车只能在指定时间通过隧道，其他时间必须走迂回公路等，并广泛在车辆拥有单位、危险货物生产和储运单位宣传。另一方面对违章装载危险货物者，则应科以重罚，直至吊销行车执照和追究刑事责任。

由冲撞引起的重大交通事故，如对撞和尾撞事故，即使不发生火灾，也会造成重大损失或延误时间。事故发生后，报警越迟，后续车涌入量就越多，疏导时间也越长。因此，要按交通密度和报警奏效后到封闭交通前可能涌入的最大车辆数，计算出疏导交通所需时间。这段时间内还要查明肇事原因，并把受损车辆拖出洞外。综合比较两者所需时间后，可以判断一次肇事的延误时间。由此可以计算出报警点（如手动式按钮开关）密度和交通信号密度。这种方法，受不确定因素影响，如查明肇事原因所需时间伸缩性很大，对计算结果有很大影响，所以适用性差。实用的是限定事故发生后，几秒钟之内肇事者必须报警，报警奏效后从管理所下达封闭交通令到交通信号机上显示出来，以及后续车驾驶人看到信号并立即制动车辆所需时间（反应时间和动作时间），这些时间的总和，即后续车的可能涌入时间。再根据最大交通密度，即可计算出后续车的涌入量和理论车头间距。从而可以判定后续车涌入量对排除肇事点事故产生的影响，以及疏导已经涌入的后续车辆所需时间和可能产生的困难等。冲撞事故发生后，肇事点大多数情况是车辆移位和扭曲，立即形成阻塞。这时就单向交通隧道来说，肇事点前方车辆可以自行脱离现场，不受肇事点阻塞的影响，而后续车则被阻塞，如果救援车刚好在后方，则进洞会遇到困难，所以要求洞内左车道上的车辆立即向右道归位，腾出左道。这就要求，信号要灵，要有这个变换程序；右道要有空位，能容纳从左道过来的车辆。计算洞内最大交通密度时要考虑到这一点。对向交通时，事发后，在肇事点同样可能立即形成阻塞，其前方车辆可以自行脱离现场，但后续车辆只占用右车道，左道必然空着，不影响救援车进入。不过要注意到，驾驶人一般都有"抢先"的不良习惯，后续车驾驶人看到左道（虽然是对向行驶道）有空，也会不顾什么情况抢先占道。这就要求，隧道内的交通法规要严格，进入洞内的车辆不得"变线"，认真做到各行其道。所以有的把车道线划成双实线，以示不得超越，甚至做成不得超越的栅栏。洞内设栅栏是不可取的，在紧急情况下会成为退避的障碍。

由上述内容可以联想到，公路隧道的运营管理，包括两个方面：一是通过交通法规和管理手段减少在隧道内发生灾害的机会，减轻灾害的程度；二是保证一旦发生灾害性事故时，当事人应该并且能够立即报警、有条件进行自救以减轻灾害程度或等待救援。前者是交通管理部门的责任，在总的交通管理条例指导下，还可制定地方管理条例甚至隧道管理条例（或办法）。后者是隧道安全设计部门的责任，通过一系列管理设施和救助设施以及相应的措施加以实现。

这里还要顺便指出，隧道安全运营问题不仅反映在隧道内，也反映在洞外，尤其引线路段的影响很大；安全设施不仅应设置在隧道内，也涉及引线路段。公路隧道设计中，首先要做好总体设计，一个好的总体设计可以给各个单项设计带来许多方便和好处，可以节省建设投资。与此相反，总体设计差，则可能给单项设计增加许多困难，也增加了不安全因素。例如，某水底隧道进口因受建设环境制约，设置了反向缺陷曲线引线，而且刚好设在坡道上，这就潜伏着不安全因素，是线形设计和横断面设计不当造成的。后来在反曲线发生了一起重大对撞事故，造成阻滞车辆数百台，延误时间数小时的交通事故。又如某沿溪线山岭隧道的出口引线段，从照明观点看按出口亮适应感应时间和停车视距要求都不够，致使一辆公共客车驾驶员失去方向，把车开到崖下掉进江中，造成恶性交通事故。

大多数隧道都是设置在地形陡峻、附近没有迂回道路的场所。一旦在隧道内发生事故或关闭隧道进行维修作业时，都会给交通带来很大影响。所以进行隧道维修作业时必须制定出细致的计划，经过充分准备后，在短时间内完成。

对隧道结构物定期检查时，一般应该由有经验的技术人员担任。定期检查应徒步进行，对隧道结构物发生的微小变化，经认真观察后应仔细在现场勾画出变形或裂缝范围，并根据里程桩号在图上标出准确位置，绘制出变形特征图，记录尺寸，纳入技术档案，以备查考。这就要求使用单位除接受施工单位移交的各种技术档案之外，在运营初期，应对隧道进行仔细检查和记载，以便将来在使用过程中，及时发现隧道结构物的微小变化。由于隧道净空的限制，维修时往往需要进行交通管制，直至关闭隧道。所以，在短时间内，完成大量的、有时是多工序的维修作业，就必须预先编好维修作业计划和交通管理计划。

维护修理的基础资料有设计图、地质资料、工程记录、竣工图，以及历次观测（观察）记录、维修记录等。这些记录都必须妥善保存，以备查用。

近年来，隧道内部设施标准逐渐提高，在管理方面，也从人工管理向自动化管理转变，对管理者技术水平的要求越来越高。有的也明显区分出不同的专门技术，如机械方面需要专业机械管理技术，电器方面需要专业的强电管理技术和弱电管理技术。如果是隧道群，可以统一编制，委派专门技术人员担任。如果靠近城市或市内隧道，则可委托专门的业务单位参与维修作业。

对运营隧道的维护检查工作，不仅要由有经验的专业技术人员定期进行检查，而且还要不定期检查。如暴雨或地震过后，应酌情仔细检查。凡留有长期观测点的地方，均应定期或不定期量测。大范围的定期巡检一般可用肉眼观察，不过如前所述，为了能仔细观察结构物变形与裂缝，主要技术负责人必须徒步检查。此外，还可以从一些变形特征上宏观判断是否已经发生变形，如混凝土表面剥落掉块、内装材料松动或剥落、拱部或边墙出现渗水现象或渗漏现象加剧等。有的还可以采用各种方法进行量测。例如，新奥法施工时一般会根据具体围岩情况，在某些地方留下一些长期观测点，如施工中或竣工后在衬砌出现裂缝处粘贴观测变形标志或用一些简易方法进行观测（或观察）等。

检查内容是全面的，除拱、墙之外，还要对排水设施、路面等进行定期检查和不定期检查。排水设施出现的损坏、渗漏、堵塞、溢流等直接影响到排水能力，如果发生堵塞等病害时，夹带泥砂的污水在路面上漫流，可使泥浆在路面上飞溅，危及行车安全，还会尘土飞扬，导致能见度下降。

总之，土木工程方面的检查与维修是保证隧道安全运营的基础。有关维修技术方面的具体问题，请参阅其他隧道工程和公路工程方面的著作。

9.2　隧道养护的一般规定

9.2.1　隧道养护工作的范围和内容

1. 隧道养护工作范围

隧道养护工作范围包括：洞身、洞门、路面和两端路堑、防护措施、排水系统、洞口减光设施以及通风、照明、标志、标线、监控、消防、防冻、消声等设施的检查、保养、维修和加固。

2. 隧道维修保养检查

（1）**经常检查**　系统地了解隧道建筑物的一般技术状态，发现病害并调查需要修理的工作量。以目测为主，每日一次，由隧道养护工区（站）负责。

（2）**定期检查**　详细了解建筑物各部分的状态，特别是洪水前后的情况，发现病害分析原因，提出对策，确定需要修理的工作项目和工作数量，并按性质划分维修、大修和基建范围，作为制订和修订年度计划的依据。要着重检查建筑物在本年度内所做的一切修理工作完成情况，同时考核经常维修和经常监视工作的执行情况。要针对所在地区的不同气候条件和容易发生的病害特点，进行春季设备检查。严寒地区要着重对春融病害进行检查，南方早雨地区则要进行防洪检查。用仪器和量具量测，每年一次。短、中隧道由县级公路管理机构主管工程师组织检查；长、特长隧道由地市级公路管理机构主任工程师组织检查。

（3）**特殊检查**　对于长大的、构造复杂的、特别重要的和有严重病害的隧道建筑物，要特别检查。当发生交通事故、起火爆炸、自然灾害及结构严重损坏时，应及时进行特殊检查，分工原则同定期检查。

3. 隧道检查与养护工作内容

隧道检查是及时发现病害的重要手段，每次检查，特别是定期大检查，宜事先对隧道设备状况定出检查提纲，避免漏项。检查与养护工作大致有以下几个方面：

1）检查衬砌的变形和裂缝状况，洞内渗漏水状况，及时进行针对性处治。

2）检查路面、人行道并修理损坏部分。

3）检查各种标志、标线及用白色反光材料涂刷部位，如有污染、缺损，及时清扫、修理、涂料、刷新。

4）检查隧道附属设施，维护并确保通风、照明、通信、监控、消防、消声等设施处于完好状态。

5）检查隧道内外排水系统，修理损坏部分，定期疏通，保持畅通。

6）及时清除隧道内外的塌（散）落物，隧洞边坡及仰坡上的危石、积雪、积水和挂冰。

7）保持洞内各部的清洁，以保证照明和引导视线的效果。

8）维护洞口减光设施和树木花草的完好。

9）定期检查洞内有害气体含量、路面亮度、烟雾量及噪声值。

9.2.2 对有衬砌隧道检查与养护

1. 衬砌日常检查工作

衬砌是隧道中最重要的结构，它不但承受围岩压力，还受行车荷载的作用。衬砌发生异常情况，不仅取决于衬砌结构本身，而且与围岩的地质条件有密切关系。

通过各种检查，应将检查结果进行详细记录，同时在现场标以明显的记号（如裂缝长度起讫点，裂缝宽度测量点，隧道宽度测量点，拱顶、路面及人行道水平测点等）。对隧道中出现的各种异常情况，如衬砌开裂、变形，漏水、路面变形等应进行综合分析，查找主要原因，研究治理措施。

2. 隧道衬砌常见病害

1）衬砌变形、开裂、渗漏水（挂冰）。

2）衬砌表面腐蚀、剥落及灰缝脱落。

3）端墙、侧墙、翼墙位移、开裂。

4）路面拱起、沉陷、错台、开裂。

3. 衬砌变形、开裂治理措施

根据检查，若发现有变形、开裂现象，应进行综合分析，查得主要原因，然后采取针对性治理措施。

1）若发现衬砌背面存在着空隙，造成的隧道衬砌变形或开裂，可在衬背压注水泥砂浆，使衬砌受力均匀，有效地利用衬砌强度。

2）由于衬砌厚度不足，年久变质，腐蚀剥落严重，或裂缝区域较大，影响到衬砌强度，可在衬砌外露面喷射水泥混凝土，其厚度一般为 8~15cm，必要时可加配锚杆及钢筋网。如建筑限界能满足要求，还可考虑在原衬砌下加筑一层套拱，如图9-1所示。

在加筑块石或预制块套拱时，应注意下列事项：

1）应采用先墙后拱法施工，为加强新旧侧墙的整体性，可在原侧墙上凿锚固孔，埋入钢筋混凝土连接件并填实，再砌新侧墙。

2）新旧拱圈间应填满水泥砂浆，必要时可加锚固钉连接，如图9-1所示。

3）为保证隧道的净高符合规定，如加套拱后净高不足，可适当降低洞内路面。

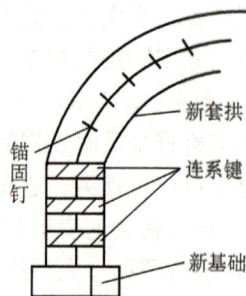

图9-1 套拱加固

4. 衬砌裂缝稳定时的处理

对已稳定的衬砌裂缝，可采用压注环氧水泥砂浆或水泥砂浆的方法加固。

5. 衬砌表面腐蚀、剥落及灰缝脱落处理

对于衬砌发生表面损坏处理，可先清除表面已松动部分，分段或全面加喷一层水泥砂浆或水泥混凝土保护层，一般喷厚为 3~6cm。

6. 端墙、侧墙、翼墙位移、开裂处理

查找出端、侧、翼墙发生位移、开裂的原因，进行综合分析，然后采取针对性治理

措施。

1）地基为膨胀性岩层或承载力不足引起墙体局部下沉，可采取下列措施：

a. 扩大基础，提高承载能力。当仅有墙脚内移而不下沉和隧底岩土隆起时，可采用扩大基础提高其承载能力的方法。在隧道内净宽能符合要求的条件下，还可在墙基处增设混凝土支撑以扩大基础，并用钢筋连接，如图 9-2 所示。

b. 设置仰拱。隧底围岩软弱下沉或隧底填充上鼓时，可在路面下加设水泥混凝土或钢筋混凝土仰拱，如图 9-3 所示。边墙基底软弱，可将墙基延伸至坚实稳固的岩层或增设仰拱。若隧底或墙基下有溶洞或其他洞穴引起衬砌结构开裂时，可加设钢筋混凝土托梁，使墙基与道床设于钢筋混凝土托梁上。

2）端墙外倾，可采取下列措施：墙背填土改换内摩擦角大的填料；向墙背填土压注水泥浆或化学浆液；完善、修整端墙后的排水系统。

3）隧道内侧墙外凸（鼓肚），可采取下列措施：向侧墙与围岩之间的填料压注水泥砂浆；将锚杆打入围岩体内，并用水泥砂浆封固。

7. 路面拱起、沉陷、错台、开裂治理

根据检查结果进行综合分析，查出主要原因，然后采取下列相应措施：

1）由于围岩侧压力过大，两边侧墙内移引起路面拱起，应在路面下加设水平支撑或仰拱，如图 9-3 所示。

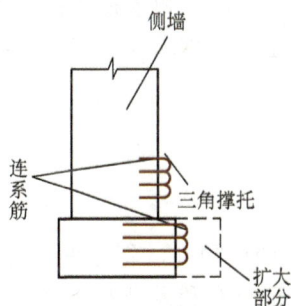

图 9-2　扩大基础加固

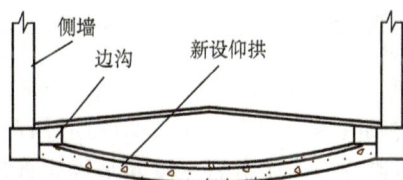

图 9-3　仰拱加固

2）路面局部沉陷、错台、严重碎裂，可采取下列措施：

① 挖除碎裂路面及其下部已损坏的基层直至围岩，清底后用低强度等级混凝土重铺基层，再铺面层。如为土质隧道，基层及土基挖除深度应根据土质围岩具体情况及面层类型通过计算确定。

② 路面局部沉陷、错台、开裂处，往往伴有严重的渗漏水，应同时治理渗漏水，并将水引入两侧边沟。

8. 隧道衬砌局部坍塌处理

由于未及时治理初期变形，致使变形日益增大，导致局部突然坍塌，可采取下列措施：

1）暂时封闭交通，迅速用钢、木支架或喷混凝土、锚喷混凝土对坍塌处及其邻近地段进行临时支护，以防止坍塌扩大，如图 9-4 所示。

2）逐渐清除坍渣，随即由塌方两端对向逐段砌筑衬砌，快速成环，做好回填；应在塌穴最高处或其他适宜部位，预留回填及进出料孔，以便拆除支撑。

如塌方范围内的围岩不够稳定，在处理塌方过程中有继续坍塌的可能时，可在塌方范围内选择适当位置做塌体护拱，使施工人员在其掩护下操作。塌体护拱上应以碎渣铺填2m厚左右作缓冲层，如图9-5所示。

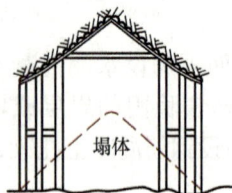

图9-4　临时支护

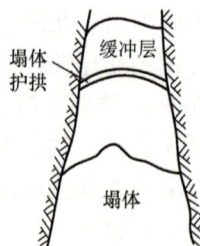

图9-5　塌体护拱

衬砌结构应适当加强，如加大衬砌厚度、提高衬砌混凝土等级，采用钢筋（或钢骨架）混凝土等。

3）塌穴回填：拱背应以浆砌片石回填，厚2～3m。其上再用干砌片石回填，应尽量填满塌穴，然后拆除支撑。如有塌体护拱，则衬砌与塌体护拱间应全部回填密实。塌体护拱以上的回填厚度，至少不小于2m。如塌穴很大，回填工作量太大，则可在衬背浆砌片石层上加设混凝土或浆砌块石永久支撑。如塌穴顶部离地表不很厚，则可钻孔灌填砂砾石，将浆砌片石回填层以上的空隙部分填满。如塌方直达地表（冒顶），则在衬砌和浆砌片石回填层完成后，用一般土石回填夯实至距地表1～2m，再用不透水的黏土回填满塌穴。其中心部分略高于地表并向四周倾斜，通过环形排水沟排除地表水。

9.2.3　对无衬砌隧道检查与养护

1. 勤检查，及时处理松动、破碎危石

无衬砌隧道的围岩，在长期使用过程中，由于岩石松动，或受风化、行车振动等影响，围岩发生破碎，产生危石、渗漏水等病害，应及时处治，以保证行车和人身安全。

2. 处治围岩破碎和危石原则

对于无衬砌的隧道上破碎、松动的危石，应本着少清除多稳固的原则，可采取下列措施：

1）发现危石，如能清除者应及时清除。当清除会牵动周围大片岩石时，则可喷浆或压浆稳固。

2）对不宜清除的小面积碎裂，可抹水泥砂浆稳固。

3）碎裂范围较大时，根据病害程度及范围，可采用喷射混凝土、锚喷混凝土或挂网锚喷混凝土稳固。

4）对不能清除又无法压浆稳固的个别危石，应及时用混凝土或浆砌块石垛墙作临时支撑，以确保安全。然后，根据垛墙侵占隧道净空的具体情况、隧道所在的公路性质和交通量大小，研究永久性治理措施。

3. 隧道内孔洞、溶洞或裂缝处理

隧道内的孔洞、溶洞或裂缝均应封闭。封闭前，将松动的岩石清除。对内小外大的孔洞，可在孔洞外石壁上埋设牵钉，挂钢筋网，喷射或浇筑水泥混凝土封闭。对内大外小的孔洞，用素混凝土封闭。有水的孔洞，应预埋泄水孔接引水管，将水从边沟排出。

9.2.4　对水下隧道检查与养护

（1）水下隧道的日常检查工作内容　水下隧道日常检查工作，除了应符合前述隧道检查与养护的主要内容，根据水下隧道的特点，应对下列各部做重点检查：

1）检查水下隧道的伸缩缝、施工缝和裂缝的渗水、漏水状况，洞内铁件有无锈蚀，木件有无腐朽。

2）检查机电设备和照明电路的运行状况，查看各种排水设备的运行状况。

（2）水下隧道必须定期进行渗漏水检查　一般应每季度检查一次，并做好检查记录。当隧道内的渗漏水明显时，应定期测量渗漏水的数量（m³/d）。一般每月测量一次，并做好记录。

（3）水下隧道渗漏水的处治　对于水下隧道漏水处治，应根据水下隧道的特点，采取以下措施：

1）洞内位于地下水位以下部分的衬砌、路面等，在修理、改善时均应采用防水混凝土、防水砂浆或其他防水材料。

2）当渗漏水比较严重时，可在衬砌与围岩之间的空隙进行回填注浆，对隧道四周一定深度的围岩进行固结注浆。回填注浆一般应采用水泥砂浆；固结注浆采用纯水泥浆。若岩石破碎且位于地下水位以下时，可先采用水泥水玻璃浆液，然后用高分子化学浆液（丙烯酰胺系或聚氨酯系）注浆；在严重破碎带、大涌水地带，可采用高压注浆。

3）施工缝防水处理，首先沿施工缝剔成宽4cm、深9cm的矩形槽，槽底剔成宽2cm、深1cm的V形槽，在槽内埋引水管，用塑胶泥封堵。刷底胶（第一道粘胶），固化4h后立即用防水填料填缝，填缝厚3cm，填紧压实；固化24h后，再按上述工序刷第二道粘胶，进行第二次填缝；最后刷面胶（第三道粘胶），固化后用1:1的水泥砂浆找平；20d后通过引水管压注丙烯酰胺液或聚氨酯浆液，如图9-6所示。衬砌裂缝防水处理可参照办理。

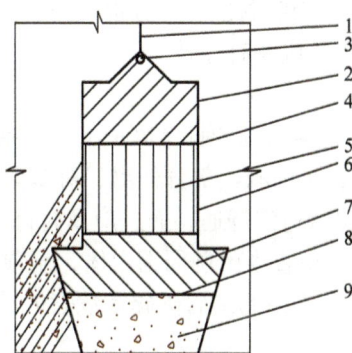

图9-6　施工缝处理
1—施工缝　2—塑胶泥　3—埋引水管导水
4—刷底胶　5—防水填料填缝　6—刷
第二道粘胶　7—防水砂浆填缝　8—刷面胶
9—水泥砂浆找平

（4）水下隧道内部铁木设施维护　对隧道内部铁木构件要定期检查，进行除锈、防腐和油漆工作，所有铁制件应涂除锈油漆，所有木制件应涂防腐油漆。

（5）定期检查和维修隧道内排水系统　为保证排水，水下隧道的排水泵房内应配备备用水泵，并定期检查，保持其完好状态。

9.2.5　对明洞与半山洞检查与养护

1. 明洞

1）明洞上的山体边坡存在危石或崩塌可能时，应及时清除或进行加固处理。易坍塌处，还可进行保护性开挖。

2）明洞上的填土厚度和地表线，应经常保持设计要求。当遇边坡塌方形成局部堆积或遇暴雨洪水原填土大量流失时，均应及时调整到设计状态，以免产生严重偏压导致明洞结构变形损坏。

3）明洞的防水层已失效或损坏的，应及时修理。其顶部覆盖填土与边坡交接处，应加修截水沟。有必要时，其他部位也可加建完善的防水、排水系统。

4）明洞所在位置，通常地形、地质条件比较复杂，对地基要求比较高，容易产生各种病害。其处理措施如下：

① 当地基强度不足，引起两边墙下沉时，可在两边墙间的路面下加建仰拱，以减小地基应力，如图9-3所示。

② 在半路堑地段，特别是深埋基础的明洞外边墙可能向外侧位移时，宜在路面下设置钢筋混凝土横向水平拉杆，锚固于内边墙基础或岩体中，或用锚杆锚固于稳定的岩体中。当地形条件允许时，也可在外边墙外侧加建支撑垛墙。

③ 如因边墙后回填不实导致边墙侧向位移，应将回填不实部分用片石混凝土、浆砌片石回填密实，或喷注水泥砂浆。

5）当明洞顶设置过水、泥石流等渡槽设施时，应特别注意检查这类设施是否漏水。如有漏水，应及时修补。

2. 半山洞

1）半山洞的日常养护工作包括下列内容：

① 半山洞因部分外露，对飘落的雨雪及泥草杂物，以及洞顶掉下的碎石块，应及时清除，保持边沟畅通，而且应及时修理、添补缺损的护栏、护墙。

② 检查半山洞周围山体，洞顶危石及外侧挡墙、边坡的稳定。

2）半山洞围岩破碎和危石的处治，可按本书前述处治围岩破碎和危石的措施办理。

9.2.6 隧道防护与排水

1. 防护

（1）对危及隧道安全的山体滑动治理 如遇山体滑动，可能引起隧道破坏时，可采取下列保护措施：

1）修建挡土墙，进行保护性填土，使山体受力平衡，如图9-7所示。

2）保护性开挖洞顶部分山体，减轻下滑重力，如图9-8所示。

3）在滑动面以上的土体不厚的情况下，可在滑动面下端设置锚固桩抗滑，如图9-9所示。

采用以上防护措施，均应定期检查其工作状态，发现问题及早处理。

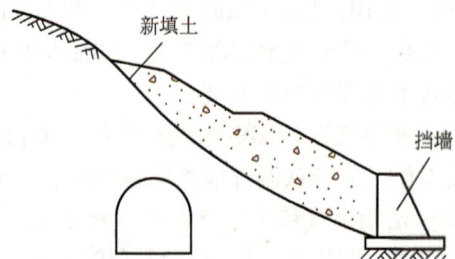

图9-7 挡墙回填

（2）对危及隧道安全的山坡岩石破损的治理 隧道处山坡岩石如节理发育、风化严重或有坑穴、溶洞、裂缝现象时，应对地表做下列防护性封闭：

1）用浆砌片石、石灰土、黏土等填补洞穴、封闭裂缝，整修地表，稳固山坡。

2）地表岩石松散破碎时，可喷水泥砂浆固结。

（3）危及洞口安全的山坡坍塌的治理　洞口处的边坡、仰坡一般较高，如坡率与岩（土）质不相适应导致坍塌时，可采取下列措施：

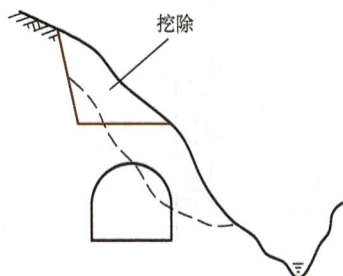

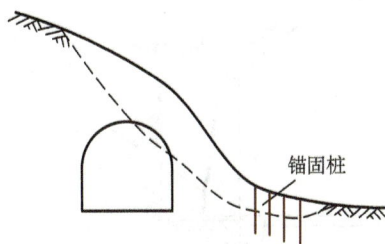

图 9-8　保护开挖　　　　　　　　　　图 9-9　锚固桩抗滑

1）根据实际的边坡、仰坡岩（土）质及高度，整修坡率。如坡率无法修整，可局部加筑护面墙或挡土墙。

2）根据具体条件，边坡、仰坡用绿色植物进行防护。

3）增建或疏通边坡、仰坡的排水系统。

2. 洞外排水

1）有坡度的隧道，其上洞口路基边沟及两侧沉砂井应经常清除泥砂杂物，疏导畅通。如地形条件许可，可将边沟纵坡改建成与路面纵坡方向相反，即向洞外方向倾斜，并在适当地点横向排出路基，使上洞口路基排水不流向隧道，以避免引起隧道内边沟淤塞。

隧道上洞口的路堑，如出现路面地表水来不及流入侧沟而流入洞内时，可在洞门外 1m 左右处设横向截水设施，并将沟水妥善引出。

2）沿河隧道在洪水季节可能进水时，可临时封闭两洞口，以保隧道安全。洪水过后，立即拆除封闭物。

3）隧道顶山坡上的地表水，应使其迅速排走，尽可能不使水渗入洞身，可采取下列措施：

① 隧道处山坡岩石如节理发育、风化严重或有坑穴、溶洞、裂缝现象，应对地表做防护性封闭，修建截水沟、排水沟使漫流顺势排至洞口远处。

② 位于隧道顶山坡上的水渠，应经常检查其渗漏水状况，如发现渗漏水，应及时处治。

3. 隧道洞内排水

（1）治理洞内的水　此时应采取"以防为主，防、排、截、堵相结合"的综合治理原则。对防水层，纵、横、竖向盲沟，明、暗边沟，截水沟，排水横坡，泄水孔等应及时修理，保持完好、畅通。

（2）隧道内渗漏水　此时可采取下列措施处治：

1）增设衬砌背面排水系统，即在边墙内加设竖向盲沟及泄水管，将渗漏水引入隧道的边沟内排出，如图 9-10 所示。

2）对裂缝集中处的漏水，可采用封闭裂缝埋管排漏的方法（图 9-11）。处治程序为：

① 将各漏水缝向选定的排水集中点开凿八字形沟槽。视漏水量的大小，可用透水软管嵌入八字形沟槽内，同时填抹速凝砂浆稳固。

② 在排水集中点埋入一段硬塑管，并用砂浆稳固。在硬塑管外接一排水管，并固定在

侧墙上，使漏水排入边沟。

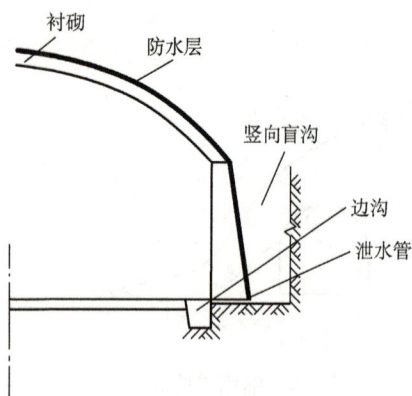

图 9-10　衬砌背面排水

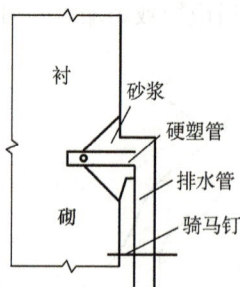

图 9-11　埋管排水

3）衬砌工作缝处漏水，可加设工作缝环形暗槽，将漏水通过暗槽内的半圆管排入纵向边沟，如图 9-12 所示。处治程序如下：

① 以工作缝为中心，开一个宽 15cm、深 10cm 的槽。清槽，涂沥青一遍。

② 布设玻璃布半圆管，用螺栓将其固定在槽壁上，在半圆管外侧涂抹快凝砂浆。

③ 在快凝砂浆外侧布设铁窗纱两道。用防水砂浆将槽口封平。

4）对少量渗水，可抹防水砂浆封闭，也可在衬砌表面铺一层防水层。防水材料可用水泥或树脂类材料，但应注意不应使其承受水压。防水层外面还可喷一层水泥砂浆或混凝土保护层，如图 9-13 所示。

5）在围岩与衬砌间压注防水水泥砂浆或水泥浆，可掺入早强速凝剂，形成密闭层以防渗漏。但应注意不得在衬砌背面有排水设施的部位压浆。

6）设表层导流管，即将漏水量大的裂缝顺走向开凿成喇叭形沟槽，嵌入半圆管接水，管底用水泥砂浆稳固，用引水管将漏水排入边沟，如图 9-14 所示。

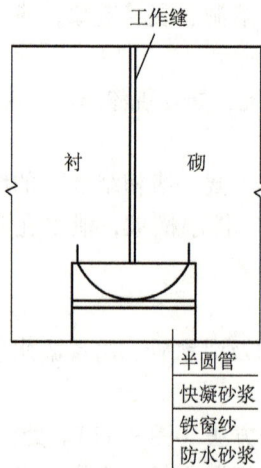

图 9-12　环形暗槽

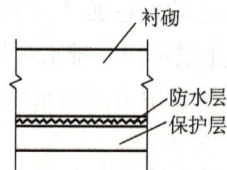

图 9-13　表面防水层

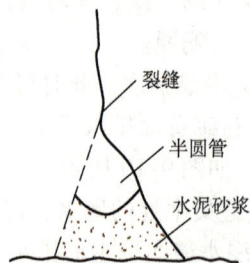

图 9-14　表面导流

7）无衬砌隧道需加修衬砌前，应根据隧道渗漏水的具体情况，先做好防水、排水设施，然后加修衬砌。

（3）地下涌水　此时可采取下列方法处治：

1）设横向盲沟并加深纵向排水沟，当涌水量大，必要时还可加修路中心排水沟。

2）修建水泥混凝土路面，并在路面下设隔水层，以阻断地下涌水。

3）在路面与围岩之间，压注防水水泥砂浆或水泥浆，在围岩与衬砌间压注防水水泥砂浆或水泥浆，可掺入早强速凝剂，形成密闭层以防渗漏。

9.2.7　隧道附属设施检查

1. 通风

隧道内通风技术要求请参考 3.5.3 节相应内容。对隧道内通风设备，应按下列要求进行检修：

1）利用竖井、边窗通风者，应随时检查，清除井内杂物，防止井口及窗下灌入雨雪，影响通风。

2）对各式通风机、管道、机电及动力设备等，应每月进行一次运转情况检修，每年进行一次检修。

2. 照明

隧道内照明亮度要求、隧道内基本照明及夜间照明标准请参考 3.5.4 节相关内容。

隧道洞口附近地段和洞内亮度的维护：

1）洞外附近地段应尽量保持低亮度，可在洞口设置遮阳栅或减光格栅，种植常青的大冠树木和铺植草坪；洞外路面采用反射系数低的路面材料。

2）为提高隧道内亮度并诱导视线，可在隧道内路面的标线、路缘石和侧墙高 1.2m 以下部分刷白色反光材料；路面采用反射系数高的路面材料。

3）为减低隧道内的烟尘量，提高照明效果，应加强隧道内路面、侧墙、顶棚和照明器具等的清扫（洁）工作。

隧道是封闭的管状结构，烟尘不易散发，应加强清扫。清扫频率应根据公路的性质、交通量大小及其组成、地区特性等因素综合考虑确定。侧壁及顶棚常易沾上煤烟等脏污，宜采用水冲洗，脏污较严重时可加设中性洗涤剂。用水冲洗时，应注意保护好洞内有关设施如灯具、电线、检测器等。清洁照明器时，应注意不使水渗入灯具或电路内。

4）隧道中设置的照明器应防振、防水、防尘，并定期检查，及时进行维修和添补。

对于高速公路和一级公路的隧道，照明器的灯泡损坏时，应立即更换。当灯泡达到90% 额定寿命时，应成批更换。其他等级公路的隧道，照明器的灯泡损坏应及时更换。

3. 监控、消防

（1）监控设备　监控设备主要包括：量测监视隧道中车辆运行环境的烟尘含量测定仪、一氧化碳含量测定仪、交通量测定装置、监视电视，以及照明、通风、配电设备等自动控制设备和监视控制这些设备运转情况的监控设备。高速公路、一级公路的长隧道和特长隧道，可根据需要设置监控设备。一般公路的长隧道和特长隧道，可根据具体情况，适时检测烟尘含量、一氧化碳含量及交通量。

（2）烟尘及有害气体含量测定设备布置　烟尘含量测定仪和一氧化碳含量测定仪宜在洞

口进深100m处及隧道中点处布置，重要的长隧道和特长隧道可适当加密。交通量测定装置宜布设在洞口外适宜处，如为收费隧道，则可布置在收费点附近。

烟尘含量和一氧化碳含量量测频率，高速公路、一级公路每月不少于三次；一般公路每月不少于一次，均宜在行车高峰时量测。当隧道内发生紧急情况时（如火灾、爆炸、重大车祸等），应随时量测。在量测烟尘和一氧化碳含量的同时，观测交通量。

（3）监控设备维护

1）日常检查主要是指自动控制设备、计量仪器的工作状况是否正常，及时对工作不正常的仪器进行校正。检查内容包括仪器仪表、控制设备、输送线路，电源及各种安全保障装置等的工作状况。日常检查中如发现各种自动控制设备、计量仪器的工作异常，应立即进行必要的处理。

2）定期检查是指对各种监控设备和仪器进行综合性测定及性能试验，以及校正仪器工作，并对检查结果及保养内容记录备查。检查内容包括仪器仪表、控制设备、输送线路、绝缘电阻等的功能进行测定、试验，检查各部位性能是否保持在规定值范围内。定期检查宜一年进行一次。定期检查中发现各种监控设施及仪器的性能超过规定值范围时，可根据需要采取维修、更换零部件或整机等方法适当处置。对烟雾透过率测定仪、监视电视的摄像机等，宜两年进行一次分体检修。

3）通信设施是指在高速公路路侧每隔一定距离设置的供紧急情况时使用的紧急电话，其他公路、长大隧道、特大桥、服务区等的管理机构与公路使用者、居民间的电话或无线电联络系统。检查要点是：经常巡查保持电话线路畅通，电话或无线电装置完好，工作性能正常。如发现故障，应立即采取措施，及早排除。

（4）报警系统的设置与检查 高速公路、一级公路的长隧道和特长隧道，可根据需要设置紧急电话、报警装置、排烟设备、消防给水管网及消防器材库等。长度在500m以上的高速公路、一级公路隧道，宜单独设置存放专用消防器材的洞室，并做出明显标志，对存放的消防器材应定期补充、更换。一般公路的长隧道和特长隧道，可根据具体情况，简化设置，但必须在适宜位置设置消防器材库。消防有关设备，应定期检查，保持完好状态。

（5）隧道内禁止存放易燃、易爆物品和杂物 隧道内不准存放汽油、煤油、香蕉水等易燃物品。严禁明火作业与取暖。隧道内的紧急停车带、行车（人）横洞、避车洞及错车道不准堆放杂物。

隧道内发生火灾时，应用紧急电话、报警装置或其他方法迅速向洞外发出信号，阻止车辆驶入，同时将隧道内的车辆引出洞外，以便灭火活动顺利开展；摸清火灾的位置、规模等现场状况；利用排烟设备采用适当的排烟措施；用消防器材灭火；迅速通知就近的消防队；如有伤员，急送就近医院。

4. 防冻、消声

1）高寒冰冻区的隧道，应注意洞口构造物的抗冻保温。防冻层损坏，可用同样的轻质膨胀珍珠岩混凝土或浮石混凝土修补；无防冻层的，可在大修、改善时加筑。

2）隧道内的渗漏水应顺利排入边沟，不使路面积水冰结。对局部易冻结路段的路面，应抓住时机适时撒布防冻药剂或拌砂药剂。

3）隧道内的消声设施如有损坏，应及时按原式修复。

高速公路和一级公路的隧道原无消声设施，随着交通量增大引起噪声增大，影响正常通行管理时，可根据实测的噪声值增设消声设施，但增设的消声设施不应侵入隧道建筑限界。

9.3 公路隧道运营阶段交通监控与管理

公路隧道运营管理，包括交通监控与管理、管理设施与安全设施两个方面。运营隧道中不安全因素主要是火灾和交通事故，以及由此产生的次生灾害。因此，管理设施与安全设施、交通监控与管理在现代隧道运营中越来越重要。近年来，隧道内设施标准逐渐提高，管理方面也由人工管理向自动化管理转变。

我国是一个多山的国家，三分之二的国土为山岭和丘陵。长期以来，由于公路等级低，我国山区公路多是盘山绕线，或是高填深挖，没能重视环境保护并很少考虑隧道方案，以致通行能力很低，故常常发生大塌方、大滑坡等病害，不能适应公路交通发展的需要。随着我国公路交通事业的迅猛发展，高等级公路建设已在我国蓬勃兴起，高速公路建设规模日益扩大。由于公路隧道具有能缩短路线、保护自然环境和根除道路病害等突出优点，公路隧道已在山丘地区高等级公路建设中受到高度重视。公路隧道建设技术复杂，并具有其自身的特点，隧道工程对科技的需要越来越大，因此，加大力度学习研究开发公路隧道建设的管理方面的技术，已是当务之急。

公路隧道运营阶段的交通监控与管理系统技术，包括公路隧道交通监控系统及功能；通风与照明控制；火灾检测及消防设施；隧道异常报警设施和中央管理设施。

9.3.1 公路隧道交通监控的目的、内容及组成

1. 配置交通监控系统的目的

1）为确保隧道高效、安全运营。

2）为能保持连续、稳定、可靠地工作，效果好，故障发生率低。

3）对隧道中运营的车辆实施有效监测。

4）当隧道中发生事故时能快速报警。

5）实施对各类有关的交通信息的获取、加工、打印及存储。

2. 公路隧道交通监控与管理系统主要内容

1）隧道交通控制。

2）隧道通风与照明控制。

3）隧道异常报警系统。

4）隧道火灾检测及消防设施。

5）隧道中央管理设施。

3. 公路隧道交通监控与管理系统的组成

21 世纪的交通将致力于改善人、车、道路之间的相互关系，处处显示出系统化、智能化、功能自动化和人性化的特点。

（1）公路隧道交通检测控制与管理 隧道交通检测主要包括：交通数据的收集、处理和利用。隧道内交通的检测通过埋设在路面下的环形线圈检测器、红外检测器自动检测交通量、占有率、车速、车距、车种，以及位于隧道入口处的三光束激光超高车辆检测器来实施。自动检测交通异常造成的车辆拥挤、阻塞并报警，保持交通流的均匀化，迅速及时地通

过车道指示器、可变标志、入口栏杆及广播等控制和诱导车辆安全运行，限制超高车辆进入隧道，从而达到提高隧道的通行能力，有效地避免交通事故发生。

（2）公路隧道通风与照明检测监控与管理 通风控制旨在及时检测隧道内一氧化碳浓度、能见度及交通量等基本数据，控制通风量，从而达到保障行车安全。隧道照明控制方案多种多样，并与灯具布段、供电回路密切相关。目前，世界各国广泛采用的方法，是利用光照度检测器检测洞外的光照度 L_o 及洞内30～100m处的光照度 L_i，根据 $\frac{L_i}{L_o}$ 比值的大小进行照明控制。

（3）隧道火灾检测报警及消防设施 汽车在正常行驶中，如发生机械和电器损坏或碰撞等，可能发生火灾。隧道内一旦发生火灾，将会对车、人及隧道结构装置产生巨大伤害。因此，建立火灾自动检测及消防系统，及时检测火灾的发生，迅速组织补救工作，可将火灾造成的损失降低到最低限度。

隧道火灾检测与报警装置，主要由两部分组成：火灾检测器和报警器。火灾检测器是线式感温检测与报警系统，由安置在天花板上的一根直径为5mm铜管与ADW51/ADW52膜盒检测器构成一个密闭的气压系统。它的功能是利用物质燃烧时的烟、热和光等信号，加以捕捉，并转变为电信号传递给报警器。因此，当隧道发生火灾时，该区域温度会迅速上升，气体发生膨胀，产生报警信号。这种检测器安装在隧道顶部。隧道内的消防设施主要有灭火器、消火栓或自动灭火装置——喷洒系统。

（4）公路隧道异常报警设施 隧道内出现交通异常情况，为迅速沟通行车人员与管理人员之间的联系，在隧道内设置紧急电话和报警按钮两种报警设施。

紧急电话系统装置的目的是使隧道用户与管理人员取得联系，了解事故概况和严重程度，从而判定救援办法和手段，进行合乎实际且行之有效的救援工作。紧急电话与管理所的连接方式必须是专线。高速公路、一级公路的长隧道和特长隧道，宜每隔500～600m设置一部紧急电话。隧道中的电话机采用驻极体话筒，抗噪声性能良好。

隧道内设置报警按钮是为用户能在出现交通异常状况时（故障、事故、火警），向中央管理室发送信号。按钮设置间距宜在50～100m。

（5）隧道中央管理设施 在公路隧道中央管理室中还有电视监视装置、有线广播装置和中央计算机系统等。运用电视可准确直观地观察隧道内的运营状况，可根据观测到的交通异常状况，及时准确地进行有效救援组织工作。有线广播可使隧道管理人员向隧道用户发布信息。由于隧道内扬声器发出的声音往往会模糊不清，因此，应将扬声器分音区设置，同时配有延迟装置排除隧道内扬声器的混响。

4. 隧道中央管理设施

为便于隧道管理人员全面及时了解运营状况，在中央管理室设置中央管理计算机控制及外围设备，集中管理和控制隧道内的各组成设施。

中央计算机控制系统具有下列功能：

1）收集各检测装置发送回来的各种数据。

2）向现场设备发送指令。

3）接收由键盘输入装置发送来的操作人员的指令。

4）控制地图板或图形显示板。

5）在管理系统中有多个处理器之间的通信。

6）处理和分析后续数据，打印和记录汇总数据。

7）用于现场数据输入和显示过程终端装置通信。

8）进行数据处理以确定调节率、检测事故，计算交通流特征，鉴别设备故障和格式化等所有输入输出数据。

9.3.2　隧道交通检测与管理

公路隧道交通检测与管理技术是公路隧道技术的一个重要组成部分。进一步研究和开发隧道交通安全、检测与控制及管理系统所需设备，这将有助于对隧道检测与管理系统这一新课题的研究。公路隧道建设单位在制定公路隧道方案时，要重视隧道交通安全、检测与控制及管理系统的设置。同时，应根据公路等级、隧道长度、设计交通量、地理位置与所在环境、使用条件等综合研究确定；应重视运用新技术、新材料、新工艺，提高公路隧道交通检测与管理系统的科学性、先进性与可靠性，以达到安全、经济、适用、连续、稳定、可靠、高效运营的设置原则。

9.3.3　运营隧道通风与有害气体防治

汽车排出的废气，含有多种有害成分，如 CO、煤烟、铝、磷化物、硫等，是气态和浮游固态微粒的混合物。汽车还能携带尘土，卷起尘埃。隧道是个相对闭塞的空间，只有进出口与大气相通，污染物不能很快扩散，故隧道内空气中污染物的含量会逐渐积累。含量很小时，通常影响不大，但是剧毒性的 CO 浓度增加时，会使人体产生不同程度的中毒症状，直至危及生命。空气中的烟雾可以影响能见度。能见度下降将危及行车安全。总之，隧道内的空气污染，既会造成对人体的危害，又会影响行车安全。

综上所述，对运营隧道内的有害气体必须进行防治。改善隧道内空气污染的途径大体上有三种：生产无公害汽车；使用滤毒装置还原被污染的空气；把污染空气的有害物稀释到允许值以下。现阶段实用的方法是从洞外引进新鲜空气，冲淡隧道内的有害物质浓度，使空气满足卫生标准和能见度方面的要求。因此，运营隧道的通风设计是隧道总设计的重要环节之一，具体参考 3.5.3 节。

拓展阅读

典型隧道工程——新关角隧道

"关角"藏语意为"登天的梯"。新关角隧道最高海拔 3497.45m，全长 32.645km，是青藏铁路西（宁）格（尔木）二线控制性工程。隧道位于青海省天峻县和乌兰县境内的关角山，青藏铁路天棚站至察汗诺站之间，设计时速 160km。除了高寒缺氧，新关角隧道的超强涌水可以说是中国铁路隧道建设之最。2008 年 5 月后，6 个斜井先后大量涌水，全管段日涌水量最大可达 32 万 m³，正常日涌水量也达 24 万 m³，曾创下了一个斜井连续 4 个月日排水量超 17 万 m³ 的国内高原铁路隧道建设纪录。为了排水，项目部投入巨资，并与科研院校组成科研攻关小组，组织 100 多人的专业排水队伍，还额外开凿了一条 8060m 泄水洞工程。

青藏铁路西格二线东起西宁西站，经湟源、德令哈等站，西至格尔木站，全长

763.5km，线路规划运输能力为客运 20 对、年货运量 5000 万 t。西格二线建成后，不仅大大提高了青藏铁路运输能力，也为后期开通运营的拉萨至日喀则铁路和未来的拉萨至林芝铁路等储备了运力，对完善西部地区尤其是青藏两省区的铁路网结构，加强青藏两省区与内地的经济联系和人员往来，促进国土开发、增进民族团结、巩固国防具有重要意义。

典型隧道工程——引汉济渭秦岭输水隧洞

陕西省引汉济渭工程是 2011 年国务院批准的跨流域调水工程，是国家十二五期间的重点水利工程，是解决陕西省关中地区水资源短缺、有效遏制渭河水生态环境恶化、减轻关中地区环境地质灾害的重点支撑工程，是实现陕西省水资源优化配置、影响长远的永久性措施，也是促进中天水经济区发展的大型水利工程，该工程的实施对保障关中地区经济社会可持续发展具有重要意义。工程主要由三河口水利枢纽、黄金峡水利枢纽和秦岭输水隧洞组成，其中秦岭输水隧洞是关键控制性工程，也是从底部横穿秦岭的一次尝试。隧洞总长 98.3km，最大埋深 2012m，设计流量 70m³/s，TBM（全断面硬岩隧道掘进机）最大开挖断面为 8.02m，全断面进行钢筋混凝土衬砌，衬砌厚度为 30～100cm。工程所处地质条件极其复杂，综合施工难度举世罕见，工程施工中参建各方克服突涌水、高频强岩爆、断层塌方等困难，加强科技创新，有效保障了工程建设进度、质量与安全。2023 年 4 月 29 日，秦岭输水隧洞主体工程全面完成，工程向通水目标又迈进了一步。

隧道与岩土工程相关专家简介——卢肇钧、卡萨格兰德

卢肇钧：土力学及基础工程专家，长期从事土的基本性质和特殊土地区筑路技术研究，1991 年当选为中国科学院学部委员。20 世纪 50 年代主持研究盐渍土和软土工程性质和筑路技术，提出了硫酸盐渍土的松膨性对路基稳定性的影响；在中国最早成功地采用排水砂井处理软土路基，制定了软土的试验和设计标准。在主持新型支挡结构项目时，提出了一种锚定板挡土结构形式及其相应的计算理论，该形式在国内许多部门和日本被采用。在膨胀土和裂土的基本性质研究方面，首先获得了膨胀土强度变化的规律，并发现非饱和土的吸附强度与其膨胀压力的相互关系。

卡萨格兰德（Arthur Casagrande）：从事土力学的基础研究工作，发表了大量的研究成果，并培养了包括简布（Janbu）、索伊代米尔（Soydemir）等著名人物在内的土力学人才。卡萨格兰德对土力学有很大的贡献和影响，如在土的分类、土坡的渗流、抗剪强度、砂土液化等方面的研究成果，黏性土分类的塑性图中的"A 线"即是以他（Arthur）命名的。

───── 思 考 题 ─────

1. 隧道运营管理与养护的意义是什么？
2. 简述隧道养护工作的范围与内容。
3. 隧道衬砌的常见病害是什么？如何防治？
4. 公路隧道交通监控的目的和内容各是什么？
5. 深圳地铁 6 号线大雁山隧道（见图9-15）全长 3089m，为单洞双线隧道，进出口地形起伏较大、地质结构复杂，隧道先后下穿西气东输大口径高压燃气管道、龙潭古公路隧道、北引水线水工隧道、公明引

水线水工隧道，安全风险高、施工难度大，是该地铁线的重难点控制工程。请查阅相关资料，简述在富水地段的区段隧道易发生的病害，并说明其养护工作的重心与内容。

图 9-15　大雁山隧道

6. 20 世纪 90 年代初以来，郑州市发展迅速，道路交通面临的巨大压力已经影响到城市的发展，由于京广铁路、陇海铁路对中心城区的分割严重影响了城市各功能区之间的联系，同时在城市主干道的重要公交走廊上，公交车辆满载率均已超过 100%，因此单靠城市公交的调整，已经无法满足市民出行的需求，建设地铁分流车流及人流已势在必行。郑州地铁第一条线路（郑州地铁 1 号线）于 2013 年 12 月 28 日开通试运营，使郑州成为我国内地第 19 座开通轨道交通的城市。截至 2020 年 11 月 6 日，郑州地铁线网运营总量突破 15 亿人次。线网单日客运量最高纪录达 2416160 乘次（2021 年 5 月 1 日）；日均客运量由开通之初的 16.32 万人次增长至 120.97 万人次，日均客运量占全市公共交通出行量比例超过 40%。如此庞大的客流量也会对郑州地铁的运营管理与养护造成不小的困扰，特别是在出现险情时对于地铁的运营也是一种不小的考验。请查阅相关资料，结合郑州地铁"7·20"特大暴雨灾害，思考隧道养护工作的范畴，并提出相应的养护内容。

典型隧道工程简介 第10章

通常隧道是两车道分离式的隧道。本章典型隧道工程主要是指小净距隧道、连拱隧道、大跨隧道、特长隧道等，它们在设计、施工、运营管理中都有别于一般的隧道，应当给予关注。

10.1 概述

随着国家高速公路建设的飞速发展，特别是高速公路向山区延伸，出现了大量的隧道工程。在地质条件复杂、地形艰险的山区，隧道群、桥梁与隧道相连的情况越来越多。由于受隧道洞外接线条件的限制，隧道必须设置为连拱隧道或小净距隧道的工程案例不断涌现，必要时采用长大隧道、特长隧道或大跨度隧道方案。

10.1.1 小净距隧道和连拱隧道

高速公路、一级公路的隧道应设计为上、下行分离的独立双洞。分离式独立双洞的最小净距，按对两洞结构彼此不产生有害影响的原则，结合隧道的平面线形、围岩地质条件、断面形状和尺寸、施工方法等因素确定，一般情况可按表2-5取值。从理论上讲要将两相邻隧道分别置于围岩压力相互影响及施工影响范围之外，这对降低工程造价是有益的。在条件许可的情况下，可以采用这种上、下行分别布设的分离式隧道，但在某些特定条件下，如路线分离困难或洞外地形条件复杂、土地紧张、拆迁数量大或采用上、下行分离双孔隧道，将使执行这一净距非常困难，尤其是桥隧相连更是如此，在这种情况下，可以采用小净距隧道或连拱隧道。

10.1.2 长大隧道、特长隧道和大跨度隧道

隧道选线时，结合平面线形、高程、地质等因素，在条件许可的情况下，可以采用短隧道群、长隧道或特长隧道，但在某些特定条件下，如穿过海拔较高的山岭或采用短隧道群时高程及线形不符合要求，在这种情况下，可以考虑采用长隧道或特长隧道方案。

对于三车道大跨度隧道，我国在其建设方面的起步虽然较晚，但是经过各部门的努力，目前也已经取得了一定的成绩，如北京八达岭潭峪沟隧道、重庆铁山坪隧道和真武山隧道、广东韶关靠椅山隧道、宝林山隧道、深圳大梅沙隧道等一批三车道大断面公路隧道已相继建成通车。随着我国高速公路和高等级公路建设的发展以及公路交通运输量的迅速增加，大跨度隧道数量必将进一步增加，三车道隧道建设也将成为未来我国高速公路和高等级公路隧道的一个重要组成部分。

10.2　连拱隧道

10.2.1　连拱隧道的特点

连拱隧道就是将两隧道之间的岩体用混凝土取代，或者说是将两隧道相邻的边墙连接成一个整体，形成双洞拱墙相连的一种结构形式。中间的连接部分通常称为中隔墙。连拱隧道具有以下优点：

1）位置选择自由度大，适用于地形复杂、线路布设极为困难的情况。

2）洞口引线占地面积少，接线难度小，尤其应用于城市中时，可大大减少拆迁，降低工程费用。

3）较深挖高边坡稳定，由此可减少运营中的安全隐患。

4）便于公路桥隧相连。

5）可保持路线线形流畅，且断面造型美观。

6）便于运营管理。

因此，连拱隧道越来越受到工程界的青睐。但是它也有一定的缺点，如增加了中隔墙结构，造价比独立双洞隧道高，且开挖时分块较多，工程进度较慢，中墙防排水效果差等，所以连拱隧道主要适用于洞口地形狭窄，或对两洞间距有特殊要求的中短隧道。

10.2.2　连拱隧道的设计要求

1）连拱隧道按中墙结构形式不同分为整体式中墙和复合式中墙两种形式，在有条件加大中墙厚度的地段宜选用复合式中墙连拱隧道形式。

2）隧道暗挖段应优先采用复合式衬砌，支护参数可采用工程类比或计算分析确定。

3）中墙设计应在满足结构设计与施工安全的前提下，综合考虑洞外接线要求、防排水系统的可靠性等因素。

4）两车道连拱隧道设计为整体式中墙时，中墙厚度不宜小于 1.4m；设计为复合式中墙时，中墙厚度不宜小于 2.0m，三车道连拱隧道设计为整体式中墙时，中墙厚度不宜小于 1.6m；设计为复合式中墙时，中墙厚度不宜小于 2.2m。

5）整体式中墙的连拱隧道应注意纵向施工缝的预留位置、施工缝止水方式、中墙纵横向排水管与防水层的布置，避免施工缝渗漏水、防水层顶破和排水管堵塞。复合式中墙的连拱隧道防排水设计与独立双洞隧道基本相同。

6）连拱隧道应根据结构需要设置变形缝，双洞变形缝应在同一位置设置，并应注意隧道纵向荷载对结构的影响。

7）连拱隧道监控量测可参照《公路隧道施工技术规范》的相应要求进行，并应以拱部垂直位移、中墙以上的拱部水平位移为重点。

8）连拱隧道设计应考虑相应的施工方法，并提出各类方法的具体要求，辅助施工措施应作专项设计。

9）采用导洞施工时，应对导洞围岩情况认真观察记录，并及时反馈信息，根据围岩变化情况和监控量测资料及时调整设计与施工方案。导洞宽度宜大于 4m。

10）设计中应采取有效辅助措施，防止施工中拱部推力不平衡对中墙结构造成危害。

11）在地振动峰值加速度大于 $0.15g$ 的地区，连拱隧道应进行抗震强度和稳定性验算。

12）为确保连拱隧道施工安全，应对相邻洞室的最大临界振动速度进行控制，一般不宜大于 15cm/s。

13）连拱隧道有偏压时，应对支护参数与施工方法进行特殊设计。

10.2.3　连拱隧道的施工要求

1）衬砌的施作时间，当围岩变形较大时，应尽快施作衬砌；当围岩完整性较好时，为了避免爆破振动的影响，可在开挖及支护施作完成一段时间后再做衬砌。

2）现场围岩、支护、衬砌的变形和应力量测极为重要，其目的是检测先行洞结构的安全性，并评价后行洞施工的妥当性以及加固措施的有效性。量测计划要按这一目的来制定，量测结果要及时指导设计参数的修正和施工方法的变更。

3）先行洞围岩在先行洞施工时产生变形，在后行洞施工时会再次出现松弛变形，针对先行洞围岩变形的影响，要考虑加强支护，增大衬砌结构的刚性，如采用钢筋混凝土结构，控制水平位移值。

4）后行洞爆破施工时引起的振动可能会对先行洞造成破坏性影响，要考虑采取一些控制爆破振动的措施。

5）后行洞围岩在先行洞造成的临空面会产生较大变形，针对后行洞围岩变形的影响，要考虑采取超前加固地层，分割开挖面，早期闭合断面，加强支护，强化结构基础等措施加固开挖面，改良前方地层。

6）中隔墙容易产生应力集中，中隔墙的下沉或中隔墙上覆的围岩的塑性化均可能会给围岩体或衬砌带来不利影响，可以考虑采取加固改良地层或加强支护，防止围岩松弛或下沉。

7）连拱隧道施工，首先进行中导洞开挖，施工中隔墙，然后进行主洞开挖，如图 10-1 所示。主洞开挖时可以采取侧壁导坑超前开挖法，当地质条件较好时，也可采取中导坑超前开挖法，支护和衬砌均应加强。

图 10-1　连拱隧道施工

8）应尽量避免隧道与其他构造物的交叉，不得已时，应尽量采取直交，而且新建隧道宜上穿既有构造物。

10.2.4 典型连拱隧道介绍

1. 洪家坞隧道

（1）工程概况、工程地质和水文地质 洪家坞隧道是景婺黄（常）高速公路上的一座单向两车道连拱隧道，隧道起止桩号 K16+630～K17+378，隧道长 748m，隧道进出口洞门均为端墙式。

隧道进口段平面线型为缓和曲线，圆曲线半径 $R=2340.24m$，隧道出口段平面线型为圆曲线，圆曲线半径 $R=2340.24m$，隧道中间段为设 2% 超高的圆曲线，圆曲线半径 $R=2340.24m$。隧道纵断面线型均为人字坡，隧道纵坡为 $+0.3\%$，-2.4%。

洪家坞隧道整个穿越于剥蚀-侵蚀丘陵中，微地貌以低丘间夹 V 形冲沟为特征，地形复杂，局部地段地势陡峻。隧道总体走向335°。区段内地形相对高差135～157m，洞轴线K17+090经过丘顶标高为272.4m。沿线山体植被发育，通视条件较差。地表径流以丘顶为界，南段自北西向南东汇流入洪家溪，北段自南东向北西汇入交坞溪，两溪均为武坑口溪一级支流，在黄潭一带汇入乐安河。洪家坞隧道进出口均在沟谷中，并有一深 2～3m 的汇水冲沟。

隧道区域稳定性为过武夷山南岭山地过湿区，隧道地层为第四系土层，地层岩性自上而下可分为上覆第四系土层及中元古界双桥山群千枚板岩两大类。

隧道区断裂构造发育，主要在隧道两侧的冲沟地段，不直接影响隧道施工，经物探解释有两条隐伏断层。F1 号断裂，构造结构面倾向南偏西215°左右，倾角43°左右。F2 号断裂，构造结构面倾角向北偏东 10°～20°，倾角50°左右。

隧道区岩石节理普遍发育。部分节理呈北 12°西走向348°，倾向北东东89°，倾角75°，属张扭性，有 2～5mm 宽的石英脉充填 3 条/m。部分节理呈北 10°呈东走向，倾北西西274°，倾角70°，属张扭性，2 条/m。总体上，区内节理以陡倾斜交为主，发育程度属于发育至很不发育。

隧道区内地形简单，地表水系不发育。区内地下水位埋深受地形控制，谷底及洞轴线两端地下水位埋深在 25～38m，其分水岭测线中段水位埋深 20m 以下，地下水位均在弱风化带附近，为上部风化壳的孔隙-裂隙水。地下水具碳酸性弱腐蚀。

（2）隧道设计

1）技术标准。隧道净宽 $2\times(0.75+0.50+2\times3.75+1.0+0.75)$ m + 2.894m = 23.894m，隧道净高 5.0m，设计速度 100km/h。

2）横断面设计。建筑限界净宽 23.894m，净高 5.0m，内轮廓采用承载能力较好的单心圆形式，边墙为曲墙。在隧道内外侧检修道下各设置一个尺寸为 0.5m×0.42m 电缆沟，路面两侧设 0.35m×0.45m 的矩形（有一个 0.15m×0.15m 的倒角）排水边沟。

3）洞门。隧道洞口地段地质条件较差，较长距离为Ⅰ、Ⅱ类围岩，且相对埋置深度较浅，不易成洞。为了实现"早进晚出"的原则，在隧道洞口基本设置了超前长管棚，以保证成洞面和浅埋地段开挖的稳定与安全。洞门形式则结合地形条件，采用端墙式。

4）衬砌。根据隧道埋深及荷载类型的不同共设计了六种衬砌形式，明洞衬砌：SM。复合衬砌：SP1、S1，S2，S3、S4。明洞衬砌用于进出口明挖段，采用 C25 钢筋混凝土结构。

复合衬砌用于洞身暗挖段。

初期支护对于Ⅰ、Ⅱ类围岩由工字钢拱架、径向小导管、钢筋网及喷射混凝土组成，对于Ⅲ类围岩由工字钢拱架、径向锚杆、钢筋网及喷射混凝土组成，而对于Ⅳ类围岩则由径向锚杆、钢筋网及喷射混凝土组成。二次衬砌采用钢筋混凝土或素混凝土。

5）防排水设计。隧道防排水遵循"以排为主，防排结合，因地制宜，综合治理"的原则。

① 衬砌排水。为了有效地排除二次衬砌背后积水，消除二次衬砌背后的静水压力，在初期支护与防水层间每隔3m设置一处ϕ50mm透水环向盲管，再将盲管引入ϕ100（70、160）mm纵向排水管，再由横向排水背引入边沟排出沟外。

② 路面基层排水。为了防止路面地层地下水上升到路面影响行车安全，在路面平整层下每个洞室设置了两个ϕ160mm打孔纵向排水管以排除隧道底部渗水。全隧道贯通。

③ 衬砌防水。在初期支护与二次衬砌之间敷设一层1.2mm厚的PVC防水板和一层土工布，作为第一道防水措施。防水板敷设范围为自拱部至边墙下部引水管，且防水板必须卷曲。纵向排水管高达1m。同时，拱部及边墙二次衬砌采用不低于S10的防水混凝土，作为第二道防水措施。二次衬砌沉降缝用遇水膨胀式止水条止水，环向施工缝用遇水膨胀自排式止水带止水，纵向施工缝用PVC注浆式中置止水带。

④ 衬砌防排水补救措施。在初衬与二衬之间铺设注浆管和注浆嘴，用于施工时没有处理好防排水的地方进行注浆补救。

在道路两侧设置矩形（有倒角）边沟，以作为洞室地下水和路面积水的排除通道。边沟纵坡与隧道纵坡一致。

6）行人横洞。隧道设置了1处行人横洞。行人横洞20m(宽)×22m(高)，行人横洞设有两个洞室都可控制的双开一字防火门。

7）施工方法。隧道施工开挖总体上要求拱部采用光面爆破，边墙部采用预裂爆破，以最大限度地保护周边岩体的完整性，同时减少超挖量，提高初期支护的承载能力。在Ⅰ、Ⅱ级围岩地段要求采用导坑法施工，先中导坑，再施工中隔墙。中导坑与侧导坑根据地质情况采用不同类型的支护。中隔墙均为钢筋混凝土结构，在施工过程中必须特别注意中隔墙中部排水管的预埋。

8）建筑材料。明洞衬砌采用C25钢筋混凝土，复合式衬砌初期支护采用C20喷射混凝土，二次衬砌采用C25钢筋混凝土，洞内沟管采用C25混凝土，仰拱回填采用C10混凝土。

直径≥12mm的钢筋及锚杆采用Ⅱ级钢筋，钢拱架采用18、16号工字钢，注浆钢管及长管棚采用热轧无缝钢管。

在SP、S1、S2衬砌采用ϕ32@3.5注浆小导管，其他衬砌地段均采用ϕ22mm药卷锚杆，超前小导管采用ϕ50mm热轧无缝钢管。复合防水板采用1.2mm厚的PVC（P型，可分区注浆）防水板和无纺土工布。衬砌混凝土拱部和边墙添加防水剂采用HEA抗裂型混凝土。

9）辅助施工设计。采用的辅助施工措施有超前长管棚、超前小导管、超前锚杆、地基加固注浆及浅地表加固等。

超前长管棚设置于较长距离为Ⅰ级围岩浅埋的洞口，采用节长4m、6m的ϕ108mm×6mm热轧无缝钢管，环向间距50cm，丝扣连接。钢管设置于衬砌拱部，平行路面中线布置。要求钢管偏离设计位置的施工误差不大于20cm，沿隧道纵向同一横断面内接头数不大于

50%，相邻钢管接头须错开至少 1m。为增强钢管的刚度，管内以 M3 水泥砂浆填充。考虑钻进中的下垂，钻孔方向应较钢管设计方向上偏 1°，为保证钻孔方向以及成洞面稳定，在明洞衬砌外设置了长 20m、厚 60cm 的 C25 钢筋混凝土套拱。钻孔位置及方向均应用测量仪器测定。只有在长管棚施作完成后才能开始进洞开挖。

超前小导管设置Ⅰ、Ⅱ级围岩地段，钢管采用外径 50mm、壁厚 6mm、长 600cm 的热轧无缝钢管，在钢管距尾端 1m 范围外钻 ϕ8mm 压浆孔。钢管环向间距约 40（50）cm，外插角控制在 17°左右，每排小导管搭接长度至少控制在 1.7m。

超前锚杆设置在Ⅲ级或部分Ⅱ级围岩地段，锚杆为直径 22mm、长 350cm 的 HRB335 钢筋，环向间距约 40（50）cm。外插角采用 5°～17°不等。采用早强砂浆作为固结材料，每排锚杆的纵向搭接长度也要求不小于 1.0m。在Ⅰ、Ⅱ级围岩地段一般考虑地基注浆加固和周边岩体注浆加固，以提高围岩自身承载能力。

2. 吴家庄隧道

（1）工程概况、工程地质和水文地质　宛坪高速公路［内乡至西坪（豫陕界）］为上海至武威国家重点公路河南境内的一段，是国家重点规划的西部大开发 8 条大通道之一，路线全长 82.297km，共分为 12 个合同段，吴家庄隧道地处第 7 合同段，起止桩号为：K41＋640～K41＋980，长 340m。设计行车速度 100km/h，隧道净宽 14.0m，净高 5.0m，隧道最大埋深 71.15m。

吴家庄隧道进出口均为全风化-强风化白垩系上统细砂岩夹薄层泥岩，岩体呈块状，完整性一般，围岩稳定性差。洞身主要为白垩系上统细砂岩夹薄层泥岩，弱风化，软弱相间岩组单斜构造，裂隙不发育，围岩稳定性一般，泥岩遇水易软。

（2）隧道设计　隧道的内轮廓采用三心圆形式，隧道按双洞单向行车双跨连拱断面设计，建筑限界宽度 14.0m（0.75m＋1.0m＋3×3.75m＋0.5m＋0.5m），建筑限界高度 5.0m，检修道净高 2.5m。最大开挖宽度达 32.6m，最大开挖面积为 323.7m²。

（3）施工方案　主洞Ⅳ、Ⅴ级围岩施工采用三导洞台阶法施工，Ⅲ级围岩采用中导洞法施工。

3. 桥头隧道

桥头隧道位于元江-磨黑高速公路 16 合同 K342＋375～K342＋655，全长 280m，为带中墙的整体式双跨连拱结构隧道，隧道单跨净宽 10.53m，净高为 7.2m。单跨采用单心圆，边墙为曲线，中墙为直线，中墙厚为 2m，隧道净宽为 23.05m，最大开挖跨度为 24.65m。围岩类别为Ⅲ、Ⅳ级，隧道最大埋深 74m。路线位于云贵高原西部，横断山脉南延地区。云南省地貌分区的哀牢山中山亚区，区内属构造侵蚀地形，路线主要位于高中山地区。隧道施工中采用先中墙，再上下台阶开挖法施工。

10.3　小净距隧道

10.3.1　小净距隧道的特点

小净距隧道是介于普通分离式双洞隧道和连拱隧道的一种结构形式，其优点有：

1）造价和施工工艺与普通分离式双洞隧道相比差别很小。

2）同连拱隧道相比它的造价要低得多，同时施工工艺也简单。

3）有利于公路整体线型规划和线型优化。

但由于小净距隧道的中夹岩的厚度远比普通双洞隧道要小（一般只有 $5 \sim 8m$），所以小净距隧道的围岩稳定与支护结构受力要比普通分离式隧道复杂，同连拱隧道相比有其自身的特点。为了保证该结构形式成功地应用于公路建设中，需要采取一定工程措施以保证围岩稳定与支护结构的安全。

小净距方案的合理性主要表现为双洞净距合理、中岩柱加固措施合理、施工总体方案和工序合理、隧道总体投资的控制合理等方面。

鉴于上述因素，小净距隧道主要适用于洞口地形狭窄或有特殊要求的中、短隧道，也可用于长或特长隧道洞口局部地段。

10.3.2　小净距隧道的设计要求

1）应根据隧道地质条件，进出口地形条件，结合使用要求，经综合比选后确定最小净距。

2）应优先选用复合式衬砌，支护参数应经工程类比、计算分析综合确定。

3）设计应考虑相应的施工方法，并提出各类方法的具体要求。

4）设计与施工应遵循"少扰动、快加固、勤量测、早封闭"的原则，并将中间岩柱的稳定与加固作为设计与施工的重点。

5）小净距隧道监控量测应根据不同围岩级别制定量测计划。应把中间岩柱稳定、浅埋段地表沉降和爆破振动对相邻洞室的影响作为监控量测的重要内容。

6）在地振动峰值加速度大于 $0.15g$ 的地区选用小净距隧道时，宜进行抗震强度和稳定性验算。

7）为确保小净距隧道的安全，应对相邻双洞最大临界振动速度按净距、围岩级别、支护实施阶段分别进行控制，最大临界振动速度可通过试验确定，无资料时可参照 GB 6722—2014《爆破安全规程》取值。

8）小净距隧道有偏压时，支护参数、施工方法、施工顺序宜进行特殊设计。

10.3.3　小净距隧道的施工要求

1）衬砌的施作时间，当围岩变形较大时，应尽快施作衬砌；当围岩完整性较好时，为了避免爆破振动的影响，可在开挖及支护施作完成一段时间后再做衬砌。

2）现场围岩、支护、衬砌的变形和应力量测极为重要，其目的是检测先行洞结构的安全性，并评价后行洞施工的妥当性以及加固措施的有效性。量测计划要按这一目的来制订，量测结果要及时指导设计参数的修正和施工方法的变更。

3）先行洞围岩在先行洞施工时产生变形，在后行洞施工时会再次出现松弛变形。针对先行洞围岩变形的影响，要考虑加强支护，增大衬砌结构的刚性，如采用钢筋混凝土结构，控制水平位移值。

4）后行洞爆破施工时引起的振动可能会对先行洞造成破坏性影响，要考虑采取一些控制爆破振动的措施。

5）后行洞围岩在先行洞造成的临空面会产生较大变形。针对后行洞围岩变形的影响，要考虑采取超前加固地层，分割开挖面，早期闭合断面，加强支护，强化结构基础等措施加固开挖面，改良前方地层。

6）中夹岩会因为先行洞和后行洞的施工产生较大扰动和变形。针对中夹岩的变形，要考虑采取改良加固地基，采用钢板桩、大吨位预应力锚索、对拉锚杆、无黏结钢绞线、小导管预注浆、水平贯通式锚杆等技术加固中夹岩。

7）小净距隧道开挖时可以采取侧壁导坑超前开挖法，当地质条件较好时，也可采取中导坑超前开挖法，支护和衬砌均应加强。

8）应尽量避免隧道与其他构造物的交叉，不得已时，应尽量采取直交，而且新建隧道宜上穿既有构造物。

10.3.4 典型小净距隧道介绍

1. 鹤上隧道

（1）工程概况 鹤上隧道是福州机场高速公路上的一座单向三车道小净距隧道，最小净距 10.30m，单洞跨度 15.05m，高度 8.151m，含仰拱的总高度为 10.4m。隧道起止桩号为 K6 + 250 ~ K6 + 700，隧道全长 450m。

（2）地形地貌、工程地质、水文地质

1）地形地貌、地质及地层概况。隧道属剥蚀低山丘陵地貌，进口段天然坡角为 16°，出口天然坡角为 20°，地形起伏较大，植被发育。地层自上而下为第四系残坡积土，底部基岩为侏罗系上统南园组凝灰熔岩及其风化层。

隧道区地层分别有：坡积亚黏土、坡积碎石、坡积砂质黏性土（可塑）、坡积砂质黏性土（硬塑）、砂土状强风化凝灰熔岩、碎块状强风化凝灰熔岩、弱风化凝灰熔岩、微风化凝灰熔岩。

2）水文地质条件。隧道沿线地下水类型主要为孔隙裂隙水和基岩裂隙水，前者主要赋存于残坡积土层、砂土状强风化层，地下水位随季节变化；后者主要赋存于基岩裂隙和构造裂隙中，含水量极不均匀，沿着裂隙构造带补给及排泄，具有承压性。该隧道地下水对混凝土不具有腐蚀性。

3）地质构造。隧道区地处长乐-诏安断裂的北段，位于次级断裂琅歧龙台-吴庄-鼎干山断裂和琅歧上头仑-长乐风门岭-董凤山之间，为主要断裂之间的次级断块区，具有相对稳定性。此区属晚更新世活动断层，在全新世以来未有活动迹象。

（3）隧道设计

1）技术标准。道路等级：高速公路；设计行车速度：100km/h；行车道宽度：3 × 3.75m（单洞）；隧道建筑限界：行车道宽度为 3 × 3.75m，净高 5m，两侧路缘带宽为 0.75m，两侧余宽为 0.50m，一般路段路面横坡为 2%（弯道内根据实际超高路面横坡确定），单侧设检修道宽 0.75m，高于路面 0.25m。

2）平纵横设计。隧道洞身均位于半径为 1710.00m 的平曲线内，进口桩号：K6 + 250.00；出口桩号：K6 + 700.00，隧道长 450.00m，纵坡为 - 2.5%。进口设计高：58.17m；出口设计高：46.93m。

3）衬砌内轮廓。衬砌内轮廓采用三心圆内轮廓形式，净宽 15.05m，净高 10.15m。

4）中夹岩柱加固设计。小净距隧道必须对其双洞中间岩柱进行加固，以确保围岩的稳定。Ⅱ级围岩段在左右洞两侧导洞开挖之前，应先对中夹岩柱进行小导管注浆加固，待注浆达到强度后再开挖。Ⅲ级围岩段中间岩柱采用 ϕ25mm 胀壳式预应力中空锚杆进行加固，在先开挖的内侧导洞开挖并初喷后，施作预应力锚杆，锚杆一端锚固在岩体内，另一端通过 HPB235 钢垫板锁紧，后施加 80kN 预应力，并锁定，最后注浆。中夹岩加固长度以中夹岩两侧围岩类别较低一侧的围岩长度为控制设计。

5）洞门结构。根据具体洞口的地形、地质条件，结合工程施工安全、环境保护要求，洞口相关工程、美观等考虑，隧道进口采用削竹式洞门，出口采用城墙式洞门，并尽量保持原地形的绿色植被坡面，减少边坡开挖和自然环境的破坏。

6）防排水设计。以排、防、截、堵结合，因地制宜、综合治理为原则，达到排水畅通、防水可靠、经济合理、施工方便的目的。

① 防水措施。二次模筑衬砌采用防水混凝土；在隧道初期支护和二次衬砌之间铺设 EVA 防水板＋无纺土工布。沉降缝处采用中埋式橡胶止水带防水，施工缝处采用 BW－S120 缓膨型橡胶止水条防水。

② 排水措施。在隧道环向铺设塑料盲沟将水引入边墙两侧 12cm×3.5cm 纵向塑料排水盲沟，然后通过 ϕ100mm PVC 横向排水管将水引入两侧 ϕ250mm 双壁打孔波纹管侧式排水管排出洞外；路面水通过路缘通缝式排水沟排出洞外；洞内管沟与洞外的天沟、排水沟、截水沟形成完整的排水系统。电缆沟底部设横坡及纵向集水沟，将可能流入电缆沟的水，通过纵向集水沟引出洞外。

7）初期支护。

① 喷射混凝土。破碎围岩，浅埋段及地下水丰富地段初喷采用 C20 早强混凝土，其余采用 C20 普通混凝土。

② 锚杆。除洞口加强段及软弱围岩地段采用中空注浆锚杆外，余均采用 Q345 级 ϕ22mm 螺纹钢筋，全长砂浆锚固或药剂锚固，为达到更好的锚固效果，普通砂浆锚杆应设置垫板及螺栓，钢垫板应坐浆，以确保与围岩密贴；中空锚杆注浆浆液为 M3 水泥砂浆，中空锚杆单根母体抗拉断力应不小于 180kN；普通砂浆锚杆单根母体抗拉断力应不小于 150kN。锚杆锚固抗拔力：Ⅱ级围岩不小于 80kN；Ⅲ级及以上围岩不小于 100kN。Ⅲ级围岩中夹岩采用 ϕ25mm 中空预应力锚杆（钢胀壳预应力锚杆），施加 80kN 的预应力；预应力锚杆单根母体抗拉断力应不小于 180kN。

③ 钢拱架。U29、U25 型钢支撑；ϕ25mm 钢筋格栅拱架。

④ 超前锚杆。ϕ25mm 中空注浆锚杆。

⑤ 超前小导管。外径 50mm、壁厚 5mm 的无缝钢管。

⑥ 大管棚。外径 108mm、壁厚 6mm 的无缝钢管。

8）二次模筑衬砌。

① 拱部、边墙：C25 防水混凝土，防水混凝土中应掺入混凝土防水剂，掺量不得大于水泥质量的 6%，防水混凝土的抗渗等级≥S8；仰拱：C25 混凝土。

② 仰拱回填：C10 片石混凝土。

③ 预留变形量回填：洞身拱部、边墙、仰拱超挖部分均应采用 C25 混凝土回填。

④ 沟槽身及盖板均为 C25 混凝土。

9）路面设计。隧道路面采用 26cm 厚弯拉强度为 5.0MPa 的水泥混凝土面层，15cm 厚

C20 混凝土调平层。

（4）隧道附属设施设计

主要包括：消防、配电洞室及紧急电话间设计；隧道通风设计（隧道不设置射流风机，采用自然通风），隧道照明设计，隧道消防设计，此处略。

2. 石狮隧道

石狮隧道位于泰（和）井（冈山）高速公路江西井冈山市境内，隧道净宽为 12.12m，等间距中间岩柱净宽为 8.2m，属于典型的双线、双洞、小净距隧道。地质勘察资料表明，该隧道的岩质较差，以风化砂岩、石英砂岩为主，构造裂隙、风化裂隙间夹泥较多，还存在软弱夹层，隧道围岩以 III、IV 级为主。该隧道单洞长 690m，左右双线共长 1380m。围岩分类情况为：II 级围岩 156m，III 级围岩 1000m，IV 级及以上围岩 224m。该隧道的支护与衬砌共有三种类型：S2 型（II 级围岩浅埋段 156m）；S3 型（III 级围岩深埋段 1000m）；S4 型（IV 级及以上围岩深埋段 224m），四个明洞洞门结构各 10m，共 40m。

3. 金旗山隧道

金旗山隧道位于京福高速公路福建省三明市境内，采用并行双线小净距隧道形式，隧道双洞轴线间距为 110.519m，中间岩柱最小净宽为 5.079m。隧道起讫桩号 K147 + 600 ~ K147 + 805，全长 205m。整座隧道的平面位于 $R = 2000m$ 的圆曲线和 $R = 10000m$ 的竖曲线上。隧道处于丘陵地区，路线横切一小山脊，地形波状起伏，呈驼峰型，植被发育，覆盖较薄，洞口位于小山谷旁。

隧道所处地区未见地下水露头，地下水主要源于基岩裂隙水，赋存于基岩裂隙和破碎带中，受大气降水补给，水量不大，季节影响小。隧道穿过的岩性单一，为燕山早期侵入花岗岩，未见有断层，仅在进口处有一隐伏辉绿岩脉，对隧道无影响。隧道的围岩情况：III 级围岩 41m，IV 级围岩 164m。支护与衬砌形式包括 S12 型 33m（III 级围岩浅埋段）、S3 型 18m（III 级围岩深埋段）、S4 型 144m（IV 级围岩深埋段）及削竹式洞门结构 10m。

10.4　长大隧道

近年来，我国高速公路的建设发展十分迅速，截至 2016 年年底通车里程已突破 13 万 km，公路隧道的建设也随着道路等级的提高不断向长大发展。自从 1989 年七道梁隧道（1560m）首次突破千米大关后，先后又建成了中梁山隧道（3165m）、木鱼槽隧道（3610m）、二郎山隧道（4610m）等十数座长大公路隧道。秦岭终南山公路隧道，设计长度达到 18004m。这些长大公路隧道的建设，标志着我国公路隧道的设计、施工水平跃上了一个新的台阶。

10.4.1　长隧道、特长隧道的特点

长隧道、特长隧道方案的特点：

1）位于岩体深处坚固稳定的地层中，围岩压力小，坑道稳定，无偏压受力的情况。

2）支护可以简单，施工比较安全。

3）工程单一，施工不受干扰。

4）洞门建筑物只有两个，比多座短隧道少。

　　但是长隧道、特长隧道由于隧道长，在防灾与救援、通风与照明、不良地质等技术问题处理上要复杂得多。

10.4.2　大跨度隧道的特点

　　大跨度隧道能满足较大的交通量，在城市隧道中应用较多，但由于隧道断面面积和跨度均较大，由此引发了诸多的相关工程问题，如施工方法与动态控制、围岩稳定、工程措施与工程造价等，三车道公路隧道设计长期以来没有一个较为明确、系统的规范作指导，各设计单位在设计其断面形状、尺寸选取、工程措施等方面差异较大。

10.4.3　长大隧道亟须研究的课题

　　针对我国长大公路隧道建设的现状，结合国外的经验，目前亟须研究的课题有：

　　1）为避开不良地质和提高运行安全的曲线隧道选择。

　　2）结合我国汽车工业发展和国家有关汽车排污法规政策的长大公路隧道的卫生标准。

　　3）隧道区域环境状况和生态保护的关系。

　　4）隧道地质的评判方法和超前预报技术。

　　5）黄土及软岩隧道的设计与施工技术。

　　6）公路隧道路面结构。

　　7）隧道通风方式的选择和考虑局部影响的多维流体动力学计算方法及相应软件的开发。

　　8）监控模式、信息传输与灾害报警技术及高灵敏度检测元器件的研制。

　　9）隧道火灾发生的概率、发展规律、危害程度及防灾救灾预案制定。

　　10）隧道灾害的评估及维修方案。

　　11）隧道的安全等级和标准。

　　12）司机在长大隧道中的运行心理。

　　13）跨海悬浮隧道的结构计算理论、设计方法。

　　14）深海隧道施工技术。

　　15）公路隧道基础信息管理系统。

　　16）隧道运营动态检测技术、质量评价指标和养护维修。

10.4.4　典型长大隧道介绍

1. 秦岭终南山公路隧道

　　（1）工程概况　秦岭是黄河与长江两大水系的分水岭，是西安至安康高速公路必须克服的天然屏障。秦岭终南山公路隧道位于西康公路西安至柞水段，隧道全长18.020km，为东线、西线双洞四车道，中线间距30m。该隧道是国家公路网规划的西部开发八条公路干线中的内蒙古阿荣旗至广西北海和银川至武汉两条路线上的共用段，也是陕西省规划的"米"字形公路网主骨架西康公路中的重要组成部分。它的建成对促进西部开发战略的实施和陕西省与周边省市的经济交流具有十分重要的意义。

　　该隧道由石砭峪垭口翻越秦岭地区的终南山，在隧道东侧与西康铁路秦岭特长隧道相邻。进口位于长安县石砭峪乡青岔村石砭峪河右岸。出口位于柞水县营盘镇小峪街村太峪河右岸。洞内为人字坡，最大纵坡为 1.1%。隧道最大埋深 1600m。行车速度为 60 ~ 80km/h，隧道内路面为水泥混凝土路面。

（2）工程地质及水文地质　秦岭终南山特长公路隧道横穿秦岭东西向构造带，该带历经了多期构造运动、变质作用、岩浆活动和混合岩化作用，地质构造和地层岩性复杂。隧道洞身通过的主要地层为：混合片麻岩、混合花岗岩、含绿色矿物的混合花岗岩。通过的区域大断层为 F2、F4、F5，地区性断层 15 条，次一级的小断层 41 条。预测全隧道正常总涌水量为 8604.28m³/d，最大总涌水量约 15695.32m³/d。

（3）隧道设计

1）建筑限界。隧道建筑限界净高 5m，净宽 10.50m。其中行车道宽 2 × 3.75m；在行车道两侧设 0.50m 的路缘带及 0.25m 的余宽；隧道内两侧设宽度为 0.75m 的检修道，高于路面 0.40m。

2）衬砌内轮廓。衬砌内轮廓采用三心圆内轮廓形式，净宽为 10.92m，净高为 7.6m。

3）衬砌结构。衬砌结构的设计是根据秦岭地区的工程地质、水文地质、围岩类别、施工条件并结合铁路隧道的设计成果，类比类似公路隧道的设计经验并进行结构检算后综合确定。洞口段为满足国防要求，采用 C25 钢筋混凝土模筑衬砌。洞身其余地段均采用曲墙复合式衬砌。Ⅳ、Ⅴ、Ⅵ级围岩根据岩爆的程度不同采取相应的锚、喷、网措施。

4）防排水设计。采用"防、截、排、堵相结合，综合治理"的原则，达到防水可靠、排水畅通、经济合理、不留后患的目的。

按洞内正常总涌水量 8604.3m³/d，最大涌水量 15695.3m³/d，并考虑 1.5 倍安全系数作为运营期间设计排水流量。隧道内设置双侧水沟，主要用于隧道地下水的排泄。在初期支护与二次衬砌之间设 1.2mm 厚 EVA 防水板和 300g/m² 的无纺布。隧道拱墙设弹簧排水管盲沟。全隧道两侧墙脚设 φ100mm × 5mm PVC 纵向排水盲沟，与环向盲沟及墙脚泄水孔采用三通连接，在纵向每隔 100m 设检查井，以便检查清洗。施工缝处设遇水膨胀止水条。为排除车辆带入的水和隧道内清洗的污水及火灾时的消防水，在路面横坡的低侧设 φ250mm 的圆形预制路面排水沟，间隔 100m 设一处清洗用的检查井，便于养护管理。在隧道路面下设 10cm 厚的水泥处理碎石排水基层，将水排入路面水沟。

5）紧急停车带。在行车方向的右侧设置紧急停车带，间距 500m。紧急停车带长度按停靠大型货车 2 ~ 3 辆考虑，有效长度 30m，全长 40m。宽度较正常地段加宽 3.0m。

6）行车横洞与行人横洞。在隧道发生灾害时，为了尽快疏散洞内车辆，便于维修养护，在东、西线隧道间设行车横洞，间距 500m。行车横洞中线与隧道中线斜交，夹角约 60°，汽车转弯半径 $R = 15m$。每隔 2km 设一处反向行车横洞。行车横洞净宽 4.5m，净高 5.8m。

在隧道发生灾害时，为了使洞内人员尽快疏散、逃逸，两座隧道间设行人横洞，间距 250m，其中一半设为独立的行人横洞，另一半与行车横洞合用。行人横洞断面净宽 2m，净高 2.5m。行人横洞与行车横洞间隔布置。

（4）监控系统及防灾系统

1）系统概况。秦岭终南山公路隧道属特长隧道，在重点保证安全运营的前提下，本着"实用、可靠、经济"的原则，考虑设置监控系统及防灾系统。

秦岭终南山公路隧道按其长度和交通量状况，交通工程等级为 A 级。设置八个监控及防灾系统：交通监视控制系统；通信系统；环境检测系统；通风系统；照明系统；报警、消防系统；供电系统；中央控制系统。

2）交通监视控制系统。交通监视控制系统由中控室的交通监控计算机、闭路电视系统、可变情报板、可变限速标志、视频车辆检测器、交通信号灯及车道表示器等组成。闭路电视系统：洞内摄像机间距160m，洞口各设一台，以及与其相关的显示及传输、控制系统。视频车辆检测器摄像头与CCTV系统合用。交通信号灯或车道表示器：洞内250m，洞口各一道。可变情报板：洞内3000m，洞口各一道。可变限速标志：洞内1000m，洞口各一道。洞口各设一道超高检测系统。

3）通信系统。通信系统由紧急电话、电视监控、广播和无线通信组成。紧急电话系统：洞内250m一处，设于前进方向右侧。有线广播系统：间距160m，设于前进方向左侧。无线通信：由四信道基站、光中继器、天线、光传输设备等组成。

4）环境检测系统。CO检测仪：间距500m。Ⅵ检测仪：间距500m。风速风向测定仪：间距1500m。

5）通风系统。采用三竖井纵向通风，竖井深度为180～770m，直径为8.5～9.5m；风塔高度为40m；风道长度为80～300m；隧道通风分段长度为3.7～5.0km。

通风控制：正常状态，CO的体积分数小于2×10^{-6}；烟雾含量$Ⅵ \leqslant 0.0075\text{m}^{-1}$（透过率47.5%）；阻滞状态，20min内CO的体积分数小于300×10^{-6}；火灾发生时风机采用紧急状况进行排烟，洞内纵向风速2～3m/s。

6）照明系统。入口段灯间距为2.5m，过渡段1的灯间距为5m，过渡段2的灯间距为7m，过渡段3的灯间距为7.5m，中间段的灯间距为10m，出口段的灯间距为5m，在隧道拱部两侧对称布置灯具。照明控制：在洞口及隧道照明引入段各设一台亮度检测仪，按晴天（或白天）、阴天（或早、晚）、夜晚三种天候控制。应急照明：由设置在箱式变压器中的UPS电源供电，启动诱导明灯。

7）报警、消防系统。报警系统：手动报警按钮50m一处，设于消防栓箱上。自动报警装置50m一处，设于消防栓箱上。火灾检测器贯穿全隧道的感温光纤电缆。紧急电话50m一处。交通信号灯、情报板按上述规定设置。消防系统：灭火器50m一处，2个一组，设于消防栓箱中。消火栓箱50m一处，既能喷水，也能喷泡沫。洞内消防干管采用D200的干管贯穿隧道，并与另一隧道通过横通道每2000m铺D150钢管连接形成环网。洞口消防水池在南洞口设500m^3钢筋混凝土高山水池。救援系统：两洞口均设隧道管理所消防队，消防车2辆（其中一辆为干粉消防车），救援车1辆；并结合地方专业消防队。

8）供电系统。供电电源：均由110kV变电站出线，用35kV架空线路分别供至两洞口，在两端洞口各设35/10kV变电所向隧道供电。在三个竖井中各设35/6kV变电所一座。隧道两端洞口电源互为备用（单回路供电）。该隧道照明、通信、信号、监控、报警、监测、消防、通风等电力负荷均为一级负荷。洞口及洞内风机房变配电设施均设置防雷接地设施。

9）中央控制系统。中央控制系统主要由综合控制台、模拟显示屏幕、监视器柜、中心计算机网络构成。实施中心控制的项目有通风控制、照明、交通流检测与控制、环境检测、光强检测、闭路电视、紧急电话、无线广播、无线通信、火灾报警、水池水位监测和水泵控制、横通道门开关控制等。各系统的启动、运行与停止的控制装置集中设置于管理所内。监控中心计算机网络由双中心计算通过以太网工作站、模拟显示屏幕操作站、通信工作站组成。中心计算机系统是中心控制的中枢,软件是控制网络的灵魂。

2. 龙头山公路隧道

(1) 工程概述 同三、京珠国道主干线绕广州公路东环段位于广东省广州市东南部,起自广州北二环高速公路火村互通式立交,向南经白云区、黄埔区、广州经济技术开发区,跨越珠江水道,终于番禺区化龙镇,与广珠东线高速公路相连。该项目既是交通运输部规划的"五纵七横"国道主干线中同三、京珠两条国道主干线共线绕广州公路东环段,又是珠江三角洲经济区环形公路的东环段,在国家干线公路网、广东省和广州市区域公路网中占有重要地位。其建设具有十分重要的政治、经济意义。

龙头山隧道为国内规模最大的双向分离式单洞四车道公路隧道。隧道右线起止桩号为:YK5+760~YK6+742,长982m;隧道左线起止桩号为:ZK5+760~ZK6+750,长990m。设计行车速度100km/h,隧道净宽17.5m,隧道净高8.95m。隧道最大埋深98m。隧道进口最小净距25.05m,出口最小净距22.59m。

(2) 工程地质条件

1) 地质构造及地层岩性。隧址区发育一构造破碎带,位于隧道洞身K6+225~K6+250处,断层宽20~30m,倾向南西,倾角约70°,构造带岩石破碎,岩体稳定性较差。隧道轴线主要穿越的地层从新到老主要为砾质亚黏土、全风化二长花岗岩、强风化二长花岗岩、弱风化二长花岗岩、微风化二长花岗岩。

2) 水文地质条件。隧址区地下水类型主要有孔隙潜水和基岩裂隙水。孔隙潜水主要赋存于隧道的第四系残坡积层及全风化花岗岩中,孔隙潜水含水层埋藏浅,水量小,富水性弱,受大气降水直接补给,动态变化大。断层构造破碎带出露处,地下水呈片状渗出,流量约为1.50L/s。基岩裂隙水主要赋存于基岩裂隙中,赋水性不均匀,局部透水性较好,主要受大气降水及第四系孔隙潜水的渗入补给。

(3) 隧道设计 龙头山隧道为特大跨度隧道,隧道内轮廓采用三心圆形式,隧道单洞净宽17.5m,其中隧道行车道宽度3×3.75m+3.5m,路缘带宽度0.5×2m,余宽0.5×2m,检修道宽0.75m,净高8.1m,限高5.0m。

隧道最大开挖宽度达21.1m,最大开挖高度达13.2m(含仰拱),最大开挖面积为229.4m²。

龙头山隧道衬砌结构参数的选取采用了工程类比与数值分析相结合的方法,即在目前国内已建三车道隧道经验的基础上,参考国内外相关资料,结合内轮廓断面形式、施工工序、开挖方法等综合因素进行支护参数的选取。由于单洞四车道超大断面结构隧道在国内公路隧道建设史上实属罕见,参数的选取充分考虑采用喷钢纤维混凝土、预应力锚杆、H型钢架等新型支护手段。

(4) 隧道施工开挖方案选择 进口浅埋偏压段施工方案:先开挖浅埋一侧,后开挖深埋侧,降低施工难度,然后采取分部、分步开挖,即人工开挖或尽量采取小炮开挖方法,仰拱及时封闭成环。

洞身Ⅱ、Ⅲ级围岩施工方案:由于隧道开挖跨度非常大,因此施工方案的选择显得极为重要。该隧道施工必须采用信息化,按照新奥法原理进行。Ⅰ、Ⅲ级围岩施工采用双侧壁导坑法开挖,Ⅳ、Ⅴ级围岩采用上下台阶法开挖。对于Ⅱ、Ⅲ级软弱围岩段步步为营,严格遵循"弱爆破、短开挖、强支护、早闭合、勤量测、衬砌紧跟"的原则。充分做好超前预支护，各工序紧跟，合理控制各分部断面施工进度与工作面间距，根据隧道超前地质预报结果并结合反馈信息及时优化调整设计参数，防止岩体坍塌。Ⅱ、Ⅲ级围岩的开挖、支护顺序如下：

1）左、右侧壁导坑先行开挖。左、右侧壁导坑采用上下台阶分步施工开挖，注浆锚杆、钢拱架（格栅钢架）、喷射钢纤维混凝土等初期支护紧跟开挖，每次开挖、支护循环进尺控制在75~200cm；初期支护墙脚设锁脚锚杆，围岩变形较大时设临时仰拱。左、右侧壁导坑施工开挖掌子面前后间距控制在20~40m。

2）主洞上弧形导坑开挖。上弧形导坑开挖后，及时采用注浆锚杆、钢拱架（格栅钢架）、喷射钢纤维混凝土等措施对围岩进行支护。每次开挖、支护循环进尺控制在100cm之内。进、出口Ⅰ级围岩浅埋段主洞上弧形导坑开挖采用人工机械开挖，严禁施工爆破。

3）核心土开挖。中间预留核心土开挖分上下台阶分步施工开挖，核心土开挖完毕后，及时对仰拱进行封闭，同时拆除导洞临时支护。核心土部分每次开挖循环进尺不得超过200cm。最终全断面模筑钢筋混凝土二次衬砌。

微振动爆破施工方案：龙头山隧道洞身轴线南北两侧400m左右处各分布一地下大型油库，地下油库的存在对隧道施工开挖技术提出了新的课题。为了使隧道施工爆破对现有油库不产生破坏影响，控制爆破地震安全距离是关键，设计方案对隧道受影响段落的施工提出了安全、可行的技术要求，要求隧道爆破开挖采用微振动"光面爆破"或"预裂爆破"技术，严格控制开挖爆破振动速度。隧道开挖时，要求施工浅孔爆破分部开挖，400m范围内安全振动速度控制在1.2cm/s。

3. 月湖泉分岔式公路隧道

月湖泉分岔式公路隧道位于山西省境内的晋济（山西晋城—河南济源）高速公路，目前已全线开工建设。由于该工程穿过的区域多为崇山峻岭的山区，且地形极其陡峻，它的建设遇到了很多技术难题。在隧道建设方面，为了适应多变的地形地质条件，不仅设置了分离式隧道、连拱隧道、小净距隧道等多种形式，还设置了一种特殊结构形式的隧道——分岔式隧道，即一端洞口为连拱隧道，另一端洞口为分离式隧道。

设置分岔式隧道的主要原因是：一方面受仙神河大桥的控制，其左、右幅桥均必须建造为整体形式；另一方面由于隧道紧接桥梁，两者之间缺少足够的过渡路基，因此紧邻桥梁一端的洞口必须设置为连拱隧道，而桥梁两端的隧道又较长，隧道全长都设置为连拱隧道既不经济也不安全，所以在隧道内有必要将左、右线洞室逐渐分离，这样就形成了分岔式隧道。

（1）工程概况 该隧道位于山西省境内的太行山脉南端侵蚀-溶蚀中山区，地形沿路线纵向起伏较大，隧道两端地形均较陡，晋城（进口）端地形坡度40°~50°，济源（出口）端地形为悬崖陡壁。最高点高程1057.53m，最低点高程411.03m，相对高差646.5m。

隧道左洞起止里程桩号为LK21+498~LK26+242.55，全长4744.55m；右洞起止里程K21+498~K26+219，全长4721m。进口端属于普通分离式隧道，而出口端则为分岔式隧道。

（2）工程地质及水文地质 隧道地层主要为奥陶系中统上马家沟组、下马家沟组，奥陶系下统，寒武系上统风山组、长山组。在隧道中部，出露石炭系中统本溪组及奥陶系中统峰峰组。围岩岩性以灰岩、泥质灰岩和白云岩为主，总体表现为倾向NW的单斜构造，未发现断裂构造，地质构造简单。隧址区地震基本烈度为Ⅵ度。围岩类别以Ⅲ、Ⅳ、Ⅴ级为主。

隧址区地下水类型主要为岩溶裂隙水。其水位埋藏较深，水文地质条件简单。

（3）隧道设计

1）技术标准。公路等级：高速公路（双洞四车道）；计算行车速度：80km/h；设计交通量：39407 辆/日；隧道建筑限界：宽 9.75m（单洞），高 5.0m；CO 设计浓度为 200cm³/m³，交通阻滞时，CO 设计浓度为 300cm³/m³。

2）隧道内轮廓。隧道内轮廓采用曲墙半圆拱断面，拱半径为 5.30m，曲墙半径为 7.80m，净空面积为 60.98m²。

3）平纵横设计。隧道平面设计线与行车道中线相距 4.75m，路线设计标高位置与行车道中线相距 4.25m，左线纵坡依次为 −1.05%、−1.5%、−1.7%，右线纵坡依次为 −1.10%、−1.5%、−1.7%。

隧道济源（出口）端平面布置为分岔式结构形式，从进口往出口逐渐由分离式隧道过渡为小净距隧道，再过渡为连拱隧道，其中连拱段隧道加上小净距段隧道双洞总长 1228.59m。

4）洞口设计。根据洞口的地质、地形情况，结合景观的需要，隧道进口采用拱翼形端墙式洞门，洞口边仰坡防护采用喷锚网。洞口至洞外路基填挖交界段，需加宽处理，以适应洞门结构及管沟布置的需要；出口采用月弧形端墙式洞门，洞口边仰坡防护采用喷锚网。该洞口地形异常陡峻，基岩裸露，为巨厚层白云质灰岩，强度高、较完整，设计要求仰坡以不缓于1:0.1的坡率清坡，局部岩面可直接锚喷网防护，以尽可能减少对山体的破坏。同时，对洞口上方可能危及施工、运营安全的悬、孤岩石，应予清除。

5）洞身结构设计。隧道洞身结构包括三大类，即分离式隧道支护参数、小净距隧道支护参数和连拱隧道支护参数。设计时，主要根据隧道所处的工程地质条件，按新奥法原理进行设计，采用复合式衬砌，其支护衬砌参数按工程类比并结合有限元分析综合确定。

分离式隧道初期支护以喷射混凝土、锚杆、钢筋网为主要支护手段，二次衬砌采用 C25 混凝土或钢筋混凝土，整体式模板台车浇筑。Ⅱ级围岩段辅以钢格栅拱作为初期支护的加劲措施，洞口加强段或节理裂隙密集带以小导管预注浆作为超前预支护措施，并以型钢拱加劲初期支护。

小净距隧道支护衬砌形式与分离式隧道相同，但由于邻近洞室开挖引起的二次应力的影响，其各类围岩的支护参数需做调整，尤其是要对低类别围岩段的中夹岩（两洞之间的岩体）进行加固。洞口加强段、Ⅱ级围岩段和Ⅲ级围岩段的小净距隧道，采用 R32N 自钻式中空注浆水平对拉锚杆，以加固中夹岩。

连拱隧道传统作法是采用竖直中墙。从目前国内已建成的连拱隧道的实际情况来看，传统作法的连拱竖直中墙与拱交接处开裂、漏水现象严重。究其根本原因是竖直中墙与拱交接处应力集中，受空间、工艺的限制，防水层的防水效果不理想。为此，该隧道连拱段采用曲中墙、隧道二衬与中墙分离、防水层全断面铺设的作法（夹心式中隔墙）。如此，不仅可改善中墙和整个洞室结构的力学性能，增加驾乘的舒适性，而且能在构造上消除、减轻运营维护的负担。

6）防排水设计。隧道防排水按"防排堵相结合、因地制宜、综合治理"的原则进行设计。洞口防排水：在洞口边仰坡坡口外5m 左右设截水沟；洞口雨水经截、排水沟汇入临近路基涵洞或自然沟渠中。洞身防排水：在二次衬砌与初期支护之间铺设 EVA 防排水层，二次衬砌中掺 GNA 高效抗裂膨胀防水剂，抗渗等级不小于 S8；全隧道二次衬砌施工缝设膨胀止水条，沉降缝设止水带。在衬砌拱背，防水层与喷射混凝土层之间设纵环向盲沟，衬砌背后的地下水通过环向排水盲沟、无纺布汇集到纵向盲沟以后，通过横向排水管，将地下水引入中心水沟排出洞外。洞内路缘边墙主要排放消防及清洗水，使地下水和污染水分离排放。对于可能发生涌（突）水的地段，需要灵活运用注浆堵水技术。

7）路面、内装及横洞设计。隧道洞内路面采用复合式路面，上面层为 10cm 的阻燃改性沥青混凝土，下面层为 C35 混凝土，厚 26cm，垫层为 C15 混凝土，厚 16cm。非超高路段路拱横坡为单向 2%，洞口平曲线范围需设超高，其路拱横坡根据超高按线形变化的原则计算确定，超高方式为沿路线设计标高位置旋转。

隧道内部装饰采用 SD 型隧道专用防火涂料，厚 8mm，其中底层 7mm，面层 1mm，墙部面层为银灰色，拱部面层为铁蓝色。

车行横洞与隧道轴线成 60°交角，车行横洞位于紧急停车带内，紧急停车带长 40m，其路面与隧道路面相接；人行横洞设于车行横洞之间，其路面与检修道相接；全隧道共设人行横洞 6 道，车行横洞 5 道，紧急停车带左右线各 5 处。横洞、紧急停车带的结构及防排水设计方法与隧道主洞类似。

(4) 运营系统

1）通风系统。结合月湖泉隧道的特点，并充分考虑到隧道主洞施工和通风系统自身施工的方便性，通过对全射流纵向式通风和斜井送排纵向式通风两种方案的比选，最终确定采用全射流纵向式通风系统。

2）照明系统。照明中间段平均亮度 $L_m \geq 3.6 cd/m^2$，路面亮度总均匀度 $U_0 \geq 0.4$，路面中线亮度纵向均匀度 $U_1 \geq 0.6$。设计选用光通效率高、穿雾能力强、光线柔和的高压钠灯作为主要照明灯具。隧道主洞内照明分别设置入口照明段、过渡照明段 1、过渡照明段 2、中间照明段、出口照明段和应急照明，以及横洞照明和紧急停车带照明。隧道照明按晴天、云天、阴天、重阴天、夜间和深夜六级控制，由不同的照明配线回路和照明监控实现，采用在隧道供配电洞室就地手动控制、监控中心远程手动控制和自动控制方式。

3）消防系统。在满足隧道洞内消防需要的情况下，消防系统应便于运营期间养护方便。设计配置灭火器和泡沫消火栓消防灭火系统。隧道泡沫消火栓与消防给水主管连通，并将左右洞给水管连成环状，以提高供水可靠性。

(5) 施工方案　分离式隧道采用光面爆破，洞口加强段按单侧壁导坑法（中隔墙法）开挖，Ⅲ级围岩按上下台阶法开挖，Ⅳ、Ⅴ级围岩按全断面法开挖。小净距隧道采用光面、预裂爆破，Ⅳ级围岩段按左洞先行、上下台阶开挖。连拱隧道采用光面、预裂爆破，按三导坑开挖。洞口加强段要求中导坑、侧导坑必须贯通，Ⅳ级围岩段只要求中导坑贯通。喷射混凝土采用湿喷工艺，防水板接缝按双缝热熔焊接，二次衬砌采用整体式模板台车浇筑。隧道施工运输方式采用无轨运输。

思 考 题

1. 分离式独立双洞间的最小净距有什么要求？为什么会有这样的规定？
2. 简述各种典型隧道的特点和应用条件。

附　录

附录 A　隧道洞门设计验算实例

参照"5.9 隧道洞门验算",并结合《公路隧道设计规范　第一册　土建工程》《公路隧道设计细则》《铁路工程设计手册　隧道》等进行相关验算。洞门设计验算流程如图 A-1 所示。

第一步:比选洞门形式。在确定隧道建筑限界和内轮廓后,结合隧道所处的位置、洞口地形、地质和围岩条件,选定洞门形式(洞门类型见"3.3 隧道洞门结构")。

第二步:拟定墙厚等洞门尺寸。根据规范对洞门的构造要求(洞门类型见"3.3.3 洞门构造"),拟定洞门尺寸,主要是墙厚的选定(可参见 5.9 节的表 5-4),确定基础埋深,洞门材料可以参见第 3 章表 3-2 及相关规范,如《公路隧道设计细则》《铁路工程设计手册　隧道》。

第三步:选取验算条带。可参见"5.9.4 验算条带的选取及计算要点",或者相关规范。

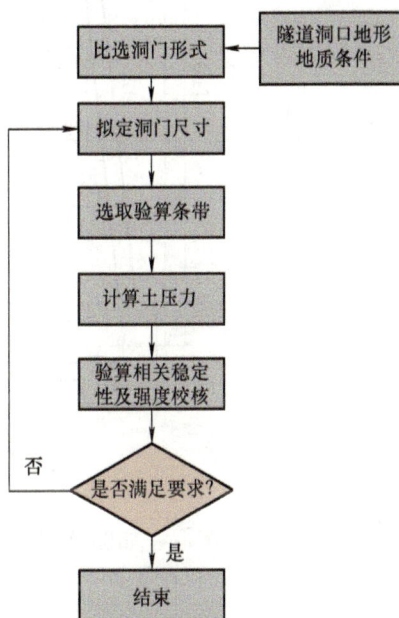

图 A-1　洞门设计验算流程

第四步:计算土压力、自重等洞门墙所承受的荷载。参见"5.9.5 计算公式及步骤",或者相关规范。

第五步:验算。如抗滑移验算、抗倾覆验算、偏心距验算、基底应力验算等。参见"5.9.5 计算公式及步骤",或者相关规范。

某隧道洞门验算的过程如下。

(1) 洞门形式选择　洞门有环框式、柱式、台阶式、翼墙式、端墙式、削竹式等,各有其适用范围。根据本隧道的特点:位于城市附近,下穿省植物园。所以采用柱式洞门,不仅雄伟、美观,有一定的艺术感,还能增加端墙的稳定性。

(2) 洞门尺寸拟定　参照按双线电化铁路隧道门中的厚度,柱子取 1.4m,端墙取 1.0m,洞门的其他尺寸选择满足规范对洞门的构造要求,如图 A-2 所示:仰坡坡脚至墙背有 1.5m 的水平距离,以防仰坡土石掉落到路面上,危及安全;端墙水沟的沟底与衬砌拱顶外缘之间有 2.05m 高度,以免落石破坏拱圈;洞门墙顶应高出仰坡坡脚 0.85m,以防水流溢出墙顶,同时可防止掉落土石弹出;水沟底下采用浆砌片石。洞门墙基础埋入地基一定深度

1.0m，并且加大了基础宽度，由 1.0m 加大到 1.8m，否则，基底应力不满足。

端墙为 M10 水泥砂浆浆砌片石，块石镶面，顶帽采用 C15 混凝土，这样有利于美观，因为石块的灰色与植物园的绿色相协调，并给人欢快、明朗的感觉。

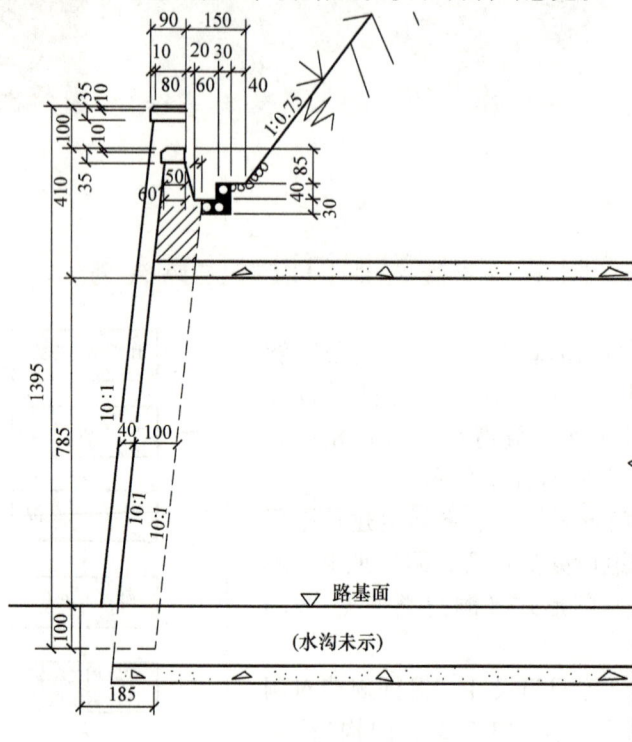

图 A-2 计算尺寸（单位：cm）

（3）验算条带选取 如图 A-3 所示。

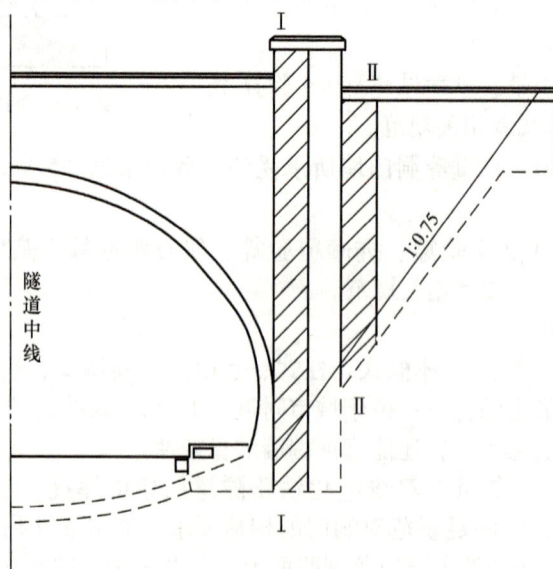

图 A-3 验算条带

（4）土压力、自重等荷载计算

1）土压力计算。以柱子的条带为例。土压力计算如图 A-4 所示。

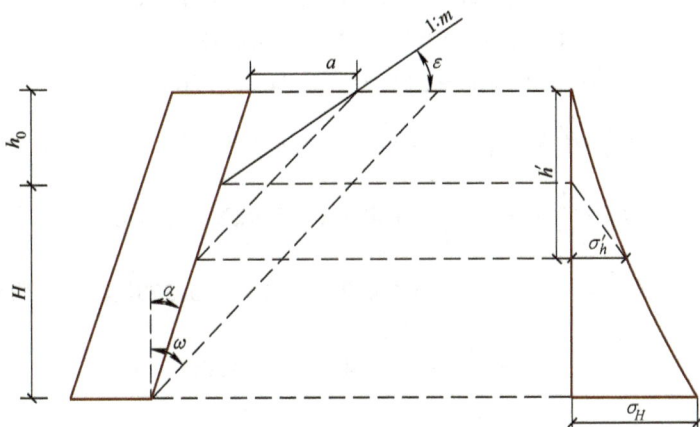

图 A-4　土压力计算

边仰坡坡率 1:0.75，查表得 $\phi=60°$，$\gamma=24\text{kN/m}^3$，$f=0.5$，$\sigma=0.6\text{MPa}$。由于进口段为 V 级围岩，物理指标低，未达到上述值，所以，应加固仰坡。代入下列公式，最危险破裂面与垂直面的夹角

$$\phi=60°, \quad \tan\alpha=\frac{1}{10}, \quad \tan\varepsilon=\frac{1}{m}=\frac{1}{0.75}$$

$$
\begin{aligned}
\tan\omega &= \frac{\tan^2\phi + \tan\alpha\tan\varepsilon - \sqrt{(1+\tan^2\phi)(\tan\phi-\tan\varepsilon)(\tan\phi+\tan\alpha)(1-\tan\alpha\tan\varepsilon)}}{\tan\varepsilon(1+\tan^2\phi) - \tan\phi(1-\tan\alpha\tan\varepsilon)} \\[2mm]
&= \frac{\tan^2 60° + \frac{1}{10}\times\frac{1}{0.75} - \sqrt{(1+\tan^2 60°)\left(\tan 60°-\frac{1}{0.75}\right)\left(\tan 60°+\frac{1}{10}\right)\left(1-\frac{1}{10}\times\frac{1}{0.75}\right)}}{\frac{1}{0.75}\times(1+\tan^2 60°) - \tan 60°\left(1-\frac{1}{10}\times\frac{1}{0.75}\right)} \\[2mm]
&= 0.4024
\end{aligned}
$$

得
$$\omega=21°55'11''$$

土压力系数

$$\lambda = \frac{(\tan\omega-\tan\alpha)(1-\tan\alpha\tan\varepsilon)}{\tan(\omega+\phi)(1-\tan\omega\tan\varepsilon)} = 0.0803$$

求解图 A-4 土压力图的数据

$$a=(0.6+0.7-0.21-0.04)\text{m}=1.05\text{m}$$

$$h'=\frac{a}{\tan\omega-\tan a}\approx 3.472\text{m}$$

$$h_0=\frac{a}{m-0.1}=1.615\text{m}$$

$$\sigma_{h'}=\gamma h'\left(1-\frac{h_0}{h'}\right)\lambda = 3.59\text{kPa}$$

$$\sigma_H=\gamma H\lambda$$

$$E = \frac{1}{2}\gamma H^2 \lambda + \frac{1}{2}\gamma h_0 (h' - h_0)\lambda = 0.9636H^2 + 2.890\text{kN}$$

$$H = (12.94 - 1.85 - 1.615)\text{m} = 9.475\text{m}$$

$$E = (0.9636 \times 9.475^2 + 2.890)\text{kN} = 89.398\text{kN}$$

$$\sigma_H = 0.0803 \times 24 \times 9.475\text{kPa} = 18.260\text{kPa}$$

$$E_1 = \frac{1}{2}\gamma H^2 \lambda = \frac{1}{2} \times 24 \times 9.475^2 \times 0.0803\text{kN} = 86.508\text{kN}$$

$$E_2 = \frac{1}{2}h'\sigma_{h'} = \frac{1}{2} \times 3.472 \times 3.579\text{kN} = 6.213\text{kN}$$

$$E_3 = \frac{1}{2}(h' - h_0)\sigma_{h'} = \frac{1}{2} \times (3.472 - 1.615) \times 3.579\text{kN} = 3.23\text{kN}$$

$$y_1 = \frac{H}{3} = \frac{1}{3} \times 9.475\text{m} = 3.158\text{m}$$

$$y_2 = H + h_0 - h' + \frac{h'}{3} = \left(9.475 + 1.615 - 3.472 + \frac{3.472}{3}\right)\text{m} = 8.775\text{m}$$

$$y_3 = H + h_0 - h' + \frac{h' - h_0}{3} = \left(9.475 + 1.615 - 3.472 + \frac{3.472 - 1.615}{3}\right)\text{m} = 8.237\text{m}$$

$$y = \frac{E_1 y_1 + E_2 y_2 - E_3 y_3}{E} = \frac{86.508 \times 3.158 + 6.213 \times 8.775 - 3.323 \times 8.237}{89.398}\text{m} = 3.360\text{m}$$

2）柱子自重计算。由四部分组成，V_1、V_2、V_3、V_4

$$V_1 = \left(1.00 \times 1.85 + \frac{1}{2} \times 1 \times \frac{1}{10}\right)\text{m}^3 = 1.9\text{m}^3$$

$$V_2 = 1.4 \times (12.94 - 1 - 1 - 0.35)\text{m}^3 - \frac{1}{2} \times (0.4 + 0.85 - 0.35) \times$$

$$\left(0.21 + 0.2 + 0.21 + \frac{0.4 + 0.85 - 0.35}{10}\right)\text{m}^3$$

$$= 14.507\text{m}^3$$

$$V_3 = \left[(0.4 + 0.5) + \left(0.4 + 0.5 - \frac{1 + 0.35 - 0.35}{10}\right)\right] \times (1 + 0.35 - 0.35) \times \frac{1}{2}\text{m}^3 = 0.85\text{m}^3$$

$$V_4 = 0.35 \times 0.9\text{m}^3 - \frac{1}{2} \times 0.1 \times 0.1\text{m}^3 = 0.31\text{m}^3$$

所以，自重 $G = 22 \times (V_1 + V_2 + V_3) + 23 \times V_4 = 386.784\text{kN}$
求其合力作用点

$$z_1 = \left[1.85 \times \frac{1.85}{2} + \frac{1}{2} \times 1 \times \frac{1}{10} \times \left(1.85 + \frac{1}{3}\right)\right]\text{m}/1.8 = 1.003\text{m}$$

$$z_2 = \left[1.4 \times 10.59 \times \left(0.55 + 0.7 + \frac{10.59}{2} \times \frac{1}{10}\right)\text{m} - \frac{1}{2} \times 0.2 \times 0.9 \times\right.$$

$$\left(0.55 + \frac{10.59}{10} + \frac{2 \times 0.2}{3} + 0.9\right)\text{m} - 0.21 \times 0.9 \times \left(0.55 + \frac{10.59}{10} + 0.9 + 0.2 + \frac{0.21}{2}\right)\text{m} -$$

$$\left.\frac{1}{2} \times 0.09 \times 0.9 \times \left(0.55 + \frac{10.59}{10} + 0.9 + 0.2 + 0.21 + \frac{0.09}{3}\right)\right]\text{m}/14.507$$

$$= 1.758\text{m}$$

$$z_3 = \frac{\frac{1}{2} \times 0.1 \times 1 \times \left(0.55 + \frac{10.59}{10} + \frac{2}{3} \times 0.1\right) + 0.8 \times 1 \times \left(0.55 + \frac{10.59}{10} + 0.1 + 0.4\right)}{0.85} \text{m}$$

$$= 2.084\text{m}$$

$$z_4 = \frac{0.9 \times 0.35 \times \left(0.55 + \frac{10.59 + 1}{10} - 0.1 + \frac{0.9}{2}\right) - \frac{1}{2} \times 0.1 \times 0.1\left(0.55 + \frac{10.59 + 1}{10} - 0.1 + \frac{0.1}{3}\right)}{0.31} \text{m}$$

$$= 2.066\text{m}$$

所以 $z = \dfrac{G_1 z_1 + G_2 z_2 + G_3 z_3 + G_4 z_4}{G}$

$$= \frac{22 \times 1.9 \times 1.003 + 22 \times 14.507 \times 1.758 + 22 \times 0.85 \times 2.084 + 23 \times 0.31 \times 2.066}{386.784} \text{m}$$

$$= 1.698\text{m}$$

（5）相关验算

1）滑动稳定性。

$$K_C = \frac{\text{抗滑力}}{\text{推力}} = \frac{Gf}{E} = \frac{386.784 \times 0.5}{89.398} = 2.163 > 1.3 \text{（满足要求）}$$

2）倾覆稳定性。

$$K_0 = \frac{\text{稳定力矩}}{\text{倾覆力矩}} = \frac{Gz}{Ey} = \frac{386.784 \times 1.698}{89.398 \times 3.360} = 2.186 > 1.5 \text{（满足要求）}$$

3）偏心验算。

$$e = \frac{B}{2} - \frac{Gz - Ey}{G} = \frac{1.85}{2}\text{m} - \frac{386.784 \times 1.698 - 89.398 \times 3.360}{386.784}\text{m} = 0.004\text{m}$$

$$0 < 0.004\text{m} < \frac{B}{6} = \frac{1.85}{6}\text{m} = 0.308\text{m}，满足要求。$$

4）基底应力验算。$0 < e < \dfrac{B}{6}$，则

$$\sigma_{1,3} = \frac{G}{B}\left(1 \pm \frac{6e}{B}\right) = \frac{386.784}{1.85} \times \left(1 \pm \frac{6 \times 0.004}{1.85}\right)\text{kPa} = \begin{cases} 211.785\text{kPa} \\ 206.360\text{kPa} \end{cases} < 600\text{kPa} \text{（满足要求）}$$

附录 B　隧道初期支护设计验算实例

初期支护可以用收敛-约束法、数值分析法等验算，本验算参照"5.7 初期支护的剪切滑移法验算"进行隧道初期支护验算。步骤如下：

第一步：根据隧道的断面大小、围岩级别，参照相关规范，如《公路隧道设计规范　第一册　土建工程》《公路隧道设计细则》《铁路工程设计手册　隧道》等，初步选定初期支护参数。

第二步：分别计算初期支护各组成部分提供的抗力，如喷层抗力、锚杆抗力、工字钢抗力等。

第三步：计算围岩提供的抗力。

第四步：计算总的支护抗力，即初期支护各组成部分抗力与围岩抗力之和。

第五步：确定隧道所需的最小支护抗力。

第六步：比较隧道所需的最小支护抗力与总的支护抗力，判断支护是否安全。

某隧道初期支护的验算如下：

（1）初期支护参数选择 隧道采用复合式衬砌，其初期支护参数如下：本隧道衬砌内轮廓线半径为6.41m，V级围岩预留变形量150mm，初衬厚度28cm，二衬厚度50cm，隧道的开挖半径 $r_0 = (6.41 + 0.15 + 0.28 + 0.5)\text{m} = 7.34\text{m}$。$\phi = 45°$，$C = 0$，$\gamma = 24\text{kN/m}^3$，其余参数见表B-1。

表B-1 隧道复合式衬砌初期支护的设计参数

围岩级别	喷射混凝土厚度/cm		锚杆/m				
	拱部、边墙	仰拱	位置	长度	间距 环×纵	钢筋网/cm	钢架
V	28	28	拱、墙	4.0	0.8×1.0	拱、墙@20×20	型钢

注：1. 锚杆沿隧道周边径向布置，为全长黏结型，按梅花形排列，采用$\phi22$钢筋。

　　2. 钢筋网按矩形布置，采用$\phi8$钢筋，钢筋搭接长度为$30d$，钢筋网与锚杆焊接。

　　3. 采用工字钢钢架支护，型号为I20a，截面面积为35.578cm²，间距：0.6m（V级）。

　　4. 钢架与围岩之间的喷射混凝土保护层厚度和临空一侧的混凝土保护层厚度均为5cm。

　　5. 喷射混凝土采用C25，钢筋网选用HPB300钢筋。

（2）喷混凝土提供的支护抗力 p_s 值

$$\alpha = 45° - \frac{\phi}{2} = 22.5° = 0.393\text{rad}$$

$$d_s = 28\text{cm} = 0.28\text{m}$$

$$\tau_s = 0.43\sigma_c = 0.43 \times 12.5\text{MPa} = 5.38\text{MPa}$$

$$b = 2r_0\cos\alpha = 2 \times 7.34 \times \cos22.5°\text{m} = 13.56\text{m}$$

$$p_s = \frac{2 \times 0.28 \times 5.38}{13.56 \times \sin30°}\text{MPa} = 0.444\text{MPa}$$

（3）钢支撑提供的支护抗力 p_{st} 值 由于I20a工字钢截面面积为35.578cm²，每米的用钢量换算成截面面积为 $F_{st} = 35.578/0.6\text{cm}^2 = 59.297\text{cm}^2$；钢材的抗剪强度 $\tau_{st} = 125\text{MPa}$。

$$p_{st} = \frac{2 \times 59.297 \times 10^{-4} \times 125}{13.56 \times \sin45°}\text{MPa} = 0.155\text{MPa}$$

（4）锚杆提供的支护抗力 p_A 值 锚杆受力破坏有两种情况：

1）锚杆本身破坏 $q_A = \dfrac{F\sigma}{et} = \dfrac{400 \times \pi \times 22^2/4 \times 10^{-6}}{1 \times 0.8}\text{MPa} = 0.190\text{MPa}$

2）锚杆黏结破坏，即砂浆锚杆与孔壁之间的黏结力不足而破坏。锚杆拉拔力

$$A = \pi Dl\tau_s$$

式中　A——锚杆抗拔力，即锚杆的锚固力；

　　　D——钻孔直径，在此设计中取 $D = 100\text{mm}$；

　　　l——锚固段长度，为4.0m；

　　　τ_s——孔壁与注浆体之间极限黏结强度，取 $\tau_s = 0.65\text{MPa}$。

$$A = \pi \times 0.1 \times 4.0 \times 0.65 \mathrm{MN} = 0.817 \mathrm{MN}$$

$$q_A = \frac{0.817}{1 \times 0.8} \mathrm{MPa} = 1.021 \mathrm{MPa}$$

两者取较小值，则锚杆提供的平均径向支护抗力为

$$q_A = 0.190 \mathrm{MPa}$$

$$W = (4.0 + 7.34) \times \left[\cos \frac{0.8}{2 \times 7.34} + \sin \frac{0.8}{2 \times 7.34} \times \tan \left(\frac{0.8}{2 \times 7.34} + \frac{\pi}{4} \right) - \frac{\sin \dfrac{0.8}{2 \times 7.34}}{\cos \left(\dfrac{0.8}{2 \times 7.34} + \dfrac{\pi}{4} \right)} \right] - 7.34$$

$$= 3.747 \mathrm{m}$$

$$\theta_0 = \left(0.393 + \frac{1}{\tan 0.393} \ln \frac{7.34 + 3.747}{7.34} \right) \mathrm{rad} = 1.388 \mathrm{rad} = 79.527°$$

$$p_A = 0.190 \times \frac{1}{\cos 0.393} (\cos 0.393 - \cos 1.388) \mathrm{MPa} = 0.153 \mathrm{MPa}$$

（5）围岩本身提供的支护抗力 p_w 值

$$\sigma_3 = p_s + p_{st} + p_A = (0.444 + 0.155 + 0.153) \mathrm{MPa} = 0.752 \mathrm{MPa}$$

$$\sigma_1 = 0.752 \times \frac{1 + \sin 45°}{1 - \sin 45°} \mathrm{MPa} = 4.383 \mathrm{MPa}$$

$$\tau_n = \frac{4.383 - 0.752}{2} \times \cos 45° \mathrm{MPa} = 1.284 \mathrm{MPa}$$

$$\sigma_n = \left(\frac{4.383 + 0.752}{2} - \frac{4.383 - 0.752}{2} \times \sin 45° \right) \mathrm{MPa} = 1.284 \mathrm{MPa}$$

$$\psi = (\theta_0 - \alpha)/2 = (1.388 - 0.393) \mathrm{rad}/2 = 0.498 \mathrm{rad} = 28.533°$$

$$s = \frac{7.34}{\sin 0.393} \left[e^{(1.388 - 0.393) \times \tan 0.393} - 1 \right] \mathrm{m} = 9.786 \mathrm{m}$$

$$p_w = \frac{2 \times 9.786 \times 1.284 \times \cos 0.498}{13.56} \mathrm{MPa} - \frac{2 \times 9.786 \times 1.284 \times \sin 0.498}{13.56} \mathrm{MPa} = 0.743 \mathrm{MPa}$$

（6）总的支护力

$$p = p_s + p_{st} + p_A + p_w = (0.444 + 0.155 + 0.153 + 0.743) \mathrm{MPa} = 1.495 \mathrm{MPa}$$

（7）最小支护抗力值 p_{min}　断面最大埋深 $H_c = 46.34 \mathrm{m}$，则

$$p_{min} = 24 \times 7.34 \times \left\{ \left[\frac{24 \times 46.34}{p_{min}} (1 - \sin 45°) \right]^{\frac{1 - \sin 45°}{2 \sin 45°}} - 1 \right\}$$

这是一个隐函数，不能直接求出 p_{min}，采用迭代法求出 p_{min}，即求 $f(p_{min}) = 0$。

取最接近值 $p_{min} = 67.722 \mathrm{kPa}$。

（8）判断初期支护的安全性　由此可得：总的支护抗力 $p > p_{min}$，故设计支护满足要求。

附录 C　隧道二次衬砌设计验算实例

　　内力计算可以按照结构力学法进行计算，也可以用软件计算，本实例选用同济曙光软件进行二次衬砌内力计算，内力计算出来以后，则可以按设计规范及混凝土结构设计原理进行相关验算及配筋设计。具体步骤如下：

第一步：根据隧道断面大小和围岩级别情况等，参照相关规范，如《公路隧道设计规范 第一册 土建工程》《公路隧道设计细则》《铁路工程设计手册 隧道》等，选定二次衬砌参数。

第二步：计算围岩压力。根据"4.4 围岩压力计算"，或者参照《公路隧道设计规范》《公路隧道设计细则》《铁路工程设计手册 隧道》等，结合隧道纵断面图，分别计算每级围岩的不同埋深处的竖向围岩压力和水平围岩压力。通常可以取每级围岩埋深最大一处断面以及埋深最小一处断面，并考虑深、浅埋的分界埋深。

第三步：根据隧道所处的围岩级别以及隧道断面大小，结合《公路隧道设计规范 第一册 土建工程》《公路隧道设计细则》《铁路工程设计手册 隧道》等，确定二次衬砌荷载分担比。

第四步：在同济曙光软件中建立隧道的计算模型并求解。

1）隧道几何模型（衬砌轴线形状或者衬砌外轮廓线）的建立，可以通过 CAD 导入，或者用软件里的线条直接绘制衬砌轮廓，或者用公路隧道设计向导中的隧道衬砌横断面，如图 C-1 所示。

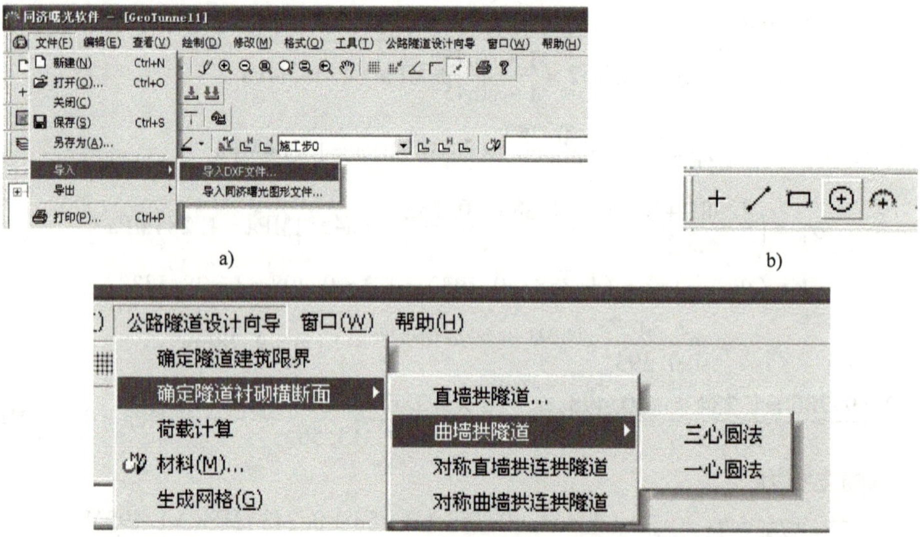

图 C-1　衬砌几何模型的建立

a）从 CAD 导入衬砌轮廓　b）直接绘制衬砌轮廓　c）软件提供的衬砌内轮廓模板

2）根据计算断面的围岩情况和选定的二次衬砌参数，结合《公路隧道设计规范 第一册 土建工程》《公路隧道设计细则》《铁路工程设计手册 隧道》等，输入材料名称、弹性模量 E、截面惯性矩 I、截面积 A、抗力系数 K，如图 C-2 所示。

注意：截面惯性矩 I 要进行计算，才能输入，截面惯性矩 $I = bd^3/12$（b 为 1m，d 为二次衬砌厚度，单位 m）。

隧道工程及隧道毕业设计中，通常不考虑切向抗力，即切向抗力为 0，且抗力不受拉（拉抗力为 0），只受压。

2004 年以前，公路隧道采用围岩类别进行划分，2004 年以后采用级别进行划分，其中的围岩类别换成相应的围岩级别即可，围岩级别 =7 - 围岩类别。

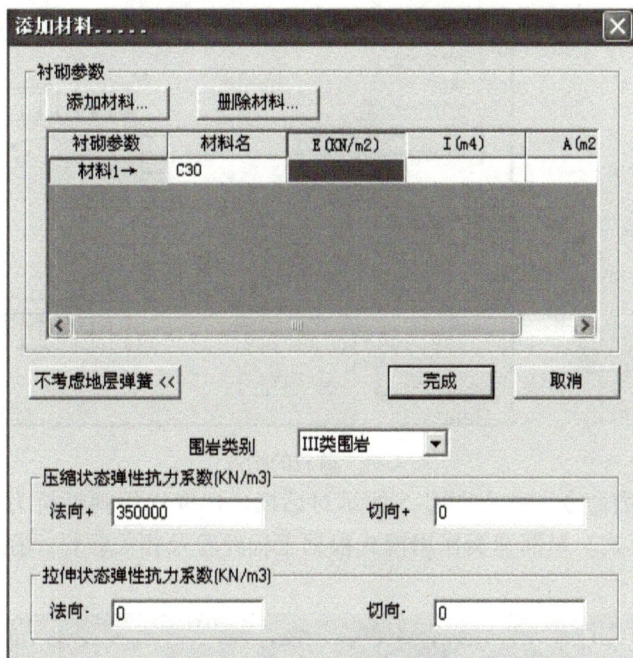

图 C-2　二次衬砌材料参数和围岩弹性抗力参数输入

3）生成网格，选择衬砌轮廓线，单击生成网格命令，则会将衬砌划分成若干个单元，单击修改属性命令，还可以调整衬砌每个部分的划分单元个数，如图 C-3 所示。

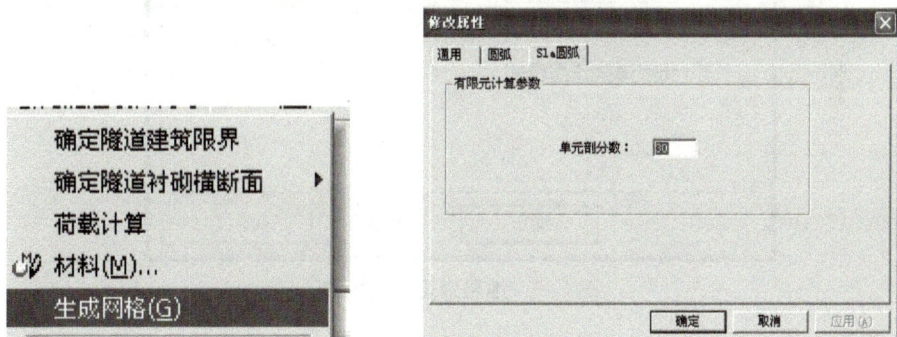

图 C-3　划分单元及生成网格

4）根据确定的二次衬砌承担的荷载，输入其承受的分布荷载，如图 C-4 所示。输入模式有 4 种：

第一种情况，常数，对应深埋隧道，即竖向压力和水平压力均为常数。

第二种情况，Y 方向线性分布，对应浅埋，以及介于深埋和浅埋的情况。毕业设计的荷载工况主要是前 2 种情况。

第三种情况，X、Y 方向均为线性分布，对应的是偏压隧道，即隧道地表倾斜的情况。

第四种情况，X、Y 方向均为抛物线分布，对应的围岩压力是实测情况或者局部存在压力大情况。毕业设计中此种情况用的非常少。

如果存在地下水，软件还提供了施加静水压力的情况。另外，软件也提供了输入径向荷载的情况。

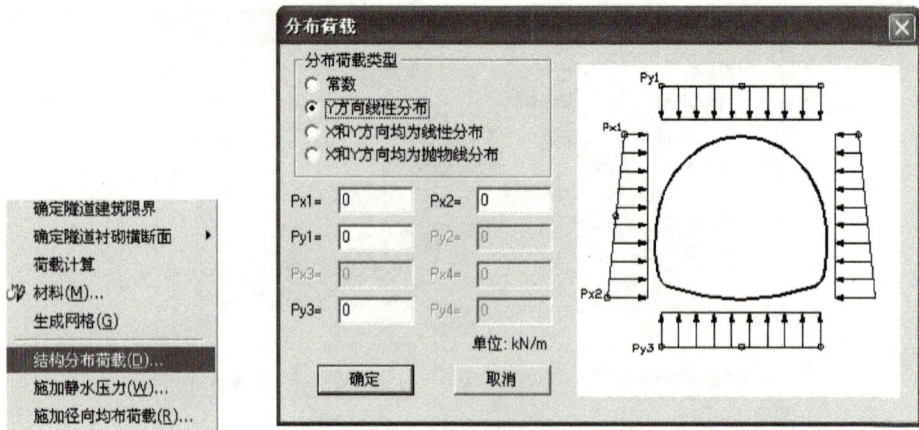

图 C-4　荷载的输入

5）单击控制参数命令，弹出图 C-5 所示对话框，选取地层弹性抗力的作用模式。一般选取全周弹簧作用模式。局部弹簧作用模式根据工程经验及相关教材，在受拉部位不布设弹簧，如拱顶。

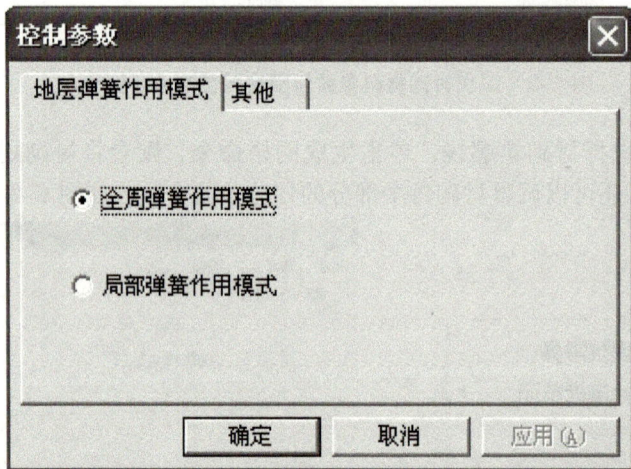

图 C-5　地层弹簧作用模式

6）求解。单击正分析求解命令，则可以直接进行计算，如图 C-6 所示。

7）查看结果。单击分析结果命令，则可设置二次衬砌的轴力、弯矩、位移、剪力的分布情况，还可以调整显示小数点的个数、图形显示的颜色，以及图形大小的比例，如图 C-7所示。计算完后，还可以在计算文件夹里查看各结点的轴力、剪力、弯矩，如图 C-8 所示。

8）配筋计算。有了各结点的内力后，可以按照设计规范及混凝土结构设计原理进行相关验算及配筋设计，或者用软件里提供的配筋计算，直接进行配筋计算，如图 C-9、图 C-10所示。

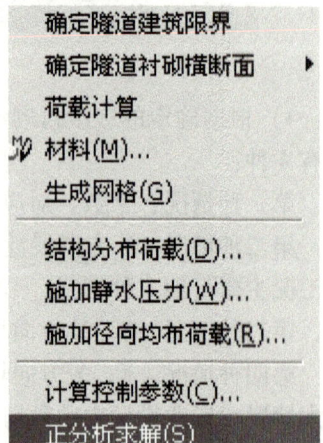

图 C-6　求解

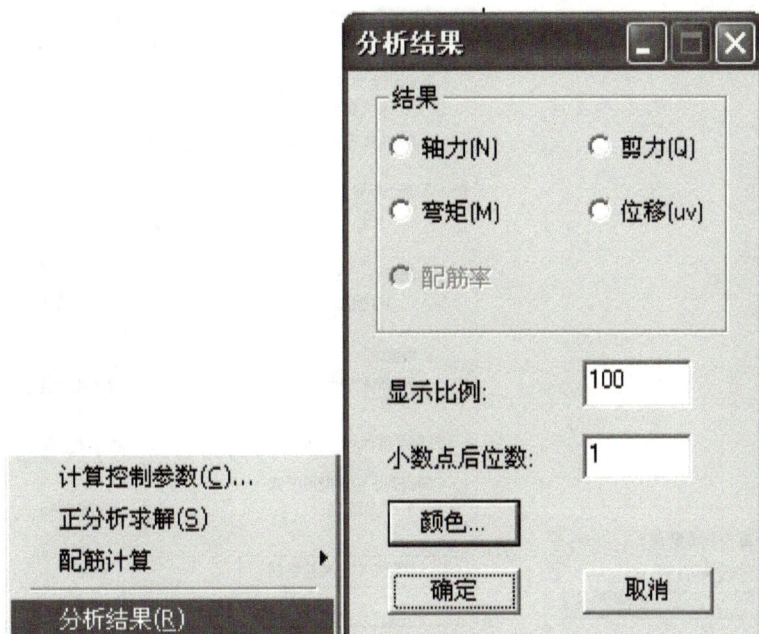

图 C-7　查看结果

图 C-8　各结点计算信息

　　某隧道的二次衬砌用同济曙光的过程如下：

　　1) 某隧道全程 V 级围岩，二次衬砌的参数见表 C-1，并应根据现场围岩监控量测信息对设计支护参数进行必要的调整。二次衬砌荷载分担比，参照《公路隧道设计细则》，取 60%。

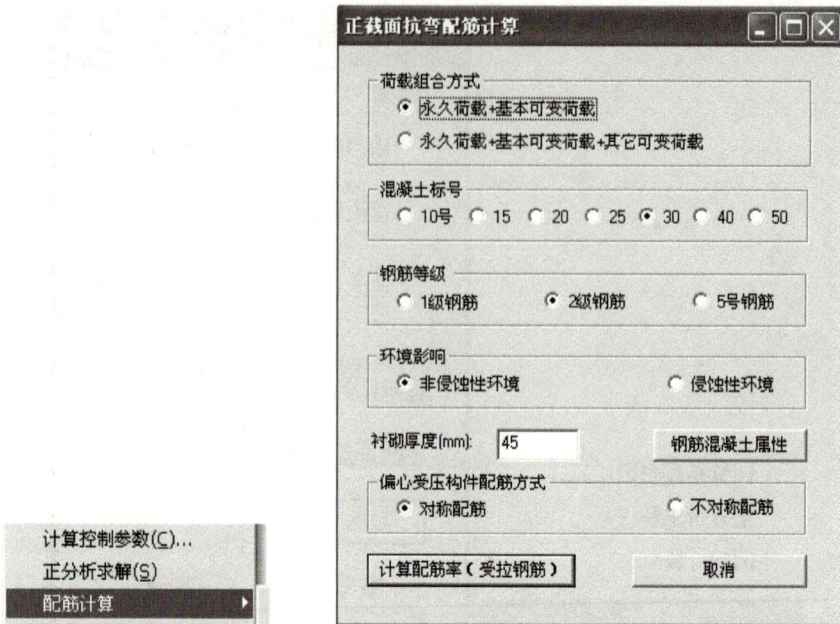

图 C-9　各结点配筋计算

图 C-10　各结点配筋率计算结果

表 C-1　隧道二次衬砌设计参数

拱墙	仰拱	预留变形量
C30 钢筋混凝土，50cm	C30 钢筋混凝土，50cm	15cm

2）围岩压力计算。隧道全程处于 V 级围岩，物理力学性质参数如下：

$$\gamma = 24\text{kN/m}, \quad C = 0\text{kPa}, \quad \phi = 45°, \quad \theta = 0.6\phi = 0.6 \times 45° = 27°$$

经计算 $B = 14.68\text{m}$，$H_t = 9.61\text{m}$，$\tan\phi = 1$，$\tan\theta = 0.51$

深浅埋分界

$$h_q = 0.45 \times 2^{s-1} \times [1 + i(B-5)] = 0.45 \times 2^4 \times [1 + 0.1 \times (14.68 - 5)]\text{m} = 14.17\text{m}$$

$$H_p = 2.5h_q = 35.43\text{m}$$

里程 DK34 + 781 ~ DK35 + 000 为 V 级围岩，总长为 219m，最大埋深为 39m，$h > H_p$，按深埋计算。

选取 DK34 + 881 里程处断面埋深 $h = 39\text{m}$。

围岩竖向压力 $\quad q = \gamma h_q = 24 \times 14.17\text{kPa} = 340.08\text{kPa}$

围岩水平压力 $\quad e = 0.4q = 136.03\text{kPa}$

3）二次衬砌承担的围岩压力。参照《公路隧道设计细则》，二次衬砌荷载分担比取 60%，则二次衬砌承担的围岩压力：竖向为 $340.08 \times 0.6\text{kPa} = 204.048\text{kPa}$，水平向为 $136.03 \times 0.6\text{kPa} = 81.619\text{kPa}$

4）在同济曙光软件中建立隧道的计算模型并求解。采用全周弹簧模式，地层弹性抗力系数按规范取 150MPa/m，二次衬砌承受的荷载按照上述输入，单元总共划分了 70 个单元，结果如图 C-11 所示。衬砌配筋，如图 C-10 所示。荷载对称，结构对称，所以位移、弯矩和轴力也是对称分布的。从位移图来看，拱顶是下沉的，仰拱发生隆起，左右两侧的边墙的下部发生指向围岩的位移。从弯矩来看，拱顶内侧和仰拱内侧受拉，最大弯矩发生在两侧墙脚部位，此处的轴力也较大，是力学上的薄弱环节，也是施工控制的重点。

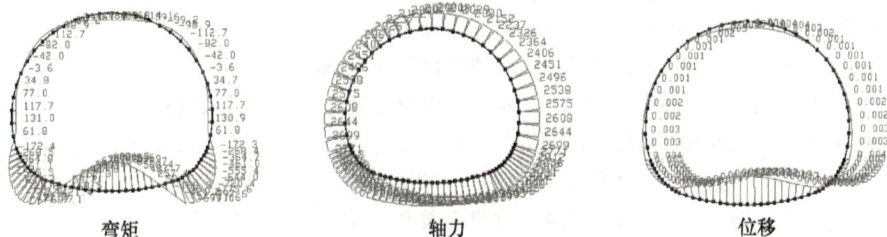

弯矩　　　　　　　　　　　轴力　　　　　　　　　　　位移

图 C-11　二次衬砌内力及位移图

参考文献

[1] 中华人民共和国交通运输部．公路隧道施工技术规范：JTG/T 3660—2020 ［S］．北京：人民交通出版社，2020.

[2] 中华人民共和国交通运输部．公路隧道施工技术细则：JTG/T F60—2009 ［S］．北京：人民交通出版社，2009.

[3] 中华人民共和国交通运输部．公路隧道设计规范　第一册　土建工程：JTG 3370.1—2018 ［S］．北京：人民交通出版社，2018.

[4] 中华人民共和国交通运输部．公路隧道设计细则：JTG/T D70—2010 ［S］．北京：人民交通出版社，2010.

[5] 中华人民共和国交通运输部．公路隧道照明设计细则：JTG/T D70/2 - 01—2014 ［S］．北京：人民交通出版社，2014.

[6] 中华人民共和国交通运输部．公路隧道通风设计细则：JTG/T D70/2 - 02—2014 ［S］．北京：人民交通出版社，2014.

[7] 彭立敏，刘小兵．隧道工程 ［M］．长沙：中南大学出版社，2009.

[8] 彭立敏，王薇，张运良．隧道工程：铁道工程方向 ［M］．武汉：武汉大学出版社，2014.

[9] 王毅才．隧道工程 ［M］．北京：人民交通出版社，2006.

[10] 关宝树．隧道施工要点集 ［M］．北京：人民交通出版社，2003.

[11] 张俊儒，龚伦，仇文革．隧道工程 ［M］．成都：西南交通大学出版社，2013.

[12] 陈志敏，欧尔峰，马丽娜．隧道及地下工程 ［M］．北京：清华大学出版社，2013.

[13] 王成．隧道工程 ［M］．北京：人民交通出版社，2009.

[14] 刘卫丰，王秀英．隧道工程 ［M］．北京：北京交通大学出版社，2012.

[15] 商跃进．有限元原理与 ANSYS 应用指南 ［M］．北京：清华大学出版社，2005.

[16] 张永兴．岩石力学 ［M］．北京：中国建筑工业出版社，2008.

[17] 夏永旭，王永东．隧道结构力学计算 ［M］.2 版．北京：人民交通出版社，2012.

[18] 徐干成，郑颖人，乔春生．地下工程支护结构与设计 ［M］．北京：水利水电出版社，2013.

[19] 李志业，曾艳华．地下结构设计原理与方法 ［M］．成都：西南交通大学出版社，2003.

[20] 铁道部第二勘测设计院．铁路工程设计手册：隧道 ［M］．北京：中国铁道出版社，1995.

[21] 郭春，徐建峰，张佳鹏．隧道建设碳排放计算方法及预测模型 ［J］．隧道建设（中英文），2020，40（8）：1140 - 1146.

[22] 何毅，李光辉，刘旭，等．长隧道全寿命碳排放帕累托分析 ［J］．交通节能与环保，2022，18（6）：19 - 24.

[23] 魏作标，夏立爽，刘志强，等．山区高速公路隧道建设期碳排放计算方法探讨 ［J］．交通节能与环保，2022，18（6）：120 - 123.

[24] 王明卓．"双碳"目标下城市山岭隧道设计研究与实例 ［J］．现代隧道技术，2022，59（增1）：763 - 768.

[25] 郭卫社，洪开荣，高攀，等．我国隧道智能建造技术发展与展望 ［J］．隧道建设（中英文），2023，43（4）：549 - 562.

[26] 王志坚，童建军．钻爆法隧道智能建造技术研究综述与展望 ［J］．隧道建设（中英文），2023，43（4）：529 - 548.

[27] 吕刚，刘建友，赵勇，等．京张高铁隧道智能建造技术 ［J］．隧道建设（中英文），2021，41（8）：1375 - 1384.